Obra Completa de C.G. Jung
Volume 14/1

Mysterium Coniunctionis

Comissão responsável pela organização do lançamento da
Obra Completa de C.G. Jung em português:
Dr. Léon Bonaventure
Dr. Leonardo Boff
Dora Mariana Ribeiro Ferreira da Silva
Dra. Jette Bonaventure

*A Comissão responsável pela tradução da Obra Completa de
C.G. Jung sente-se honrada em expressar seu agradecimento à
Fundação Pro Helvetia, de Zurique, pelo apoio recebido.*

CIP-Brasil. Catalogação-na-fonte.
Sindicato Nacional dos Editores de Livros, RJ.

J92m
Jung, Carl Gustav, 1875-1961.

Mysterium coniunctionis: pesquisas sobre a separação e a composição dos opostos psíquicos na alquimia / Carl Gustav Jung; com a colaboração de Marie-Louise von Franz; [Tradução de Frei Valdemar do Amaral; revisão literária de Orlando dos Reis; revisão técnica de Jette Bonaventure]. – 6. ed. – Petrópolis, RJ: Vozes, 2012.

Título original: Mysterium Coniunctionis.
Apêndices.
Bibliografia.
ISBN 978-85-326-1758-3

1. Jung, Carl Gustav, 1875-1961 – Obra Completa
2. Psicologia – Teoria 3. Alquimia I. von Franz, Marie-Louise II. Amaral, Valdemar do, frei III. Título IV. Título: Pesquisas sobre a separação e a composição dos opostos psíquicos na alquimia V. Série.

CDD – 150.1954
540.112
CDU – 159.964.2
133.5:54

84-0923

C.G. Jung

Mysterium Coniunctionis

Os componentes da Coniunctio; Paradoxa;

As personificações dos opostos

14/1

Com a colaboração de
Marie-Louise von Franz

EDITORA
VOZES

Petrópolis

© Walter-Verlag AG, Olten, 1971

Título original: *Mysterium Coniunctionis – Untersuchungen über die Trennung und Zusammensetzung der seelischen Gegensätze in der Alchemie* (Band 14/1)

Editores da edição suíça:
Marianne Niehus-Jung
Dra. Lena Hurwitz-Eisner
Dr. Med. Franz Riklin
Lilly Jung-Merker
Dra. Fil. Elisabeth Rüf

Direitos exclusivos de publicação em língua portuguesa:
Editora Vozes Ltda.
Rua Frei Luís, 100
25689-900 Petrópolis, RJ
Internet: http://www.vozes.com.br
Brasil

Diretor editorial
Frei Antônio Moser
Editores
Aline dos Santos Carneiro
José Maria da Silva
Lídio Peretti
Marilac Loraine Oleniki
Secretário executivo
João Batista Kreuch

Tradução: Frei Valdemar do Amaral, O.F.M.
Revisão literária: Orlando dos Reis ·
Revisão técnica: Dra. Jette Bonaventure

Projeto gráfico: AG.SR Desenv. Gráfico
Capa: 2 estúdio gráfico

ISBN 978-85-326-2424-6 (Obra Completa de C.G. Jung)

Publicado originariamente como Tratados Psicológicos 11.
Registro de verbetes: Lena Hurwitz-Eisner (†)
As passagens gregas e latinas do texto original foram traduzidas para o alemão pela Dra. Filol. Marie-Louise von Franz.

Referências: Lilly Jung-Merker e Dra. Filol. Elisabeth Rüf

ISBN 978-85-326-2424-6 (Obra Completa de C.G. Jung)

ISBN 978-85-326-1758-3 (edição brasileira)
ISBN 3-530-40714-3 (edição suíça)

Editado conforme o novo acordo ortográfico.

Este livro foi composto e impresso pela Editora Vozes Ltda. – Rua Frei Luís, 100 –

Sumário

Prefácio dos editores suíços

Na produção volumosa de C.G. Jung representa o *Mysterium Coniunctionis* a obra de maior importância de seus últimos anos. Manifestou ele, certa vez, que sempre lhe foi penoso o fato de a gente, em psicologia profunda, ter de ocupar-se, por necessidade interna, com tantos domínios da cultura do espírito que nunca se consegue chegar a ser completo em um ramo da ciência. Na alquimia, porém, tinha ele achado um campo que valia a pena penetrar até o fundo. A tradição alquímica lhe possibilitava concatenar com um material de existência objetiva as vivências e intuições diretas e subjetivas, adquiridas pela "descida ao inconsciente", bem como a maneira de representá-las. Desse modo se lhe tornou possível a concatenação de seu pensamento com as origens históricas da evolução do pensamento europeu.

Mas a alquimia não representa apenas uma etapa histórica que precedeu à psicologia profunda. Não foi por acaso que Jung empregou os sonhos de um cientista moderno como introdução de sua obra *Psychologie und Alchemie* (*Psicologia e alquimia*). A razão é que na simbólica da alquimia certamente se acha antecipada também aquela união entre a psicologia do inconsciente e os resultados da microfísica, tarefa que ainda nos resta explorar. Como Jung suspeitava, seria possível imaginar que a matéria constituísse o aspecto concreto da psique, não da psique individual mas do inconsciente coletivo. Nesse caso, os arquétipos não seriam apenas dominantes estruturais da psique, mas simplesmente um fator que poderia dar forma ao Universo. De qualquer modo apontam nesse sentido os fenômenos da sincronicidade.

O leitor não acostumado à linguagem da alquimia poderá, de início, sentir-se confuso diante da abundância dos símbolos, cujos significados se sobrepõem de maneira perturbadora. No entanto, se lhe fosse dado manusear alguns escritos originais dos alquimistas, chegaria a pensar de outra maneira e reconhecer que Jung realizou um trabalho imenso ao criar clareza neste setor por meio de seu processo de síntese, realizando uma verdadeira "extractio animae" (extração da alma) do caos reinante nesse campo.

Excetuada a obra introdutória *Psychologie und Alchemie* (*Psicologia e alquimia*), todos os outros escritos que versam sobre a alquimia se encontravam no manuscrito original do *Mysterium Coniunctionis* (*Mistério da união*). Na presente edição alguns foram separados, sobretudo o tratado *Die Psychologie der Übertragung* (*Psicologia da transferência*).

Para não atrasar em demasia a edição em andamento das obras de Jung, chegou o grupo editorial a um acordo com a editora e decidiram empregar folhas de impressão idênticas às da primeira edição. Por isso esta edição não sai semelhante à edição anglo-americana *(The Collected Works of C.G. Jung,* vol. XIV). Cuidou-se, porém, de preparar a bibliografia completa, bem como de acrescentar, em apêndice, a tradução alemã das passagens latinas e gregas que ainda não estavam traduzidas; o leitor que tiver interesse especial nisso poderá consultá-las aí.

Verão de 1968
Pelos editores suíços

Marie-Louise von Franz

Prefácio

Este livro – o último dos meus – foi começado há mais de dez anos. O impulso para isso veio de um artigo de Karl Kerényi acerca da festa egeia do *Fausto* de Goethe[1]. Servira de modelo para a festa egeia o *Chymische Hochzeit* (Casamento Químico) de Christian Rosencreutz, obra que se originou, por sua vez, da simbólica tradicional do casamento sagrado (hierósgamos) existente na alquimia. Sentia-me então tentado a comentar o artigo de Kerényi do ponto de vista da alquimia e da psicologia, mas percebi logo que o tema era de uma vastidão muito grande e não podia ser exposto em algumas poucas páginas. Ataquei em breve a tarefa, mas decorreu mais de um decênio até que consegui reunir mais ou menos tudo o que dizia respeito a este problema central, bem como dar a tudo a devida forma.

Como é de conhecimento geral, mostrei no meu livro *Psychologie und Alchemie* (*Psicologia e alquimia*), publicado pela primeira vez em 1944, como certos motivos arquetípicos de uso corrente na alquimia surgem também nos sonhos de pessoas da época atual, mesmo que elas não tenham de forma alguma conhecimentos provenientes da alquimia. Nessa ocasião apenas aludi à riqueza de ideias e de símbolos que está oculta nos tratados abandonados dessa "arte", que muitas vezes é mal entendida; esse assunto mereceria ser exposto em tratado mais extenso. Na ocasião tinha eu primeiramente em vista apresentar a prova de que o mundo simbólico da alquimia de modo algum faz parte exclusiva do entulho amontoado no passado; muito pelo contrário está esse mundo relacionado de modo muito vivo com as experiências e os conhecimentos atualíssimos da psicologia do inconsciente. Deste modo tornou-se evidente que tanto esta disciplina

---

1. KERÉNYI, K. *Das Ägäische Fest. Die Meergötterszene in Goethes Faust II*. Albae Vigiliae, Heft XI, Amsterdã/Leipzig: Pantheon Akademische Verlagsanstalt, 1941.

moderna da psicologia fornece a chave para o segredo da alquimia, como inversamente que essa última cria a base da compreensão histórica para a primeira. Isto significava primeiramente um assunto pouco popular, que, por conseguinte, ficou muitas vezes sem ser compreendido. Não apenas era a alquimia quase inteiramente desconhecida como filosofia da natureza e como movimento religioso, mas também a descoberta moderna dos arquétipos tinha ficado oculta ou, ao menos, desconhecida para a maioria das pessoas. Houve até não poucos que consideravam isto apenas como fantasias, quando se poderia esperar que eles tivessem sido mais bem instruídos pelo conhecido caso dos números inteiros, que propriamente não foram inventados mas descobertos, para nem sequer falar dos padrões de comportamento (patterns of behaviour) em biologia. Do mesmo modo que os números e as formas instintivas, existem ainda muitas outras disposições naturais ou tipos, que são representados por formas conhecidas de todos e chamadas "représentations collectives" (Lévy-Bruhl). Não se trata de especulações "metafísicas", mas de sintomas esperados, provenientes da unidade da espécie homo sapiens (homem sábio).

Hoje em dia existe uma bibliografia grande e variada a respeito das experiências psicoterapêuticas e da psicologia do inconsciente, de modo que cada um tem ocasião de adquirir conhecimentos acerca dos dados empíricos e das teorias existentes. O mesmo, porém, não se pode dizer da alquimia, pois as exposições gerais a respeito dela se acham turvadas pela suposição errada de que ela não passa de uma etapa preliminar da química. Herbert Silberer[2] foi o primeiro que tentou penetrar no aspecto mais importante da alquimia, que é o aspecto psicológico; fez ele o que lhe permitia seu aparelhamento ainda muito limitado. Dada a inexistência de tratados modernos e a inacessibilidade relativa das fontes, torna-se difícil fazer uma imagem correta da problemática da alquimia filosófica. Este livro pretende preencher esta lacuna.

Como já indica o nome de arte "espagírica"[2a], escolhido por ela mesma, ou a divisa repetida frequentemente "solve et coagula" (dis-

---

2. *Probleme der Mystik und ihrer Symbolik.* Viena/Leipzig: [s.e.], 1914.

2a. A palavra "espagírico" é formada pela união de dois radicais gregos: spao = separar, e ageiro = reunir; significa, pois, "que separa e reúne". Esse termo designa tanto a alquimia como tal, bem como a medicina da época que dependia dela. Os termos correlatos podem ser encontrados no Dicionário Aulete. [N.T.].

solve e coagula), vê o alquimista que a essência de sua arte consiste na separação e na solução, bem como na composição e na solidificação. De uma parte considera ele o estado inicial, em que tendências e forças opostas estão em luta entre si, e de outra parte pesquisa ele o processo pelo qual seja possível reconduzir novamente à unidade os elementos e as propriedades inimigos que estão separados. Nesta tarefa não se encontrava simplesmente dado o estado inicial, chamado de caos, mas deveria ser procurado como materia prima. Assim como o início da tarefa não era dado naturalmente por si mesmo, muito menos ainda o era o fim a ser atingido. Existem inúmeras especulações a respeito da natureza do estado final, as quais aparecem retratadas nas designações dadas. A maioria delas tem em comum as ideias de durabilidade (prolongação da vida, imortalidade, indecomponibilidade), de androgenia, de espiritualidade e corporalidade, de caráter e de semelhança humanos (homunculus), e de divindade.

A analogia manifesta dessa problemática dos opostos é formada no campo psíquico pela dissociação da personalidade em consequência de tendências incompatíveis, que provém normalmente de disposições psíquicas. A "repressão" do oposto (Freud) exercida nesses casos apenas faz prolongar e estender o conflito, isto é, a neurose. A terapia põe os opostos em confronto um com o outro e visa a união estável deles. As imagens da meta a atingir, que se manifestam nos sonhos, correm muitas vezes paralelamente aos símbolos alquímicos correspondentes. Um exemplo, em ponto grande, é o fenômeno conhecido do médico como "transferência" (Freud), o qual corresponde ao "casamento alquímico". Para que a presente obra não fosse sobrecarregada, já dediquei em 1946 uma pesquisa especial à psicologia da transferência[3], na qual o paralelismo alquímico é tomado como linha diretriz. Do mesmo modo, referências ou representações da totalidade, respectivamente do "si-mesmo" (Selbst), as quais não são raras em sonhos, também ocorrem na alquimia e constituem aí os muitos sinônimos do *lapis philosophorum* (pedra filosofal), o qual por seu turno foi colocado pelos alquimistas em paralelo com Cristo. Esta última relação, por

---

3. *Die Psychologie der Übertragung* ("A psicologia da transferência". In: JUNG, C.G. *Ab-reação, análise dos sonhos, tranferência.* 6. ed. Petrópolis: Vozes, 2011 [OC, 16/2]).

ser de grande importância, deu origem ao estudo especial "Beiträge zur Symbolik des Selbs" ("Estudos sobre o simbolismo do si-mesmo")[4]. Outras ramificações do tema da presente obra formam minha dissertação acerca do "Philosophischer Baum" (Árvore filosófica)[5] e o tratado "Die Synchronizität als ein Prinzip akausaler Zusammenhänge" ("A sincronicidade como um princípio de conexões acausais")[6] e ainda "Antwort auf Hiob" (*Resposta a Jó*)[7] (1952).

A primeira parte deste livro ocupa-se com o tema dos opostos e da união deles. A segunda parte expõe e comenta um texto alquímico, escrito com certeza por um clérigo, provavelmente no século XIII; expõe-se aí um estado de espírito extremamente singular, no qual cristianismo e alquimia se interpenetram reciprocamente. Tenta ele servir-se da mística do *Cântico dos Cânticos* para fundir as ideias aparentemente heterogêneas, procedentes do cristianismo e da filosofia da natureza, e lançar esse fluxo na forma de um hino. O texto é conhecido como *Aurora Consurgens I* (*A Aurora que surge*) (ou também "Aurea Hora" – A áurea hora) e desde longa data vem sendo atribuído a Tomás de Aquino. Será decerto supérfluo acrescentar que os historiadores de Tomás sempre o colocaram ou colocariam entre os escritos *spuria et falsa* (espúrios e falsos); isso já por causa do desprestígio tradicional da alquimia! A apreciação negativa da alquimia se funda principalmente na falta da devida compreensão. Não se conhecia a importância que ela tinha para seus adeptos, porque ela era tida apenas como arte de fabricar o ouro. Que ela não é nada disso, quando bem compreendida, é o que espero ter mostrado em meu livro *Psychologie und Alchemie* (*Psicologia e alquimia*). A alquimia significava muitíssimo para um Alberto Magno, para um Roger Bacon, e também para um Tomás. Não temos apenas o testemunho mais antigo de Zosimos de Panópolis no século III, mas também o de Petrus Bonus de Ferrara no início do século XIV; ambos apontam o parale-

---

4. *Aion*. Petrópolis: Vozes, 2011 [OC, 9/2].

5. *Von den Wurzeln des Bewusstseins* ("As raízes da consciência". In: JUNG, C.G. *Estudos alquímicos*. Petrópolis: Vozes, 2011 [OC, 13]).

6. *Naturerklärung und Psyche* ("Explicação da natureza e psique". In: JUNG, C.G. Petrópolis: Vozes, 2011 [OC, 8])

7. Petrópolis: Vozes, 2011 [OC, 11/4].

lismo existente entre o arcano alquímico e o Homem-Deus. O *Auro-ra Consurgens I* procura unir a concepção cristã e a alquímica; por isso é que o escolhi como exemplo de uma discussão esclarecedora entre o espírito cristão da época medieval e a filosofia da alquimia; também o considero de certo modo como uma ilustração para a ex-posição precedente acerca do problema dos opostos na alquimia, e, por isso, o coloquei no fim desta obra.

A primeira e a segunda parte são de minha responsabilidade; a terceira parte foi escrita pela minha colaboradora, Srta. Dra. Filol. Marie-Louise von Franz[8]. Editamos em conjunto este livro porque cada um dos dois autores participou do trabalho do outro. Além dis-so devo gratidão a muitas outras pessoas, e, entre estas, à Srta. Dra. Filol. R. Schärf e ao Sr. Dr. S. Hurwitz quanto ao que se refere mais de perto aos assuntos da tradição hebraica. Sinto-me movido de gra-tidão especial à Sra. L. Hurwitz pela elaboração consciensiosa do ín-dice remissivo e pelo auxílio prestado na correção das provas tipo-gráficas. Gostaria ainda de agradecer aqui de modo especial à minha secretária anterior, Sra. M.-J. Boller-Schmid, e à Srta. M. Pestalozzi pela confecção cuidadosa da cópia final datilografada.

Surgem hoje em dia novamente muitas tendências que gostariam de eliminar o inconsciente, o qual ainda não tem reconhecimento ge-ral, e para isso consideram a hipótese do mesmo como um preconcei-to dos que a admitem. Curiosamente nisso tudo não se tomaram em consideração as provas apresentadas, por partir-se do preconceito muito conhecido de que a psicologia não passa de uma opinião nega-tiva e preconcebida. Deve-se conceder decerto que em nenhum outro setor exista tão grande perigo de o pesquisador se tornar vítima de suas pressuposições subjetivas. Deve ele certamente estar consciente no mais alto grau de sua situação subjetiva. Por mais recente que seja a psicologia dos processos inconscientes, já conseguiu fazer que fos-sem assegurados certos fatos, que de modo crescente gozam do reco-nhecimento geral. Entre eles está o fato de a psique apresentar uma estrutura de dados opostos, da qual ela partilha com todos os proces-

---

8. [Volume 3 da edição avulsa: *Aurora Consurgens. Um documento da problemática alquímica atribuído a Tomás de Aquino*. 1957. Não figura na OC].

sos naturais. São esses processos fenômenos energéticos, que sempre provêm de um estado menos provável de tensão entre dados opostos. Esta formulação é até de especial importância para a psicologia, pois o inconsciente, de maneira geral, fica hesitando em reconhecer e conceder o caráter de oposição reinante em suas próprias origens, donde ele tira diretamente a energia que tem.

A psicologia, de certo modo, deixou há pouco de caminhar às apalpadelas para atingir essa estrutura, e agora surge o fato de a filoso-fia alquímica da natureza, entre outras coisas, ter tomado para seus ob-jetos mais importantes os pares de opostos e a negação deles. Sem dú-vida emprega ela em sua representação uma terminologia de símbolos que amiúde lembra a linguagem de nossos sonhos, pois estes se ocu-pam muitas vezes com o problema dos opostos. Enquanto a consciên-cia procura o sentido unívoco e as decisões claras, deve ela constante-mente libertar-se de argumentos e de tendências opostos; nessa tarefa especialmente os conteúdos incompatíveis ou permanecem de todo in-conscientes ou são preteridos de modo habitual e até mesmo proposi-tal. Quanto mais isto acontece, tanto mais inconsciente permanece a posição oposta. Uma vez que todos os alquimistas, com raríssimas ex-ceções, não sabiam que estavam elucidando estruturas psíquicas, mas julgavam estar explicando transformações da matéria[8a], justamente por isso nenhuma consideração psicológica ou susceptibilidade os im-pedia de levantar o véu dos processos realizados nos planos mais ocul-

---

8a. N.T.: Dada a pequena divulgação da Filosofa Medieval em nosso meio cultural, acho indispensável esta nota para facilitar a compreensão das especulações dos alqui-mistas. Trata-se do *hilemorfismo* (hyle = matéria; morfé = forma) ou doutrina da ma-téria e da forma, formulada por Aristóteles e desenvolvida pelos filósofos escolásticos medievais. O trabalho do oleiro fornece ótimo ponto de partida para penetrarmos nessa concepção acerca da constituição dos corpos. Com barro e água prepara o oleiro uma massa uniforme, como que "informe e indeterminada"; é a *matéria* com que tra-balha. A essa matéria dá ele a *forma* que deseja, fazendo um prato, uma xícara, um vaso, uma estátua etc. A forma superveniente é que determina o objeto fabricado. Bas-ta agora generalizar esta concepção e aplicá-la à constituição de todos os corpos do Universo. Parte-se de uma *matéria-prima,* que não tem nenhuma determinação, e da *forma substancial.* A *matéria-prima é* algo de muito vago e indeterminado, comum a todos os corpos; por vezes os alquimistas a denominam *caos primordial.* As *formas substanciais* são muitas; são elas que determinam e individualizam cada um dos corpos

tos de sua psique, acerca dos quais teria receio e pudor qualquer pessoa consciente. Graças a essa circunstância é que a alquimia tem tanta importância para o psicólogo. Por esta razão é que os autores desta obra consideram ser tarefa importante dedicar um exame minucioso à concepção alquímica acerca dos opostos e da sua união ou conciliação. Por mais obscuras e estranhas que a linguagem e a fantasia da alquimia possam parecer aos não iniciados, tanto mais imediatas e próximas da vida se tornarão elas quando a pesquisa comparativa de seus símbolos evidenciar o relacionamento que elas têm com os processos no inconsciente. Esses últimos podem consistir de sonhos, fantasias espontâneas e delírios de loucura, mas de outra parte também podem ser procurados nas criações da imaginação poética e na linguagem simbólica das religiões. Os materiais aduzidos para comparação podem, entretanto, parecer muitas vezes altamente estranhos ao leitor de formação acadêmica, porque ele apenas conhece esses fragmentos impessoalmente em seu ambiente histórico, étnico e geográfico, e jamais examinou os relacionamentos psicológicos que têm com formações análogas, as quais podem provir das fontes mais variadas. Propriamente qualquer um es-

---

existente, fazendo-os ser o que são na realidade concreta. Trata-se de uma *teoria filosófica;* mas ela não está em contradição com as ciências naturais e experimentais. Ainda que a Química ensine que há aqui na Terra cerca de uns 100 elementos distintos, contudo ensina ela também que esses elementos são formados de três partículas apenas: próton, nêutron e elétron; a forma dos elementos seria o número e a disposição dessas partículas subatômicas; resta ainda a Ciência determinar a última partícula constituinte da matéria, da qual são formadas as partículas subatômicas conhecidas. – Tratando-se dos seres vivos materiais, a forma substancial é chamada de *enteléquia,* para indicar "uma atividade imanente e continuada, capaz de levar o ser a seu desenvolvimento completo"; nos seres humanos fala-se de *alma,* que a Escolástica considera a forma mais perfeita por ter existência própria independente do corpo. – Por meio da Filosofia Medieval essa teoria passou a constituir patrimônio comum da cultura ocidental. Menciono apenas dois casos. Fala-se em *matéria-prima* para obtenção do ferro, do cimento, dos plásticos modernos etc. Diz-se também pedido *formal* ou convite *formal.* Distingue-se entre mentira material e mentira formal. A mentira *material é* proferida sem consciência nem conhecimento de quem a diz, ao passo que na mentira *formal* existe consciência de quem a profere e também a intenção de enganar.

Obs.: Uso da Sagrada Escritura – O próprio Jung cita como melhor lhe convém ou o texto grego ou o texto latino da Vulgata ou o texto alemão da Bíblia de Zurique. A tradução portuguesa se adapta ao texto apresentado, sem seguir uma das traduções já feitas em português.

tranhará com razão na primeira vez quando certas formas simbólicas do Antigo Egito são colocadas em íntimo relacionamento com conteúdos modernos da religião popular da Índia e também com material onírico tirado de sonhos de um europeu que de nada suspeita. O que parece difícil para o historiador e o filólogo não representa obstáculo para o médico. Pela biologia já está ele por demais marcado a respeito de que se podem comparar todas as atividades humanas, e por isso já não terá grande surpresa ao verificar a semelhança ou a identidade fundamental dos homens e de suas manifestações psíquicas. Se for ele psiquiatra, então nem se admirará com a semelhança fundamental dos conteúdos psicóticos, quer provenham da Idade Média ou da Contemporânea, da Europa ou da Austrália, dos indianos ou dos americanos. Os processos fundamentais são de natureza instintiva, e por isso universais e extremamente conservativos. O pássaro tecelão constrói o ninho de sua maneira característica, pouco importando onde se encontre; e, como não há razão para supor-se que há 3.000 anos tenha construído ninho diferente, também não há nenhuma probabilidade de que ele altere seu estilo nos próximos milênios. Mesmo que o homem, em sua variante moderna, acredite poder transformar-se de modo ilimitado ou também ser modificado por influência externa, contudo continua de pé o fato admirável – ou melhor, aterrador – de que ele, apesar da civilização e da educação cristã, ainda se encontra preso a uma falta de liberdade semelhante à do animal, e que por isso pode a todo tempo ser vítima da grande besta. Justamente hoje em dia constitui isto uma verdade mais universal do que nunca e, com certeza, independente da formação, educação, língua, raça ou lugar em que viva.

A pesquisa da simbólica da alquimia, como também o estudo da mitologia, não nos afasta da vida, do mesmo modo que a anatomia comparada não nos separa da anatomia do homem vivo. Pelo contrário, a alquimia representa para nós um verdadeiro depósito do tesouro dos símbolos, cujo conhecimento é extremamente proveitoso para a compreensão dos processos neuróticos e psicóticos. Por seu turno, a psicologia do inconsciente também poderá ser empregada naqueles domínios da história da mente onde se exige simbolização. Justamente nesse campo surgem formulações de questões que se mantêm próximas da vida e que estão repletas de vida, superando até as possibilidades do emprego terapêutico. Neste ponto resta ainda superar muitos preconceitos. Assim como se julga que, por exemplo, as formações mitológicas (mitologemas) mexicanas nada tenham em comum com representações análogas do europeu, do mesmo modo se considera fantasiosa a suposição de que algum contemporâneo inculto possa sonhar com motivos da mitologia clássica, conhecidos unicamente por algum especialista. Continua-se sempre a julgar que tais relacionamentos foram procurados muito longe e por isso são inverossímeis. Mas aí se esquece, por exemplo, que tanto a estrutura como o funcionamento dos órgãos humanos são mais ou menos iguais, e entre eles também o cérebro. Até onde a psique depender em grau elevado deste órgão, também produzirá ela em toda a parte, como se supõe – ao menos em princípio – as mesmas formas. Para que se possa entender isso deve-se, entretanto, renunciar ao preconceito ainda muito espalhado que identifica a psique com a consciência.

Outubro de 1954

C.G. Jung

I

Os componentes da coniunctio (união)

1. Os opostos

Os fatores que se unem na coniunctio são concebidos como opostos, que ou se opõem como inimigos ou se atraem amorosamente um ao outro[1]. Trata-se primeiramente de um *dualismo*, por exemplo, dos opostos: humidum (molhado) – siccum (seco), frigidum (frio) – calidum (quente), superiora (coisas do alto) – inferiora (coisas de baixo), spiritus (espírito; eventualmente, anima = alma) – corpus (corpo), caelum (céu) – terra (terra), ignis (fogo) – aqua (água), coisas claras – coisas escuras, agens (agente ou ativo) – patiens (paciente ou passivo), volatile (volátil ou gasoso) – fixum (sólido), pretiosum (precioso; eventualmente carum = caro) – vile (vil ou barato), bonum (bom) – malum (mau), manifestum (manifesto) – occultum (oculto; respectivamente, celatum), oriens (o oriente) – occidens (o ocidente), vivum (vivo) – mortuum (morto), masculus (macho) – foemina (fêmea ou mulher), Sol – Luna. Muitas vezes a oposição é disposta como um *quatérnio* (grupo de quatro), isto é, como dois opostos que se opõem em linhas cruzadas; tais são, por exemplo, os quatro elementos[1a] (terra, água, ar, fogo) ou as quatro propriedade Os componen-

1

---

1. Diz Georgius Riplaeus: "A *coniunctio* é a combinação de propriedades distintas ou equalização dos princípios". *Theatrum Chemicum*. II, Ursel: [s.e.], 1602, p. 128.

1a. Não se trata aqui do conceito moderno de "elemento", introduzido na Química e aperfeiçoado somente a partir do século XVIII. Até bem além do início dos tempos modernos, vigorou a teoria dos quatro elementos de Empédocles, sustentada ainda pela autoridade de Platão e Aristóteles. Esses quatro elementos eram: terra, água, ar e

tes da coniunctio (seco, molhado, quente, frio) ou os quatro pontos cardeais ou as estações do ano[2]; daí provém que a *cruz* é o símbolo dos quatro elementos, e deste modo também o símbolo da criação que existe sob a lua[3]. Essa *physis* (natureza) quadrúplice, a cruz, se encontra também nos símbolos para a Terra ♁, Vênus ♀, Mercúrio ☿, Saturno ♄ e Júpiter ♃[4].

---

fogo. As propriedades fundamentais dos elementos eram: frio e seco para a terra, frio e úmido para a água, quente e úmido para o ar, quente e seco para o fogo. Da combinação desses quatro elementos e de suas propriedades resultariam todos os corpos existentes. Tal concepção de elemento é básica para qualquer estudo da alquimia. – Pela destilação (respectivamente, sublimação) esperava-se obter a *alma* ou o *espírito* ou a *essência* dos corpos. Daí o emprego atual de "essências" (perfumes etc), bem como o do espírito de madeira para o metanol, e o de espírito de vinho para o etanol. – Neste contexto deve-se entender também o termo "quintessência", muito em voga na alquimia; essa "quintessência" só podia ser a alma ou o espírito da coisa dada, isto é, o que ia além dos quatro elementos. – Entre as tarefas materiais dos alquimistas estava a procura da "pedra filosofal" (*lapis philosophorum*), capaz de transformar em ouro qualquer metal; o *elixir da vida longa* e a *panaceia* (remédio universal) [N.T.].

2. Cf. com isso a representação da tetrameria de STOLCENBERG, S. von. *Viridarium Chymicum*. Frankfurt: [s.e.], 1624, figura XLII.

3. Cf. "Consilium Coniugii". *Ars Chemica*. Estrasburgo: [s.e.], 1556, p. 79: "In hoc lapide sunt quatuor elementa et assimilatur mundo et mundi compositioni" (Nesta pedra estão os quatro elementos, e ela se assemelha ao mundo e à composição do mundo). Cf. ainda MAJER, M. *De Circulo Physico quadrato*. Oppenheimii: [s.e.], 1616, p. 17: "Natura, inquam dum circumgyravit aureum circulum, in ipso motu qualitates quatuor in eo aequavit, hoc est, homogeneam illam simplicitatem in sese redeuntem quadravit, sive in quadrangulum duxit aequilaterum, hac ratione ut contraria a contrariis et hostes ab hostibus aeternis quasi vinculis colligentur et invicem teneantur" (A natureza, pois, ao girar o círculo áureo, igualou por este movimento as quatro qualidades contidas nele, e assim quadrou aquela simplicidade homogênea que retorna sobre si mesma, ou traçou um quadrilátero equilátero, de modo que se ligassem como que por laços eternos e se prendessem mutuamente os opostos pelos opostos e os inimigos pelos inimigos). Petrus Bonus diz: "In circulo sunt elementa coniuncta vera amicitia" (MANGETUS, J.J. (org.). *Bibliotheca chemica curiosa seu rerum ad alchemiam pertinentium thésaurus instructissimus*. II, Genebra: [s.e.], 1702, p. 35, b) (No círculo os elementos estão unidos por verdadeira amizade).

4. Cf. DEE, J. Monas hieroglyphica. *Theatrum Chemicum*. II, 1602, p. 220.

Os opostos e seus símbolos estão dispersos em tal profusão nos   2
textos que se torna supérfluo apresentar comprovação para isso. No
entanto, diante da ambiguidade da linguagem da alquimia (tam ethi-
ce quam physice! – tanto moralmente quanto fisicamente!), vale a
pena aprofundar-se um pouco mais na maneira como são tratados os
opostos. O oposto masculino – feminino se encontra com extrema
frequência personificado por *rei* e *rainha* (no *Rosarium Philosophorum* também por imperador e imperatriz), por servus (escravo) ou vir
rubeus (homem vermelho) e mulier candida (mulher branca)[5], na Visio Arislei por Gabricus ou Thabritius e Beja, filho do rei e filha do
rei[6]. Com a mesma frequência se recorre a representações teriomórfi-
cas (em forma de animal), o que ocasiona as ilustrações correspondentes[7]. Menciono aqui a água e o sapo ("aquila volans per aerem et
bufo gradiens per terram" – a águia que voa no ar e o sapo que se
move sobre a terra) como emblema de Avicenna, citado por Michael
Majer[8]. A águia representa aí a Luna "ou Juno, Vênus, Beja, que são
voláteis e aladas, como a águia que voa para as nuvens e recebe nos o-
lhos os raios do Sol". O sapo "está em oposição ao ar, é o elemento
oposto a este, a saber a terra, na qual unicamente pode ele movimen-
tar-se a passo lento, e jamais ousa ele ir para qualquer outro elemento. A cabeça dele é muito pesada e se inclina para a terra. Por esse motivo representa ele a terra filosófica, a qual não pode voar (isto é, ser
sublimada) por ser firme e sólida. Sobre ela como base ou fundamen-

---

5. Cf. "Consilium Coniugii". *Ars Chemica*. 1566, p. 69-70; "Clangor buccinae". *Artis
Auriferae*. Vol. I, Basileia: [s.e.], 1593, p. 484. Na cabala o caso é inverso: o vermelho
indica o feminino, o branco (o lado esquerdo), o masculino. Cf. MUELLER, E. *O Sohar e a sua Doutrina*. Viena: [s.e.], 1923, p. 22.

6. "Aenigma ex visione Arislei Philosophi...". *Artis Auriferae*. Vol. I, 1593, p. 146s. A
união do Sol e da Lua (LACINIUS, J. *Pretiosa margarita novella de thesauro ae pretio-
sissimo philosophorum lapide...* Veneza: [s.e.], 1546, p. 112). Aqui tem papel importante o casamento celestial. Em etapa primitiva já se encontra esse motivo no xamanis-
mo. Cf. com isso: ELIADE, M. *Le chamanisme et les techniques archaiques de 1ª extase*. Paris: [s.e.], 1951, p. 83.

7. A coleção mais completa das ilustrações aparecidas nas obras impressas é o STOL-
CENBERG, S. von. *Viridarium Chymicum Figuris Cupro Incisis adornatum...* Frankfurt: [s.e.], 1642.

8. *Symbola aureae mensae duodecim nationum*. Frankfurt a. M.: [s.e.], 1617, p. 192.

to, deve ser edificada a 'casa dourada'[9]. Se a terra não estivesse atuando, o ar evolaria para longe, também o fogo não encontraria alimento, nem a água um recipiente"[10].

3   Outra representação de animal apreciada é a de duas *aves* ou de dois *dragões*, sendo sempre alado um desses animais e o outro desprovido de asas. Esta alegoria provém do texto antigo *De Chemia Senioris antiguissimi philosophi libeaus*[11]. O animal desprovido de asas impede o outro de voar. Representam Sol e Luna, irmão e irmã, que são unidos pela arte[12]. Nos símbolos de Lambsprinck são eles os peixes astrológicos, que representam a oposição entre "espírito e alma", porque nadam em sentidos opostos. A água em que se encontram é o "mare nostrum" e é interpretada[13] como corpus[14]. Os peixes não têm carne nem ossos (sine omni carne et ossibus)[15]. Ne-

---

9. A saber, a "casa do tesouro" (gazophylacium, domus thesauraria) da Filosofia, a qual é um sinônimo do aurum philosophorum, e respectivamente do *lapis*. Cf. a quinta parábola do *Aurora Consurgens*. Esta concepção baseia-se em Alphidius (Cf. "Consilium Coniugii". *Ars Chemica*. 1566, p. 108) e também mais tarde em Zósimo, que descreve o *lapis* como um templo de mármore branco e radiante (BERTHELOT, M. *Collection des Anciens Alchimistes Grecs*. III, I, Paris: [s.e.], 1887, p. 5).

10. *Symbola aureae mensae duodecim nationum*. 1617, p. 200.

11. A impressão vem sem data. Com toda a probabilidade provém da oficina Emmel, de Estrasburgo, e poderia coincidir com a *Ars Chemica*, publicada aí em 1566, pois nosso *libellus* apresenta correspondência na impressão, no papel e no formato. O autor Senior Zadith filius Hamuel poderia talvez fazer parte dos harranos do século X ou, pelo menos, ter sido influenciado por eles. Se a *Clavis maioris sapientiae*, que é aduzida por STAPLETON, *Memoirs of the Asiatic Society of Bengal*. Vol. 12, [s.l.]: [s.e.],1933, p. 126s., fosse idêntica com o tratado latino do mesmo nome, que veio pela tradição sob o nome de Arthephius, então isso estaria demonstrado, uma vez que o tratado contém a doutrina típica dos harranos. RUSKA, J. Studien zu M. ibn Umail. *Isis*. Vol. 24, [s.l.]: [s.e.], 1935, p. 310s., inclui Senior no círculo da literatura da *Turba*, nascida em solo egípcio.

12. Senior diz: "Desponsavi ego duo luminaria in actu et facta est illa quasi aqua in actu habens duo lumina". Op. cit., p. 15s. (Desposei realmente as duas luminárias (o Sol e a Lua), e surgiu aquela água que realmente contém as duas luzes).

13. *Musaeum Hermetieum Reformatum*. Frankfurt: [s.e.], 1678, p. 343.

14. *Corpus* (como *corpus nostrum*) geralmente significa o "corpo" químico, a matéria, que é moralmente o corpo do homem. "Mar" é símbolo comum para o inconsciente. O "corpo" seria, segundo o exposto, um símbolo alquímico para o inconsciente.

15. Cf. "Aenigmata Philosophorum II". In: *Artis Auriferae*. Vol. I, 1593, p. 149.

les tem origem um mare immensum, justamente a aqua permanens, como mais acima. Outro símbolo ainda é o cervo ou veado e o unicórnio, que se encontram mutuamente no "mato"[16]. O cervo significa a anima, o unicórnio o spiritus, e o mato o corpus: Nas duas figuras seguintes de símbolos de Lambsprinck aparecem leão e leoa[17], respectivamente lobo e cão, sendo que estes dois estão em luta; simbolizam eles anima e spiritus. Na figura VII estes opostos são simbolizados por dois pássaros no mato, um já emplumado e o outro ainda implume. Enquanto nas primeiras figuras parece existir oposição entre espírito e alma, aqui a oposição dos dois pássaros indica antes a oposição entre espírito e corpo. Na figura VIII as duas aves que lutam entre si representam de fato a oposição entre espírito e corpo, como já mostra o título. A oposição entre espírito e a alma provém da subtilidade material desta última. Ela está mais próxima do corpo hílico (material) e é "densior et crassior" (mais densa e mais grosseira) do que o espírito.

A elevação da figura humana a rei ou a divindade, bem como o rebaixamento na representação teriomórfica[17a] indica que *os pares opostos apresentam um caráter que transcende a consciência.* Não pertencem eles à personalidade do "eu", mas a ultrapassam. Esta fica situada entre eles como a anima inter bona et mala sita (a alma situada entre o bem e o mal). Os pares de opostos formam muito antes a fenomenologia do *si-mesmo* paradoxal, que é a totalidade humana. Por isso sua simbólica recorre a expressões de natureza cósmica, como caelum – terra[18]. A intensidade da oposição

4

---

16. Cf. figura 240 em *Psychologie und Alchemie* (*Psicologia e alquimia*). 2. ed. Zurique: Rascher, 1952 [OC, 12], p.588.

17. O mesmo em VALENTINUS, B. XI *Clavis*. Ed. Alemã, 1700, p. 68. Em *Viridarium*, fig. XI, LV, LXII. As variantes são cobra – leão (*Viridarium* fig. XII), leão – ave (fig. LXXIV), leão – urso (fig. XCIII e CVI).

17a. Teriomórfico vem do grego theríon = animal + morphé = forma, e significa "em forma de animal" [N.T.].

18. Cf. BONUS, P. Pretiosa margarita novella. *Theatrum Chemicum*. Vol. V, 1622, p. 647s.: "Hermes: Necesse est ut in fine mundi coelum et terra coniungantur, quod verbum est philosophicum" (Hermes diz: É necessário que no fim do mundo o céu e a terra se unam, o que é um dito filosófico). Cf. ainda *Musaeum Hermeticum*. Frankfurt: [s.e.], 1678, p. 803.

vem expressa nos símbolos como fogo – água[19], altura – profundidade[20], morte – vida[21].

2. O quatérnio (grupo de quatro)

5   Para colocar os opostos num grupo de quatro, apresenta o Viridarium uma ilustração interessante (fig. XLII), a qual também se encontra na *Philosophia Reformata* de Mylius (1622), p. 117. As deusas representam as quatro estações do Sol no zodíaco (Aries, Cancer, Libra, Capricornus) e simultaneamente os quatro graus de aquecimento[22], como também os quatro elementos "agrupados" na mesa redonda[23]. A síntese se faz pelo movimento circular (circulatio, rota[24]) no decurso do tempo, isto é, do movimento solar, que passa pelas casas do zodíaco. Como já mostrei na obra mencionada, a finalidade da circulatio é a produção (respectivamente, reprodução) do *homem primitivo redondo*. Neste contexto talvez se possa mencionar também uma citação singular de Ostanes, aduzida por Abu'l-Qasim. Descreve ele a posição entre dois pares de opostos, portanto no quatérnio: "Ostanes said: 'save me, O my God, for I stand between two exalted brilliancies known for their wickedness, and between two dim lights; each of them has rea-

---

19. Ms. Incipit: "Figuraram Aegyptiorum Secretarum", século XVIII, em poder do autor.

20. "Sic absconditur altitudo et manifestatur profunditas" (Assim a altura se esconde e a profundidade se manifesta). *Musaeum Hermeticum*. 1678, p. 652.

21. Cf. a locução repetida frequentemente: *de mortuo facit vivum* (do morto faz o vivo). MYLIUS. *Philosophia Reformata*. 1622, p. 191.

22. MYLIUS. *Philosophia Reformata*. 1622, p. 118. O quarto é a *coniunctio*, que portanto recairia no *Capricornus*.

23. Mylius anota a respeito disso (p. 115): "... consurgit aequalitas... ex quatuor repugnantibus in natura communicantibus" (... surge a igualdade... entre os quatro [elementos] que se combatem, mas que na natureza se comunicam). Uma concepção aparentada, proveniente da Antiguidade, parece constituir a ἡλιαχὴ τράπεζα dos Mistérios de Orfeu. Cf. PROKLOS. In: Tim. 41 d: "χαὶ Ὀρφεὺς οἶδε μὲν τὸν τοῦ Διονύσου κρατῆρα πολλούς τε χαὶ ἄλλους ἱδρύει περὶ τὴν ἡλιαχὴν τράπεζαν" (E Orfeu conhecia o almofariz de Dionísio, e colocou muitos outros ao redor da mesa solar) (Cf. HERÓDOTO. III, 17-18; PAUSANIAS. *Descriptio Graeciae*. VI, [s.l.]: [s.e.], [s.d.], 26, 2).

24. Cf. *Psychologie und Alchemie* (*Psicologia e alquimia*). 2. ed. Zurique: Rascher, 1952 [OC, 12], s.v. roda, rota, principalmente p. 517 a roda criadora das almas nas atas de Arquelau.

ched me and I know not how to save myself from them. And it was said to me: Go up to Agathodemon the Great and ask aid of him, and know that there is in thee somewhat of his nature, which will never be corrupted. – And when I ascended into the air he said to me: Take the child of the bird which is mixed with redness and spread for the gold its bed which comes forth from the glass, and place it in its vessel whence it has no power to come out except when thou desi-rest, and leave it until its moistness has departed"[25].

O quatérnio consta neste caso manifestamente de dois malefici, Marte e Saturno. O primeiro rege Aries, o segundo rege Capricornus. As duas luzes mais fracas seriam neste caso certamente femininas, isto é, a Lua (Cancer) e Venus (Libra). Os opostos entre os quais se acha Ostanes são de uma parte masculino – feminino, de outra parte mau – bom. A maneira conforme Ostanes fala sobre seu relacionamento com os quatro – ele não sabe como poderá proteger-se deles – indica "fatalismo sideral" (heimarnéne, destino), isto é, dado que transcende a consciência e cujas raízes a vontade humana não atinge. O efeito maléfico dos quatro planetas, deixando-se de considerar a coação exercida por eles, deveria consistir em produzir cada um deles um efeito específico sobre o homem e, deste modo, criar nele uma multiplicidade de pessoas, quando ele na verdade devia ser *um*[26]. Hermes, ao que se supõe, dirige sua atenção ao fato de haver

6

---

25. HOLMYARD, E.J. *Kitab al-'ilm al-muktasab fi zirâ'at adh-dha-hab*. Book of knowledge acquired concerning the cultivation of gold. Abu'1-Qasim Muhammad ibn Ahmad al-'Irâql. Paris: [s.e.], 1923, p. 38.

26. A ideia da união das muitas coisas em uma unidade não se encontra apenas na alquimia, mas também já aparece em Orígenes (in: Libr. I. Reg. Horn. I, 4): *"Erat vir unus*. Nos, qui adhuc peccatores sumus, non possumus istum titulum laudis acquirere, quia unus quisque nostrum non est 'unus', sed multi... Vides, quomodo ille, qui putatur 'unus' esse, non est 'unus', sed tot in eo personae videntur esse, quot mores, quia et secundum scripturas 'insipiens sicut luna mutatur'" (Era um homem *uno*. Nós que ainda somos pecadores não podemos adquirir esse título de louvor, porque cada um de nós não é "uno", mas múltiplo... Vês que aquele que se julga "uno" não é "uno", mas nele parecem existir tantas pessoas quantos são seus caracteres morais; pois segundo as Escrituras: O tolo muda como a lua). Em outra homilia (in Ezech. 9,1) se diz: "Ubi peccata sunt, ibi est multitudo... ubi autem virtus, ibi singu laritas, ibi unio" (Onde há pecado, aí há multiplicidade... mas onde há virtude, aí há singularidade e unidade). Cf.

algo de incorruptível em sua natureza, que ele tem em comum com o
Agathodemon[27], portanto algo de divino, certamente o germe do

---

Porphyrius ad Marcellam. [s.l.]: [s.e.], 1815, cap. 10: "Se te exercitares em descer até o
fundo de ti mesma, reunindo todos esses membros dispersos em uma unidade...". Da
mesma forma o evangelho de Filipe dos levitas (EPIPHANIUS. *Panar.* XXVI, [s.l.]:
[s.e.], [s.d.], p. 13): "Eu me conheci a mim mesma (diz a alma) e me recolhi de todas as
partes em redor, e não dei filhos ao arconte, mas arranquei-lhe as raízes e reuni os
membros dispersos, e eu te reconheci quem possas ser. Pois pertenço, diz ela, (ao número) dos superiores". Cf. tb. a visão e a audição de *Panar.* XXVI, 3: "Eu sou tu, e tu
és eu, e, onde quer que estejas, estarei eu também, e eu estou disperso em todas coisas,
e donde quer que queiras, podes reunir-me, e recolhendo-me te recolhes a ti mesmo". A
multiplicidade interna do homem corresponde à sua natureza microcósmica, a qual
contém em si os astros e seus efeitos (astrológicos). Isso diz Orígenes (*Lev. Hom.* 5, 2):
"Intellige te habere intra temet ipsum greges boum... Intellige habere te et greges ovi-
um et greges caprarum. Intellige esse intra te etiam aves coeli. Nec mireris quod haec
intra te esse dicimus; intellige te alium mundum esse in parvo et esse intra te solem,
esse lunam, esse etiam stellas... Videas habere te omnia, quae mundus habet" (Compreende que tens dentro de ti mesmo rebanhos de bois... compreende que tens também rebanhos de ovelhas e de cabras. Compreende que estão dentro de ti também aves
do céu. Nem te admires de dizermos que tudo isso está dentro de ti. Compreende que
tens dentro de ti um outro mundo em miniatura: o Sol, a Lua e as estrelas... Vê que
tens em ti tudo o que o mundo tem). Cf. com isso o que diz Dorneus (*Theatrum Chemicum.* I, 1602, p. 533): "Quatuor in caelo planetis imperfectioribus, quatuor in corpore
nostro corresponderé volunt elementa, ut Saturno, Mercurio (em lugar de Luna, cf.
acima), Veneri et Marti, terra, aqua, aer et ignis, ex quibus conflatum est et infirmum
propter partium imperfectionem. Plantetur itaque arbor ex eis cuius radix adscribitur
Saturno etc." (Aos quatro planetas mais imperfeitos no céu devem corresponder no
nosso corpo os quatro elementos; assim a Saturno, a Mercúrio (em lugar de Lua), a
Vênus e a Marte (correspondem) terra, água, ar e fogo; desses (elementos) é formado
(o corpo), mas ele está enfraquecido por causa da imperfeição das partes. Plante-se,
pois, a árvore formada por eles, cuja raiz é destinada a Saturno etc.), isto é, a árvore
filosófica, símbolo do processo de evolução que conduz à unidade do filho dos filósofos, isto é, o *lapis* (cf. a árvore filosófica em: *Wurzeln des Bewusstseins* ("As raízes da
consciência". In: JUNG, C.G. *Os arquétipos do inconsciente coletivo* [OC, 9/1]).

27. O ἀγαθὸς δαίμων é para os gregos um demônio ctônico da fertilidade em forma de
serpente e é aparentado com o gênio heroico. No Egito ele é também um demônio em
forma de serpente, doador da força vital e curativa. No papiro mágico de Berlim ele é
o ἀγαθὸ γεωργός, um ser que dá a fertilidade à terra. Nas gemas gnósticas se acha ele
unido a Enoque. Enoque já muito cedo foi emparelhado com Hermes. Os sábios (grupo gnóstico) o identificaram com Hermes ou Orfeu; foram eles que legaram à Idade
Média o Agathodemon como um πνεῦμα πάρεδ dos processos mágicos (CHWOL-
SOHN, D. *Die Ssabier und der Ssabismus.* II, [s.l.]: [s.e.], 1856, p. 624). Olimpiodoro
(BERTHELOT. *Collection des anciens alchimistes grecs.* 1887/1888, II, IV, 18) o

ser-um-só. Este germe é o ouro, o aurum philosophorum[28], a *ave de Hermes,* respectivamente o filho da ave, que é precisamente o filius philosophorum[29]. Este deve ser conservado no vas Hermeticum e aí aquecido por tanto tempo até que tenha desaparecido dele a umidade que lhe está aderente, o humidum radicale, a prima materia, isto é, o caos primitivo e o mar (o inconsciente). Sabemos que a síntese do grupo dos quatro é uma das preocupações principais da alquimia, e da mesma forma dos sete (isto é, metais). No mesmo texto dirige-se Hermes ao Sol deste modo: "And it will be due to thee from me that I cause to come out to thee the spirits of thy brethren (dos planetas), O Sun, and that I make them for thee a crown the like of which was never seen; and that I cause thee and them to be within me, and I will make thy kingdom vigorous etc."[30]. Aqui se trata da composição dos planetas, respectivamente dos metais, com o Sol de modo a formar uma *coroa* que será dele, isto é, de Hermes. A coroa significa a totalidade régia, que paira acima da heimarméne (destino) e representa a unidade. Isto lembra a coroa de luz de 7 (ou 12) raios que a serpente

---

menciona como um "anjo misterioso" (μυστιχώτερον ἄγγελον), como Ouroboros ou como o "céu", de modo que mais tarde ele se torna sinônimo de Mercurius.

N.T.: "Ctônico" vem do grego chthónios e significa subterrâneo ou infernal (isto é, relativo ao reino dos mortos).

"Demônio" vem do grego *daimónios,* que já é um derivado de *dáimon.* No Cristianismo é usado exclusivamente para indicar "anjo mau" e, sobretudo, Satanás ou Príncipe das Trevas. Mas não era esse o emprego na Antiguidade grega, quando *dáimon* significava simplesmente uma divindade inferior, boa ou má; como divindade protetora correspondia ao *genius* dos romanos. É neste sentido grego que Jung costuma empregar o termo, que de agora em diante será dado na forma original *dáimon* para evitar confusão. O gnosticismo é uma doutrina filosófico-religiosa muito ramificada e diversificada; é um sincretismo que veio unindo elementos persas, judaicos e cristãos como o neoplatonismo. Surgido já antes de Cristo, fortaleceu-se nos primeiros séculos cristãos e constituiu o maior perigo para o Cristianismo. Entrou em declínio a partir do século V, mas ainda influiu na alquimia pela transmissão arábica dos gnósticos gregos.

28. Cf. com isso a doutrina indiana de Hiranyagarbha, o "germe de ouro" e purusha. A isto se referem meus tratados no livro *Zur Psychologie östlicher Meditation* (Achegas à psicologia da meditação oriental). VI, [s.l.]: [s.e.], 1943. Contribuição em *Symbolik des Geistes* (*Simbólica do espírito*). 2. ed. Zurique: [s.e.], 1953.

29. Cf. ὕλη τῆς ὀρνιθογονίας em Zósimo (BERTHELOT. *Collection des anciens alchimistes grecs.* 1887/1888, III, XLTV, 1).

30. HOLMYARD. Op. cit., p. 37.

de Agathodemon carrega sobre as gema[31], e do mesmo modo a coroa
da Sapientia na *Aurora Consurgens*[32].

7   Em um quatérnio semelhante se acham agrupadas as quatro qualidades como "combinationes duarum contrarietatum", "frigidum et
humidum, quae − non sunt amicabilia caliditati et siccitati" (o frio e o
úmido não são amigos do calor e da secura)[33]. Outro quatérnio é: "A
pedra é primeiro um ancião, por último um jovem, pois a albedo está
no começo e a rubedo no fim"[34]. Da mesma forma estão agrupados os
elementos, a saber: dois como "manifesta": água e terra, e dois como
"occulta": ar e fogo[35]. Mais um quatérnio está indicado na frase de
Bernardus Trevisanus: O superior tem a natureza do inferior, e aquilo
que sobe tem a natureza daquilo que desce"[36]. No *Tractatus Micreris* se
encontra esta composição: "Nele (isto é, o mar dos indianos)[37], estão
as figuras (figurae) do céu e da terra, do verão, do outono, do inverno

---

31. Cf. *Psychologie und Alchemie* (*Psicologia e alquimia*).1952 [OC, 12]), fig. 203-205.

32. Mais material em GOODENOUGH, E.E. *The Crown of Victory in Judaism*. Art Bulletin. Vol. XXVIII, [s.l.]: [s.e.], 1946, p. 139s. SENIOR. *De Chemia*. Estrasburgo: [s.e.], 1566, p. 41, denomina a *tena alba foliata* de *corona victoriae*. Em "Carmina Heliodori" (*Religionsgesch. Vorarbeit. u. Vers*. Vol. XIX, H. 2, Carmen Archelai. Vers. 252 [GOLDSCHMIDT, G. (org.)]) a alma, ao retomar ao corpo, lhe oferece um νιχητιχόν στέμμα, uma coroa de vitória. Na cabala, a Sephira mais de cima (como a mais de baixo!) chama-se Kether, a coroa. Na alegórica cristã a coroa significa a humanitas Christi (RÁBANO MAURO. "Alleg. in Sacr. Script". In: MIGNE, J.P. *Patrologia Latina*. Paris: [s.e], [s.d.], T. CXII, col. 909). Nas *Acta Joannis* (§ 169) Cristo é denominado διάδημα (diadema).

33. "Consilium Coniugii". *Ars Chemica*. 1566, p. 196.

34. "Opusculum autoris ignoti". *Artis Auriferae*. 1593, p. 390, em geral citado como "Rhasis". Cf. tb. RUSKA. *Turba philosophorum*: Ein Beitrag zur Geschichte der Alchemie. (Quellen und Studien zur Geschichte der Naturwissenschaften und der Medizin, 1). Berlin: [s.e.], 1931, p. 161s. Cf. ainda EFRÉM O SÍRIO. *Hymni et Sermones*. Mechliniae: [s.e.], 1902, tomo I, p. 136 [LAMY, T. (org.)]: "Puerulus tuus senex est, o Virgo, ipse est Antiquus dierum et omnia praecessit tempora" (Teu meninozinho, ó Virgem, é um ancião, é o Antigo dos dias e precede a todos os tempos).

35. DORNEUS. *Theatrum Chemicum*. I, 1602, p. 420. A divisão dos elementos em dois superiores e "psíquicos", e dois inferiores e "somáticos" já remonta a Aristóteles (Cf. LIPPMANN, E.O. von. *Entstehung und Ausbreitung der Alchemie*. Berlin: Spinger, 1919, tomo I, p. 147).

36. *Theatrum Chemicum*. I, 1602, p. 775.

37. Mare é sinônimo de *prima materia*.

e da primavera, e também a masculinidade e a feminilidade. Se denominas isto como espiritual, então é provável o que fazes; se o denominas como corporal, então dizes a verdade; se o denominas como celeste, então não mentes; se o denominas como terrestre, então relataste corretamente"[38]. Neste caso se trata de um quatérnio duplo, cuja estrutura pode ser representada da maneira seguinte:

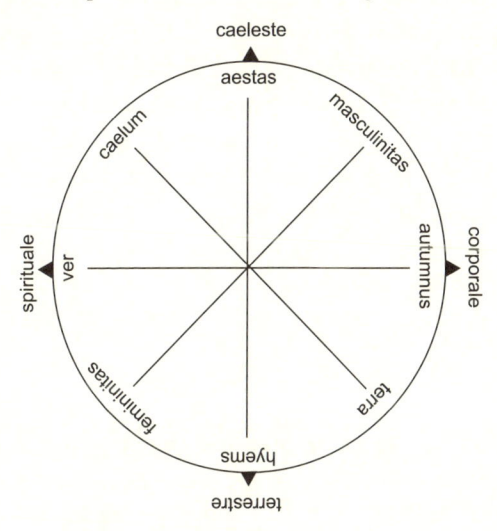

O quatérnio duplo ou a ogdóade representa a totalidade, um ente que é simultaneamente celeste e terrestre, espiritual e corporal, e que se encontra no "mar indiano", isto é, no inconsciente. Sem dúvida é o *Mikrokosmos,* o Adão místico e o homem primitivo bissexuado de certo modo em seu estado pré-natal, em que ele se identifica com o inconsciente; por isso, no gnosticismo o "pai do universo" não é designado apenas como masculino-feminino (respectivamente, nenhum dos dois), mas também como Βυθός (a profundeza do mar). Nos escólios do *Tractatus Aureus Hermetis*[39] se acha um quatérnio de

8

38. "Tractatus Micreris". *Theatrum Chemicum.* V, 1622, p. 111. Esse tratado (Micreris = Mercurius) é sem dúvida antigo e provavelmente de proveniência árabe. O mesmo dito é citado também por Milvescindus (BONUS, P. "Pretiosa margarita novella". *Theatrum Chemicum.* V, 1622, p. 662s.). Na *Turba* (Ruska, no mesmo lugar p. 320) ele se chama Mirnefindus.

39. Este tratado é de origem árabe, e foi impresso em MANGETUS, J.J. (org.). *Bibliotheca chemica curiosa...* I, 1702, 409s.

superius – inferius, exterius – interius. Estes são reunidos em uma unidade por uma manobra circular, chamada "Pele-canus"[40]: Omnia sint unum in uno circulo sive vase (todos sejam um em um círculo ou vaso). "Este vaso é o verdadeiro pelicano filosófico, e não se deve procurar outro no mundo inteiro". O texto apresenta para isso o diagrama seguinte:

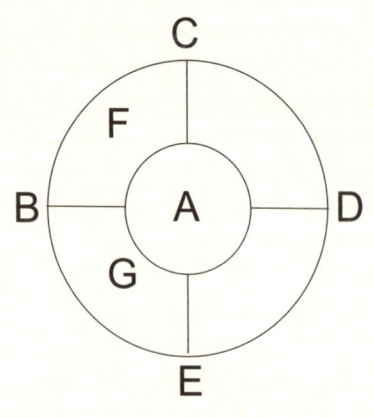

9　　　　B C D E representam os opostos mencionados, A indica a fonte ou o começo e ao mesmo tempo a meta[41], F G indicam superior e inferior; "estas letras, como diz o texto, representam juntas com clareza o número sete, que é oculto e mágico". O centro A, origem e fim, "Oceanus sive mare magnum", é designado em outra passagem como "circulus exiguus" (um círculo muito pequeno) e como "mediador" (mediator), "que produz a paz entre os inimigos ou elementos, de modo que eles se amem mutuamente em um abraço que os reúne"[42]. Esse pequeno círculo interior corresponde ao poço de Mercurius do Rosarium, que

---

40. "Dum enim rostrum applicat pectori, totum colum cum rostro flectitur in circularem formam..." "sanguis effluens e pectore mortuis reddit vitam" (Ao aplicar o bico ao peito, curva ele todo o pescoço juntamente com o bico formando um círculo... o sangue que escorre do peito devolve a vida aos filhotes mortos). MANGETUS. Op. cit., I, p. 442b.

41. "Tanquam principium et fons, a quo... defluunt et simul finis ultimus" (Como princípio e fonte de que... dimanam e igualmente como fim último), eod. 1.

42. MANGETUS. Op. cit., I, 408s. Cf. tb. o termo "noiva" na *Aurora Consurgens*. I, cap. 12: "Eu sou a mediadora entre os elementos, a qual reconcilia um com o outro; o que é quente eu esfrio, o que é seco eu umedeço, o que é duro eu amoleço, e vice-versa" (Cf. SENIOR. *De Chemia*. 1566, p. 34).

descrevi em *Psychologie der Über-tragung* (Psicologia da transferência) e é declarado o "Mercurius mais espiritual, mais perfeito e mais nobre"[43], a legítima substância do arcano, um "spiritus", a respeito do qual o texto menciona: "Apenas o espírito penetra tudo, também os corpos mais sólidos[44]. Desse modo, a universalidade (catholicismus) da religião ou da verdadeira Igreja não consiste em certa reunião visível e corpórea dos homens, mas numa concordância e harmonia invisível e espiritual daqueles que piedosa e verdadeiramente creem em um único Jesus Cristo. Quem, pois, além de pertencer a esse Rei dos Reis – que é o absolutamente único pastor da verdadeira Igreja – se declara ainda pertencer a certa igreja determinada, já é um sectário, cismático ou herege. Pois o Reino de Deus não vem de modo visível, mas está dentro de nós, como em Lucas 17 nos diz nosso Salvador"[45]. Que o texto indica a *Ecclesia spiritualis* conclui-se das palavras: "Mas perguntarás: Onde estão aqueles verdadeiros cristãos que se conservam livres do contágio sectário?" Eles não estariam "nem na Samaria nem em Jerusalém, nem em Roma, nem em Genebra, nem em Leipzig" etc., mas espalhados por toda a parte no mundo, "na Turquia, na Pérsia, na Itália, nas Gálias, na Alemanha, na Polônia, na Boêmia, na Morávia, na Inglaterra, na América, e até na longínqua Índia". Continua o texto:

---

43. Op. cit., p. 408a.

44. "Omnem rem solidam penetrabit" (penetrará toda coisa sólida – *Tabula Smaragdina*). O torneio da frase "spiritus enim solus penetrat omnia, quantumvis solidissima corpora" (pois o espírito penetra tudo, até mesmo os corpos mais sólidos) não deixa certamente de referir-se a "spiritus enim omnia scrutatur, etiam profunda Dei" (o espírito perscruta tudo, até as profundezas de Deus), em ICor 2,10. O Mercurius dos alquimistas é igualmente um spiritus veritatis, uma sapientia Dei (espírito da verdade, sabedoria de Deus), que, porém, penetra na profunda hyles (as profundezas da matéria); o conseguir-se isso é, pois, um donum Spiritus Sancti. Ele é o espírito que conhece o mistério da matéria e cuja posse representa iluminação, de acordo com a passagem paulina: "quae Dei sunt, nemo cognoverit, nisi Spiritus Dei" (o que é de Deus ninguém conhece, a não ser o espírito de Deus).

45. Lc 17,20: "Non venit regnum Dei cum observatione" (O reino de Deus não vem com ostentação). 21: "Ecce enim regnum Dei intra vos est" (ἐντὸς ὑμῶν) (Eis que o reino de Deus está no meio de vós), que ultimamente foi traduzido como "entre vós, portanto "in coetu visibili et corpóreo hominum" (na comunidade visível e corporal dos homens). Nisso se manifesta aquela tendência moderna de substituir a consistência interior do homem pela comunidade externa, como se alguém que não esteja em comunhão consigo mesmo possa porventura tê-la fora de si. Por meio dessa tendência condenável se realiza o serviço prévio da massificação.

"*Deus é espírito* (Spiritus est Deus)[46], e os que o adoram, devem ado-
rá-lo em espírito e verdade. Depois desses reconhecimentos e intuições deixo a cada um decidir quem são então os que pertencem à verdadeira Igreja e quem não pertence"[47].

10   Desta digressão considerável concluímos primeiramente que o
"centram" reúne em um todo os grupos de quatro e os de sete. O que
une é o "spiritus Mercurii"[48], e é este espírito, único em sua espécie,
que oferece ao autor a ocasião de confessar-se pertencente à Ecclesia
spiritualis, pois o espírito é Deus. Esse fundo religioso já se manifesta
na escolha da designação de "pelicano" para o processo circular. Esta
ave é mesmo uma allegoria Christi muito conhecida[49]. A concepção

---

46. Πνεῦμα ὁ θεός (*Deus* é espírito). Jo 4,24.

47. MANGETUS. Op. cit., I, p. 443a.

48. Em sua "Speculativa Philosophia" diz Dorneus (*Theatrum Chemicum*. I, 1602, p.
291) sobre a "união": "Talis est amor philosophicus inter inanimatorum partes, et inimicitia, *qualis in partibus hominis* (alusão à projeção!). Verum in illis, non magis quam
in his, unio vera fieri non potest, corruptione dictarum partium non ablata prius ante
coniunctionem: qua propter pacem inter inimicos est quod lacias, ut amici conveniant
in unum. In omnibus corporibus imperfectis et ab ultimata sua perfectione deficienti-
bus sunt amicitia et inimicitia simul innatae (excelente formulação da coexistência dos
opostos no estado "imperfeito" e inconsciente!); haec si tollatur hominis ingenio vel
industria, necesse est alteram ad perfectionem suam ultimatam redire per artem, quam
in unione hominis declaravimus". Cf. a respeito disso *Symbolik des Geistes* (*Simbólica
do espírito*). 1953, p. 95s. (Tal é o amor filosófico (= alquímico) e a inimizade entre as
partes inanimadas, qual existe nas partes dos homens. Mas tanto numas como noutras
não pode haver verdadeira união, se não for retirada a corrupção das partes citadas antes de sua reunião; por isso deves fazer as pazes entre os inimigos para que cheguem a
um acordo como amigos. Em todos os corpos imperfeitos, aos quais falta a última perfeição, são inatas simultaneamente a amizade e a inimizade; se estas forem afastadas
pelo engenho ou pela aplicação dos homens, deverá aquela retornar à sua última perfeição por meio da arte que expusemos na união dos homens).

49. Por exemplo HONÓRIO DE AUTUN. "Speculum de Mysteriis Ecclesiae". *Patrologia Latina*. T. CLXXII, col. 936: "Fertur etiam quod pellicanus in tantum pullos
suos diligat, ut eos unguibus interimat. Tertia vero die prae dolore se ipsum lacerat, et
sanguis de latere eius super pullos distillans eos a morte excitat. Pellicanus significai
Dominum qui sic dilexit mundum ut pro eo daret Filium suum unigenitum quem tertia
die victorem mortis excitavit et super omne nomen exaltavit" (Diz-se que o pelicano
ama tanto seus filhotes que os mata com suas próprias garras. Mas três dias depois se
dilacera a si mesmo de tanta dor, e o sangue que goteja de seu lado sobre os filhotes os
desperta da morte. O pelicano significa o Senhor que amou tanto o mundo, a ponto de
dar por ele seu Filho unigênito, a quem ressuscitou no terceiro dia como vencedor da
morte e exaltou acima de todo nome). Pelicano também se chama a retorta em que o
tubo de saída torna a entrar no bojo do vaso.

de que Mercurius é o pacificador, o unificador dos elementos que se acham em combate recíproco, o realizador da unidade, certamente se relaciona com Ef 2,13-22: "Agora vós que antes estáveis longe, vos aproximastes no sangue de Cristo. Pois ele é a nossa paz, *ele uniu as duas partes em um todo* e destruiu a parede divisória, a inimizade, em sua carne, acabando com a lei que constava de preceitos expressos em decretos, para fazer dos dois, em si próprio, *um só* homem novo, promovendo a paz, e para reconciliar com Deus os dois em *um só* corpo por meio da cruz, depois de por meio dela ter extinguido a inimizade. Ele veio e anunciou como boa-nova a paz a vós que estáveis longe e a paz aos que estavam perto, pois por meio dele nós dois temos acesso ao Pai em *um só* espírito. Assim já não sois estranhos e hóspedes, mas sois concidadãos dos santos e familiares de Deus, edificados sobre o fundamento dos apóstolos e profetas, sendo Cristo Jesus a pedra angular, na qual o edifício inteiro cresce unido para ser um templo santo no Senhor, no qual também vós sois juntamente edificados para ser uma morada de Deus no espírito"[50].

Para esclarecer este paralelo deve-se notar que o autor dos escólios ao *Tractatus Aureus* fez preceder esta observação à sua representação da união dos opostos: Por fim apareça na obra "aquela cor azul ou celeste, tão ardentemente desejada, a qual pela atuação curativa de seu brilho não ofusca nem embota a vista de quem olha, como vemos na irradiação do Sol exterior. Antes até, aguça e fortalece a esta, e não mata o homem por seu olhar, como o basilisco; antes até, chama ela de volta os que já estão próximos da morte pelo seu próprio sangue derramado e lhes devolve a integridade anterior de vida, como o pelicano"[51] (o qual por meio de seu sangue reanima seus filhotes mortos). Em analogia com o sangue do Cristo, Mercurius é

11

---

50. Cf. a respeito disso a observação referente a 2Cor 3,6 ("Littera enim occidit, spiritus autem vivificat" – A letra mata, mas o espírito vivifica), encontrada em Olimpiodoro (BERTHELOT, M. *Collection des anciens alchimistes grecs*. 1887/1888, II, IV, p. 41): (O conhecedor da arte oculta da alquimia fala a eles): "Como entendo eu a transformação (μεταβολήν)? Como é que se reuniram por meio da harmonia e amizade, num único, tanto a água como o fogo, uma vez que são inimigos e contrários entre si, até por natureza colocados em oposição um ao outro?"

51. MANGETUS. Op. cit., I, p. 442b

imaginado como "spiritualis sanguis" (sangue espiritual)[52]. Na Epístola aos Efésios dá-se a aproximação dos separados "in sanguine
Christi". Cristo de dois faz um só, e dissolveu "in carne sua" a parede
divisória. "Caro" é sinônimo de *prima materia*, e por isso também de
Mercurius[53]. Este "um" é um *novus homo*. Ele concilia os dois "in
uno corpore"[54] o que a alquimia representa por meio da figura do
hermafrodito de duas cabeças. Os dois têm *um único* espírito; na alquimia, uma única alma. Amiúde a pedra é comparada a Cristo como
lapidi angulari (pedra angular)[55]. O edifício do templo sobre o funda-

---

52. Aqua permanens "cuius vis est spiritualis sanguis id est tinctura". "Nam corpus in-
corporat spiritum per sanguinis tincturam quia omne quod habet Spiritum, habet et
sanguinem" (Água eterna, cuja força *é* o sangue espiritual, isto é, a tintura. Pois o corpo torna corpóreo o espírito pela tintura do sangue, porque tudo o que tem espírito
também tem sangue). MYLIUS. *Philosophia reformata*. 1622, p. 42s. Isto provém da
Turba (Ruska no lugar citado, p. 129), ou respectivamente é tirado do livro de al Ha-
bib (RUSKA. Op. cit., p. 42s.). Já entre os alquimistas gregos o ouro era considerado
"sangue vermelho da prata" (BERTHELOT. *Collection des anciens alchimistes grecs*.
1887/1888, II, IV, p. 38 e 44). Cf. tb. PHILO. *Quaest. in Genes*. II, § 142 (A 59): "Sen-
sibilis autem et vitalis (spiritus) sanguis est essentia; dicit enim alibi, omni spiritui carnis sanguis est" ([O espírito] sensível e vital é sangue por sua essência; diz, pois, em outro lugar: Todo o espírito da carne tem sangue) (LEISEGANG. *Der heilige Geist*. Tü-
bingen: [s.e.], 1919, p. 97, obs. e p. 94, obs.).

53. "Fili, accipere debes de pinguiori carne" (filho, deves tomar da carne mais gorda),
que é uma citação de Aristóteles em "Rosarium Philosophorum". *Artis Auriferae*. II,
1593, p. 318. (*Prima materia*) "crescit ex carne et sanguine" (cresce da carne e do sangue), que é uma citação de Mahomet em ROSINUS ad Sarratantam. *Art. Auriferae*. I,
1593, p. 308. "Ovum in carne capere" (prender o ovo na carne). VENTURA, L. *Theatrum Chemicum*. II, 1602, 274. "Elige carnem teneram et habebis rem optimam" (escolhe a carne tenra e terás coisa ótima). Eod. 1, p. 292. "Caro et sanguis" (carne e sangue) correspondem ao "internus et occultus ignis" (fogo interno e oculto). DORNEUS.
Theatrum Chemicum. I, 1602, p. 599. A respeito da concepção patrística cf. S.
AGOSTINHO. *Patrologia Latina*. XXXIV, p. 616: "Christus figuratus est in carnibus
ad vesperam" (Cristo tomou forma na carne ao cair da tarde).

54. Cf. "Aenigmata Philosophorum". *Artis Auriferae*. I, 1593, p. 151: "Et tunc accipe vitrum cum sponso et sponsa et proiice eos in fornacem et fac assare per três dies et tunc
erunt duo in carne una" (Gn 2,24; Mt 19,5). (E toma a tua retorta com o esposo e a esposa, e os coloca no forno e os faz assar por três dias, e então serão dois em uma só carne).

55. "Quemadmodum Christus... Lapis angularis ab aedificatoribus reiectus in sacra
scriptura vocatur; ita quoque Lapidi Sophorum idem accidit etc." (Como Cristo... é
chamado na Sagrada Escritura de pedra angular rejeitada pelos construtores, também
o mesmo acontece com a pedra dos sábios etc.). "Epilogus Orthelii". *Theatrum Chemicum*. VI, 1661, p. 431.

mento dos santos também imita, como se percebe, o "Pastor de Hermas" com referência à visão do grande edifício, no qual os homens, vindos dos quatro pontos cardeais, se intercalam a si mesmos como *pedras* e se fundem sem deixar juntas[56]. A Igreja está edificada sobre aquela pedra, a qual deu o nome a Pedro.

Outras coisas ainda aprendemos dos escólios do *Tractatus Aureus:* que o círculo e o vaso hermético são uma e mesma coisa, que assim o *mandala,* que conhecemos por tantos desenhos de nossos pacientes, corresponde à ideia do vaso de transformação. Deste modo, o mandala, que geralmente consta de um grupo quaternário[57], coincide com o quatérnio de opostos dos alquimistas. Interesse especial reclama enfim a constatação de que a ideia de uma Ecclesia spiritualis, de ordem superior às diversas confissões, a qual tem compromisso unicamente com o Anthropos Cristo, constitui o núcleo essencial da busca dos alquimistas. Enquanto o tratado de Hermes é relativamente muito antigo e, em lugar do mistério cristão do Anthropos[58], contém uma paráfrase muito curiosa dele, ou melhor talvez, um paralelo do mesmo[59], por seu turno os escólios datam de uma época certamente não anterior ao início do século XVII[60]. O autor parece ter sido um médico da linha de Paracelso. Mercurius corresponde ao Espírio Santo como também ao Anthropos; é ele "verus hermaphroditus Adam atque Microcosmus"; "nosso Mercurius é, pois, aquele mesmo que contém em si as perfeições, forças e atividades do Sol (no duplo sentido de Sol e de

12

---

56. HENNECKE, E. *Neutestamentliche Apokryphen.* Tübingen/Leipzig: Mohr, 1904, p. 369s., gleichnis 9.

57. Cf. *Gestaltungen des Unbewussten* (Configurações do inconsciente). Zurique: [s.e.], 1950, p. 95s.

58. Cf. a respeito disso o conceito de A. Schweitzer acerca das concepções cristãs como sendo "uma escatologia judaica da época tardia". *Geschichte der Leben-Jesu-Forschung.* [s.l.]: [s.e.], 1933, p. 635.

59. Cf. o texto em *Psychologia und Alchemie (Psicologia e alquimia)* 2. ed., 1952 [OC, 12], p. 490.

60. Como parece, a primeira edição da obra data de 1610; foi publicada em Leipzig com o título: *Hermetis Trismegisti Tractatus vere aureus de Lapidis philosophici secreto. Cum Scholiis Dominici Gnosii M. D.* Os escólios se acham também impressos em *Theatrum Chemicum.* Vol. IV, 1613, p. 672s. Aí, contudo, o autor é designado como anônimo.

ouro) e que percorre as aldeias (vicos) e as casas de todos os planetas, e
em sua regeneração adquiriu a força do que é superior e do que é inferior; por isso pode ele ser comparado com o casamento (matrimônio,
isto é, coniunctioni), como já se deduz do branco e do vermelho, que
nele estão combinados. Os mágicos constataram por sua sabedoria que
todas as criaturas devem ser desenvolvidas para se tornarem uma substância unida (unitam substantiam) etc."[61]. De acordo com isso, Mercurius é considerado de modo muito próprio, em sua forma tosca de
prima materia, como o homem primitivo dissolvido no mundo físico,
e, em forma sublimada, como a totalidade ou inteireza restaurada
dele[62]. Ele se porta aqui inteiramente como um salvador segundo Basilides, o qual se eleva por entre todas as esferas dos planetas e as sub-
juga ou lhes tira a força. A observação de que ele contém as forças do
Sol está apontando para aquela passagem de Abu'l-Qasim, na qual
Hermes diz que ele reúne o Sol com os planetas e os toma todos juntos sobre si formando uma coroa. Disso provém com certeza a designação do lapis como "corona vincens" (coroa vencedora)[63]. A "força
do superior e do inferior" se refere à autoridade antiga que tinha a
Tabula Smaragdina[64], originária de Alexandria. Nosso tratado contém ainda uma alusão ao Cântico dos Cânticos: "Per vicos ac domos
Planeta-rum" lembra o Ct 3,2: "Per vicos ac plateas quaeram quem
diligit anima mea" (Pelas vilas e pelas ruas procurarei aquele que minha alma ama)[65]. O "candor et rubor" (candura e rubor) de Mercurius

---

61. DORNEUS. "De Transmutatione Metallica". *Theatrum Chemicum*. I, 1602, p. 578.

62. Também na *Aurora Consurgens*. I, no fim da 6. parábola, a figura do Adão formado dos quatro elementos se acha colocada em oposição ao Adão formado "de essência pura"; este último proveio da Circulatio dos quatro elementos, como se deduz da
frase final.

63. GRATAROLUS. *Verae alchemiae artisque metallicae citra aenigmata*. II, Basileia:
[s.e.], 1561, p. 265.

64. "Recipit vim superiorum et inferiorum. Sic habebis gloriam totius mundi" (Recebe
ele a força do superior e do inferior. Assim terás a glória de todo o mundo). "Tabula
Smaragdina". *De Alchemia*. [s.l.]: [s.e.], 1541, p. 363. Igualmente RUSKA, J. *Tabula
smaragdina*: ein Beitrag zur Geschichte der hermetischen Literatur. Heidelberg: [s.e.],
1926, p. 2.

65. Cf. *Aurora Consurgens*. I, cap. 12, parábola 7.

se refere ao Ct 5,10: "Dilectus meus candidus et rubicundus" (Meu amado é branco e vermelho). Ele é comparado com o *matrimonium*, e assim com a coniunctio, isto é, ele é, por assim dizer, este casamento em virtude de seu aspecto andrógino.

3. O órfão e a viúva

No texto citado no final do último capítulo menciona Dorneus que Hermes Trismegistus designou o lapis como *orphanus* (ὀρφανός, órfão)[66]. *Orphanus*, como designação de uma pedra preciosa, encontra-se em Alberto Magno. A pedra foi chamada de "órfão" por causa de sua singularidade ("non unquam alibi visus est") (nunca foi vista em qualquer outro lugar) e deveria encontrar-se na coroa imperial. Deveria ser da cor do vinho ("colore quasi vinosus") e ocasionalmente brilhar à noite – "sed nunc tempore nostro non micat in tenebris" (mas hoje em dia já não brilha na escuridão)[67]. Como Alberto Magno é autoridade na alquimia, talvez represente ele a fonte imediata para Dorneus e Petrus Bonus. Orphanus, como designação de pedra preciosa, pretende, pois, significar algo semelhante como o termo moderno *solitaire* – nome adequado para o lapis Philosophorum por sua singularidade. Esse nome da pedra, além de Dorneus e Petrus Bonus, parece que se encontra na literatura somente ainda nas Carmina Heliodori[68]. Aí se trata do ὀρφανός ἔξοικος (órfão sem pátria), o qual é matado no início da obra com a finalidade de transformação.

13

---

66. "Mercurius Trismegistus... lapidem vocavit orphanum" (Hermes Trismegistus... chamou a pedra de órfão). *Theatrum Chemicum*. I, 1602, p. 578. Ignoro a que texto de Hermes se refere aqui Dorneus. Pela primeira vez aparece "orphanus" na *Pretiosa margarita novella* de Petrus Bonus: "Hic lapis Orphanus próprio nomine caret" (Esta pedra como órfão não tem nome próprio). *Theatrum Chemicum*. I, 1622, p. 663. Igualmente na edição de Janus Lacinius de 1546, p. 54ʳ.

67. DU CANGE. *Glossarium s.v. Orphanus*. [s.l.]: [s.e.], [s.d.].

68. GOLDSCHMIDT, G. (org.). [s.l.]: [s.e.], 1923. Carm. I, verso 112-114. Heliodoro é um bizantino do século VIII (GOLDSCHMIDT. "Teodosio anno 716-717 regnanti". Op. cit., p. 2). CASSEL, D.P. *Aus Literatur und Symbolik*. [s.l.]: [s.e], 1884, p. 248, indica Arnold (certamente Arnaldus?) como a fonte para o *orphanus*, apud LESSER. *Lithotheologia*. Hamburgo: [s.e.], 1735, p. 1.161. Não pude verificar essa indicação.

14   A designação "filho da viúva" e "filhos da viúva" parece ser de origem maniqueia. Os próprios maniqueus são apelidados de "filhos da viúva"[69]. O *órfão* de Hermes deveria, pois, corresponder a uma "vidua" (viúva) como materia prima. Existem outros sinônimos para isto, como mater, matrix, Venus, regina, femina, virgo vel puella praegnans, virgo in centro terrae[70], Luna[71], meretrix, vetula, especialmente vetula extenuata[72], Mater Alchimia (mãe, matriz [ou útero], Vênus, rainha, mulher, virgem ou moça grávida, virgem no centro da Terra, Lua, meretriz, velha, especialmente velha extenuada, Mãe Alquimia) a qual "tem hidropisia nas pernas e está paralisada dos joelhos para baixo"[73], e finalmente virago (mulher macho). Estes sinônimos indicam a qualidade virginal-materna, portanto a existência *sem marido* da Prima Materia[74], que afinal é a "materia omnium rerum" (matéria de todas as coisas)[75]. Acima de tudo, a Prima Materia é a mãe do lapis, o filius philosophorum. Michael Majer[76] menciona o tratado de Delphinas, autor anônimo, que ele data como sendo ante-

---

69. No *Livro dos Mistérios* consta que Mani fala do "Filho da Viúva", Jesus. SCHAEDER, H. *Urform und Fortbildungen des manichäischen Systems. Vortr. d. Bibl. Warburg.* Leipzig: [s.e.], 1927, p. 75; BOUSSET, W. *Der Antichrist.* Göttingen: Vandenhoeck e Ruprecht, 1895, p. 43, aponta para o governo de uma viúva, que precederá o Anticristo (segundo um Apocalipse grego e armênio de DANIEL. Op. cit., p. 41). Entre os "filhos da viúva" também são contados os maçons (ECKERT, E.E. *Die Mysterien der Heidenkirche, erhalten und fortgebildet im Bunde der alten und der neuen Kinder der Witwe.* [s.l.]: [s.e.], 1860). Na cabala "viúva" é uma designação de Malchut. ROSENROTH, K. von. *Kabbala Denudata.* Vol. I, Frankfurt : [s.e.], 1677, p. 118.

70. MYLIUS. *Philosophia Reformata.* 1622, p. 173.

71. GRATAROLUS. *Verae alchemiae artisque metallicae citra aenigmata.* II, 1561, p. 265.

72. Esta expressão aparece pela primeira vez na *Aurora Consurgens. Pars II. Artis Auriferae.* I, 1593, p. 201. MYLIUS. *Philosophia Reformata.* 1622, p. 142) copia esta passagem. A menção de *vieille exténuée* em PERNETY. *Dictionnaire Mytho-Hermétique.* Paris: Bauche, 1758, p. 280, se baseia nessa mesma fonte anterior. "Centum annorum vetula" (Velha de cem anos), em "Aureum Saeculum Redivivum". *Musaeum Hermeticum.* 1678, p. 64.

73. *Aurora Consurgens.* Pars II. *Artis Auriferae.* I, 1593, p. 196.

74. *Aurora Consurgens.* I, cap. 8: As sete mulheres procuram um marido.

75. Cf. *matrices omnium rerum* (matrizes de todas as coisas) in: RULANDUS. *Lexicon Alchemiae.* Frankfurt: Palthenius, 1612, p. 327.

76. *Symbola aureae mensae duodecim nationum.* 1617, p. 344.

rior a 1447[77]. Com referência a esse tratado, destaca ele que aí se trata especialmente do incesto filho-mãe. Majer elabora até uma árvore genealógica para a descendência dos sete (isto é, metais). Encabeçando a árvore encontra-se o lapis. O Pai dele é "Gabritius", o qual por sua vez descende de Osíris e Ísis. Após a morte de Osíris, casou-se Ísis com seu filho "Gabritius"[78] e se identifica com Beia – "vidua nubit filio suo" (a viúva se casa com seu filho). A viúva aparece aqui como a figura clássica de Ísis a *chorar de luto*. Majer reserva para esse acontecimento especialmente o "Epithalamium Honori Nuptiarum Beiae et filii Gabrici" (Epitalâmio em honra das núpcias de Beia e de seu filho Gabrico)[79]. "Mas estas núpcias, que começaram com a expressão de grande alegria, tiveram como prosseguimento a tristeza", diz Majer e aduz o verso:

> "Est quod in ipsis floribus angat,
> Et ubi mel, ibi fel, ubi über, ibi tuber".
> (É o que já aflige quando em flor:
> Onde há mel, aí há fel; onde o seio com leite, aí o tumor.)

Pois, "se o filho dorme com a mãe, então ela o mata num ataque como a cobra" (viperino conatu). Esse ardil lembra o papel assassino

---

77. Transcrito em *Theatrum Chemicum*. III, 1602, p. 871s., com o título: "Antiqui Philosophi Galli Delphinatis anonymi Liber Secreti Maximi Totius mundanae gloriae".

78. Gabricus corresponde, pois, a Hórus. Hórus é identificado com Osíris já no Antigo Egito. Cf. BRUGSCH. *Religion und Mythologie der alten Ägypter*. Leipzig: [s.e.],1891, p. 406. O papiro Mimaut tem: "Ποίησον τὸ δεῖνα πρᾶγμα ἐμοὶ τῷ τῆς χήρας ορ φανῷ χατατετιμημένης". (Faze-me a coisa numinosa, a mim que sou o órfão da viúva muito honrada). Preisendanz relaciona χήρα com Ísis e ὀρφανός com Hórus, com o qual se identifica o mago (*Papyri Graecae Magicae*. I, [s.l.]: [s.e.],1928-1931, p. 54s.). Encontramos φάρμαχον τῆς χήρὰς (remédio da viúva) no tratado "Ísis se dirige a Hórus" (BERTHELOT. *Collection des anciens alchimistes grecs*. 1887/1888, I, XIII, 6).

79. *Symbola aureae mensae duodecim nationum*. 1617, p. 515. O epitalâmio começa com as palavras:
"Ipsa maritali dum nato foedere mater
Jungitur, incestum ne videatur opus.
Sic et enim natura iubet, sie alma requirit
Lex fati, nec ea est res male grata Deo".
(Entrementes a mãe se une ao filho por aliança conjugal – não se julgue a obra como incesto.
Pois assim ordena a natureza, assim requer a sublime lei do destino, e não é uma coisa que desagrada a Deus.)

de Ísis[80], a qual coloca no caminho do pai celeste Rê, o "verme senho-ril"[81]. Ísis é também *aquela que cura,* que não apenas salva a Rê do envenenamento, mas também recompõe a Osíris despedaçado. Como tal personifica ela o Arcanum, por exemplo, o orvalho[82], ou a aqua permanens[83], que reúne os elementos inimigos para formar um todo único. Esta síntese é representada no mito de Ísis, "que reúne os membros dispersos de seu corpo (de Osíris) e os banha com suas lágrimas e os coloca num sepulcro escondido na margem do Nilo"[84]. Ísis tem o apelido de χημεία (a negra)[85]. Apuleius destaca o negrume de seu manto (palia nigerrima)[86], e desde os tempos remotos tem ela a fama de possuir o elixir da vida[87], e de ser versada em todas as artes mágicas[88]. Também é chamada de "velha" (παλαιά)[89], e é tida como

---

80. Na época greco-romana Ísis é representada por uma serpente com cabeça humana. Cf. figura in: ERMAN. *Religion der Ägypter.* Berlin: [s.e.], 1934, p. 391. Como δράχων cf. REITZENSTEIN. *Poimandres.* Leipzig: [s.e.], 1904, p. 31.

81. ERMAN. *Religion der Ägypter.* 1934, p. 301. O texto provém da época do Novo Reino.

82. PREISENDANZ. *Papyri Graecae Magicae.* II, 1928-1931, p. 73: Ἐγώ εἰμι Ἰσις ἡ χαλουμένη δρόσος chamada de "orvalho").

83. Sinônimo disso é *aqua vitae.* O relacionamento da água do Nilo, "que consola as almas", com Ísis está indicado no relevo sepulcral de uma sacerdotisa de Ísis, que se encontra no Vaticano; esta segura a situla (jarro de água). Dois paralelos para isso são de uma parte o cálice de água usado na comunhão cristã em época muito antiga, e de outra parte o jarro de água de Amitabha. Fig. do relevo in: EISLER. *Weltenmantel und Himmelszelt.* 2 vols. Munique: [s.e.], 1910, p. 70. Relativamente ao vaso cristão, cf.: "Das Wandlungssymbol bei der Messe". *Wurzeln des Bewusstseins* ("O símbolo da transubstanciação na missa". *Raízes da consciência*). [s.l.]: [s.e.], 1954, p. 217s. Em relação à água santa no culto de Amitabha, cf. HASTINGS. *Encyclopaedia of Religion and Ethics.* 13 vols. Edimburgo: [s.e.], 1908-1926, vol. I, p. 386b, cf. pal. Amitayus.

84. Ms. Lat. século XVIII. Em poder do autor.

85. EISLER. *Weltenmantel und Himmelszelt.* 1910, p. 329. Anm. 1.

86. Metam. XI, 3. Cf. HIPPOLYTUS. *Elenchos.* [s.l.]: [s.e.], [s.d.], 1, 8.

87. DIODORO. *Bibliotheca Historica.* [s.l.]: [s.e.], [s.d.], lib. I, p. 25: "τὸ τῆς ἀθανασίας φάρμαχον" (o remédio da imortalidade).

88. Ela tenta, pelo aquecimento ao fogo, tornar imortal o filho do rei da Fenícia. PLUTARCO. *De iside et Osiride.* [s.l.]: [s.e.], [s.d.], cap. 16.

89. DIODORO. Op. cit., Lib. I, p. 25.

discípula de Hermes[90], ou até filha dele[91]. Como mestra da alquimia aparece ela no tratado ῏Ισις προφῆτις τῷ υἱῷ ῞Ωρῳ.[92] Ísis também é mencionada por Epiphanius no papel de meretrix, onde se diz que ela se prostituiu em Tiro[93]. Ela significa a Terra, como refere Firmicus Maternus[94], e é igualada à Sophia[95]. Ela é μυριώνυμος (de mil nomes), e serve de vaso e matéria (χώρα καὶ ὕλη)[96] para o bem e para o mal. Ela é a Lua[97]. Uma inscrição a nomeia "Uma, que és tudo"[98]. Ela se chama σώτειρα (salvadora)[99]. Em Athenagoras ela é "a natureza do Aeon, do qual todos brotaram e pelo qual todos existem"[100].

Todas as expressões enumeradas aqui valem também para a Prima Materia em seu aspecto feminino: ela é a lua, a mãe de todas as coisas, o vaso, consta de opostos, tem mille nomina (mil nomes), é vetula et meretrix (velha e meretriz), como Mater Alchimia (Mãe Alquimia) é a sabedoria e a ensina, contém o elixir vitae in potentia (elixir da vida em potência), é a mãe do Salvador do filius Macrocosmi, é a terra e a serpente escondida nela, o negrume e o orvalho ou a água miraculosa, que recompõe tudo o que está separado. A água chama-se por isso "mãe", "mater mea, quae mihi inimicatur" (que me é inimiga), mas também a "que reúne os meus membros despeda-

15

---

90. Op. cit. p. 27.

91. O grande papiro mágico de Paris, linha 2.290. PREISENDANZ. *Papyri Graecae Magicae*.I, p. 143.

92. BERTHELOT. *Collection des anciens alchimistes grecs*. 1887/88, I, XIII.

93. *Ancoratus*. [s.l.]: [s.e.], 1902, cap. 104.

94. *Lib. de errore prof. relig.* 2, 6. *Corp. Script. Eccl. Lat.* II. ῎Ισιδος σῶμα γῆν (o corpo de Ísis é a Terra). PLUTARCO. *De Iside et Osiride*. Cap. 38.

95. REITZENSTEIN. *Zwei religionsgeschichtliche Fragen*. [s.l.]: [s.e.], 1909, p. 108. Do mesmo modo: *Poimandres*. 1904, p. 44.

96. PLUTARCO. Op. cit. p. 53.

97. REITZENSTEIN. *Poimandres*. 1904, p. 270.

98. C. I. L. Pars I, n. 3.800 (= 3.580) Capuae: TE TIBI / UNA QUAE / ES OMNIA / DEA ISIS / ARRIUS BAL / BINUS V. C. (Hodie Napoli in museo). (A ti, deusa Ísis, que sendo uma és tudo, te [erigiu] Arrius Balbinus. − Hoje no Museu de Nápoles).

99. REITZENSTEIN. Die *hellenistischen Mysterienreligionen*: Ihre Grundgedanken und Wirkungen. Leipzig: Teubner, 1910, p. 26.

100. ATHENAGORAS. Leg. pro Christianis 22. Apud. RAHNER, H. Mysterium Lunae. *Zeitschrift für katholische Theologie*. Ano 63, [s.l.]: [s.e.], 1939, p. 325.

çados e dispersos"[101]. Na *Turba* (sermo LIX) diz-se: "Os filósofos, entretanto, entregaram à morte a *mulher* que mata seus maridos; pois o corpo daquela mulher está repleto de armas e de veneno. Para aquele *dragão* seja cavado um túmulo, e aquela mulher seja sepultada com ele, o qual está fortemente acorrentado àquela mulher; quanto mais a atar e se rolar em torno dela, tanto mais será ele *dividido em pedaços* pelas armas femininas que são criadas no corpo da mulher. Mas quando ele se vir misturado com os membros da mulher, estará ele certo da morte e será transformado inteiramente em sangue. Quando, porém, os filósofos o virem transformado em sangue, então o deixarão por alguns dias exposto ao sol, até perder sua moleza, e o sangue secar, e eles acharem aquele veneno. O que então aparecer será o vento escondido"[102]. A coniunctio se realiza assim de maneiras mais horrorosas do que a que mostra a exposição do Rosarium, que é relativamente simples[103].

16   Destes paralelos torna-se evidente com que razão Michael Majer designou como Ísis a Prima Materia, ou respectivamente a substância feminina da transformação[104]. Como expõe Kerényi de modo brilhante[105], usando o exemplo de *Medeia*, trata-se de uma combinação

---

101. "Rosarium Philosophorum". *Artis Auriferae*. II, 1593, p. 319. Tirado dos assim chamados *Dicta Belini* (APOLLONIUS DE TYANA. "Allegoriae Sapientum, Distinctio 8". *Theatrum Chemicum*. V, 1622, p. 97.

102. RUSKA, J. *Turba Philosophorum*... 1931, p. 247. O vento é o pneuma oculto na *prima materia*. A última figura no *Scrutinium* de M. Majer retrata esse sepultamento.

103. Cf. tb. a μάχη θηλεία (combate feminino) nas Carmina Heliodori (*Religionsgeschichtliche Vorarbeiten und Versuche*. B. XIX, 2. ed. Berlim: [s.e.], [s.d.] [GOLDSCHMIDT, G. (org.)]). *Carmen Archelai*. V, p. 230s., onde a materia foge do ataque das armas de arremesso e termina no sepulcro como "cadáver".

104. A substância masculina correspondente é o enxofre vermelho, o *vir s. servus rubeus*, cuja vermelhidão está relacionada com *Typhon*. De fato, Majer menciona em um "Epicedion Gabrico post recens celebratas nuptias mortuo" (*Symbola aureae mensae duodecim nationum*. 1617, p. 518) a *Typhon* como causa possível da morte. Todavia faz preceder o seguinte: "Aquela que para ti é a causa da vida é também para ti a causa da morte". Mas diz então: "São três os que possivelmente te causaram a morte: *Typhon*, a *mãe* e a chama da fornalha de Mulciber (Vulcanus). Aquele (*Typhon*) dispersa os membros de teu corpo; em lugar do irmão somente pode estar a mãe. Mas a mãe se faz de inocente..." Vê-se que Majer desconfia especialmente da mãe e gostaria que Typhon, o *servus rubeus*, fosse apenas a *causa ministerialis*.

105. KERÉNYI, K. *Töchter der Sonne*. Zurique: Rascher, 1944, p 92s.

típica de motivos de amor, ardil, crueldade, sentimento materno, assassínio de parentes e crianças, magia, rejuvenescimento e ouro[106]. Esta mesma combinação aparece em Ísis e na Prima Materia, e constitui o núcleo desse drama causado pelo mundo materno, sem o qual a união parece ser impossível.

Na tradição cristã, a viúva significa a Igreja; em Gregório Magno (Super Ezechielem Hom. III) a analogia para isso é a história do vaso de óleo da viúva (2Rs 4), e Agostinho diz: "Omnis Ecclesia una vidua est, deserta in hoc saeculo" etc. (A Igreja toda é uma viúva abandonada neste mundo) (Enarr. in Ps. CXXXI, 23). Ela é isso "absente sponso, absente viro" (na ausênsia do esposo, na ausência do marido), pois seu esposo ainda não veio. Assim também a alma é "destituta in saeculo" (destituída no mundo). "Mas tu não és órfão (orphanus)", continua Agostinho, "e não és contada entre as viúvas... Tens um amigo... És o pupilo (pupillus) de Deus e a viúva de Deus" (Enarr. in Ps. CXLV, 18 e 19).   17

Outra tradição que devemos considerar com relação à viúva é a que nos apresenta a cabala[106a]. Aí a viúva é a abandonada *Malchut*, como se chama a vidua segundo Knorr von Rosenroth: "(Almanah) Vidua. Est Malchut, quando Tiphereth non est cum ipsa" ([Almana] viúva... É Malchut quando Tiphereth não está com ela)[107]. Tiphereth[108] é o *filho*[109], e é interpretado como *Microcosmus* por Reuchlin. Malchut[110] é a Domina[111]. Ela também se chama Schechina[112] (habitação   18

---

106. A história do parricídio de *Medeia* também foi interpretada como um arcanum alquímico. Cf. BONUS, P. "Pretiosa margarita novella". *Theatrum Chemicum*. Vol. V, 1622, p. 685.

106a. N.T.: Cabala (Kabbala) significa tradição. Trata-se de uma doutrina secreta e de uma mística, que surgiu no judaísmo e floresceu na Idade Média. Dava grande importância à interpretação dos números e das letras. Faz sua origem remontar a Adão.

107. *Kabbala denudata...* Vol. I, 1677, 1, p. 118. A fonte de Knorr é CORDOVERO, M. *Pardes Rimmonim*. Cracóvia: [s.e.], 1591, cap. 23.

108. *Tifereth* significa beleza.

109. Op. cit., p. 202.

110. *Malchut* significa reino, reinado.

111. Op. cit., p. 528.

112. Ela é designada como Luna (op. cit., p. 456), terra (p. 156), sponsa (p. 477), matrona, regina coeli, piscina (p. 215), mare, puteus, arbor scientíae boni et mali, cerva amorum (ita vocatur Malchut potissimum ob mysterium novilunii, p. 77), venter (p.

de Deus) e é designada como "virago"[113]. A Sephira Tifereth é o rei; por isso na disposição usual das Sephiroth se encontra Tifereth nesta sequência:

Kether

Tifereth

Jesôd

Malchut.

Kether (a coroa) corresponde à raiz da árvore das Sephiroth[114], que está orientada para cima. Jesôd[115] significa a região genital do homem primitivo, cuja cabeça é Kether. Malchut, de acordo com o modelo de arquétipo, é o "feminino"[116] que fica por baixo. Neste mundo mau e dominado pelo mal, Tifereth *não* se acha unido à Malchut[117]. O Messias vindouro tornará a unir o rei com a rainha, e por

---

192) etc. (Lua, Terra, esposa, matrona, rainha do céu, piscina, mar, poço, árvore da ciência do bem e do mal, cerva do amor [assim se chama Malchut principalmente por causa do mistério da lua nova], ventre etc.).

113. Op. cit. p. 163.

114. Séfirâ deve derivar-se de σφαῖρα (esfera). Cf. LOEWE, H. in: HASTINGS. *Encyclopaedia of Religion and Ethics.* 7, 625 b, cf. Kabbala. A concepção mais recente deriva a palavra da raiz "sfr" com a significação de "número primitivo". Cf. SCHOLEM, G. *Major Trends in Jewish Mysticism.* Londres: [s.e.], 1941, p. 75. Relativamente à árvore Sephiroth, cf. "Wurzeln des Bewusstseins" ("Raízes da consciência"), in: *Psychologische Abhandlungen.* (Tratados psicológicos). [OC, 9], Zurique: [s.e.], 1954, p. 438; SCHOLEM. Op. cit., p. 203.

115. *Jesôd* significa fundamento. *Jesôd*, no manuscrito alquímico francês da Bibliothèque Nationale, n. 14.765, f. 123, é representado como o Filho do Homem no Ap 1,12s., isto é, com as sete estrelas na mão direita, com a espada que lhe sai da boca, e colocado entre os sete candelabros. Cf. a figura no capítulo final.

116. Cf. com isto *Kabbala denudata...* Vol. I, 1677, p. 240, 4: "... quod Malchuth vocetur hortus irriguus (Jesch. 58,11) quando Jesôd in Ipsa est, eamque adimplet, atque irrigat aquis supernis..." (Malchut que se chama jardim irrigado..., quando Jesôd está nela e a enche e a irriga com as águas do alto...), p. 477: "Cum Malchuth influxum accipit a 50 portis per Jesôd, tunc vocatur sponsa" (quando Malchut recebe por Jesôd o afluxo das 50 portas e é chamada noiva). Jesôd como membrum genitale (membro genital), p. 22. Cf. tb. SCHOLEM, G. *Major Trends in Jewish Mysticism.* 1941, p. 222s.; HURWITZ, S. "Archetypische Motive in der klassischen Mystik". *Zeitlose Dokumente der Seele.* Studien aus dem C G. Jung-Institut. Zurique: [s.e.], 1952, p. 123s.

117. Cf. a respeito disso a lenda do pai primitivo Okeanos e da mãe primitiva Tethys, que já não se unem em amplexo conjugal. *Ilíada* XIV, cf. 300s. Com isto pretende-se mostrar apenas a semelhança do motivo, mas não igualdade de sentido.

este acasalamento restabelecerá Deus sua unidade primitiva[118]. A cabala conhece uma fantasia ricamente desenvolvida de casamentos sagrados (hierósgamos); estas fantasias também se estendem às representações da alma com as Sephiroth do mundo da luz e do mundo das trevas, "pois o desejo que o superior sente para com o piedoso é semelhante aos desejos amorosos do homem pela mulher, quando lhe faz a corte"[119]. Ao contrário, a Schechina está atualmente no ato sexual: "The *absconditus sponsus* enters into the body of the woman and is joined with the abscondita sponsa[120]. This is true also on the reverse side of the process, so that two spirits are melted together and are interchanged constantly between body and body... In the indistinguishable state which arises it may be said almost, that the male is with the female neither male or female[121], at least they are both or either. So is man affirmed to be composed of the world above, which is male, and of the female world below. The same is true of woman"[122].

A cabala fala também do thalamus (tálamo nupcial) ou do baldaquim nupcial (coelum nuptiale), sob os quais o sponsus e a sponsa são santificados, enquanto aparece Jesôd como o "condutor da noiva" (paranymphus)[123]. A cabala foi aceita na alquimia tanto direta como indiretamente. Provavelmente devem ter existido relacionamentos já muito cedo, mas é difícil demonstrar as fontes. Mais tarde, no século XVI, deparamos com citações diretas do Sohar, como por exemplo no tratado *Deigne et sale* de Blasius Vigenerus[124]. Uma passagem des-

19

---

118. Cf. com isso a união sexual de Gabricus e Beya promovida pela intervenção dos filósofos.

119. *O Sohar*. Viena: [s.e.], 1932, p. 234 [MUELLER, E. (org.)]. Nos acontecimentos psicóticos importantes de Schreber (*Denkwürdigkeiten eines Nervenkranken, nebst Nachträgen und einem Anhang*. Leipzig: [s.e.], 1903) se encontra um fato paralelo a esse: os "raios de Deus" sentem saudade dele e tentam dissolver-se nele.

120. WAITE, A.E. *The Holy Kabbalah*. Londres: [s.e.], 1929, p. 381.

121. Cf. o paralelo do evangelho dos egípcios (CLEMENTE DE ALEXANDRIA. *Stromata*. III, [s.l.]: [s.e.], [s.d.], 13, 92): "Quando os dois se tornam um, o macho com a fêmea, deixa de existir tanto o macho como a fêmea".

122. WAITE. Eod. 1.

123. *Kabbala denudata...* Vol. I, 1677, 338.

124. Em *Theatrum Chemicum*. Vol. VI, 1661, 1s. Blaise de Vigenere (ou Vigenaire) era um conhecedor muito douto do hebraico. Foi secretário junto do Duque de Nevers e depois de Henri III, e viveu de 1523-1596.

se tratado tem importância especial para nós, que aqui nos ocupamos com o conteúdo mitológico da coniunctio. É a seguinte: (As Sephiroth) "terminam em Malchut ou Lua; esta se encontra em descida e aquela em subida a partir do mundo dos elementos. De tal modo constitui a Lua o caminho para o céu que os pitagoreus a designaram como Terra celeste e céu terrestre e astro[125], porque a natureza inteira é inferior no mundo dos elementos em relação ao intelligibile. Ela é, como diz Zoar (Sohar), feminina e passiva, e está na mesma relação da Lua para o Sol. Na mesma proporção em que (a Lua) se afasta deste para atingir a oposição, aumenta também a sua luminosidade para nós neste mundo, mas desaparece no lado que olha para cima. Reciprocamente, se ela está em conjunção, quando para nós está escurecida, se encontra totalmente iluminada de brilho na parte que está voltada para cima (para o Sol). Isto acontece para nos ensinar que, quanto mais nosso intelecto descer para as coisas dos sentidos, tanto mais se desvia das coisas inteligíveis, e vice-versa"[126]. Pela identificação de Malchut com a Lua se estabelece uma ponte para a alquimia, e assim se realiza novamente aquele mesmo processo, que a simbólica patrística já muito antes havia aceito na forma de sponsus e sponsa. E é, ao mesmo tempo, uma repetição da aceitação que os Santos Padres já tinham feito em sua linguagem figurada do hierósgamos de origem pagã. Com isto Vigenerus completa um pedaço que faltava na alegórica patrística, isto é, o escurecimento da outra metade da Lua na oposição. Quando a Luna brilha para nós no seu maior esplendor, a face oposta dela se encontra escurecida completamente. Este aproveitamento rigoroso da alegoria do Sol e da Lua teria sido talvez um tanto incômodo para a Igreja, mesmo que a ideia da Igreja "moribunda" já tomasse em consideração de certo modo que todas as criaturas so-

---

125. Cf. PROCLUS. *Plat. Tim.* 41: Orpheus teria designado a Lua como Terra celeste, e os pitagoreus a teriam considerado (32 b) como a Terra etérea.

126. *Theatrum Chemicum.* Vol. VI, 1661, p. 17. A Malchut também se chama Lua (*Kabbala denudata...* Vol. I, 1677, 1, p. 195 e p. 501). Outros apelidos ainda são casa e noite, e em Josef ben Gikatilla (*Schaare ora.* [s.l.]: [s.e.], 1715 [OFFENBACH (org.)]) poço, mar, pedra, safira, árvore do conhecimento, país da vida (informações de gentileza da parte do Dr. S. Hurwitz). Malchut é o "Reino de Deus", é descrita no *Sohar* como Kenesseth de Israel, "o arquétipo místico da Comunidade de Israel" (Cf. SCHOLEM, G. *Major Trends in Jewish Mysticism.* 1941, p. 209).

frem dessa caducidade[127]. Menciono esta circunstância sem de modo algum querer criticar a alegoria eclesiástica do Sol e da Lua. Pelo contrário, apenas queria acentuar esse aspecto acima, porque a Lua se acha na fronteira do mundo sublunar e dominado pelo mal, e participa, como nosso autor sugere claramente, tanto do mundo da luz como também do mundo demoníaco da escuridão. Justamente por isso é que sua mutabilidade é de tanta importância para a simbólica. Ela é duplex e mutabilis como Mercurius e também um intermediário como ele; daí a identificação alquímica da Luna com Mercurius[128]. Este último tem decerto um lado luminoso, de cuja espiritualidade a alquimia não tem dúvida alguma, mas tem igualmente um lado escuro, cujas raízes atingem grande profundidade.

A citação acima, tirada do tratado de Vigenerus, tem não pouca semelhança com uma passagem mais extensa de Agostinho na Epístola LV,7s.[129], a respeito do curso da Lua. Ele se manifesta aí sobre o aspecto desfavorável da Lua, a saber, a variabilidade dela. E faz isso, empregando as palavras do Eclesiástico (27,12): "Sapiens sicut sol permanet, stultus autem sicut luna mutatur" (O sábio permanece como o Sol, mas o tolo muda como a Lua)[130], e propõe a pergunta: "Quis ergo est ille stultus, qui tamquam luna mutatur, nisi Adam, in quo omnes peccaverunt?"[131] Para Agostinho a Lua está visivelmente do lado das criaturas corruptíveis, como imagem de tolice e inconstância. Na parábola dos astros, usada pelo homem da Antiguidade e da Idade Média, se pressupõe, de modo claro ou subentendido, a causalidade astrológica; portanto, o Sol efetua a constância e a sabedoria, a Luna promove a mudança e a to-

20

---

127. Cf. as explanações de RAHNER, H. Mysterium Lunae. *Zeitschrift für katholische Theologie*. 1939, p. 313s.

128. "Der Geist Mercurius" (O espírito de mercúrio). *Symbolik des Geistes* (*Simbólica do espírito*). 2. ed., 1953, p. 115.

129. *Corp. Script. Eccl. Lat.* Vol. XXXIV, p. 176s.

130. A *Vulgata* tem: "Homo sanctus in sapientia manet sicut sol, nam stultus sicut luna mutatur". Tradução do texto original (Jesus Sirach 27,11): "O falar do sábio é sempre sabedoria, mas o tolo é cheio de mudanças como a lua".

131. "Quem é aquele tolo, que muda como a lua, senão Adão, em quem todos pecaram?"

lice (inclusive a loucura)[132]. Agostinho une suas observações acerca da Lua com uma consideração moral a respeito da relação do homem para com o Sol espiritual[133]; da mesma forma Vigenerus, que certamente se baseia em Agostinho. Menciona aqui (Ep. 55,10) Agostinho também a ecclesia como luna, e associa com isso o ferimento pela seta assassina: "Unde est illud: Paraverunt sagittas suas in pharetra, ut sagittent *in obscura luna rectos corde*" (Daí provêm aquelas palavras: Eles prepararam as suas setas na aljava para atirar sobre os sinceros de coração por ocasião da lua escura)[134]. Como se evidencia, Agostinho não entende o ferimento como uma atividade da lua nova, mas − de acordo com o princípio: omne malum ab homine (todo mal vem do homem) − como maldade dos homens. Até onde se considera nisso a lua nova, mostra o acréscimo "in obscura luna", o qual não é abonado pelo texto original. A essa periculosidade da Lua, concedida aqui de modo alusivo, não deixa de ajustar-se o que Agostinho cita um pouco mais adiante no Salmo 71,7: "Orietur inquit, in diebus eius iustitia et abundantia pacis, quoad usque *interficiatur luna*" (Surgirá nos seus dias a justiça e a plenitude da paz, até que a Lua seja morta aniquilada. − Em lugar da expressão mais forte "interficiatur", traz a Vulgata o termo mais suave "aufera-

---

132. O Sol corresponde ao homem consciente, a Lua ao homem inconsciente, isto é, à *anima* do homem.

133. "Anima quippe humana recedens a sole iustitiae, ab illa scl. interna contemplatione incommutabilis veritatis, omnes vires suas in terrena convertit et eo magis magisque obscuratur in interioribus ac superioribus suis; sed cum redire coeperit ad illam incommutabilem sapientiam, quanto magis ei propinquat affectu pietatis, tanto magis exterior homo corrumpitur, sed interior renovatur de die in diem omnisque lux illa ingenii, quae ad inferiora vergebat, ad superiora convertitur et a terrenis quodam modo aufertur, ut magis magisque huic saeculo moriatur et vita eius abscondatur cum Christo in Deo" (Pois a alma humana, afastando-se do Sol da justiça, isto é, [afastando-se] daquela contemplação da verdade incomunicável, dirige todas as suas forças para as coisas terrenas, e mais e mais se obscurece naquilo que tem de interior e de superior. Mas quando começa a retornar àquela sabedoria incomunicável, quanto mais se aproxima dela pelo afeto da piedade, tanto mais se aniquila o homem exterior e é renovado o interior de dia em dia. Então toda a luz do seu engenho que dirigia para as coisas inferiores será agora voltada para as coisas superiores, a fim de morrer mais e mais para este século e esconder sua vida com Cristo em Deus).

134. *Vulgata*. Salmo 10,3, traz apenas *in obscuro* (no escuro). Tradução do texto original: "Eis, pois, os ímpios! eles retesam o arco e colocam a seta na corda para no escuro atirar sobre os que são de coração sincero". Cf. "a seta embebida de sangue" em *Aurora Consurgens*. Cap. 7, parábola 2.

tur", que significa: seja retirada ou suprimida ou desapareça[135]. A violência em afastar a Lua se explica pela interpretação que segue imediatamente: "Id est abundantia pacis in tantum crescet, donec omnem mutabilitatem mortalitatis absumat" (A plenitude da paz crescerá até que ela retire toda a mutabilidade da mortalidade). Daí transparece que a Lua tem em comum a essência e a expressão com essa mutabilitas mortalitatis, isto é, com a morte; e o texto continua: "tunc novissima inimica destruetur mors et quicquid nobis resistit ex infirmitate carnis... consumetur omnino..." (então como a última inimiga será destruída a morte, e será inteiramente destruído tudo aquilo que nos cria obstáculo da parte da fraqueza da carne). A interfectio lunae vem a ser aqui o mesmo que a destructio mortis[136]. Lua e morte manifestam sua importante afinidade. Foi principalmente pelo pecado original e pela sedução da mulher (= Lua) que a morte entrou no mundo, e a mutabilitas passou a ser corruptibilitas[137]. A eliminação da Lua dentre a criação é, pois, tão desejável como a eliminação da morte. Este valor negativo atribuído à Lua já basta para justificar o aspecto obscuro da parte dela. O "morrer" da Igreja está ligado à parábola da lua obscura[138]. Para esse prudente ocultamento do aspecto nefasto da Lua encontrado em Agostinho e que talvez não seja de todo inconsciente, constitui motivo suficiente a consideração da igualdade Ecclesia = Luna.

A alquimia, no entanto, insiste com muito menos consideração na periculosidade da lua nova. De uma parte a Luna é o branco brilhante da lua cheia, de outra parte é também o negrume da lua nova, e ainda a lua do eclipse solar. Na verdade, ela causa ao Sol algo de mal, o que provém de sua natureza obscura. A respeito do que a

21

---

135. Salmo 72,7: "Em seus dias floresce o direito e abundante felicidade, até que a Lua não mais exista".

136. Agostinho observa ainda que o nome Jericó (Jericho) significa em hebraico "Lua" e que desabaram os muros dessa cidade, *munimenta mortalis vitae* (a muralha protetora da vida mortal) (Ep. LV, 10).

137. Segundo Orígenes, o Sol e a Lua participaram da queda no pecado (*Periarchon*. I, 7, 4). Apud. RAHNER, H. Mysterium Lunae. *Zeitschrift für katholische Theologie*. 1939, p. 327.

138. H. Rahner fala de modo apropriado das "trevas místicas da união dela (*Lunae*, isto é, *Ecclesiae*) com Cristo" no tempo da lua nova, que significa a Igreja "moribunda". Mysterium Lunae. Op. cit., p. 314.

alquimia pensa sobre a Lua, nos mostra de modo claríssimo o *Consilium Coniugu*, onde se diz:[139] "O leão, isto é, o sol inferior[140] se corrompe (vilescit) pela carne. (No entender dela, a carne é fraca por sofrer de febre quartã)[141]. Assim também se corrompe o leão[142] em sua
natureza pela sua carne que está unida temporariamente à Lua (per
carnem suam sibi contemporaneam Lunarem vilescit[143]) e é forçado a
eclipsar-se (eclipsatur). A Lua é, pois, a *sombra do Sol* e se desgasta
junto com os corpos corruptíveis; por sua corrupção (corruptionem),
e ainda por meio da umidade de Mercurius[144], eclipsa-se (eclipsatur)
o leão; mas esse eclipse se transforma em utilidade e em uma natureza melhor e mais perfeita do que a primeira. A mutabilidade da Lua e
sua capacidade de eclipsar-se é explicada como sendo sua corruptibilidade; essa propriedade negativa eclipsa até mesmo o Sol. Assim diz
mais adiante o texto: "Durante o aumento, isto é, durante a plenitude do negrume do chumbo, isto é, do nosso minério, falta minha

---

139. Impresso pela primeira vez em *Ars Chemica Antehac typis non excusa*. 1566, p. 136.

140. Diz o texto: "id est Sol inferius"; da mesma forma as impressões posteriores de
1622 (*Theatrum Chemicum*. V, p. 515) e também Mangetus (*Bibliotheca chemica curiosa*... II, 1702, p. 248a). Segundo isso, poderia ser o "Sol *embaixo*" ou "na parte de
baixo". Ao que se supõe, seria um "Sol subterrâneo", o qual coincide com o Sol *niger*
(MYLIUS. *Philosophia reformata*. 1622, p. 19; RIPLEY, G. *Chymische Schrifften*.
[s.l.]: [s.e.], 1624, p. 51).

141. A febre quartã da malária reaparece de quatro em quatro dias. Diz o texto aqui:
"die enim quarto in quartum, quartanam naturaliter patitur" (De quatro em quatro
dias sofre naturalmente da febre quartã).

142. Leo como domicilium solis é empregado em lugar de Sol, isto é, o Mercurius ativo (vermelho).

143. O texto árabe original de SENIOR. *De Chemia*. 1566, p. 9, traz "vilescit *per canem*" ([o leão] se estraga pelo cão) em vez de *per carnem* (pela carne). O cão é um animal de Hécate, e por isso pertence também à Lua (cf. adiante). No maniqueísmo diz-se
a respeito do homem primitivo que desceu para entrar na matéria, e de seus filhos, que
"lhes foi tirada a consciência e que eles se tornaram semelhantes a uma pessoa mordida
por um cão danado ou por uma cobra" (THEODOR BAR KONAI, apud REIT-
ZENSTEIN-SCHAEDER. *Studien zum antiken Syncretismus aus Iran und Griechan-
land*. Leipzig: [s.e.], 1926, p. 343).

144. A *aqua permanens*.

luz"[145], isto é, a luz do Sol, e está desfeito meu esplendor". Esta exposição é ainda completada por aquela passagem que provavelmente serviu ao editor do *Rosarium* como ensejo para a figura da morte do par real, mas que também é importante para o coniugium de Sol-Luna:[146] "... Hoc[147] itaque completo scias quod habes corpus corpora perforans et naturam naturam continentem et naturam natura laetantem[148], quod profecto tyriaca[149] philosophorum vocatur et dicitur vipera, quia sicut vipera, concipiendo prae libidinis ardore, caput secat masculi et pariendo moritur et per medium secatur. Sic lunaris humor[150], concipiens lucem Solarem sibi convenientem, Solem necat et pariendo progeniem Philosophorum, ipsa similiter moritur et uterque parens moriendo animas filio tradunt et moriuntur et pereunt. Et parentes sunt cibus filii..." (Depois que isto se completou assim, deves saber que tens o corpo que penetra os corpos e a natureza que contém a natureza e a natureza que se alegra com a natureza, o

---

145. O Sol fala.

146. "Consilium Coniugii". p. 141s.

147. O que precede é: "... incineretur corpus residuum, quod vocatur terra, a qua est extracta tinctura per aquam ... Deinde capiti suo iunge et caudae" (Deve-se incinerar o corpo restante, que é chamado de terra e do qual se extraiu a tintura por meio da água... Depois une a cabeça dele com a cauda). Isto se refere à preparação do *ouroboros*, como substância do arcano, a qual muda de natureza.

148. Esta é a conhecida fórmula de Demokritos. BERTHELOT, M. *Collection des anciens alchimistes grecs*. 1887/1888, II, I, 3: "ἡ φύσις τῇ φύσει τέρπεται, χαὶ ἡ φύσις τὴν φύσιν νιχᾷ, χαὶ ἡ φύοὶ τὴν φύσιν χρατεῖ" (A natureza se alegra com a natureza, a natureza vence a natureza, a natureza domina a natureza).

149. Tyria tinctura s. Tyrius color (tintura ou cor de Tiro é a púrpura) (*Turba philosophorum*... Sermo XIV, 1931; *Euska*. Op. cit., p. 123s.), *lapis tyrii coloris* (a pedra de cor purpúrea) (*Turba* philosophorum... 1931, XXI, XXVII). "Sic tyrium nostrum (colorem) in unoquoque regiminis gradu sui coloris nomine nuncupamus" (Assim denominamos nossa púrpura, em qualquer fase do processo, pelo nome da sua cor) (*Turba* philosophorum... 1931, LXII). "Hoc est sulphur rubeum, luminosum in tenebris, et est hyacinthus rubeus et toxicum igneum et interficiens, et Leo victor et malefactor, et ensis seindens, et Tyriaca sanans omnem infirmitatem" (Isto é o enxofre vermelho, luminoso na escuridão, e o jacinto vermelho, e o veneno ígneo e mortífero, e o leão vencedor e maléfico, e a espada cortante, e a "Tyriaca" que cura todas as doenças) (*Pretiosa margarita novella. Theatrum Chemicum*. Vol. V, 1622, p. 705). A Tyriaca é idêntica à Theriaca, a qual não é outra coisa senão a substância do arcano.

150. Luna dá o orvalho.

que efetivamente é chamado a arte tiríaca dos filósofos, e também é chamado víbora, porque, à semelhança dela, no ato de conceber arranca por amor libidinoso a cabeça do macho, e durante o parto é aberta ao meio. Do mesmo modo a umidade da Lua mata o Sol ao conceber a luz solar que vem para ela, e também morre ao dar à Luz a prole dos filósofos, e ambos os pais ao morrerem transmitem suas almas ao filho e morrem e desaparecem. E *os pais se tornam a comida do filho...*)

22   Esta formação psicológica (psicologema) representa uma dedução consequente de todas as implicações da parábola do Sol e da Lua. Aparece aqui em atuação completa o caráter demoníaco que está ligado à metade demoníaca da Lua ou à posição da Lua, que é intermediária entre o céu superior e o mundo sublunar[151]. Sol e Lua revelam sua natureza de opostos, a qual no relacionamento cristão de Sol e Lua se apaga até tornar-se irreconhecível; os contrastes se anulam mutuamente de modo que da colisão de ambos resulta, de acordo com todas as regras da energética, algo que é o terceiro e o novo, isto é, um filho que anula o que há de oposto nos pais e forma uma "natureza dupla e unificada". Esta grande proximidade entre seu psicologema e o processo da transubstanciação fica inconsciente no autor (desconhecido) do *Consilium Coniugii*[152], mesmo que a última frase de nosso texto anterior contenha com clareza suficiente o motivo de Teoqualo (o "comer a Deus" dos aztecas)[153]. Este motivo, aliás, é também do Egito Antigo. No texto das pirâmides referente a Unas (5ª dinastia) se lê: "Unas rising as a soul like a god liveth upon his fathers, feedeth upon his mothers"[154]. É curioso como a alquimia introduziu uma imagem da totalidade em lugar das figuras eclesiásti-

---

151. Onde começa o domínio aéreo do daimon e do diabo.

152. Schmieder julga que o autor é um árabe do século XIII. Mas ele deve pertencer aos latinos mais antigos, como demonstra o fato de ele ter aceito o erro carnem-canem, que é possível somente na língua latina.

153. Cf.: Alguns capítulos da obra histórica de Fray Bernardino de Sahagún. Traduzido do asteca por Ed. Seler. Organizado por C. Seler-Sachs, 1927, p. 258s.; *Wurzeln des Bewusstseins* (Raízes da consciência). 1954, contr. V.

154. WALLIS BUDGE, E.A. *The Gods of the Egyptians*. Vol. I, Londres: [s.e.], 1904, p. 45.

co-cristãs do esposo e da esposa; esta imagem era em parte material e em parte espiritual, e correspondia ao paráclito. Além disso existia certa tendência para uma Ecclesia spiritualis. O equivalente da alquimia para o Deus-homem e Filho de Deus era o Mercurius, o qual, na qualidade de hermafrodito, encerra em si tanto o feminino, a Sapientia e a Materia, como também o masculino, o Espírito Santo e o diabo. Existem ligações entre a alquimia e aquele movimento a respeito do Espírito Santo, que nos século XIII e XIV se acha ligado ao nome de Gioacchino da Fiori (1145-1202). Esperava ele para breve a vinda do "terceiro reino", isto é, o do Espírito Santo[155].

A alquimia também representou o eclipse como um ocaso do Sol 23 no poço (feminino) de Mercurius[156] ou como o desaparecimento de Gabricus no corpo de Beya. Na verdade, durante o amplexo do Sol (como o masculino) e da Lua nova, ele é morto traiçoeiramente pela dentada da serpente (conatu viperino) de sua amante e mãe ou traspassado pelo "telum passionis", que é a seta de Cupido[157]. A partir dessas concepções se explica a figura estranha na *Pandora* (ed. 1588, p. 249)[158], em que Cristo é traspassado com uma lança por uma virgem coroada que termina em cauda de serpente[159]. Os vestígios mais

---

155. Cf. minha exposição em: *Aion*. [s.l.]: [s.e.], 1950 [OC, 9/2], p. 125s., 219s.

156. Cf. com isso o ocaso do Sol em um poço cheio de lama preta. *Alcorão*. Sura 18.

157. RIPLEY, G. *Opera omnia chemica*. Cassel: [s.e.], 1649, p. 423. "Consilium Coniugii". p. 186: "proprio iaculo interficit se ipsum" (Matou-se com sua própria seta). ROSINUS ad Sarratantam. *Artis Auriferae*. I, 1593, 293): "Qui me Miserculam i. e. me habentem materiam Mercurialem et Lunarem... ac dilectum meum i. e. pinguedinem solarem mecum i. e. cum humiditate Lunari vinculaverit i. e. in unum corpus coniunxerit, *Sagitta Ex Pharetra Nostra*" (Quem me unir, a mim miserável, isto é, que tenho a matéria de Mercúrio e da Lua... e a meu filho amado, isto é, a gordura solar que está comigo – com a umidade da Lua, isto é, reunir num só corpo – este tem a seta de nossa própria aljava).

158. A imagem está reproduzida em meu *Paracelsica*. Zurique: [s.e.], 1942, p. 99.

159. O desenho dela é curioso, e primeiramente se pergunta se por ele está representada a água(?) ou o vapor(?). O modelo para esta figura se encontra no chamado livro da *Trindade* (Drivaltigkeitsbuch), folia 2ʳ, (Cod. Germ. Mon. 598 do século XV), como no Cod. Germ. Alch. Vad. século XVI. Aí se trata de uma verdadeira cauda de serpente. Um texto designa vapores como sagittae ("Consilium Coniugii". *Ars Chemica*. 1566, p. 127). Cf. com isso as águias armadas de arco na imagem de Hermes dada por Senior (Cf. fig. 128 em *Psychologie und Alchemie* [Psicologia e alquimia]. 2. ed., 1952 [OC, 12], p. 344).

antigos desta melusina na alquimia se encontram em uma citação de
Hermes dada por Olimpiodoro: "Παρθένος ἡ γῆ εὑρίσχεται ἐν τῇ
οὐρᾷ τῆς παρθένου"[160] (A terra virgem é achada na cauda da virgem). De modo análogo ao Cristo ferido, no *Codex Ashburn Laur,* também se encontra Adão atingido por uma seta (V. fig. 131 em Psychologie und Alchemie (*Psicologia e alquimia*), 2. ed. 1952, p. 352).

24   Esse motivo do ferimento é retomado por Honório de Autun em
seu comentário[161] ao Cântico dos Cânticos. Em 4,9 se lê: "Vulnerasti
cor meum soror mea sponsa. Vulnerasti cor meum in uno oculorum
tuorum et in uno crine colli tui" (Feriste meu coração, minha noiva
irmã. Feriste meu coração em um dos teus olhos e em uma trança de
tua cabeça)[162]. A esposa diz 1,4: "Nigra sum, sed formosa" e 5: "No-
lite me considerare, quod fusca sim – quia decoloravit me sol" (Sou
morena, mas bela. Não repareis que esteja escura pois o sol me mudou a cor). A alusão à nigredo nesta passagem não podia ter escapado
aos alquimistas[163]. No Canticum, porém, ainda se alude a algo mais
de perigoso a respeito da esposa: Ct 6,3 tem: "Pulchra es amica mea,
suavis et decora sicut Jerusalém: *Terribilis ut castrorum acies ordinata.* 4: *Averte oculos tuos a me quia ipsi me avolare fecerunt...* 9: Quae
est ista, quae progreditur quasi *aurora consurgens*[164] pulchra ut *luna,*
electa ut *sol, terribilis ut castrorum acies ordinata?* (6,3: És formosa,
amiga minha, suave e bela como Jerusalém: Terrível como um exército em ordem de batalha. 4: Desvia de mim os teus olhos porque me
fascinaram... 9: Quem é esta que avança como a aurora que surge,
bela como a Lua, escolhida como o Sol, terrível como um exército
em ordem de batalha?)[165] Segundo isso, a sponsa não é apenas amável

---

160. BERTHELOT. *Collection des anciens alchimistes grecs.* 1887/1888, II, IV, 24.

161. MIGNE. *Patrologiae Latina.* CLXXII, 1844-1880, col. 419. Expositio in Canticum Cant.

162. A tradução exata do texto original é: "Tu me encantaste, minha irmã e noiva, tu
me encantaste com um lance de teus olhos, com um colarzinho do ornamento de teu
pescoço" (Ct 4,9).

163. Cf. *Aurora Consurgens.* I, cap. 12, parábola 7.

164. Aqui se encontra indicada a origem do título daquele tratado místico que seguirá
após este estudo.

165. A tradução mais exata do texto original é (Ct 6,4): "És formosa, minha amiga,
como Thirza (a capital israelita, ao norte de Samaria), amável como Jerusalém, terrível
como os exércitos. 5. Afasta de mim teus olhos porque me assustam. 10. Quem é ela

e inofensiva, mas também feiticeira e terrível, como aquele lado da Selene (Lua), aparentado com Hécate. Como esta, Luna é πανδερχής (que vê tudo), um *olho* que tudo conhece (πάνσοφος)[166]. Como Hécate, provoca ela *loucura,* epilepsia e outras doenças. Seu domínio especial é o *feitiço do amor,* a magia em geral, na qual tem grande papel a lua nova, a lua cheia e o eclipse lunar. Os animais relacionados com ela − cervo, leão e galo[167] − são também símbolos de seu parceiro masculino na alquimia. Como a Perséfone (ctônica), tem ela (segundo Pythagoras) *cães*[168] (isto é, os planetas). Na alquimia a própria Lua aparece como "cadela armênica". O lado perigoso da Lua desempenha papel não pequeno nas tradições da Antiguidade.

A sponsa é a lua nova escura − de acordo com a concepção cristã a Igreja no tempo do amplexo matrimonial[169] − e esse amplexo é simultaneamente o ferimento do sponsus Sol-Christus. Honório comenta assim a frase "Vulnerasti cor meum": "Per cor amor intelligitur, qui in corde esse dicitur, et continens pro contento ponitur, et est similitudo ab illo qui nimirum aliquam amat et eius cor amore vul-   25

---

que olha para baixo como a aurora, bela como a lua cheia, pura como o Sol, terrível como os exércitos?" "Exércitos" em hebraico é nidgalot; comentadores mais recentes leem nirgalot, plural de nirgal ou nergal. O Nergal babilônico é o deus da guerra e do inferno, *Senhor dos espíritos,* e o deus do calor do meio-dia e do verão. WITTEKINDT. *Das Hohe Lied und seine Beziehungen zum Istarkult.* Hannover: Lafaire, 1925, p. 8, traduz, pois: "terrível como os planetas". "Certamente se pensa... nos contrastes da figura de Istar... A deusa é a bela dispensadora do amor e da beleza, mas também, ao mesmo tempo, a guerreira e a assassina dos homens" (Op. cit., p. 9). Por causa da feitiçaria se deve considerar mais ainda o aspecto infernal de Nergal, como *Senhor dos espíritos* (Cf. MORRIS JASTROW. *Die Religion Babyloniens und Assyriens.* Giessen: [s.e.], 1912, Bd. I, p. 361, 467 etc.). A leitura como *nirgalot* se prende também HALLER, M. "Das Hohe Lied". *Handbuch zum Alten Testament eissfeldt.* Tubingen: JCB Mohr, 1940, p. 40 [EISSFELDT (org.)]. No hebraico é muito fácil a troca entre *d* e *r* na escrita (Explicação do Dr. R. Scharf).

166. ROSCHER. *Ausführliches Lexikon der griechischen und römischen Mythologie.* II. Leipzig: [s.e.], 1890, p. 3.138.

167. ROSCHER. Op. cit., II, p. 3. 185.

168. ROSCHER. Op. cit., II, p. 3. 185.

169. Na interpretação cabalística ela é Israel como a noiva do Senhor. Assim diz o *Sohar:* "E quando é que ele (Deus) será chamado um? Somente na hora em que a Matronita (matrona = Malchut) se unir ao rei, como se diz 'e o reino caberá a Deus'. Que se deve entender por reino? É a comunidade de Israel, pois o rei se une a ela (matrona), como se diz: 'naquele dia Deus será... reconhecido como um'".

neratur. Ita *Christus amore Ecclesiae vulneratus est in cruce.*[170] Prius
vulnerasti cor meum quando causa amoris tui flagellatus sum, ut te facerem mihi sororem... iterum vulnerasti cor meum quando amore tui
in cruce pendens vulneratus sum, ut te sponsam mihi facerem gloriae
participem et hoc in uno oculorum[171] tuorum",[172] etc. (Por coração se
entende o amor, que se diz estar no coração. Substitui-se o continente
pelo conteúdo. E uma imagem daquele que ama alguém e seu coração
é ferido de amor. Assim Cristo foi ferido na cruz pelo amor à Igreja.
Antes já feriste meu coração quando por causa de teu amor fui flagela-
do, a fim de fazer de ti minha irmã... Novamente feriste meu coração
quando por amor de ti eu pendia da cruz, a fim de fazer de ti minha
esposa que participasse da glória, e isso em um dos teus olhos...).

26   O momento desse eclipse e matrimônio místico é a morte na
cruz. A Idade Média, pois, consequentemente entendeu a cruz também como "mãe". Assim se diz em um texto do inglês antigo, *Dispute
between Mary and the Cross*[173], que a cruz é uma árvore falsa que destruiu o fruto de Maria com uma bebida mortal. Maria se queixa:
"Cruz, és a *madrasta* malvada de meu filho". Sancta Crux responde:
"Mulher, a ti devo minha honra; teu fruto excelente que agora carre-
go refulge no sangue rubro".

---

170. Agostinho (*Sermones*. App. 120, 8) diz: "Procedit Christus quasi sponsus de thala-
mo suo, praesagio nuptiarum exiit ad campum saeculi... pervenit usque ad crucis torum
(leito nupcial!) et ibi firmavit ascendendo coniugium... se pro coniuge dedit ad poe-
nam... et copulavit sibi perpetuo matronam" (Cristo caminha em frente como o esposo
ao deixar seu aposento; como presságio das núpcias, sai para o campo do mundo... chega ao leito nupcial da cruz e subindo para lá estabeleceu a união conjugal... e entregou-se
ao castigo em lugar da esposa... e uniu a si sua mulher por um direito eterno).

171. É curioso que também no Egito Antigo o olho esteja relacionado com o hierósgamos (matrimônio sagrado) dos deuses. Nas inscrições de Heliópolis festeja-se o dia do
início do outono (portanto, do Sol que se extingue) como "o dia festivo da deusa Iusa-
sit", como o dia "da chegada da *irmã* para unir-se com seu pai". Neste dia "a deusa
Mehnit completa seu trabalho a fim de permitir que o deus Osíris lhe penetre no olho
esquerdo". BRUGSCH. *Religion und Mythologie der alten Ägypter*. 1891, p. 286.

172. A ideia do ferimento do Salvador por parte do amor foi também ensejo para imagens curiosas na mística mais tardia. Em um "Libellus Desideriorum Joannis Amati" se
encontra essa passagem: "Aprendi uma arte e me tornei atirador; o bom propósito é o
meu arco e os desejos incessantes de minha alma são as setas. O arco foi entesado pela
mão do auxílio misericordioso de Deus, e o Espírito Santo me ensina a atirar as setas
diretamente para o céu. Que Deus me conceda aprender a atirar melhor para acertar
de vez o Coração de Jesus" (HELD, H.L. *Leben und Werke des Angelus Silesius*. I,
[s.l.]: [s.e.], 1924, p. 157).

173. MORRIS, R. *Legends of the Holy Rood*. Londres: Trübner, 1871. Apud. ZOEC-
KLER. *Das Kreuz Christi*. Gütersloh: C. Bertelsmann, 1875, p. 240.

O motivo do ferimento remonta na alquimia ao tempo de Zosimos (século III d.c.) e suas visões, que têm por assunto uma ação sacrificial[174]. Nesta forma tão completa, o motivo, aliás, não retorna jamais. Deparamos com ele em seguida na *Turba*: "... illo vulnerato, neci dato ros iungitur"[175]. (O orvalho se junta a ele já ferido e entregue à morte). O orvalho pertence à Lua, e o ferido é o Sol[176]. No tratado de Philaletha: *Introitus apertus ad occlusum Regis palatium*[177], o ferimento é uma mordida do cão raivoso "corascênico", razão por que o filho hermafrodito sofre de hidrofobia[178]. No tratado *De Te-*

27

---

174. BERTHELOT. *Collection des anciens alchimistes grecs*. 1887/88, III, I-VI. O aspecto de matar para o sacrifício já foi desenvolvido por mim na dissertação: "Einige Bemerkungen zu den Visionen des Zosimos" (Algumas observações acerca das visões de Zósimo); o aspecto da morte sacrificial em *Das Wandlungssymbol bei der Messe* (O símbolo da transformação na missa); ambos os temas em: *Von den Wurzeln des Bewusstseins* ("As raízes da consciência". In: JUNG, C.G. *Estudos alquímicos*. 2011 [OC, 13]).

175. RUSKA, J. *Turba philosophorum...* 1931, p. 161, Sermo 58.

176. O mercúrio (Hg = orvalho) "penetra" no ouro (Sol) pela amalgamação.

177. O tratado deve ter sido escrito em 1645. Copiado em *Musaeum hermeticum*. 1678, p. 652s. O nome do autor, Eirenaeus Philaletha, é pseudônimo, sob o qual se suspeita ter escrito o conhecido alquimista inglês Eugenius Philalethes, ou Thomas Vaughan (1621-1665). Cf. WAITE, A.E. *The Works of Thomas Vaughan*. Londres: Theosophical Society, 1919, p. XIVs.; FERGUSON. *Bibliotheca Chemica*. II, [s.l]: [s.e.], 1906, p. 194.

178. *Musaeum Hermeticum*. 1678, p. 815-863, p. 658: "(Chaos nostrum) Hic est infans Hermaphroditus, qui a primis suis incunabulis per Canem Corascenum rabidum morsu infectus est, unde perpetua hydrophobia stultescit insanitque..." ([Nosso caos] é a criança andrógina que ainda muito nova foi contaminada em seu berço pela mordida do cão corasceno raivoso e daí se tornou abobada e louca por causa da hidrofobia contínua). O "nigricans canis rabidus" (o cão negro e raivoso) é escorraçado "imbre ac verberibus" (pela chuva e pelas pauladas), e "sic tenebrae disparebunt" (assim terminarão as trevas). Disso se evidencia que o cão raivoso representa a *nigredo*, e com isso indiretamente a lua nova escura, que eclipsa o Sol (Cf. SENIOR. Op. cit., p. 9: "vilescit per canem infirmatus Leo" (o leão se enfraquece e se corrompe pelo cão). O *infans*, de acordo com o sentido, corresponde a Attis furioso, este χατηφὲς ἄχουσμα ῾Ρέας (fama vergonhosa de Rhea), a quem os assírios chamam de τριπόθητον ῎Αδωνιν (Adônis, o três vezes desejado), o amado filho que morreu jovem (HIPPOLYTUS. *Elenchos*. V, 9, 8). Conforme a lenda de Pessinus, Agdistis (= Cibele), a mãe de Attis, que antes era hermafrodito, foi castrada pelos deuses. Ela consegue lançar Attis em furor, no qual ele faz mal a si mesmo, e isto durante suas núpcias. Zeus concede a *incorruptibilidade* ao corpo dele, com o que corre paralela a incorruptibilitas do infans procurada pelos alquimistas (Cf. PAUSANIAS. *Graeciae Descriptio*. Lib. VII, cap. XVII).

nebris contra Naturam aduz Dorneus o motivo do ferimento, ou respectivamente da mordida venenosa da serpente, e o relaciona com Gênesis 3: "Naturae siquidem per serpentem introducto morbo lethalique inflicto vulneri quaerendum est remedium" (É preciso, pois, procurar o remédio para a doença introduzida pela serpente na natureza e para a ferida mortal que causou)[179]. De acordo com isso, consiste a tarefa da alquimia em eliminar o peccatum originale (pecado original); e isto se faz por meio do balsamum vitae (bálsamo da vida) que é um "calidi naturalis cum suo radicali humore temperamentum" (a mistura certa do calor natural com a umidade radicial): "Mundi vitam enim... esse naturae lucem atque caeleste sulphur[180], cuius subiectum est firmamentalis humor aethereus et calor, ut sol et luna" (Que a vida do mundo é, pois, a luz natural e o enxofre celeste, cuja substância é a umidade etérea do firmamento e o calor, como o Sol e a Lua)[181]. A conjunção do úmido (Lua) e do quente (Sol) resulta naquele bálsamo em que consiste a vida incorrupta e primitiva do mundo (primitiva ac incorrupta natura). Gênesis 3,15: "Ela te pisará na cabeça e tu tentarás alcançar seu calcanhar" era considerado como uma prefiguração do Salvador. Como Cristo estava livre da mácula do pecado, nada podia contra ele a ameaça da serpente; o homem, porém, foi envenenado por ela. Enquanto a fé cristã considerava o homem como libertado do pecado pela salvação de Cristo, a alquimia, entretanto, era de opinião que a restitutio ad similitudinem primitivae ac incorruptae naturae ainda devia ser efetuada pelo opus da arte; isto certamente não podia ser entendido de outra maneira a não ser que ela considerasse a obra salvadora de Cristo como incompleta. Não se pode negar completamente toda a simpatia a esse modo de pensar, se considerarmos que o *princeps huius mundi* (príncipe deste mundo)[182] não se importa de praticar suas maldades tanto antes como depois. Para o

---

179. *Theatrum Chemicum*. I, 1602, p. 518.

180. "Lux naturae et caeleste sulphur" (a luz da natureza e o enxofre) devem ser tomados como idênticos.

181. Eod. 1.

182. Jo 12,31.

alquimista, que se declarava pertencer à Ecclesia spiritualis, naturalmente é de máxima importância que ele próprio se torne o "vaso sem mácula" do Paráclito e que, ultrapassando a imitatio Christi, realize assim a *ideia* que é Cristo. Deve-se considerar como diretamente trágica a maneira pela qual a imensidade deste pensamento sempre de novo se deixou enredar no acúmulo da insuficiência humana no decorrer dos séculos cristãos. Uma ideia aterradora disso nos fornece não apenas a história eclesiástica, mas principalmente a própria alquimia, que por isso já merecia sua própria condenação à morte – na realização não voluntária de sua sentença "in sterquilinio invenitur" (encontra-se no monturo de estrume). Não é sem razão que sentencia Agrippa de Nettesheim: "Alchimistas omnium hominum esse perversissimos..."[183]

Em sua pesquisa *Mysterium Lunae,* importantíssima para a história da simbólica, menciona Rahner[184] que a sponsa (Luna, Ecclesia), em seu crescer e desaparecer, imita a χένωσις[185] do esposo, conforme as palavras de Santo Ambrósio:[186]

> "Minuitur Luna ut elementa repleat...
> Hoc esto ergo grande mysterium.
> Donavit hoc ei qui omnibus donavit gratiam.
> Exinanivit eam ut repleat
> Qui etiam se exinanivit ut omnia impleret.
> Exinanivit se ut descenderei nobis,
> Descendit nobis ut ascenderei omnibus...
> Ergo annuntiavit Luna mysterium Christi".

(A Lua se torna menor para encher os elementos... Isto é, pois, um grande mistério. Isto lhe concedeu aquele que a todos deu a graça. Ele a esvaziou para tornar a enchê-la. Ele também se esvaziou a si para encher todas as coisas. Ele esvaziou-se a si para descer até nós.

28

183. "Que os alquimistas são os mais perversos dos homens". *De Incertitudine et Vanitate Scientiarum*. [s.l.]: [s.e.], 1585, cap. XC.

184. *Zeitschrift für katholische Theologie*. Ano 63. 1939, p. 431.

185. Kénosis significa "esvaziamento". Cf. mais adiante.

186. *Exameron*. IV, 8, 32. Apud. RAHNER. Mysterium Lunae. Op. cit., p. 431.

Desceu até nós para subir acima de todas as coisas... Portanto, a Lua anunciou o mistério de Cristo[187].

29   A mutabilidade da Lua é colocada em paralelo com a mudança do Cristo preexistente, que saindo da "forma de Deus" entrou na "forma humana" por meio do "esvaziamento" (κένωσις), o que vem indicado na passagem muito comentada da Epístola aos Filipenses (2,6): " Ὃς ἐν μορφῇ θεοῦ ὑπάρχων οὐχ ἁρπαγμὸν ἡγήσατο τὸ εἶναι ἴσα θεῷ, ἀλλὰ ἑαυτὸν ἐκένωσεν μορφὴν δούλου λαβών" (Ele, quando estava na forma de Deus, não considerou nenhuma rapina o

---

187. O Sr. Prof. H. Rahner teve a gentileza de me fornecer a seguinte explicação a respeito dessa questão: "O pensamento teológico fundamental é sempre este: a sorte terrena da Igreja como corpo de Cristo se acha assemelhada à sorte terrena de Cristo, isto é, no decorrer de sua história, também ela vai ao encontro da morte, tanto em cada um de seus membros (aqui se acha então o ponto de conexão para a doutrina da 'mortificação') como também em sua totalidade até o último dia, quando então ela se torna 'inútil' e 'morre' após ter terminado sua tarefa terrena, o que se encontra indicado justamente no Salmo 71,7: 'donec auferatur luna'. Este pensamento foi expresso na simbólica da Lua como a Igreja. Do mesmo modo como a kénosis de Cristo se completa na morte, e morte na cruz (Fl 2,8) e justamente a partir dessa morte é conferido também à sua forma de servo o fulgor da natureza divina, a δόξα τοῦ πατρός (Fl 2,9,10), do mesmo modo, pois, como este processo pode ser comparado ao ocaso do Sol (= morte) e ao novo nascer do Sol (= glória), assim acontece o mesmo com a kénosis da Igreja-Lua que corre em paralelo. Quanto mais a Lua se aproxima do Sol, tanto mais escura se torna, até atingir a escuridão do *synodos* da lua nova: toda a sua luz se "esvaziou" ao entrar em Cristo, o Sol (é curioso que Agostinho justamente aqui vem a falar das especulações curiosas dos maniqueus acerca dos navios de luz, quando o navio Luna despeja sua luz no navio Sol, Epist. 55,4,6). Agostinho aplica isso primeiramente a cada um dos cristãos, dos quais se compõe a Igreja. Essa aporia curiosa da Lua, de que ela tem o máximo de escuridão quando está mais perto do Sol, é um símbolo da ascese cristã: quanto mais o homem interior se aproxima do Sol, tanto mais é 'aniquilado' o homem exterior, ao passo que o interior aumenta de dia em dia (tudo isso são variações das palavras paulinas em 2Cor 4,16), isto é, o cristão morre como a Lua e sua vida se torna 'oculta com Cristo em Deus' (Cl 3,3): isso tudo diz Agostinho na epístola 55,5.8. Mas a partir daí vale o mesmo para a Igreja inteira e sua sorte (Ep 55,6.10, p. 180s.): Ela desaparece no final dos tempos e entra no Sol que é Cristo: donec interficiatur Luna. Aqui Agostinho traduz a palavra do Salmo 71,7 ἀνταναιρεθῇ *interficiatur*; na *Enarratio in Psalmum* 71,10 (PL 36,907s.) estende-se ele a explicar demoradamente a tradução dessa palavra grega e a reproduz como 'tollatur' e 'auferatur'. Em todas essas passagens tem-se em mente a doutrina de que na glória vindoura a Igreja cessará de operar na obra da salvação, que é destinada apenas para esta Terra, e de que ela estará inteiramente encoberta pelo esplendor do Sol que é Cristo, porque ela mesma (e isto é novamente uma aporia curiosa) na ressurreção da carne se tornou 'a lua cheia', ou até mesmo 'o Sol'; 'permanebit cum Sole' (Sl 71,5) é a expressão para designar isto".

ser igual a Deus, mas se despojou a si mesmo, ao tomar a forma de servo). Mesmo as explicações mais rebuscadas da Teologia nunca conseguiram neste particular ir além do paradoxo lapidar de Hilário:[188] "deus homo, immortalis mortuus, aeternus sepultus" (Deus – homem, imortal – morto, eterno – sepultado). Em correspondência inversa, segundo Ephraem Syrus, durante a kénosis se realizou uma diminuição da carga da criatura: "Quia lassae erant creaturae ferendo figuras maiestatis eius, eas suis figuris exoneravit sicut exoneravit ventrem qui eum gestavit"[189] (Porque as criaturas estavam cansadas de carregar figuras de sua majestade, ele as descarregou de suas figuras, como também descarregou o ventre que o carregou).

Por meio desta alusão à kénosis, é também posta em relação causal a mutabilidade da Lua e a mudança do esposo. Neste caso o escurecimento da Lua depende do esposo que é Sol, e os alquimistas podem referir-se ao Ct 1,4-5, isto é, ao enegrecimento do rosto da amada. Também o Sol dispõe de tela e sagittae. Na verdade, o envenenamento oculto, que aliás parte do frio e do úmido (portanto, da parte lunar), ocasionalmente também é atribuído ao draco frigidus (dragão frio), que se supõe conter um spiritus igneus volatilis (um espírito ígneo e volátil) e ser flammivomus (vomitador de fogo). Assim no 5º Emblema do *Scrutinium*[190] compete ao dragão o papel masculino: Ele abraça a mulher no sepulcro em um amplexo mortal. O mesmo pensamento aparece também no 5º Emblema, em que se coloca um sapo junto ao seio da mulher para que, aleitando ela o sapo, venha ela a morrer, ao passo que o sapo cresça[191]. O sapo é um animal frio e

30

---

188. *De Trinitate*. I, 13. A passagem diz: "Ut cum Deus homo, cum immortalis mortuus, cum aeternus sepultus est, non sit intelligentiae ratio, sed potestatis exceptio; ita sursum e contrario non sensus, sed virtutis modus sit, ut Deus ex nomine, ut immortalis ex mortuo, ut aeternus ex sepulto" (Assim quando Deus é homem, quando o imortal está morto, quando o eterno está sepultado – não existe uma razão para a inteligência, mas uma exceção do poder [divino]. De modo inverso novamente não pertence ao domínio dos sentidos, mas à virtude [divina], quando Deus surge do homem, o imortal surge do morto, o eterno surge do sepultado).

189. *Hymni et Sermones*. 1886, t. II, p. 802 [LAMY, T. (org)]. *Hymni de Oleo et Oliva*. XXVII, v. 4.

190. MAJER, M. *Scrutinium Chymicum*. Frankfurt a. M.: [s.e.], 1687, p. 149.

191. Op. cit., p. 13, de: "Aristotelis Tractatulus". *Artis Auriferae*. I, 1593, p. 369.

úmido como o dragão. Ele "esvazia" a mulher, como se a Lua se der-
ramasse no Sol (Cf. com isto a concepção maniqueísta da Lua, que
despeja no Sol todo o "conteúdo de sua alma"!).

4. Alquimia e maniqueísmo

31   No início do capítulo precedente mencionei a designação do lapis como orphanus, órfão. O motivo do pai desconhecido ou ausente
parece ter aqui importância especial. *Manes é* par excellence o "filho
da viúva". Seu nome original deve ter sido Κούβρικος (Cubricus).
Este nome ele trocou mais tarde por *Manes,* que seria uma palavra
babilônica com a significação de σχεῦος (vas, vaso)[192]. Quando ainda
menino de quatro anos, teria sido vendido como *escravo* a uma *viúva*
rica. Ela teria criado afeição por ele, e mais tarde o teria adotado e feito herdeiro de sua riqueza. Mas junto com a riqueza teria herdado
também o próprio "veneno de serpente" de sua doutrina, isto é, os
quatro livros de *Skythianos,* o amo primitivo de seu pai adotivo *Tere-
binthos,* chamado "Buda"[193]. Esse Skythianos tem uma biografia lendária, que o coloca em paralelo com *Simão Mago*[194] também ele deve
ter chegado a Jerusalém, como Simão, no tempo dos apóstolos. Ele
tem uma doutrina dualista que, segundo parece, se ocupava com os
pares de opostos, como escreve Epiphanius[195], isto é, "branco e preto, amarelo e verde, seco e úmido, céu e terra, noite e dia, alma e corpo, bem e mal, justo e injusto". Segundo a tradição cristã, foi desses
livros que Manes hauriu a heresia perniciosa com a qual envenenou

---

192. EPIPHANIUS. *Panarium.* [s.l.]: [s.e.], 1862, haer. LXVI, cap. 1. *Acta Archelai.*
LXII, 1906 [BEESON (org.)]. SÓCRATES. *Hist. Eccl.* I, [s.l.]: [s.e.], [s.d.], 22. THEO-
DORETUS. *Haeret. lab. Comp.* I, [s.l.]: [s.e.], [s.d.], p. 26.

193. Isso poderia ser um relacionamento com o budismo. A migração das almas do
maniqueísmo se deriva provavelmente da mesma fonte. Skythianos deve ter feito via-
gens à Índia. Segundo Suidas, Skythianos-Manes era um βραχμάνης (brâmane). Cf. tb.
CEDRENUS. *Hist. Comp.* I, [s.l.]: [s.e.], [s.d.], p. 456. MIGNE. *Series Graeco-lat.* Paris: [s.e.], 1857-1866, T. CXXI, col. 408.

194. CYRILLUS DE JERUSALÉM. *Katechesis.* VI, [s.l.]: [s.e.], [s.d.], p. 22.

195. *Panarium.* LXVI, 1862, cap. II.

os povos. "Cubricus" é muito parecido com Kybrius[196], Gabricus[197], Kybrich[198], Kibrich, Kibric[199], Kybrig, Kebrick[200], Alkibric[201], Ki-brit[202], Kibrith[203], Gabricius, Gabrius[204], Thabritius, Thabritis[205] etc. (em árabe: kibrit = enxofre)[206]. Na *Aurora Consurgens* se encontra *sulphur nigrum* (enxofre negro) imediatamente ao lado de vetula (velha); o primeiro designa a anima, e a última o spiritus. Os dois termos formam um par, que talvez se possa comparar com o diabo e avó dele. A mesma designação se encontra também no *Chymische Hochzeit* (casamento químico) (p. 76, ed. 1616), em que um rei negro está sentado ao lado de uma velha encoberta. O "enxofre negro" é uma designação pejorativa para a substância ativa (masculina) de Mercurius e indica sua natureza satúrneo-escura, isto é, o *mal*[207]. Ele é o rei mouro malévolo do casamento químico, que faz da filha do rei uma concubina (meretrix!), o *etíope* de outros tratados[208], uma analogia

---

196. RULANDUS. *Lexicon Alchemiae*. 1612, p. 271.

197. *Artis Auriferae*. II, 1593, 246.

198. MARIA PROPHET. *Artis Auriferae*. 1593, p. 321.

199. Scala Philos. *Artis Auriferae*. II, 1593, p. 116.

200. Na *Pandora*. 1588, p. 297, como "arsênico" é interpretado como o masculino, o ativo, de ἄρρην, ou respectivamente de ἄρσην.

201. PETRUS DE SILENTO. *Theatrum Chemicum*. IV, 1613, p. 1114.

202. ROTH-SCHOLTZ. *Deutsches Theatrum Chemicum*. III, Nuremberg: [s.e.], 1732, p. 703.

203. PERNETY. *Dictionnaire mytho-hermétique*. 1756, p. 233.

204. PERNETY. Op. cit., p. 179.

205. *Artis Auriferae*. I, 1593, p. 147s.

206. O nome Cubricus para Manes até hoje ainda não foi explicado de modo uniforme. Cf. SCHAEDER, H. *Urform und Fortbildung des manichäischen Systems*. Vorträge der Bibi. Warburg, 1924-1925, p. 88-89 nota.

207. "Der Geist Mercurius" (O espírito de Mercurius) in: *Symbolik des Geistes (Simbólica do espírito)*. 1953, p. 111 e 118.

208. *Psychologie und Alchemie (Psicologia e alquimia)*. 2. ed., 1952 [OC, 12], p. 544. Cf. tb. *Aurora Consurgens*. I, cap. 6: "... umbra mortis, quoniam tempestas dimersit me; tunc coram me procident Aethiopes et inimici mei terram meam lingent" (... sombras da morte, pois a tempestade me faz afundar; então prosternar-se-ão diante de mim os etíopes, e meus inimigos lamberão a minha terra). Cf. ORÍGENES. *De oratione*. [s.l.]: [s.e.], 1728, 27, 2: "... ut qui de dracone comedit non alius est, quam spiritualis Aethiops per draconis laqueos et ipse in serpentem..." (... assim como aquele que come do dragão nada mais é do que um etíope espiritual, aprisionado na armadilha do dragão e transformado em serpente). Cf. EPIPHANIUS. *Panarium*. 1862, 26, 16, fala dos "Aethiopes denigrati peccato".

para a figura do egípcio na *Passio Perpetuae*[209] que, do ponto de vista cristão, é justamente o diabo. É a escuridão ativada da matéria, a umbra Solis, que representa a prima materia, que é virgíneo-maternal. Na medida em que a doutrina do "increatum" começa[210] a ter certo papel na alquimia do século XVI, surge um *dualismo* que pode ser comparado com o do maniqueísmo[211].

32   No sistema maniqueu a hýle (matéria) está personificada no corpo escuro, líquido e humano do ser malévolo das trevas, como diz Santo Agostinho: (A substância do mal) "tem massa informe, ou grosseira que eles chamam de terra, ou delgada e fina, como a do corpo aéreo, o qual eles imaginam como um intelecto maligno (malignam mentem), a rastejar por aquela terra"[212]. A doutrina maniqueia sobre o homem (ánthropos) tem uma duplicidade da figura de Jesus, que até certo ponto é comum com a da alquimia, pois esta também apresenta uma figura dupla do Salvador: isto é, Cristo como salvador do homem (microcosmo) e como salvador do macrocosmo sob a forma do lapis philosophorum. O maniqueísmo estabelece de uma parte um Cristo impatibilis (incapaz de sofrer), que cuida das almas, e de outra parte um Cristo patibilis (capaz de sofrer)[213], ao qual cabe aproximadamente o papel de um spiritus vegetativus, ou respectivamente de Mercurius[214]. Este espírito se encontra no corpo do príncipe das

---

209. *Passio S. S. Perpetuae et Felicitatis*. Noviomagi: [s.e.], 1936, p. 26-28 [BEEK, C.J. van (org.)]. Remeto ainda ao estudo da *Passio Perpetuae* de M.-L. von Franz em: *Aion*. 1951 [OC, 9/2], p. 389s.

210. Cf. tb. PARACELSUS. *Phil. ad Athen.* (Sudhoff XIII, p. 390s.); DORNEUS, G. "Physica Genesis". *Theatrum Chemicum*. I, 1602, p. 308; *Psychologie und Alchemie (Psicologia e alquimia)*. 2. ed., 1952 [OC, 12], p. 439s.

211. Cf. "Pater ingenitus, terra ingenita, et aer ingenitus" (não gerado o Pai, não gerada a terra, não gerado o ar) entre os maniqueus (S. AGOSTINHO. *De actis cum Felice.* Lib. I, 18), em Bardesanes e Marinus (BOUSSET, W. *Hauptprobleme der Gnosis*. Forschungen zur Religion und Literatur des Alten und Neuen Testaments. Göttingen: [s.e.], 1907 [Caderno 10], p. 97) como Hermógenes: "Τὸν θεὸν ἐξ ὕλης συγχρόνου χαὶ ἀγενήτου πάντα πεποιηχέναι" (que Deus criou tudo, a partir da matéria, que com ele coexiste no tempo e não foi gerada) (HIPPOLYTUS. *Elenchos*. VIII, 17, 1).

212. *Confessionum*. Lib. V, cap. 10.

213. AGOSTINHO. *Contra Faustun*. Lib. XX, cap. 2.

214. WALCH. *Entwurf zu einer vollständigen Historie der Ketzereien usw.* Leipzig: [s.e.], 1762, I, p. 753.

trevas e é dele libertado por seres angélicos, que habitam *no Sol* e *na Lua,* da seguinte maneira: assumindo alternadamente a forma masculina e a feminina exercem eles o desejo dos maus, provocando neles intenso suor de angústia, o qual cai na terra e frutifica o crescimento das plantas[215]. Desta maneira é libertada dos corpos escuros a matéria luminosa celestial e mudada para a forma vegetal[216].

O aquecimento pelo desejo tem o seu análogo na alquimia, que é o aquecimento gradual daqueles corpos que contenham o arcanum. Nesse caso tem papel importante o símbolo da *cura pelo suor,* como indicam certas representações[217]. Como no maniqueísmo o suor dos arcontes[218] significa a chuva, assim entre os alquimistas o suor repre-

33

---

215. AGOSTINHO. *De natura boni.* C. 44.

216. Aqui se remete ao Fausto 2. parte, principalmente à cena dos anjos da morte de Fausto:
Mefistófeles: "Vós nos repreendeis espíritos malditos, / E sois os verdadeiros mestres das bruxas; / Pois vós seduzis o homem e a mulher. / Que empreendimento amaldiçoado! / E isto o elemento do amor?"

217. MAJER, M. *Scrutinium Chymicum.* 1687, p. 82s. "Lapis... incipit propter angustiam carceris sudare" (A pedra... começa a suar por causa do cárcere apertado) (VENTURA, L. "De ratione conficiendi Lapidis..." *Theatrum Chemicum.* Vol. II, 1602, p. 293).

218. HEGEMONIUS. *Acta Archelai.* IX, 1906 [BEESON, C.H. (org.)]: "Hic princeps sudat ex tribulatione sua cuius sudor pluviae sunt" (Este príncipe sua em sua tribulação, e seu suor é a chuva). CHRISTENSEN, A. *Les types du premier Homme et du premier Roi dans l'histoire légendaire des Iraniens.* Archives d'Etudes Orientales. Vol. 14, 1934, p. 16, cita do Bundahisn (3, 19) como Ormazd forma com seu *suor* o jovem luminoso e como, igualmente, do suor de Ymir provêm os primeiros homens (Op. cit., p. 35). Segundo tradição árabe teria Ormazd suado por causa de seu pensamento de dúvida (do que proveio Ahriman), e do suor surgiu Gajomard (Op. cit., p. 85). Pelo "suor das mãos" de Osíris é que os deuses produzem as colheitas (WALLIS BUDGE, E.A. *Coptic Apocrypha in the Dialect of Upper Egypt* Londres: British Museum, 1913, introd. p. LXVIIs.). Em DORNEUS. "De Transmut. Met... " *Theatrum Chemicum.* I, 1602, p. 584) se encontra esta curiosa observação sobre o lapis: "In postremis suis operationibus... liquor obscuras ac rubeus instar sanguinis ex sua materia suoque vase guttatim exudat; inde praesagium protulerunt, postremis temporibus hominem purissimum in terras venturum, per quem liberatio mundi fieret, hunc ipsum guttas rosei rabeive coloris et sanguineas emissuram, quo mundus a labe redimeretur" (No final de suas operações (químicas) exsuda ela (a pedra), gota a gota, de sua matéria e de seu vaso, um líquido vermelho escuro semelhante ao sangue; daí concluíram o presságio (profecia) que nos últimos tempos virá à Terra um homem puríssimo, pelo qual será feita a libertação do mundo; desprenderá ele gotas de sangue de cor rósea ou vermelha

senta o orvalho[219]. Também aquela lenda curiosa, sobre a qual nos relatam as *Acta Archelai,* deve ser mencionada aqui, isto é, aquela invenção que fez o filho do "Pai vivente", o Salvador, a fim de salvar as almas humanas. Construiu ele, pois, uma grande roda, como as de tirar água, munida de doze potes, uma rota que ao girar retira as almas das profundezas e as coloca no navio lunar[220]. Na alquimia conhecemos a rota como símbolo do opus circulatorium. Como os alquimistas, também os maniqueus têm uma "virago", a virgem masculina Joel[221], que deu a Eva certa quantidade de substância luminosa[222]. O papel que desempenha, em oposição ao príncipe das trevas, corresponde ao exercido por Mercurius duplex, o qual também liberta o segredo escondido na matéria, isto é, a "luz acima de todas as luzes", o filius philosophorum. Quantos destes paralelos remontam à tradição maniqueia direta, quantos à tradição indireta, e quantos à reprodução espontânea, é uma questão que não ouso resolver!

---

e por ele o mundo será salvo da culpa). Cf. com isso *Wurzeln des Bewusstseins (Raízes da consciência).* Zurique: [s.e.], 1954; *Psychologische Abhandlungen. (Tratados psicológicos).* Vol. IX, contribuição VI.

219. "Et Marcus dicit, concipiunt in balneis, significat calorem lentum et humidum balneorum, in quibus sudat lapis in principio dissolutionis suae" etc. (E Marcos diz: "concebem nos banhos", querendo indicar o calor lento e úmido dos banhos, nos quais a pedra sua no início de sua dissolução etc.) ("Consilium Coniugii". *Ars Chemica.* 1566, p. 167). Esta passagem é um comentário para outra de SENIOR. *De Chemia.* 1566, p. 79. A "Epistola ad Hermannum" (*Theatrum Chemicum.* Vol. V, 1622, p. 894) diz: "Tunc accipitur corpus perfectissimum, et ponitur ad ignem Philosophorum... tunc... illud corpus humectatur, et emittit sudorem quendam sanguineum(!) post putrefactionem et mortificationem, Rorem dico Coelicum, qui quidem Ros dicitur Mercurius Philosophorum s. Aqua permanens" etc. (Então toma ele um corpo perfeitíssimo e o coloca no fogo dos filósofos... então... aquele corpo se umedece e emite como que um suor sanguíneo[!], depois de sua putrefação e de seu aniquilamento, um suor que chamo de celeste, um suor que é chamado de Mercurius dos filósofos ou de água eterna). Cf.: Do suor criou o Criador o primeiro homem (ELIADE, M. *Le chamanisme et les techniques archaiques de 1ª extase.* 1951, p. 302). Eliade menciona isso em união com o banho de suor (suadouro).

220. Texto in: *Psychologie und Alchemie (Psicologia e alquimia).* 2. ed., 1952 [OC, 12], p. 517.

221. Uma figura paralela à de *Barbelo.*

222. "Quae cum adparuerit, maribus femina decora adparet, feminis vero adolescentem speciosum et concupiscibilem demonstrat" (Quando ela aparece aos homens se mostra como linda mulher, mas às mulheres se apresenta como um adolescente lindo e desejável). *Acta Archelai.* IX, 1906 [BEESON (org.)].

Nestas explanações partimos da designação do lapis como "orpha-   34
nus", que Dorneus menciona, aparentemente sem estar servindo de
intermediário, ao tratar da união dos opostos. O material apresentado mostra que drama arquetípico de morte e renascimento está oculto na coniunctio oppositorum, ou também quais os afetos humanos
primitivos que se chocam violentamente nesse problema. É o problema moral da alquimia de colocar em concordância com o princípio
do espírito aquela última camada profunda da alma masculina, revol-
vida pelas paixões, a qual é de natureza feminino-maternal – na verdade uma tarefa hercúlea! "Aprende, pois, ó intelecto (mens), diz
Dorneus, a exercer em relação ao próprio corpo o amor (charitatem)
que se interessa pelos outros, moderando as tendências vãs dele, de
modo que ele esteja pronto a te acompanhar em tudo. Para que isto
aconteça, hei de esforçar-me para que ele juntamente contigo beba
da fonte da força (virtus)[223] e para que, depois que os dois se tornaram um só, acheis vós a paz na união. Vai, ó corpo, a esta fonte para
beber juntamente com o intelecto até à saciedade e para que no futuro já não tenhas sede de novidades. Oh! efeito admirável da fonte,
que de dois faz um, e faz as pazes entre os inimigos. A fonte do amor
(amoris) pode fazer do espírito e da alma o intelecto (mentem), mas
aqui ela faz do intelecto e do corpo o *homem uno* (virum unum)"[224].

---

223. "Est hominum virtus fides vera" (A força do homem é a fé verdadeira). DOR-
NEUS. Spec. Phil. *Theatrum Chemicum*. I, 1602, p. 298.
224. Op. cit., p. 299.

II

Os paradoxa

1. A substância do arcano e o ponto

35   O enorme papel que desempenham os contrastes e a união deles torna compreensível por que a linguagem da alquimia gosta tanto do paradoxo. Para conseguir a união, tenta a alquimia não apenas olhar em conjunto os opostos, mas também expressá-los juntos[1]. De modo

---

1. Cf. BONUS, P. "Pretiosa margarita novella". *Theatrum Chemicum*. Vol. V, 1622, p. 660s.: "Antiquissimi philosophorum viderunt hunc lapidem in ortu et sublimatione sua... omnibus rebus mundi tam realibus quam intellectualibus... posse in similitudinibus convenire. Unde quaecumque dici et tractari possunt de virtutibus et vitiis, de coelo et omnibus tam corporeis quam incorporeis, de mundi creatione... et de Elementis omnibus... et corruptibilibus et incorruptibilibus et visibilibus et invisibilibus et de spiritu et anima et corpore... et de vita et morte, et bono et malo, de veritate et falsitate, de unitate et multitudine, de paupertate et divitiis, de volante et non volante, de bello et pace, de victore et victo et labore et requie, de somno et vigilia, de conceptione et partu, de puero et sene, de masculo et foemina, de forti et debili, de albis et rubeis et quibuslibet coloratis, de inferno et abysso et eorum tenebris ac etiam ignibus sulphureis et de paradiso et eius celsitudine et claritate ac etiam pulchritudine et gloria eius inaestimabili. Et breviter de iis quae sunt et de iis quae non sunt et de iis quae loqui licet et quae loqui non licet possunt omnia dici de hoc lapide venerando" (Os filósofos mais antigos viram que esta pedra, em seu nascimento e em sua sublimação, pode servir de comparação com todas as coisas do mundo, tanto as reais (concretas) como as intelectuais. Portanto, tudo o que se pode dizer e tratar das virtudes e dos vícios, do céu e de todas as coisas corpóreas e incorpóreas, da criação do mundo... e de todos os elementos, sejam corruptíveis ou incorruptíveis, visíveis ou invisíveis, e do espírito e da alma e do corpo... da vida e da morte, do bem e do mal, da verdade e da falsidade, da unidade e da multidão, da pobreza e da riqueza, do que voa e do que não voa, da guerra e da paz, do vencedor e do vencido, do trabalho e do descanso, do sono e da vigília, da concepção e do parto, do menino e do velho, do macho e da fêmea, do forte e do fraco, do branco e do vermelho e de outros coloridos, do inferno e do abismo e de suas trevas e de suas chamas sulfúreas, do paraíso e de sua sublimidade, de sua claridade, de sua beleza e de sua glória inestimável. E mais brevemente daquilo que existe e que não existe, e daquilo de que se pode falar ou não se pode falar, tudo isso se pode dizer dessa pedra veneranda).

significativo amontoam-se os paradoxos em torno da maneira de conceber a substância do arcano, que se supunha encerrar os opostos: desunidos, enquanto constituía a prima materia, e unidos, enquanto era o lapis Philosophorum. Assim, o lapis[2] de uma parte é designado como vilis (vil), immaturus, volatilis, e de outra parte é considerado pretiosus, perfectus e fixus; e a materia é vilis et nobilis[3] (vil e nobre), ou pretiosa et parvi momenti (preciosa e de pouco valor). Ela é visível aos olhos de todos, todo o mundo olha para ela, a toca e a ama, e, no entanto, ninguém a conhece[4]. "Hic igitur lapis non est lapis" (Esta pedra não é pedra)[5], diz a *Turba,* "(illa res) vilis et pretiosa, obscura celata et a quolibet nota, unius nominis et multorum nominum"[6]. A pedra é μυριώνυμος (de mil nomes) como os deuses dos mistérios, a substância do arcano é ao mesmo tempo o um e o todo (ἕν τὸ πᾶν). No tratado de Komarios, em que "o filósofo Komarios ensina a filosofia a *Cleópatra",* diz-se: "Ele mostrava com a mão a unidade do todo" (ὅτι τὸ πᾶν ἐστι μόνας)[7]. Pelagios diz: "Por que falais da materia múltipla? Uma é a substância do natural, e dotado de *uma* natureza é aquilo que supera o todo".[8]

Outros paradoxos são: "Eu sou o negro do branco, e o vermelho do branco, e o amarelo do vermelho"[9] ou "O princípio da arte é o

36

---

2. A pedra (*lapis*) designa tanto a matéria inicial, a *prima materia*, como o produto final do *opus*, o *lapis sensu strictiori*.

3. Ou o *filius* é *vilis et carior* (O filho é vil e muito querido). "Consilium Coniugii". *Ars Chemica*. 1566, p. 150. Cf. SENIOR. *De Chemia*. 1566, p. 11.

4. "Tractatus Aureus de Lapide". *Musaeum Hermeticum*. 1678, p. 10.

5. "Corpus non corpus" (Corpo que não é corpo). Rosinus ad Euthiciam. *Artis Auriferae*. I, 1593, p. 249.

6. RUSKA. 1931, sermo XIII, p. 122. "(Aquela coisa) é vil e preciosa, obscura, oculta e conhecida de todos, de um nome e de muitos nomes".

7. BERTHELOT. *Collection des anciens alchimistes grecs*. 1887/1888, IV, XX, 3. Redação de Lc.

8. BERTHELOT. Op. cit., IV, I, 7: "Τì ὑμῖν χαὶ τῇ πολλῇ ὕλῃ ἑνὸς ὄντος τοῦ φυσικοῦ καὶ μιᾶς φύσεως νικώσης τὸ πᾶν". (Como para nós a muita matéria é apenas *uma* coisa natural e *uma* natureza, que sobre tudo domina).

9. "Rosarium Philosophorum". *Artis Auriferae*. II, 1593, p. 258.

corvo que voa sem asas no negrume da noite e na claridade do dia"[10]. O lapis "é frio e úmido no que tem de manifesto, e seco e quente no que tem de oculto"[11]. Outra sentença é: "No chumbo está a vida morta"[12]; ou: "Queima na água e lava no fogo"[13]. As *Allegoriae Sapientum* falam de duas figuras, das quais "uma era branca e carecia de sombra, e a outra era vermelha e carecia de vermelhidão"[14]. Uma citação de "Sócrates" diz aí mesmo: "Procurai o frio da Lua e achareis o calor do Sol"[15]. Da obra se diz: "Currens sine cursu, movens sine motu"[16] (correndo sem corrida e movendo-se sem movimento). "Fac Mercurium per Mercurium" (Faze o Mercúrio pelo Mercúrio)[17]. A árvore filosófica (apoiando-se certamente na árvore das Sephirot) tem suas raízes no ar[18]. Quanto de paradoxal e ambivalente se acha espalhado pelo mundo, mostra o *Chymische Hochzeit:* No portal principal do castelo estão escritas duas palavras: *congratulor* e *condoleo* (eu me congratulo, apresento pêsames)[19].

37   As propriedades paradoxais de *Mercurius,* já as expus em separado no meu trabalho *Der Geist Mercurius*[20] (O espírito de Mercurius). Como Mercurius é a principal das designações da substância do arcano, assim neste contexto deve ele ser mencionado como o paradoxo *par excellence*. O que dele se diz vale naturalmente também para o *lapis,* que é apenas outro sinônimo da substância do arcano, a qual "tem mil nomes", como diz o *Tractatus Aureus de Lapide:* "Tot haec nostra materia habet nomina, quot res sunt in mundo"[21] (Nossa ma-

---

10. Eod. 1. de: "Septem Tractatus Hermetis". *De Arte Chemica*. 1566, p. 12.

11. "Rosarium Philosophorum". p. 259.

12. MYLIUS. *Philosophia reformata*. 1622, p. 269.

13. "Rosarium Philosophorum". p. 269.

14. *Theatrum Chemicum*. V, 1622, p. 67.

15. Op. cit., p. 87.

16. "Tractatus Aristotelis". *Theatrum Chemicum*. V, 1622, p. 886.

17. KHUNRATH. *Von Hylealischen Chaos*. Magdeburg: [s.e.], 1597, p. 224, e em outros autores.

18. "Gloria Mundi". *Musaeum Hermeticum*. 1678, p. 270.

19. Ed. 1616, p. 23.

20. In: *Symbolik des Geistes* (*Simbólica do espírito*). 1953, p. 90s.

21. *Musaeum Hermeticum*. 1678, p. 10.

téria tem tantos nomes quantas são as substâncias no mundo). A substância do arcano é também sinônimo juntamente com aquela Monas e aquele υἱὸς ἀνθρώπου (filho do homem), do qual se diz em Hippolytus: "(Monoimos) é de opinião que deva existir tal homem, assim como o poeta fala de Okeanos, ao dizer aproximadamente assim: 'Okeanos é a origem tanto dos deuses como dos homens'[22]. Expressando isso em outras palavras diz ele que o homem é o todo, o começo do universo (τῶν ὅλων), não gerado, incorruptível, eterno, e que o filho do mencionado homem é gerado, capaz de padecer (παθητόν), sem tempo, feito de modo não intencionado (ἀδουλήτως) e não predeterminado (ἀπροορίστως)" etc.[23]. "Este homem é *uma* mônada, não composta, divisível, amante de todos, pacífica com todos, belicosa com todos, em tudo lutando consigo mesma (πάντα πρὸς ἑαυτὴν πολέμιος), dissemelhante, (e) semelhante, quase como uma harmonia musical que contém tudo em si... que faz tudo visível ao produzir tudo. Ela mesma é mãe, ela mesma é pai, esses dois nomes imortais". O símbolo do homem perfeito (τελείου ἀνθρώπον), diz Monoimos, é o iota, o ponto do i[24]. Este ponto é "a mônada não composta, simples e sem mistura, que tem sua composição inteiramente tirada do nada e, apesar disso, é composta e multiforme, dividida em muitas partes e formada de muitas partes. Aquele (ponto) uno e indivisível tem muitas faces (πολυπρόσωπος), mil olhos e mil braços: é o ponto do i. Ele é a imagem do homem perfeito e invisível... O Filho do homem é o i, aquele risco uno (χεραία) que corre de cima para baixo, pleno, enchendo tudo, contendo em si tal coisa que também tem o homem, (isto é) o pai do Filho do homem"[25].

---

22. Condensado da *Ilíada*. XIV, p. 201 e 246.
200: "Pois eu vou para ver os limites da Terra nutriz
201: E também o Okeanos, nosso nascimento, e a mãe Thetys".
246: "Aquele rio caudaloso que a todos deu nascimento e geração".

23. *Elenchos*. VIII, 12, 2.

24. Propriamente o traço do i, o menor sinal gráfico do alfabeto grego; corresponde ao nosso ponto do i (inexistente em grego). Cf. tb. Lucas 16,17s: "εὐχοπώτερον δέ ἐστιν τὸν οὐρανὸν καὶ τὴν γῆν παρελθεῖν ἤ τοῦ νόμου μίαν κεραίαν πεσεῖν". (É mais fácil passar o céu e a terra, do que cair (ser abolido) qualquer risquinho da Lei).

25. *Elenchos*. VIII, 12, 5s. O todo é uma paráfrase gnóstica de Jo 1, e ao mesmo tempo uma exposição importante do si-mesmo psicológico. Na tradição judaica *Adão* não designa nenhuma letra, mas apenas o ganchinho do iod (*Schaar Keduscha*. III, 1, citado na *Encyclopedia Judaica*, sob verbete Adam Kadmon).

38   Parece que os alquimistas imaginaram algo de semelhante ao lidar com o lapis deles ou com a prima materia deles. Em todo o caso
têm eles algo de equivalente para colocar ao lado dos paradoxos de
Monoimos. Assim, diz-se de Mercurius: "Iste enim spiritus generatur
ex rebus *ponticis*[26] et ipse vocat ipsum humidum siccum igneum"
(Este espírito é gerado das substâncias marítimas, e se denomina a si
mesmo de úmido, seco e ígneo)[27]; isto acontece em íntima concordância com a invocação de Hermes nos papiros mágicos, intitulados
Στήλη ἀπόχρυφος (Inscrição secreta), em que Hermes é designado
como ὑγροπυρινοψυχρὸν πνεῦμα (espírito úmido-ígneo-frio)[28].

39   É também próprio da alquimia o mistério do menor sinal gráfico,
que neste caso é o ponto. O ponto é o símbolo para indicar um centro
misterioso e criador na natureza. Assim adverte seus leitores o *Novum
Lumen*[29]: "Mas tu, amado leitor, antes de mais nada fixarás os olhos
no ponto da natureza... e isto te bastará; mas toma cuidado de não
procurar aquele ponto nos metais comuns (metallis vulgi), onde ele
não está. Pois esses metais, principalmente o ouro comum, são mortos.
Mas os 'nossos' são vivos, têm espírito e são de modo geral os que devem ser tomados. Sabe, pois, que o fogo é a vida dos metais". O ponto
coincide com a prima materia dos metais, a qual representa uma "água
gorda" (aqua pinguis) que é um produto do úmido e quente.

---

26. Do "mar" dos alquimistas diz PERNETY. *Dict.* 1758, s. v. mer): "Leur mer se
trouve partout, et les Sages y naviguent avec une tranquillité qui n'est point altérée par
les vents ni les tempêtes. Leur mer en général sont les quatre éléments, en particulier
c'est leur mercure" (O mar deles se acha por toda a parte, e os sábios navegam aí com
uma tranquilidade tal que não é alterada nem pelos ventos nem pelas tempestades. O
mar deles geralmente é formado pelos quatro elementos, em particular é o mercúrio
deles). Cf. com isso *Psychologie und Alchemie* (*Psicologia e alquimia*). 2.ed., 1952
[OC, 12], p. 81, F.N. 1, p. 261, F.N. 1. Para o "homem saído do mar" (Okeanos) cf. IV
Esra 11 e 13: 5ª e 6ª visões.

27. MYLIUS. *Philosophia reformata.* 1622, p. 192.

28. Pap. IV, 1. 1115s. PREISENDANZ: *Papyri Graecae Magicae.* Vol. I, 1928.

29. *Musaeum Hermeticum.* 1678, p. 559.

John Dee (1527-1607) especula da maneira seguinte: "Não   40
será irracional (aceitar) que o mistério dos quatro elementos é indicado por quatro retas que, a partir de um ponto único e individual,
correm em sentidos opostos". A quaternidade consiste, na opinião
dele, nas quatro retas que convergem em ângulo reto. "Na base do
ponto e da mônada é que primeiramente tiveram início as coisas e o
sentido"[30]. O centro da natureza é o "punctum divinitus ortum" (o
ponto surgido da divindade)[31], o "punctum Solis" no ovo[32]. A respeito disso se diz, em um comentário da Turba, que é "o germe do
ovo na gema"[33]. A partir desse "pontinho" foi que a sapientia Dei,
por sua palavra criadora, fez a "máquina ingente" do universo,
como diz Dorneus em sua *Physica Genesis*[34]. O ponto é o "pintinho" (pullus)[35], como anota o *Consilium Coniugii*. Mylius ainda
acrescenta que isto é a "avis Hermetis" (ave de Hermes)[36] isto é, o
spiritus Mercurii, que juntamente com o νοῦς do gnosticismo tem a
forma de serpente. O mesmo autor coloca a alma no "punctum cordis medium" (ponto central do coração) juntamente com o spiritus,
que poderia ser comparado ao anjo que seria infundido (infunditur)

30. "Puncti proinde, monadisque ratione res et esse coeperunt primo" (Pelo ponto,
pois, ou pela mônada, começaram as coisas a existir). *Theatrum Chemicum*. II, 1602,
p. 218.

31. *Musaeum Hermeticum*. 1678, p. 59.

32. "Consilium Coniugii". p. 95 e 125: "Punctus Solis in medio rubeus" (o ponto no
meio do Sol é vermelho). Rubeum ovi (= gema) corresponde ao fogo. "In medio ru-
bei" (no meio do vermelho = gema) está o *quintum elementum* (o quinto elemento),
isto é, a quintessência, à qual corresponde o *pullus* (pintinho). Cf. MYLIUS. *Philosophia
Reformata*.1622, p. 145.

33. "Punctum solis id est gérmen ovi quod est in vitello, quod germen movetur calore
gallinae" etc. (O ponto do sol, isto é, o germe do ovo, que está na gema, é movido pelo
calor da galinha). Cod. Berol. Lat. 532, fol. 154ᵛ. RUSKA. *Turba philosophorum...*
1931, p. 94.

34. "O adiuvanda sapientia, quae ex punctulo vix intelligibili, quicquid unquam in-
gentis machinae huius, vastae ponderosaeque molis a creatione factum est, solo verbo
potuit excitare" (ó sabedoria, que deve ser engrandecida, pois a partir de um mínimo
ponto apenas perceptível criou somente pela palavra tudo o que constitui essa massa
vasta e poderosa do mundo). *Theatrum Chemicum*. I, 1602, p. 382.

35. Op. cit.

36. MYLIUS. *Philosophia Reformata*. 1622, p. 131.

ao mesmo tempo que a alma nesse ponto (a saber, no seio materno)[37]. Em Paracelsus a anima iliastri mora no fogo, no coração. Ela é
impassível (impatibilis); porém a anima cagastris é passível (patibilis)
e se encontra na água do pericárdio[38]. Como a terra corresponde ao
triângulo e a água à linha, assim o *fogo* corresponde ao ponto[39].
Acentua-se com Demócrito que o fogo consta de "ignei globuli"[40].
Esta forma redonda, também a luz a tem, daí o "punctum Solis".
Esse ponto, de uma parte, é o centro do universo, o "ponto médio
salino do grande tecido do mundo inteiro", como o denomina

---

37. Op. cit., p. 21. Aqui menciona Mylius os *crimina spiritus* (crimes do espírito), do
tratado anônimo ("Liber de Arte Chimica incerti Authoris". *Artis Auriferae*. I, 1593, p.
613s.): O crime do espírito consiste em ter ele levado a alma à queda. Diz ele à alma:
"Ego ducam te ad aeternam mortem, ad inferos et ad domum tenebrosam. Cui anima:
Anime mi spiritus. Quare ad eum sinum non reducis, a quo me adulando exceperis?
Credebam te mihi deuinctum necessitudine. Ego quidem sum amica tua, ducamque te
ad aeternam gloriam" (Eu te conduzirei para a morte eterna, para o inferno, e para a
casa das trevas. A quem responde a alma: Ó meu ânimo e meu espírito, por que não me
levas para aquele seio donde me retiraste com adulação? Eu acreditava que estavas intimamente unido a mim. Eu de minha parte sou tua amiga e te levarei para a glória
eterna). O espírito, porém, deve glorificar o corpo. "Sed miser ego abire cogor, cum te
super omnes lapides pretiosos constituero beatamque (sic!) fecero. Quare te obsecro,
cum ad regni solium deveneris, mei aliquando memor existes" (Mas ai de mim que sou
obrigado a partir, quando eu te queria estabelecer sobre todas as pedras preciosas e te
queria fazer feliz[!]. Por isso te peço que quando chegares ao trono do reino te lembres
alguma vez de mim). Esta passagem faz alusão bastante clara à de Lucas 23,42: "Me-
mento mei, cum veneris in regnum tuum" (Lembra-te de mim quando entrares no teu
reino). Segundo isto, aqui a alma como *lapis pretiosissimus* tem o significado de Salvador. O espírito, porém, desempenha o papel de Naas gnóstico, a serpente que levou à
queda os primeiros pais. O texto diz a respeito dele: "Quod si is spiritus apud animam
et corpus manserit, perpetua ibidem esse corruptio" (Se o espírito ficasse junto da alma
e do corpo, aí mesmo estaria a corrupção perpétua). Em relação a esse aspecto curioso
do espírito, cf. *Symbolik des Geistes* (Simbólica do espírito), 1953, p. 17s, p. 100s., e
as exposições importantes de A. Jaffe relativas ao *Phosphorus* (Imagens e símbolos tirados da lenda de HOFFMANN, E.T.A. "Goldener Topf". In: *Gestaltungen des Unbewussten* (*Configurações do inconsciente*). Zurique: [s.e.], 1950, p. 465s.). O espírito
desempenha aqui obviamente o papel de *principium individuationis* (princípio de individuação) *luciferiano*.

38. Cf. *Paracelsica*. 1942, p. 138.

39. STEEBUS, J.C. *Coelum sephiroticum hebraeorum*. Mainz: [s.e.], 1679, p. 19.

40. Cf. ARISTÓTELES. *De Anima*. I, 2.

Khunrath (sal = Sapientia). Entretanto, ele "não é apenas o laço, mas, de outra parte, também o destruidor de todas as coisas destrutíveis". Por isso esse "mundi ovum (ovo do mundo) é o antiquíssimo Saturno, o ... misterioso chumbo dos sábios", mas também ainda o "ambigui sexus Homo Philosophorum Philosophicus" (homem filosófico dos filósofos, de sexo ambíguo), o androgynus Sophorum Catholicus (andrógino universal dos sábios), o Rebis etc.[41]. A forma mais perfeita é a redonda e esta se baseia no ponto. O Sol é redondo, como também o fogo (a saber, os globuli ignei [glóbulos ígneos] de Demokritos que o compõem). Deus formou a esfera de luz em torno de si mesmo. "Deus est figura intellectualis, cuius centrum est ubique, circumferentia vero nusquam" (Deus é uma figura intelectual [isto é, círculo], cujo centro está em toda a parte, mas cuja circunferência não está em nenhum lugar). O ponto simboliza a luz e o fogo, como também a divindade por ser a luz um "simulacrum dei" ou "exemplar deitatis". Esta luz redonda, cuja figura é o ponto, é também o "lucidum sive lucens corpus" que tem sua morada no coração do homem. O lumen naturae é o "humidum radicale", que como "balsamus" atua partindo do coração, como o Sol no macrocosmo e – assim se deve concluir – como Deus no mundus supracoelestis. Assim descreve Steebus esse δεύτερος θεός (segundo deus) no homem[42]. O mesmo autor deriva também o ouro a partir do orvalho que penetra na terra, respectivamente do "balsamus supracoelestis". Com isso ele se reporta às exposições mais antigas no *Circulus quadratus* de Michael Majer (1616), onde é o Sol que produz o ouro na Terra. Por isso compete ao ouro, como Majer expõe, uma "simplicitas" que se aproxima da do círculo, símbolo da eternidade, e da do ponto indivisível[43]. O ouro teria uma "forma circularis"[44]. "Isto é a linha que reconduz para si mesma, à semelhança da serpente cuja cabeça pega a própria cauda; a partir daí se reconhece com

---

41. *Von Hylealischen Chaos* (A chamada Confessio de Henricus Khunrath). 1597, p. 194s.

42. *Coelum sephiroticum hebraeorum.* 1679, p. 19, 33, 35s., 117.

43. *De circulo physico quadrato.* Oppenheim: [s.e.], 1616, p. 29.

44. Op. cit. p. 15.

razão aquele pintor e formador altíssimo e eterno, Deus". O ouro é um "circulusbis sectus", isto é, dividido em quatro ângulos retos, portanto uma quaternidade; a natureza criou esta divisão para fazer com que "os opostos fossem ligados aos opostos"[45]. Poderia ele, pois, comparar-se à "urbs sancta" (Ap 21,10s.: "civitas sancta Jerusalem")[46]. Seria ela um "triplici muro Castrum aureum circumdatum" (um castelo cercado por tríplice muro de ouro)[47] uma *aeternitatis imago visibilis* (uma imagem visível da eternidade)[48]. "Na verdade o ouro é mudo, no que se refere ao tom e à voz; não obstante isso, anuncia ele, em virtude de sua essência, e por toda a parte dá testemunho de Deus". E como Deus é "unus in essentia", também o ouro é "una substantia homogenea"[49]. Segundo Domeus, a unidade de Deus[50], sendo ele o unarius, é o *centrum ternarii* (centro do trino); isso corresponde ao círculo em torno do centro[51]. O ponto, como centro do quatérnio formado pelos elementos, é o lugar em que Mercurius é "digerido e aperfeiçoado"[52].

---

45. "Ut contraria a contrariis colligentur" (Para que os opostos sejam ligados pelos opostos). Idem, p. 41.

46. "Ideoque aeternae civitatis Hierusalem ideam repraesentat" (Por isso representa a ideia da cidade eterna de Jerusalém. Casa do tesouro), op. cit., p. 38. Cf. tb. a Jerusalém celeste como "noiva" na *Aurora Consurgens*. I, cap. 5 e como *domus thesauraria* da *Sapientia Dei*, cap. 10.

47. Cf. com isso a simbólica do homem no Codex Brucianus. *Psychologie und Alchemie (Psicologia e alquimia)*. 1952 [OC, 12], p. 157s.

48. *De circulo physico quadrato*. 1616, p. 42s.

49. Op. cit., p. 45s.

50. J. Nelken refere o caso de um doente mental com delírios de natureza gnóstica, que, ao descrever seu pai primitivo, diz que ele por fim se condensou em um *pontinho*, em consequência da expulsão continuada de seu sêmen. Foi ele desencantado por uma "prostituta universal", que proveio de seu sangue, o qual se havia misturado com as trevas (*Jahrb. f. Psychoanal. u. Pychopath. Forsch*. IV, [s.l.]: [s.e.], 1912, p. 536). A representação deformada do "vir a *foemina circumdatus*" tem algo a ver com a doença.

51. *Theatrum Chemicum*. I, 1602, p. 545s. Dorneus é adversário da quaternidade. Cf. com isso: *Psychologie und Religion (Psicologia e religião)*. [s.l.]: [s.e.], 1939 [OC, 11/1], p. 126s.

52. Escólios de um anônimo para Tract. Aur. acerca de Hermes, em *Theatrum Chemicum*. IV, 1613, 691.

2. A scintilla (centelha)

O ponto é idêntico a απινθήρ[53] à scintilla ou à "faiscazinha da   41
alma" de Meister Eckhart[54]. Já o encontramos na doutrina de Satur-
ninus[55]. Do mesmo modo deve Heráclito, o "físico", ter concebido a
alma como *scintilla stellaris essentiae* (faísca da substância estelar)[56].
Hippolytus menciona na doutrina dos sethianos que as trevas, de
modo inteligente, "mantêm em escravidão o brilho e a faísca da
luz"[57], e que esta "menor faísca de todas" estava finamente misturada[58] nas águas tenebrosas[59]. De modo semelhante ensina Simão
Mago que no sêmen e no leite se encontra uma faísca muito pequena,
que se desenvolve em uma força[60] ilimitada e invariável[61].

Também a alquimia tem sua doutrina da scintilla. Primeiramente   42
é ela o centro terrestre em estado ígneo, onde os quatro elementos,

---

53. BOUSSET. *Hauptprobleme der Gnosis...* 1907, p. 321, diz: "... que os homens ou no mínimo alguns dos homens, desde o começo, trazem em si um elemento mais elevado (o σπινθήρ), proveniente do mundo da luz, que os torna capazes de se erguerem, acima do mundo dos sete, ao mundo superior da luz, do pai desconhecido e da mãe celeste".

54. MEERPOHL, F. *Meister Eckharts Lehre vom Seelenfünklein. Abhandl. z. Phil. und Psych. der Relig.* H. 10, Würzburg : [s.e.], 1926 (Tratado sobre a filosofia e a psicologia da religião).

55. IRENAEUS. *Adv. Haer.* I, 24. Os πνευματικοί encerram uma pequena parte do *Pleroma*. II, 19. Cf. a doutrina de Satorneilos em HYPPOLITUS. *Elenchos.* VII, 28, 3.

56. MACROBIUS. *In somn. Scip.* Cap. XIV, p. 19.

57. *Elenchos.* V, 19, 7: "Ἵνα ἔχῃ τὸν σπινθῆρα δουλεύοντα" (para manter subjugada a faísca ou centelha).

58. Esta concepção retorna na alquimia em muitas variações. Cf. MAJER, M. *Symbola aureae mensae duodecim nationum.* 1617, p. 380; "Scrutinium Chymicum". *Emblema.* XXXI. "Rex natans in mari, clamans alta voce: Qui me eripiet, ingens praemium habebit" (O rei nada no mar clamando em alta voz: Quem me retirar terá um prêmio muito grande). Cf. tb. *Aurora Consurgens.* I, cap. 6: "...quis est homo qui vivit sciens et intelligens eruens animam meam de manu inferi?" (...quem é aquele homem que vive sabendo e compreendendo como retirar sua alma do poder do inferno?) Cf. tb. cap. 8, começo.

59. *Elenchos.* V, 21, 1.

60. Cf. em *Aion.* 1951 [OC, 9/2], p. 319 um caso paralelo em WICKES, F.F. *The inner World of Man.* Ed. alemã, Zurique: Rascher, 1953, sob o título: *Von der inneren Welt des Menschen*, p. 274.

61. *Elenchos.* VI, 16, 7.

em movimento incessante, "projetam sua semente". "Todas as coisas, pois, têm sua origem nesta fonte, e nada no mundo inteiro nasce
a não ser por essa fonte". No centro mora *Archaeus,* "o servo da natureza", a quem Paracelsus também designa como *Vulcanus,* identifi-
cando-o com *Adech,* o "homem grande"[62]. Archaeus como o centro
da Terra criador é hermafrodito como o Protanthropos, como se in-
fere do epílogo do *Novum Lumen Chemicum:* "Mas, quando alguém
é iluminado pela luz da natureza, então desaparece a névoa diante de
seus olhos e ele sem dificuldade consegue enxergar o *ponto* do nosso
magneto, o qual corresponde ao duplo centro luminoso do Sol e da
Terra". Esta sentença críptica é explicada por meio de um exemplo.
Se um menino de doze anos fosse colocado ao lado de uma menina
da mesma idade (e igualmente vestida), não seria possível distin-
gui-los. Mas se lhes tirassem a roupa[63], então tornar-se-ia manifesta a
diferença[64]. Segundo isto, o centro consta de uma conjunção do masculino e do feminino. O mesmo é confirmado pelo escrito de Abraham Eleazar:[65] aí lamenta-se a substância do arcano, no estado de nigredo: "Por Cham[66], o egípcio, terei eu de atravessar... Noé deverá
lavar-me... no mar mais profundo para que saia meu negrume... devo
ser pregada nessa cruz negra, e devo ser lavada disso com vinagre por
meio da miséria e devo tornar-me branca, a fim de que... meu coração brilhe como uma gema preciosa, e de mim provenha novamente
o velho Adão... Ah! *Adam Cadmom,* como és belo! Como Kedar sou
agora negra; ai! há quanto tempo! Vem enfim, meu Mesech[67], e des-
pe-me para que apareça a minha beldade interna..." "Sulamita atri-

---

62. *Von den dreyen ersten essentiis.* Cap. IX. Cf. *Paracelsica.* 1942, p. 36, 81 e 96.

63. O motivo da *denudatio* remonta ao Ct 5,7: "tulerunt pallium meum mihi custodes
murorum" (tiraram o meu pálio os guardas da muralha); 5,3: "Exspoliavi me tunica
mea, quo modo induar ília?" (Eu me privei da minha túnica, como posso estar vestido
com ela?) A desnudação representa a *extractio animae.*

64. *Musaeum Hermeticum.* 1678, p. 579.

65. Mais abaixo faço uma interpretação mais extensa deste texto.

66. Cham significa o preto. O egípcio corresponde ao etíope (FRANZ, M.-L. von.
"Passio Perpetuae". *Aion.* 1951 [OC, 9/2], p. 464s.).

67. Mesech significa "poção de misturas".

bulada de dentro e de fora, os guardas da grande cidade te acharão e te ferirão de pancadas, te privarão das vestes... te tirarão o véu. Quem então me tirará de Edom e de tuas fortes muralhas?... Mas novamente serei feliz quando for libertada do veneno que a maldição me trouxe, e quando aparecer minha semente interior e meu primeiro nascimento. Pois o pai é o Sol e a Lua a mãe"[68].

A partir desse texto, vemos que o "oculto", o centro invisível de Adam Cadmon, é o homem primordial da gnose judaica. É ele que se lamenta nos "cárceres" das trevas[69] e é personificado pela sulamita negra do Cântico dos Cânticos. Ele se origina da coniunctio solis et lunae...

43

---

68. ELEAZAR. *Uraltes Chymisches Werk*. Leipzig: [s.e.], 1760, p. 51s. Este escrito deve ser o livro de Abraham le Juif, que representa papel importante na biografia de Nicolas Flamel (Quanto à interpretação cf. adiante).

69. Um manuscrito (Incipit: "Figuraram aegyptioram", século XVIII, em meu poder) dá outra versão do motivo: "Fuit quidam homo, qui nihil quidquam profuit nec detineri potuit: omnes enim carceres confregit, imo et poenas omnes parvi fecit, interea quidam simplex vel humilis et sinceras repertus est vir, qui hujus naturam bene noverat, et consilium tale dederat, ut is omnibus vestibus exutus denudetur" (Era uma vez um homem que não prestava para nada, mas também não podia ser detido; arrebentava as portas dos cárceres, e até desprezava os castigos. Entrementes apareceu um homem simples, humilde e sincero, que conhecia bem a natureza do outro e lhe deu o conselho de ele despir-se de suas próprias vestes). Esta desnudação, de acordo com o texto, significa a putrefação (fol. 21ʳ). Cf. BERNARDUS TREVISANUS. *Theatrum Chemicum*. I, 1602, p. 799s. Para a estampa do cárcere cf. a 3ª parábola da *Aurora Consurgens*. I: "Do portal de bronze e do ferrolho de ferro da prisão babilónica". Também nas Carmina Heliodori (GOLDSCHMIDT, G. Op. cit., p. 55) a *nigredo* se chama τείχισμα ὥς μελάνωσις σχότους (um muro como o negrume da noite); ou (p. 56) χιτὼν φθορᾶς (veste da perdição). Isso remonta à ideia antiga de σῶμα – σῆμα (o corpo é o sepulcro). Cf. tb. *Corpus Hermeticum*. Vol. I, 1924, p. 172 [SCOTT, W. (org.)]: "Primeiro, porém, deves rasgar as vestes que estás usando, o manto das trevas e o tecido da inconsciência (τὸ τῆς ἀγνωσίας ὕφασμα), o endurecimento da maldade, a cadeia da perdição, o cadáver consciente (αἰσθητιχόν), a sepultura removida" etc. A *nigredo* é representada também como vestis tenebrosa. Cf. *Aurora Consurgens*. I, cap. 6: "... qui vestimentum meum non arriserit" e a parábola em Aureum Saeculum Redivivum de Henricus Madathanus. Mus. Herm. 1678, p. 61: "Vestes abiectae illius ad pedes illius iacebant erantque nimis rancidae, foetidae, venenosae etc. atque tandem hunc in modum loqui incipiebat: 'Stolam meam exui, quomodo eandem iteram induam?'" etc. (As vestes que tirou jaziam a seus pés, mas sujas, fétidas e venenosas... e finalmente começou a falar: Depus a minha veste, como poderei vesti-la novamente?) (Cf. Ct 5,3).

44   As scintillae aparecem muitas vezes como "aureae et argenteae" e em grande número na Terra[70]. São então designadas como "oculi piscium"[71]. No capítulo sobre o conhecimento emprega Dorneus o conceito de scintillae na forma moralizante: "Cada um queira em seu íntimo meditar com aplicação o que foi dito acima, e movimentar de um lado para o outro o que foi saboreado: então verá ele aos poucos como de dia em dia algumas faíscas (scintillas) brilham mais e mais diante de seus olhos para formar tal luz"[72]... Esta luz é o *lumen naturae*. Assim diz Dorneus em sua *Philosophia meditativa:* "Que loucura é essa que vos cega? Porque é em vós mesmos, e não como que partindo de vós, que existirá tudo isso que procurais fora de vós e não em vós mesmos. Tal é o vício do ordinário que despreza tudo o que é seu próprio para cobiçar sempre unicamente o alheio... Pois em nós brilha fracamente (obscure) uma vida, a qual é como que uma luz dos homens no meio das trevas[73], a qual não parte de nós, mas deve, apesar disso, ser procurada dentro de nós[74] qual não provém de nós mas daquele que se dignou tomar em nós sua morada... Ele plantou em nós essa luz para vermos a luz ao clarão da luz daquele que habita na luz inacessível. Por isso fomos nós distinguidos mais que as outras criaturas. Por meio disso fomos verdadeiramente assemelhados a ele, que nos deu *uma faísca de sua luz.* Portanto, a verdade *não deve ser*

---

70. MYLIUS. *Philosophia Reformata.* 1622, p. 149. De modo análogo MORIENUS. "De Transmut. Met.". *Artis Aurif.* II, 1593, p. 45.

71. MORIENUS. Op. cit., p. 32. Igualmente LAGNEUS. *Theatrum Chemicum.* V, 1613, p. 870.

72. "Speculativa Philosophia". *Theatrum Chemicum.* I, 1602, p. 275.

73. Jo 1,4: "In ipso vita erat et vita erat lux hominum. Et lux in tenebris lucet etc." (Nele estava a vida, e a vida era a luz dos homens, e a luz brilha nas trevas).

74. "Si homo res in maiori mundo transmutare novit... quanto magis id in microcosmo, hoc est in se ipso noverit, quod extra se potest, modo cognoscat hominis in nomine thesaurum existere maximum et non extra ipsum" (Se o homem pode operar mudanças no macrocosmo... tanto mais poderá fazê-lo no microcosmo, isto é, em si mesmo fazer aquilo que faz fora de si. Apenas deve ele saber que existe um tesouro imenso no interior do homem, e não fora do homem). DORNEUS. *Theatrum Chemicum.* I, 1602, p. 307.

procurada em nós, mas na imagem de Deus (in imagine Dei)[75] que está em nós"[76]. Na opinião de Dorneus há no homem um "sol invisibilis", que ele identifica com "Archeus"[77]. Este "sol" é idêntico ao "sol in terra" (em concordância com o *Novum Lumen* citado acima). Esse sol invisível acende então um fogo elementar para consumir a substância do homem[78] ("corpus itaque reducitur in materiam primam" – portanto, o corpo é reduzido à matéria-prima). Ele é comparado também com o "sal" ou com o "bálsamo natural", o qual "tem em si mesmo a corrupção e a defesa contra a corrupção". Corresponde a esse aspecto paradoxal o texto curioso: "Homo quidam est esca, in qua per cotem scl. Mercurium, et chalybem[79] (scl.) Caelum, ignis huiusmodi scintillae excussae fomentum accipiunt, viresque suas exserunt" (O homem é, pois, como uma isca, na qual as tais faíscas tiradas pela batida do seixo, isto é, Mercúrio, e do aço, isto é, o céu, se apoderam da mecha e demonstram suas forças)[80]. Mercúrio é mencionado aqui como seixo, certamente em sua forma feminina e ctônica, e caelum assume a forma masculina, espiritual e compreendida em sua quintessência. Do choque (nupcial) de ambos, inflama-se a

---

75. *Imago Dei* é a "imagem de Deus" no sentido de imagem refletida ou copiada e também no sentido de arquétipo.

76. *Theatrum Chemicum.* I, 1602, p. 460. Cf. tb. *Aion.* 1951 [OC, 9/2] (Psychol. Abhandl. [Dissertações psicológicas], p. 65s. e em outros lugares).

77. "Chemicam artem naturaliter excercet Archeus in nomine" (Arqueu exerce de modo natural a arte química no homem – *Theatrum Chemicum.* I, 1602, p. 308), isto de acordo com Paracelsus.

78. "Quia homo est in corruptione generatus, odio prosequitur eum sua propria substantia" (Porque o homem foi gerado na corrupção, sua própria substância o persegue cheia de ódio). Op. cit., p. 308.

79. Aqui significa aço, mas também é um arcanum como "chalybs Sendivogii", que é o *secrete Salmiac*. Este último é o Sal Armoniacus, que significa a "pedra dissolvida" (RULAND. *Lex.* 1612, p. 412). Em outra passagem (p. 71) está indicado "Armoniac sal id est stella" (O sal amoniacal é a estrela). Da aqua miraculosa se diz em MYLIUS. *Philosophia Reformata.* 1622, p. 314: "Ista est optima, quae extrahitur vi chalybis nostri qui invenitur in ventre Arietis... ante debitam coctionem est summum venenum" (A melhor [água] é esta que se extrai à força do nosso aço e que é encontrada na barriga do carneiro... antes da cocção adequada é veneno fortíssimo). O senhor do Áries é Marte = *ferrum*. Cf. "Ares" em Paracelsus (*Paracelsica.* 1942, p. 95s).

80. *Theatrum Chemicum.* I, 1602, p. 308.

faísca, o Archeus, que é um "corruptor corporis" como o "chemista"
é um "corruptor minerarum". Este aspecto negativo da scintilla é curioso, mas concorda com a concepção menos otimista da alquimia
acerca do mundo da medicina e da ciência natural[81]. A alquimia vê o
lado escuro do mundo e da vida não como já superado, mas faz dele
seu campo específico de atuação. Deste modo também o ponto ígneo, esse centro divino no homem, é para ela uma coisa perigosa, um
veneno fortíssimo, que deve ser manipulado com o máximo cuidado,
para tornar-se um remédio. O processo da individuação tem seus perigos específicos. Dorneus formulou em uma bela sentença o ponto
de vista dos alquimistas: "Nam in rerum natura nihil est, quod non in
se mali tantum quantum boni contineat" (Pois na natureza não há
nada que não contenha em si tanto de mal quanto de bem)[82].

45   Em Heinrich Khunrath[83] a scintilla e o elixir são a mesma coisa:
"Assim se chamará elixir rico e específico o splendor fulgureus sive
scintilla perfecta Unici Potentis ac Fortis (um clarão brilhante, raio e
faísca do Único Poderoso e Forte)... isto é, a verdadeira Aqua Permanens semperque vivens (água eterna e sempre viva)"[84]. A humiditas
radicalis é "santificada... pela faísca da alma do mundo; isto porque o
espírito do Senhor enche todo o orbe terrestre"[85]. Também ele fala
de uma multiplicidade de scintillae: "Pois são... Scintillae Animae
Mundi igneae, Luminis nimirum naturae (faíscas ígneas da alma do
mundo ou da luz da natureza), espalhadas e dispersas por ordem de
Deus pelo tecido do grande mundo, por toda a parte nos frutos dos
elementos"[86]. A scintilla está ligada à doutrina do anthropos: "É o Filius
Mundi Maioris (filho do macrocosmo)... repleto, animado e cheio...

---

81. Cf. os *crimina spiritus* mencionados mais acima.

82. Op. cit., p. 307.

83. Nasceu em 1560, estudou medicina, doutorou-se em Basileia em 1588 e morreu
em 1605 em Leipzig.

84. *Von Hylealischen Chaos.* 1597, p. 54s.

85. Op. cit. p. 63. Cf. *Aurora Consurgens.* I, cap. 9, p 21.

86. Op. cit., p. 94. A repleção do mundo com as *scintillae* parece corresponder à *luminosidade múltipla do* inconsciente. Cf. *Von den Wurzeln des Bewusstseins* (As raízes da
consciência). 1954, contr. VII.

com uma... faiscazinha do Ruach Elohim, o espírito, o sopro, o vento ou a aragem do Deus Trino; isto é, formado... de corpo, espírito e alma do mundo, ou de enxofre e sal, mercúrio e a faísca universal da luz da natureza"[87]. "Essas "faíscas ígneas da alma do mundo" já existiam no caos, a prima materia no início do mundo[88]. Khunrath se eleva às alturas gnósticas com a formulação seguinte: "E é nosso Mercurius Catholicus (em virtude de sua faísca ígnea comum da luz da natureza), sem dúvida o *Proteus,* o falso deus do mar dos antiquíssimos sábios pagãos, que tem a chave do *mar* e... poder sobre tudo: *Oceani et Tethyos* filius"[89]. Muitos séculos separam Monoimos e Khunrath. A doutrina do primeiro era inteiramente desconhecida[90] para a Idade Média, e, contudo, este último chegou a pensamentos muito semelhantes; a tradição mal pode ser responsabilizada por esse fato.

3. O enigma bolognese[91]

O auge dos paradoxos, atinge-o um assim chamado "monumentum" antigo, um epitáfio que supostamente foi encontrado em Bolonha, a *inscrição Aelia-Laelia-Crispis.* Deste epitáfio apoderaram-se os alquimistas, como diz Michael Majer: "Ab artifice antiquo statutum sit in Dei honorem et artis chymicae commendationem"[92] (erigido por um antigo artífice para a glória de Deus e a recomendação da arte química). Primeiramente farei preceder o curiosíssimo texto. A inscrição é esta:

46

---

87. P. 170s.

88. P. 217.

89. P. 220s., 263s. Aí estão ainda indicados muitos outros sinônimos da *scintilla* (centelha, faísca).

90. Ela está conservada apenas em Hippolytus, cujo *Elenchos* somente foi descoberto em meados do século XIX no monte Athos. A passagem acerca do jota (Mt 5,18) em Irenaeus (*Adv. Haer.* I, 32) dificilmente poderia ter desencadeado uma tradição.

91. Provém originariamente de uma contribuição para uma publicação festiva em homenagem a Albert Oeri (Basileia: [s.e.], 1945, p. 265s.).

92. *Symbola aureae mensae duodecim nationum.* 1617, p. 169.

D. M.

Aelia Laelia Crispis, nec vir nec
mulier, nec androgyna, nec
puella, nec iuvenis, nec anus, nec
casta, nec meretrix, nec pudica, sed
omnia.

Aelia Laelia Crispis não é nem
homem nem mulher, nem
andrógina, nem menina, nem
jovem, nem mulher velha, nem
casta, nem meretriz, nem
pudica, mas tudo isso.

Sublata neque fame, nec ferro, nec
veneno, sed omnibus. – Nec
caelo, nec aquis, nec terris, sed
ubique iacet.

Não foi arrebatada nem pela fome
nem pela espada, nem por
veneno, mas por tudo isso. – Não
jaz nem no céu nem nas águas, nem
na terra, mas em toda a parte.

Lucius Agatho Priscius, nec
maritus, nec amator, nec
necessarius, neque moerens, nec
gaudens, ñeque flens, hanc neque
molem, nec pyramidem, nec
sepulchrum, sed omnia.
Scit et nescit, (quid) cui posuerit.

Lucius Agatho Priscius não é nem
marido, nem amante, nem
parente, não está triste, nem se
alegra, (erigiu) isto (que) não é nem
monumento, nem pirâmide, nem
sepulcro, mas tudo isso.
Ele sabe e não sabe a quem edificou
(e o quê).

(Hoc est sepulchrum, intus cadaver
non habens.
Hoc est cadaver, sepulchrum extra
non habens.
Scd cadaver idem est et sepulchrum
sibi).

(Isto é um sepulcro que dentro não
tem o cadáver.
Isto é um cadáver que não tem o
sepulcro por fora.
Mas cadáver e sepulcro são a
mesma coisa entre si).

47   Antecipando-me, digo imediatamente que este epitáfio é um dis-
parate completo, uma invenção jocosa[93], mas que cumpriu do modo
mais brilhante sua função de ratoeira para todas as projeções imagináveis, que já andavam muito soltas no espírito daquele século. Serviu de ponto de partida para uma "cause célèbre", um verdadeiro
"caso" psicológico, que se estendeu pela maior parte de dois séculos

---

93. Isso foi reconhecido em pouco tempo. Assim escreve SPON, J. Voyage d'Italie, de
Dalmatie, de Grèce et du Levant fait aux années 1675 et 1676. Amsterdã: [s.e.], 1679,
Tome I, p. 53): "Je prétens même que celuy qui l'a (sel. l'inscription) fait n'entendait
pas seulement l'oeconomie des noms Latins. Car Aelia et Laelia sont deux familles dif-
férentes et Agatho Priscus sont deux surnoms sans avoir aucune famille jointe". (P.
350): "Si quelque esprit rêveur et mélancholique veut s'amuser à son explication il s'y
peut divertir: pour moy j'ay déjà protesté que je ne l'estimois pas antique et que je vou-
drois pas prendre la peine d'en chercher le mystère" etc.

e que provocou um sem-número de comentários, para finalmente encontrar um fim inglório como uma das Falsae do *Corpus Inscriptionum Latinarum*, e assim cair no esquecimento. A razão por que eu neste século XX desenterrei novamente essa curiosidade é o fato de ela servir de paradigma, em grande escala, para aquela atitude mental que possibilitou na Idade Média o aparecimento de centenas de trabalhos sobre algum objeto inexistente, do qual, pois, nada se podia saber. O que interessa agora não é essa isca sem valor, mas a projeção que ela causou. Nisso se revela aquela prontidão extraordinária de apresentar-se inesperadamente com fantasias e especulações, o que vem a ser um estado psíquico, que hoje em dia se encontra, nos meios cultos correspondentes, apenas como um fenômeno patológico isolado. Em tais casos sempre se averigua que o inconsciente se acha como que sob pressão, ou que está carregado de conteúdos fortemente acentuados. Em certos casos torna-se difícil fazer o diagnóstico para distinguir entre loucura e conteúdos criadores; e ocorre sempre de novo que uma coisa é confundida com a outra.

Tais fenômenos históricos, da mesma forma que os individuais, não podem ser explicados apenas a partir de suas causas, mas precisam também ser examinados do ponto de vista daquilo que aconteceu depois. Tudo o que é psíquico já está prenhe daquilo que lhe segue. Os séculos XVI e XVII representam o tempo de transição, que parte de um mundo fundamentado pela metafísica e que conduz a uma era que procura explicar tudo pelos princípios imanentes; já não se diz então: Omne animal a Deo (todo animal vem de Deus), mas: omne vivum ex ovo. O que naquele tempo já agia com ímpeto no inconsciente, acabou se realizando no desenvolvimento imponente das ciências naturais, cuja irmã mais nova é a psicologia experimental. Aquilo que uma pretensão ingênua e inconsciente considerava ciência acerca das coisas transcendentais e divinas – coisa que o homem jamais pode conhecer com certeza – e aquilo que aparentemente se perdeu de modo irrecuperável com o ocaso do mundo medieval, tudo isso tornará a ressurgir juntamente com o conhecimento acerca da alma. Esse pressentimento de descobrimentos futuros na esfera da alma já se fazia notar nas fantasias e especulações daqueles filósofos, que até agora nos pareceram ser apenas os avoengos do palavreado estéril.

49   Por mais néscio e insípido que pareça este nosso epitáfio, entretanto, a causa ganha em importância se a considerarmos como uma
indagação que já foi proposta há não menos de dois séculos. Mas o
que é isto que de nenhum modo conseguis entender e que apenas se
exprime por meio de paradoxos imperscrutáveis?

50   Naturalmente, não pretendo eu que aquele gozador desconhecido, que conseguiu realizar esse "practical joke", seja ainda onerado
com a obrigação de dar-nos a resposta a esta questão. Ela já existia há
muitíssimo tempo antes dele na alquimia. Aquele desconhecido talvez nem de longe sonhasse que esse seu gracejo se tornaria "une cause
cèlèbre", nem que ele desse modo estaria orientando a reflexão de
seus contemporâneos próximos e remotos para a indagação acerca
da natureza do que constitui como que a camada mais profunda da
alma e que deveria em futuro longínquo substituir a certeza obtida
pela fé revelada. Para tudo isso foi ele apenas a "causa instrumenta-
lis", e suas vítimas, tão ingênuas e inocentes como ele, começaram a
ensaiar involuntariamente os primeiros passos como psicólogos.

51   Parece que a primeira notícia sobre esta inscrição de Aelia apareceu no tratado de certo Marius L. Michael Angelus publicado em
1548 em Veneza. Já em 1683[94] reunia Caesar Malvasius[95] nada menos de 45[96] tentativas de interpretação. Na literatura da alquimia se
acha conservado o tratado do médico Nicolas Barnaud de Crest (Del-
finado), que viveu na segunda metade do século XVI. Interpreta ele a
inscrição do ponto de vista da alquimia, e parece que fez isso em

---

94. A inscrição é mencionada também por TONIOLA, J. *Basilea sepulta retecta conti-
nuata*. Basileae: [s.e.], 1661, p. 101 do "App. exotic. Mon."

95. *Aelia Laelia Crispis Non Nata Resurgens*. Bolonha: [s.e.], 1683. Entre os comentadores vêm citados Dr. Reusner, autor da Pandora, Barnaud, Joh. Turrius e Vitus, não,
porém, Michael Majer.

96. Ferguson menciona 43 comentadores. Em Malvasius ainda se encontram dois outros; suspeita-se que sejam amigos pessoais do autor, pois vêm apresentados como
"Aldrovandus Ulisses Felsineus commilitoque eius Achilles noster" (p. 29). O número
dos comentadores conhecidos até 1683 eleva-se assim para 48, inclusive Majer. Ulisse
Aldrovandi de Bolonha viveu de 1522 a 1605. Era na época médico afamado e filósofo. O "Achilles noster" poderia identificar-se com Achilles Volta. O nome dele vem
mencionado como o de um conhecido comentador da inscrição em SCHWARTZ, C.
Acta Eruditorum. Leipzig: [s.e.], 1977, p. 333. Infelizmente esse tratado não me é
acessível. O número dos comentadores é maior do que o indicado aqui como 48.

1597[97]. Quanto a essa interpretação alquímica, procurarei ater-me às exposições do erudito Michael Majer, como também às de Barnaud.

A interpretação é a seguinte: Aelia e Laelia representam duas pessoas, as quais estão reunidas num sujeito chamado Crispis. Barnaud chama Aelia de "solaris"; talvez estivesse derivando de αέλιος = Sol. Laelia interpreta ele como "lunaris". Crispis (isto é, crispus, de cabelo crespo) provém, segundo Majer, dos cabelos crespos, que seriam transformados em "pó finíssimo"[98]. Majer evidentemente tinha em vista a tintura, que é a substância do arcano. Barnaud, porém, diz que a materia nostra está "obvoluta, intricata" (complicada), *crespa*. Ao ocupar-se com semelhante material, diz *Fausto:* "Eu estava de pé diante do portão; vós deveis ser a chave; na verdade vossa barba é *crespa*, mas não ergueis o ferrolho..." Estas duas pessoas, como diz Majer, *não são* nem homem nem mulher; mas já *foram* isso, assim como o sujeito *foi* de início quase hermafrodito; mas ele já *não é* isso porque a substância do arcano, ainda que se componha de sponsus e sponsa, e por isso tenha quase que dois sexos, na verdade, por ser o terceiro, é algo de novo e de singular. Ela também não é menina ou virgem, pois deveria então ser intacta. No opus, porém, a virgo é chamada de mater, mesmo que tenha permanecido virgem. Também o sujeito já não é menino, porque a coniunctio realizada indica o contrário; também não é nenhuma mulher velha[99] porque conserva todas as suas forças, nem também meretriz[100], por não procurar lucro; finalmente também não é pudica, porque a virgo já está unida a um homem.

O sujeito, porém, é homem e mulher, porque realizaram o ato conjugal, e é hermafrodito porque os dois corpos foram reunidos em um, é menina porque ainda não é mulher velha, é adolescente porque está na plena posse de suas forças. É mulher velha porque dura mais

52

53

97. Cf. FERGUSON. *Bibl. Chem. v. Barnaud e Aelia Laelia.* O "Commentariolum" de Barnaud vem reproduzido em *Theatrum Chemicum.* III, 1602, p. 836s., como também em MANGETUS. *Bibliotheca chemica curiosa seu rerum ad alchemiam pertinentium thésaurus instructissimus.* II, Genebra: [s.e.], 1702, p. 713.

98. Capilli, segundo RULAND. *Lex. Alch.* 1612, é um dos nomes do *lapis Rebis*; suspeitou-se também que a *prima materia* se encontrava nos cabelos.

99. Cf. o que já foi mencionado acima a respeito de *vidua* e de *vetula*.

100. Nec casta falta em Majer.

que todo o tempo (isto é, incorruptível). É meretriz, porque Beya[101] se prostituiu com Gabritius antes do casamento. É pudica porque foi absolvida pelo matrimônio subsequente[102]. O "sed omnia" explica propriamente o enigma: todas essas designações apontam para as propriedades de *uma e mesma coisa*, e foram imaginadas existentes; mas em si não são coisas essenciais. O mesmo vale para o que segue: sublata neque fame etc. A substância (como Ouroboros), se devora a si mesma, e não tem fome portanto; não morre pela espada mas "iaculo próprio se ipsum interficit" (ele se suicida com o próprio dardo), à semelhança do *escorpião*, que também é sinônimo da substância do arcano[103]. Ela não é morta pelo veneno, pois ela mesma, como diz Barnaud, é "bonum venenum", um remédio, com o qual ela torna a vivificar a si própria (revivificat se ipsum)[104]. Mas ela é morta por essas três coisas, a saber, pela fome de si própria (Ouroboros), pela espada de Mercurius[105] e pelo próprio veneno de serpente ou de escorpião. O "sed omnibus" acrescentado aponta, por sua vez, para aquela *uma* substância do arca-

---

101. Do árabe *al-baida*, a branca.

102. "Matrimonium enim quasi pallium hoc quidquid est vitii, tegit et abscondit" (O matrimônio é, pois, semelhante a um manto que cobre e esconde tudo que houver de vicioso). *Symbola aureae mensae duodecim nationum.* 1617, p. 170s.

103. "Scorpio, i. e. venenum. Quia mortificai se ipsum et seipsum vivificat" (Escorpião, isto é, veneno. Porque ele se mata a si mesmo e vivifica a si mesmo). MYLIUS. *Philosophia Reformata.* 1622, p. 236. Item "Rosarium Philosophorum". p. 272. Cf. com isso: "Εὐοῖ, δίχερως, δίμορφε! deus iste vester non biformis est, sed multiformis... ipse est *basiliscus et scorpio*... ips malitiosus anguis... ipse tortuosus draco, qui homo ducitur... iste deus vester Lernaei anguis crinibus adornatur" (Salve, ó ser de dois chifres, ó ser de dupla forma. Este vosso deus não é biforme, mas multiforme... ele é o *basilisco* e o *escorpião*... ele é a serpente maldosa... ele é o tortuoso dragão, que se diz homem... este vosso deus está adornado com os cabelos de Lema em forma de serpentes). FIRMICUS MATERNUS. *Lib. de err. prof. rei.* 21, 2 (*Corp. Script. Eccl. Lat.* II [HALM (org.)]).

104. "(L'eau divine) fait sortir les natures de leurs natures et elle revivifie les morts". DJABIR. *Livre de Mercure oriental* (BERTHELOT. *La chimie au moeyen âge.* III, Paris: [s.e.], 1893, p. 213). Cf. Komarios a Cleópatra (BERTHELOT. *Collection des anciens alchimistes grecs.* 1887/1888, IV, XX, 15: "... ἀνάστηθι ἐχ τάφου ... χαὶ τὸ φάρμαχον τῆς ζωῆς εἰσῆλθεν πρὸς σὲ..." (Põe-te de pé para fora do sepulcro... e o remédio da vida já penetrou em ti). "Spiritus tingens et aqua metallina perfundens se in corpus ipsum vivificando..." *Aurora Consurgens.* II. *Artis Auriferae.* I, 1593, p. 229.

105. A respeito de "gladius perforans, ensis scindens Mercurii" (espada penetrante, espada de Mercúrio), veja meu trabalho "Die Visionen des Zosimus" (As visões de Zósimo), in: *Von den Wurzeln des Bewusstseins* (As raízes da consciência). 1954, contr. VII. *Psych. Abh.* (*Dissertações psicológicas*), t. IX, Contrib. IV.

no, da qual diz Barnaud: "Hanc Omnia esse, Omnia in se habere, quibus indiget ad sui perfectionem, Omnia de ipsa praedicari posse et ipsam vicissim de omnibus"[106] (Esta é tudo, tem tudo em si mesma de que precisa para a perfeição de si própria, tudo pode ser dito dela, e ela por sua vez também [pode ser dita] de tudo). "Unum enim est totum, ut ait maximus Chimes[107], ob quod sunt omnia, et si totum non haberet totum nihil totum esset" (Pois o um é o todo, como diz o maior dos alquimistas, por causa [do um] tudo existe, e, se o todo não possuísse tudo, esse todo seria igual ao nada).

Que o arcano não está nem no céu nem na água etc., explica Majer   54
com alusão ao clássico "invenitur ubique", que é dito do lapis. Ele se encontra em todos os elementos e não apenas em um. Barnaud se mostra aqui um pouco mais sutil ao identificar o céu com a anima, a terra como o corpus e a água com o spiritus[108], conseguindo deste modo atingir a ideia da totalidade do ser vivo: "(materiam nostram)", diz ele, "simul esse in caelo, terris et aquis, tamquam totam in toto, et totam in qualibet parte: adeo ut partes illae, alioquin separabiles, nusquam ab invicem separari possint, postquam unum facta sunt: hinc tota Lex et Prophetia chemica pendere videtur"[109] (Nossa matéria está ao mesmo tempo no céu, na terra e na água, como que toda no todo e toda em qualquer das suas partes; e isto de modo que as suas partes, que em si são separáveis, já não possam ser separadas depois que se tornaram uma só; disso parece depender toda a Lei e toda a Profecia da química).

O nome de quem erigiu o monumento sepulcral, Lucius Agatho   55
Priscius, é explicado assim: Lucius como "lucens" (luzente), "lucidissimo ingenio donatus" (dotado de índole luzentíssima)[110]; Agatho "bo-

---

106. *Theatrum Chemicum*. III, 1602, p. 844.

107. Cf. BERTHELOT. *Collection des anciens alchimistes grecs*. 1887/88, III, XVIII, 1: "Χύμης δὲ χαλῶς ἀπεφήνατο: Ἔν γὰρ τὸ πᾶν: χαὶ δι' ἀυτοῦ τὸ πᾶν γέγονεν ἕν τὸ πᾶν χαὶ εἰ μὴ πᾶν ἔχοι τὸ πᾶν οὐ γέγονε τὸ πᾶν" (Chimes disse de belo modo: Um é, pois, o todo, e o uno se tornou tudo; e se o todo não contivesse tudo, não seria o todo). Parece que Barnaud conheceu o manuscrito de Paris n. 2327 (Cf. BERTHELOT. *Collection des anciens alchimistes grecs*. 1887/1888, p. IX).

108. Ele acrescenta "qui solet animam deportare" (que costuma carregar a alma para longe). Cf. o "crime" do espírito mencionado há pouco.

109. *Theatrum Chemicum*. III, 1602, p. 845.

110. Barnaud o chama de "luce naturae et divina ornatus" (dotado da natureza da luz e de Deus), p. 840

nae naturae" (de boa natureza), "probus" (probo); Priscius como "priscus" (antigo) ou "senior" (sênior) respectivamente, ou "inter priscos illos probos philosophos enumeratus" (contado entre aqueles primeiros e probos filósofos). Majer acha que estes nomes "significam o requisito mais importante, que é exigido para a perfeição da arte".

56   Nec maritus, nec amator (nem marido nem amante) etc. quer indicar que Aelia o puxou para si, "como o magneto atrai o ferro", e o transformou em sua própria "natureza nebulosa e negra". Na conjunção ele se torna esposo dela, e ele é necessário[111] para a obra. Em que sentido ele *não* é esposo etc. dela, nada diz Majer. Mas Barnaud diz: "Hae (sunt) praecipuae causae nempe Thorus, Amor et Sanguinis nexus, quae aliquem unum movent, in templo memoriae... columnam alicui dicare de mortuo, et neutra istarum hic (militat)" (Estas são as causas principais: o casamento, o amor e a consanguinidade, que movem alguém para dedicar a um morto uma coluna no templo da memória, e nenhum desses três tem importância aqui). Era bem outra a intenção de Lucius Agatho: queria ele "fazer aparecer em cena a arte, que tudo ensina, que é a mais preciosa de todas as coisas e que está oculta nesse enigma", para que os pesquisadores se dedicassem "à arte e à verdadeira ciência" que supera tudo em dignidade. O autor exceptua[112], no entanto, "aquela pesquisa santíssima (agnitionem) a respeito de Deus e de Cristo na qual se fundamenta nossa salvação"; com isso faz ele aquela restrição que muitas vezes encontramos nos textos.

57   Como Majer junto de "nec maritus" etc. omite a negação, do mesmo modo junto de "neque moerens" etc. "De fato", diz ele, "tudo isso pode ser dito igualmente de Lucius de modo positivo, mas não de modo negativo". Inversamente anota Barnaud que aqui se encontra o retrato de um "teres, rotundus et intrepidus Philosophus" (filósofo liso, redondo e intrépido)[113].

---

111. Majer não entende aqui *necessarius* no sentido de *parente*.

112. Op. cit., p. 846.

113. O "sapiens teres atque rotundus" é uma figura de Horácio: um sábio que não está preso ao que é terreno (*Sermones*. Lib. II, VII, p. 83-86: "Quisnam igitur liber? Sapiens sibi qui imperiosus, quem neque pauperies neque mors neque vincula terrent, responsare cupidinibus, contemnere honores fortis, et in se ipso totus teres atque rotundus") (Quem é, pois, livre? O Sábio que domina a si mesmo, a quem não amedrontam nem a pobreza, nem a morte, nem as cadeias; que se opõe corajosamente às suas paixões e despreza firmemente as honrarias, que em si mesmo é liso e arredondado).

"Hanc neque molem" etc. explica Majer, por sua vez, como po-   58
sitivo, de modo que a própria Aelia é esta moles, que como res firma
et immobilis tem consistência. Assim aponta ele para a incorruptibilitas que o opus se esforça por conseguir. A pyramis significa uma chama para eterna memória, o que Aelia é para si mesma. Assim foi ela
sepultada, pois Lucius "omnia, quae debet, eius nomine peragit"
(executa em nome dela tudo o que deve ser feito). De certo modo ele
a substitui, pois, como filius philosophorum substitui ele a prima materia maternal, que era outrora a única substância do arcano eficaz.
Barnaud explica que ele é um edifício que de modo algum corresponde à finalidade indicada (pois é um símbolo). O que segue "Sed omnia" se refere à Tabula Smaragdina no sentido indicado acima, pois o
epitáfio certamente aponta para a "medicina summa et catholica" (o
remédio mais importante e universal).

Por "scit et nescit" etc. Majer quer dizer que Lucius sabia isso no   59
início, mas depois já não o sabia, porque ele mesmo seria esquecido
sem gratidão alguma. Não me parece claro o que é simbolizado desse
modo. Barnaud considera o monumento como uma alegoria do lapis, do que Lucius está ciente. O quid explica ele como "quantum",
porque ele certamente não pesou a pedra. Também ignora ele decerto para que descobridor futuro fez ele a inscrição. Sua explicação do
quid é manifestamente fraca. Teria sido mais simples pensar no fato
que, aliás, o lapis é um ente mítico de proporções cósmicas, que ultrapassa a compreensão humana. A consideração do prestígio de alquimista que ele era deve certamente ter impedido que ele chegasse a
esse pensamento natural, porque ele não podia de modo algum conceder que o próprio artista desconhecesse aquilo que ele está produ-
zindo pela sua arte. Se ele tivesse sido um psicólogo moderno, teria
talvez com muito menos esforço chegado à compreensão de que o totum do homem, o *si-mesmo,* per definitionem[114], ultrapassa o alcance do conhecimento.

---

114. Enquanto representa, pois, a soma dos processos psíquicos conscientes e inocons-
cientes.

60   "Hoc est sepulchrum" etc. Aqui encontramos a primeira declaração *positiva* da inscrição (excetuando-se a indicação dos nomes). Majer é de opinião que isso nada tem a ver com o sepulcro, que não é sepulcro nenhum, mas que isso indica a própria Aelia. "Nam ipsa est continens contentum in se convertens, atque sic est sepulchrum seu continens, non habens in se cadaver seu contentum, veluti Lothi coniunx ipsa sibi sepulchrum fuisse dicitur absque cadavere et cadaver absque sepulchro"[115] (Pois ela mesma é o continente que muda em si [própria] o conteúdo; e assim ela é um sepulcro ou continente que não encerra [nenhum] cadáver ou conteúdo, como se diz da mulher de Ló que se tornou o sepulcro de si mesma sem o cadáver e o cadáver sem o sepulcro). Decerto faz ele alusão à segunda versão da visão de Arisleu, onde se diz: "Com tal amor (Beya) abraçou o Gabricus que ela mesma absorveu completamente a natureza dele e o dividiu em *pedaços indivisíveis*"[116]. Ripley diz que na morte do rei, todos os seus membros foram despedaçados em "átomos"[117].

---

115. Op. cit., p. 173.

116. "Rosarium Philosophorum". p. 246. O modelo empírico para isso é a amalgamação do ouro com o mercúrio. Daí a frase "totum opus stat in solutione" (isto é, *solis et lunae in mercurio*) (a obra inteira consiste na solução [isto é, do sol e da lua no mercúrio]). "Rosarium Philosophorum". p. 270.

117. *Opp.* 1649, p. 351: Formar-se-ia uma "crassities aeris (condensação do ar, isto é, uma concretização do espiritual) et omnia membra in atomos divellantur" (e todos os seus membros são despedaçados em átomos). O "rei despedaçado" se refere na alquimia a *Osíris* e seu despedaçamento, fato conhecidíssimo na alquimia. Assim menciona Olimpiodoro (BERTHELOT. *Collection des anciens alchimistes grecs.* 1887/1888, II, IV, p. 42) Osíris como "ἡ ταφη ἐσφιγμένη" (o sepulcro contraído), que oculta todos os seus membros". Ele é o princípio do úmido (em concordância com PLUTARCO. *De Iside et Osiride.* C. 33) e "contraiu o todo do chumbo" (συνέσφιγξεν), certamente como a "alma" dele. Typhon derramou chumbo derretido sobre o sarcófago de Osíris (PLUTARCO. Op. cit.). Osíris e Ísis formam juntos a *prima materia* andrógina (MAJER. *Symbola aureae mensae duodecim nationum.* 1617, p. 343s.; PERNETY. *Dict. Mytho-Hermet.* 1758). Ele está relacionado com o rei "doente" ou "preso", como o *Rex marinus* (visão de Arisleu). Ele é πολυόφθαλμος (de muitos olhos) (*oculi piscium!*) (DIODORO. I, 11) e como Attis πολύορφος (de muitas formas, polimorfo) (analogamente ao Mercurius versipellis), também "ποτέ δὲ νέχυν (cadáver) ἤ θεὸν ἤ τὸν ἄχαρπον" (sem fruto), como se diz no hino de Attis (HIPPOLYTUS. *Elenchos.* V, 8, 9). Deve ele ser libertado do túmulo ou da prisão. Cf. com isso o rito diário da exci-

Trata-se aqui de algo muito frequente na alquimia, isto é, o *motivo do despedaçamento*[118]. Estes átomos são simultaneamente ou se tornam as "scintillae albae" (centelhas brancas) que ocorrem na "terra foetida"[119] (terra fétida). São designados também por "olhos de peixe"[120]. Estes "oculi piscium" são mencionados frequentemente pelos autores; por primeiro certamente em Morienus Romanus[121] e no *Tractatus Aristotelis*[122], e a partir daí em muitos outros autores[123]. Em Manget (Biblioth. Chem. 1702, II, Tab. IX, fig. 4) se encontra um símbolo atribuído ao "Malus Philosophus"[124], o qual mostra olhos

---

são dos olhos por parte do rei em memória do olho de Horus, que continha a alma de Osíris (CAMPBELL, C. *The Miraculous Birth of King Amon-Hotep*. III, [s.l.]: [s.e.], 1912, p. 67). No dia 1° de *phamenoth* (começo da primavera) Osíris entra na Lua cheia. Isto é o σύνοδος (PLUTARCO. Op. cit.) "Et sicut sol a principio occultatur ín lunam, ita in fine extrahitur a luna" (VENTURA, L. "De rat. conf. Lap." *Theatrum Chemicum*. II, 1602, p. 276).

118. Cf. meu trabalho "Das Wandlungssymbol in der Messe" (O símbolo da transformação na missa), in: *Wurzeln des Bewusstseins* (Raízes da consciência), 1954 (*Psychol. Abh. − Dissertações psicológicas* − t. IX, contribuição V).

119. O mau cheiro é "cheiro de sepulcro". "Nam et eius (corporis mortui) odor est malus et odori sepulchrorum assimilatur" (Pois o cheiro do corpo dele é mau e se assemelha ao cheiro dos sepulcros). MAJER. *Symbola aureae mensae duodecim nationum*. 1617; MORIENUS ROMANUS. "De Transmut. Met." *Artis Auriferae*. II, 1593, p. 33. O mau cheiro do inferno já é uma concepção egípcia (Cf. *Book of Gates*. Sect. III. WALLIS BUDGE. *Coptic Apocrypha in the Dialect of Upper Egypt*. 1913, p. LXVI).

120. "Purus laton tamdiu decoquitur donec veluti oculi piscium elucescant" (O *laton* puro é fervido até que comecem a aparecer nele como que olhos de peixe). MORIENUS. *Artis Aurifera*. II, 1593, p. 32.

121. Artis Auriferae. II, 1593, p. 32. Trata-se de bolhas de vapor que sobem na solução.

122. "Quousque terra lucescat veluti oculi piscium" (Até que a terra brilhe como olhos de peixe). *Theatrum Chemicum*. V, 1622, p. 884.

123. "Grana instar piscium oculorum" (grãos como olhos de peixe). "Aquarium Sapientum". *Musaeum Hermeticum*. 1678, p. 91. "Gemmae tanquam oculi piscium" (gemas como olhos de peixe). LAGNEUS. *Theatrum Chemicum*. IV, 1613, p. 870. "In principio... quasi grana rubea et in coagulatione velut oculi piscium" (de início... como grãos vermelhos e na solidificação como olhos de peixe). MYLIUS. *Philosophia Reformata*. p. 193. Idem in "Regulae seu Canones". *Theatrum Chemicum*. II, 1602, 153s. "Quando veluti oculi piscium in eo elucescunt" (quando como olhos de peixe brilham nele). VENTURA, L. *Theatrum Chemicum*. II, 1602, p. 333.

nos astros, nas nuvens, na água e na terra. A inscrição correspondente diz: "Hic lapis est subtus te, et erga te, et supra te, et circa te"[125]
(Esta pedra está embaixo de ti, perto de ti, sobre ti e ao redor de ti).
Os olhos indicam que o lapis está em formação e que se origina dos
olhos espalhados por toda a parte[126]. Assim diz Ripley[127] que "na secagem do mar" (desiccatio ou calcinatio) sobra finalmente uma substância que *reluz como um olho de peixe*. Esse olho brilhante, segundo
Dorneus, é o Sol[128], que mergulha o "centro de seu olho" no coração
do homem, de certo modo *mistério do calor e da iluminação*. O olho
de peixe está *sempre aberto, como os olhos de Deus*[129]. Coisas deste
gênero pairam na mente dos alquimistas, como mostra a circunstância de Eirenaeus Orandus[130] ter colocado no frontispício de sua edição de Nicolas Flamel[131] como sentença piedosa Zc 4,10: "Quis enim
despexit dies parvos? et laetabuntur, et videbunt lapidem stanneum
in manu Zorobabel. Septem isti oculi sunt domini, qui discurrunt in
universam terram". A isto pertence ainda 3,9: "Super lapidem unum
septem oculi sunt"[132]. A essa passagem podia reportar-se Firmicus
Maternus[133]: "(Alterius profani sacramenti signum est θεὸς ἐχ πέ-

---

124. "Malus" ou Magus, como se suspeita, em Ruska (*Turba*) mencionado como autor
árabe (Cf. *Der Geist Mercurius* – O espírito de Mercúrio – in: *Symbolik des Geistes* –
Simbólica do espírito – 1953, p. 132).

125. Citado livremente conforme Rosinus ad Sarratantam. *Artis Auriferae*. I, 1593, p. 310.

126. Certamente opina Dorneus também deste modo (*Theatrum Chemicum*. I, 1602,
p. 607) quando ele diz da fênix (como substância de transformação): "Cuius pulli rostro eruunt *matris oculos*".

127. *Opp.* 1649, p. 159.

128. *Theatrum Chemicum*. I, 1602, p. 423.

129. SCHEFTELOWITZ. *Das Fischsymbol im Judentum und Christentum*. Archiv
für Religionswissenschaft. XIV, p. 382.

130. Pseudônimo de um autor desconhecido para mim.

131. Nicolas Flamel, His Exposition of the Hieroglyphicall Figures... Londres: [s.e.], 1624.

132. O texto exato diz: "Sim, aqueles que desprezaram o dia dos começos pequenos,
todos eles verão com alegria a pedra final na mão de Serubbabel. Estes sete são o-
lhos do Senhor, que vagueiam pela Terra inteira". A isso pertence ainda 3,9: "Eis,
pois, sobre a pedra que coloquei diante de Josué – sobre uma pedra estão sete olhos –
eis que nesta pedra gravarei também a inscrição" etc.

τρας...) alius est lapis, quem deus in *confirmandis fundamentis* promissae Hierusalem missurum se esse promisit: Christus nobis venerandi lapidis significatione monstratur" (O sinal de outro mistério pagão é o "Deus do rochedo"[134]. Outro é a pedra que Deus prometeu mandar para a fundação da Jerusalém prometida[135]. Aponta-se para o Cristo pela significação da pedra venerável). Como a "pedra una" significava o lapis para o alquimista[136], assim também os oculi piscium significava os sete olhos ou o único olho de Deus; este último é certamente o Sol.

Segundo a maneira de conceber egípcia, o olho é a sede da alma; assim, por exemplo, Osíris está oculto no olho de Hórus[137]. Na concepção da alquimia o olho significa o céu (coelum): "Est quasi oculus quidam visusque animae, quo saepe affectus animae nobis et consilium indicatur, cuius radiis et intuitu omnia coalescunt" (É como que um olho e um olhar da alma, pelo qual muitas vezes nos é indicado o estado da alma e sua intenção, e pelos raios e pelo olhar [do céu] tudo ganha forma)[138]. "Coelum", na opinião de Steebus (de acordo tam-

61

---

133. De err. prof. relig. 20, 1. Esta observação vale para o caso de a pedra de sete olhos não ser a pedra terminal, mas assim como aqui quando é considerada como *pedra fundamental do templo*. A outra relação é a que se refere à *pedra angular*, que na bênção do fogo pascal era colocada em paralelo com o sílex, do qual se faz saltar uma centelha (NT: Isso valia para a antiga liturgia do Sábado Santo). Cf. a primeira oração do Sábado Santo: "Deus qui per filium tuum, angularem scilicet lapidem, claritatis tuae fidelibus ignem contulisti productum ex silice" etc. (Deus, que por vosso Filho, pedra angular, preparastes para os fiéis o fogo de vossa claridade produzido do sílex).

134. Refere-se a Mitra, que nasceu de uma pedra.

135. A Jerusalém celeste do Apocalipse.

136. Cf. o que se diz mais abaixo no capítulo "Adão e Eva" sobre a pedra cabalística, principalmente sobre a pedra que é Malchut.

137. CAMPBELL, C. *The Miraculous Birth*... 1912, p. 67. Segundo PLUTARCO. *De Iside et Osiride*. C. 55, diz-se que Typhon (a má sombra de Osíris) ora fere o olho de Hórus ora o arranca; isso tudo deve ser interpretado em relação com *Lua nova*. A relação entre o olho e a Chemia vem referida na passagem importante de PLUTARCO. *De Iside et Osiride*. C. 33: Ἔτι τὴν Αἴγυπτον ἐν ταῖς μάγιστα μελάγγειον οὖσαν ὥσπερ τὸ μέλαν τοῦ ὀφθαλμοῦ χημίαν χαλοῦσιν χαί χαρδία πάρειχάζουσιν (O Egito, em que predomina a terra negra, denominam eles como o negro no olho de Chemia e o comparam com o coração).

bém com Marsilius Ficinus: in Plat. Tim. c. 23) é uma "virtus", força, na verdade um "animal quoddam perfectum" (certo ser vivente perfeito)[139]. Por isso também os alquimistas designaram sua quintessência como coelum. À ideia da virtus corresponde a designação do Espírito Santo como oculus[140] em consonância com a invocação de Hermes no Papiro XLVI do Museu Britânico[141]: "Ερμῆ... ἡλίου ὀφθαλμέ" (Hermes – olho do Sol). O olho de Deus irradia força e luz[142], e assim também os oculi piscium são mínimas centelhas de alma, a partir das quais volta a recompor-se a figura de luz do filho. Correspondem elas às partículas de luz aprisionadas pela Physis sombria, cujo recolhimento era uma das tarefas principais do gnosticismo e do maniqueísmo. Certa semelhança na estrutura dessa imagem se encontra na *siddhasila* do *jainismo:* "The loka (= mundo) is held in the middle of the aloka (= não mundo), in the form of the trunk of the *man,* with siddhasila at the top, the place where the head should be. *This siddhasila is the abode of the omniscient souls,* and may be called the *spiritual eye of the universe*"[143].

62   O olho, como o Sol, é um símbolo e também uma alegoria da consciência[144]; para isso não é necessária nenhuma documentação. Na alquimia as scintillulae se combinam para formar o ouro (sol), e nos sistemas gnósticos os átomos de luz se reintegram na divindade. Do ponto de vista psicológico essa doutrina aponta para o caráter da personalidade, ou respectivamente do eu, que fazem parte dos complexos psíquicos. Como o complexo do eu se distingue pela cons-

---

138. STEEBUS. *Coelum Sephiroticum*. 1679, p. 11.

139. Apoiando-se em LEO HAEBRAEUS. *Dialog. de amore.*

140. GARNER, de S. Vict. *Patrologia Latina*. T. CXCIII, col. 166.

141. PREISENDANZ. *Papyri Graecae Magicae*. T. I, p. 194, 1. 401.

142. DIODORI. *Bibl. Hist.* Lib. I, 11: " Ὄσιριν πολυόφθαλμον... πάνταχῇ γὰρ ἐπιβάλλοντα τὰς ἀχτῖνας ὥσπερ ὀφθαλμοῖς πολλοῖς χτλ. (A Osíris de muitos olhos... que espalha para todos os lados os seus raios como (dotados) de muitos olhos).

143. S. RADHAKRISHNAN. *Indian Philosophy*. Vol. II, [s.l.]: [s.e.], 1923, p. 333.

144. Cf. entre outros RÁBANO MAURO. *Allegoriae in Sacram Script*. MIGNE. *Patrologia Latina*. T. CXII, col. 1.009: "Oculus est... clantas intellectus" (O olho... é a claridade da inteligência).

ciência, existe também a possibilidade de que outros complexos, os chamados inconscientes, como almas parciais, possuam ao menos certa "luminosidade" própria[145]. Destes átomos se constitui a mônada (e o lapis com todas as suas significações), conforme a doutrina de Epicuro, que da reunião dos átomos[146] deriva até a divindade.

A declaração de Beya, ou de Aelia, como "sepulcro" era algo fácil   63
de compreender para o alquimista, pois esse motivo desempenhava papel importante no mundo das ideias dele. Seu vas (vaso), ele o chama de sepulcro[147] ou, de acordo com o *Rosarium,* de "tumulus rubeus petrae" (túmulo vermelho de pedra). A *Turba* diz que se devia "cavar um sepulcro" para o dragão e para a mulher[148]. O estar sepultado é idêntico à nigredo[149]. Um tratado grego versa sobre o processo falando de "oito sepulcros"[150]. Alexandre encontra o "sepulchrum Hermetis" juntamente com o segredo da arte[151]. O "rei" está sepultado em Saturno[152] em analogia com Osíris enterrado[153]. Durante a nigre-

---

145. Tratado com maiores esclarecimentos em meu artigo "Allgemeines zur Komplextheorie" (Generalidades sobre a teoria do complexo), in: *Über psychische Energetik und das Wesen der Träume* (*Energética psíquica e a essência dos sonhos*). Zurique: Rascher, 1948; In: *Der Geist der Psychologie* (*O espírito da psicologia*). Eranos-Jahrbuch, 1946, Agora: "Theoretische Überlegungen zum Wesen des Psychischen" (Considerações teóricas acerca da essência do psíquico), in: *Von den Wurzeln des Bewusstseins* (*Das raízes da consciência*). 1954.

146. HIPPOLYTUS. *Elenchos.* I, 22, 1: "Ἔχ δὲ τῶν ἀτόμων συνελθουσῶν γενέσθαι χαὶ τόν θεὸν χαὶ τὰ στοιχεῖα χαὶ τὰ ἐν αὐτοῖς πάντα χαὶ Ζῷα χαὶ ἄλλα" χτλ. (Dos átomos que se reúnem, forma-se Deus, os elementos e tudo o que neles existe: os animais e as outras coisas).

147. "Posito hoc Uno in suo sepulchro sphaerico" (depois de este Um ter sido colocado em seu sepulcro esférico) ("Tract. Aristotelis". *Theatrum Chemicum.* V, 1622, p. 886). "(Vas) dicitur etiam sepulchrum" ([o vaso] se chama também sepulcro) (HOGHELANDE. *Theatrum Chemicum.* I, 1602, p. 199). Vas = sepulchrum, carcer (VENTURA, L. *Theatrum Chemicum.* II, 1602, p. 289. Também na *Aurora Consurgens.* I, cap. 12, "a pedra deve ser retirada da porta do sepulcro".

148. "Effodiatur sepulchrum illi Draconi" (Deve-se cavar uma sepultura para aquele dragão) etc. RUSKA. *Turba philosophorum...* 1931, sermo LIX, 1. 24.

149. DORNEUS. *Theatrum Chemicum.* I, 1602, p. 436.

150. BERTHELOT. *Collection des anciens alchimistes grecs.* 1887/88, IV, XXIII.

151. "Scriptum Alberti sup. arb. Aristotelis". *Theatrum Chemicum.* II, 1602, p. 527.

do do estar sepultado *impera a mulher* (Et quamdiu nigredo durat,
foemina imperat)[154], em concordância com o eclipse do Sol pela Lua,
ou da reunião deles por ocasião da Lua nova.

64   Assim conclui Majer que sepulchrum e cadáver são a mesma coisa. E Barnaud diz: "Sepultados, dizem eles, cada um no sepulcro do outro. Pois quando Sulphur, Sal e Aqua ou Sol, Luna e Mercurius estão em nossa matéria, nós os extraímos, conjungimos, sepultamos e mortificamos, isto é, transformamos em cinza; assim acontece que o ninho se torna a sepultura para as aves, e reciprocamente as aves assumem em si o ninho e se prendem firmemente a ele. Acontece, digo eu, que alma, espírito e corpo, homem e mulher, ativo e passivo, são colocados no mesmo sujeito, isto é, vaso; e, chocados com o auxílio externo do magistério da arte, escapam a seu tempo (para a liberdade)"[155]. Nestas palavras está indicada a reunião total dos contrastes (ou opostos), a "summa medicina", que cura não apenas o corpo, mas também o espírito. O "escapar" indica certo estado de cativeiro, ao qual se põe termo pela conciliação dos opostos. Deste modo procura-se atingir algo que o hindu chama de *nirdvandva* (livre de oposições); este conceito, dado desta forma, ao menos parece estranho ao pensamento cristão ocidental. Trata-se de tomar relativos os contrastes; isto deverá moderar ou mesmo curar o conflito intransponível da atitude cristã de combate[156].

---

152. "Tumulus ergo in quo Rex noster sepelitur Saturnus... dicitur" (O sepulcro, pois, em que está sepultado nosso rei Saturno). *Musaeum Hermeticum*. 1678, p. 688.

153. FIRMICUS MATERNUS. *De err. prof. rei*. 2, 3: "In adytis habent idolum Osiridis sepultum" (Em seus santuários têm eles a imagem de Osíris no sepulcro).

154. "Lib. Alze". *Musaeum Hermeticum*. 1678, p. 332. Cf. "Ludus puerorum". *Artis Auriferae*. II, 1593, p. 189: "Hinc dicit Avicenna: Quamdiu apparuit nigredo, dominatur obscura foemina et ipsa est prior vis nostri lapidis" (Por isso diz Avicenna: Enquanto aparecer a negrura, impera aquela mulher obscura, e ela é a primeira força de nossa pedra).

155. *Theatrum Chemicum*. III, 1602, p. 847s.

156. Cf. com isso: *Psychologie und Alchemie (Psicologia e alquimia)*. 2. ed., 1952 [OC, 12], p. 35s. A circunstância de que os alquimistas, ao tentarem resolver o enigma, pensaram logo no mais importante que conheciam, isto é, no mistério de sua arte – pode ser compreensível para aquela época, pois havia então enigmas sobre Deus, sobre a Sagrada Escritura, e outros mais. Cf. LORICHIUS, J. *Aenigmatum Libellus*. Marpurgi: [s.e.], 1540, em que também está contido o enigma do hermafrodita "dum mea me genitrix..." (enquanto minha mãe me...) (fol. C 7 vo).

A interpretação dada aqui a respeito da inscrição enigmática   65
deve ser tomada pelo que de fato significa. Trata-se de um documento a respeito do modo de pensar da alquimia, o qual diz de si mesmo
mais até do que parece estar assegurando pelo próprio epitáfio. Por
causa disso, é preciso muita cautela nas expressões, pois são possíveis
ainda muitas outras interpretações, que de fato também foram tenta-
das[157]. Antes de mais nada impõe-se a questão da autenticidade e da
procedência da inscrição. Nenhum dos três autores mencionados até
agora viu a inscrição. Ao que parece, na época de Malvasius em 1683
existiam apenas duas cópias do original, uma em Bolonha e a outra
em Milão. O escrito de Bolonha termina com "cui posuerit". O escrito de Milão acrescenta "Hoc est sepulchrum" etc. A frase: "Scit et
nescit cui posuerit" da versão bolonhesa contém aqui um "quid".
Igualmente no cabeçalho da versão milanesa encontram-se os dizeres
obscuros A. M. P. P. D., em oposição aos outros mais fáceis D. M.
(Diis Manibus). Malvasius indica que a lápide foi destruída[158], mas
apresenta testemunhas que dizem ter visto a inscrição, principalmente Joannes Turrius de Brügge, que em uma carta de janeiro de 1567
escreve a Richardus Vitus "ter lido" ele mesmo o epitáfio (quod hisce
oculis lectum), e isso na vila de certo Marcus Antonius de la Volta,
junto ao primeiro marco (miliário), fora da Porta Mascharella, de
Bolonha. Narra a testemunha e comentador Joannes Casparius Gevartius que a lápide se encontrava embutida na parede que liga a vila
à igreja. Diz ainda que algumas das letras gravadas "pelo longo tempo et quasi quadam rubigine corrosae" (e corroídas por certa ferru-

---

157. É puramente alquímica e não apresenta nenhuma originalidade a interpretação feita por Athanasius Kircher em sua obra *Oedipus Aegyptiacus* (Romae: [s.e.], 1653, t. II,
cap. VI, p. 418). Ele denomina a inscrição de "primum aenigma chymicum". Menciona
também que Wilhelmus Baroldus Anglus fez uma interpretação cabalística. Esse monumento ainda é mencionado por R. P. Hieremias Drexelius, S.J. em suas obras, 1678, t. I,
p. 69: "Exstat epitaphium antiquum Bononiae quod multorum fatigavit ingenia... Sunt
qui hoc aenigma interpretantur animam hominis, alii nubium aquam, alii Nioben in Sa-
xum mutatam, alii alia" (Existe um epitáfio antigo em Bolonha, que já cansou a inteligência de muitos... Há quem interprete o enigma como a alma humana, e há quem ache
que é a água das nuvens, ou Níobe transformada em pedra, ou outras coisas ainda).
158. Tudo isso em MALVASIUS. *Aelia Laelia...* 1683, p. 55.

gem avermelhada), o que era um testemunho da antiguidade do epi-táfio[159]. Malvasius procura garantir a autenticidade do nosso docu-mento por meio da comparação com outros epitáfios romanos[160]. Sua teoria é a seguinte: "(Epitaphium) loquitur nempe... de filia Lae-lia nascitura, eademque sponsa Agathoni designata, sed non filia, sed non sponsa, quia concepta, non edita; quia non orta, sed aborta; qua propter tali ac tanta spe frustratus Agatho, jam pridem delectus in co-niugem, et a sorte elusus, hac Aenigmatica Inscriptione iuremerito sic et ipse lusit, vel ludentis speciem praebuit" (O epitáfio fala, pois, da filha Laelia que havia de nascer e que estava destinada para ser a es-posa de Agatho, mas não será nem filha nem esposa, porque estava concebida, mas não tinha nascido, porque não tinha nascido, mas fora abortada. Por isso Agatho, que há muito tempo tinha sido eleito como cônjuge, estando em tal e tão grande frustração e, sentindo-se iludido pela sorte, com toda a razão procurou ele mesmo iludir por meio desta inscrição enigmática ou [ao menos] dar a impressão de quem estava iludindo)[161].

66   Mas o autor faz um esforço considerável para tratar com justiça o criador do epitáfio. Chama ele Agatho de "modo hujus, modo illius Scientiae peritissimum" (peritíssimo ora nesta, ora naquela ciência)[162]; ele o compara com Hermes Trismegistus por ser "auspicatissimi... Ternarii Cultorem eximium"[163] e o designa como um "Ter maximum" (o três vezes máximo), ao apoiar-se tacitamente na conclusão da *Tabu-la Smaragdina*[164], pois a inscrição está dividida pelo número três[165], e a respeito disso nosso autor faz longa dissertação. Nesta tarefa entra ele,

---

159. P. 103.

160. Conforme gentilmente me mostrou o Sr. Prof. Felix Staehelin em Basileia, esta inscrição vem citada entre as *Falsae* no *Corpus Inscr. Lat.* Vol. XI, P. I, 1, 15*, 88*.

161. P. 40.

162. P. 90.

163. "Venerador extraordinário do importantíssimo número três".

164. "Itaque vocatus sum Hermes Trismegistus, habens tres partes philosophiae totius mundi" (Trismegistus = o três vezes máximo) (Por isso ele é chamado de Hermes três vezes o maior, que possui os três quartos da filosofia do mundo inteiro).

165. "Numero Deus impari gaudet!" (Deus se alegra com o número ímpar).

a respeito dos quatro elementos e das quatro propriedades, naquelas mesmas dificuldades, com as quais tiveram de avir-se igualmente os alquimistas, isto é, a interpretação do *axioma de Maria*[166]. De resto, com sua ideia de aborto, movimenta-se ele inteiramente no domínio da alquimia, para não falarmos em gnosticismo[167]; pois o *Tractatus Aristotelis*[168] diz: "Hic serpens est calidus, quaerens exitum ante ortum, perdere volens foetum, cupiens abortum..." (Esta serpente é astuta, pois procura a saída [morte] antes do nascimento, uma vez que quer perder o feto e deseja o aborto...)[169]. Trata-se naturalmente da serpente de Mercurius, ou da prima materia respectivamente, que na opinião do tratado, está impulsionando[170] para percorrer o processo de transformação e procura levar o conteúdo oculto (sementes de luz da alma do mundo) ao seu desenvolvimento.

Dentre as muitas opiniões dos comentadores, gostaria eu de apresentar uma delas, que me parece digna de ser tirada do esquecimento. É a opinião daqueles dois amigos do autor, os quais foram mencionados de modo velado. Lucius Agatho devia ser mesmo um homem real (homo verus). Quanto a Aelia Laelia divergem eles. Na

67

---

166. Cf. *Psychologie und Alchemie* (*Psicologia e alquimia*). 2.ed., 1952 [OC, 12], p. 41s. e p. 224s.

167. Cf. os Phibionitas, Stratioticos e outros em EPIPHANIUS. *Panarium Haer.* XXVI, 5. Cf. a mesma concepção no maniqueísmo, REITZENSTEIN-SCHAEDER. *Studien zum antiken Synkretismus aus Iran und Griechenland*. 1926, p. 346. Para a alquimia é especialmente importante a assim chamada terceira filiação de Basilides: Α υἱότης (filiação) que foi abandonada embaixo no meio da πανσπερμία é "ἐν τῇ ἀμορφίᾳ χαταλελειμμένη οἱονεὶ ἐχτρώματι" (abandonada em ausência de forma, como um aborto. HIPPOLYTUS. *Elenchos*. VII, 26, 7). Cf. ainda a maneira de exprimir-se de São Paulo em ICor 15,8: "῎ Εσχατον δὲ πάντων ὡσπετεὶ τῷ ἐχτρώματι ὤφθη κάμοί" (Por último mo de todos apareceu ele também a mim como a um abortivo).

168. Este tratado pertence aos antigos latinos, respectivamente aos "arabizantes", por ter ligação incerta com a tradição árabe.

169. *Theatrum Chemicum*. V, 1622, p. 881.

170. "Naturae subtilitas... causam dedit augmentationis et vitae, et in se naturas perfectissimas reduxit...". "Hic Serpens... tanquam Bufo nigerrimus tumescit et... petit a sua tristitia liberari" (A sutileza da natureza... deu ensejo ao crescimento e à vida e se transformou em naturezas perfeitíssimas... – Esta serpente se estufa como o sapo muito negro e... procura libertar-se de sua tristeza). Op. cit.

opinião de um deles, devia ser uma mulher imaginária (ficta foemina), ou, com maior probabilidade, algo que apareceu sob a forma de mulher, talvez um "Malus Genius" ou um "espírito ateu" (improbus spiritus) que "pairasse no ar". Na opinião do outro, entretanto, devia ser um espírito que habitasse na Terra e estivesse infixus et adhaerens (fixado e ligado) no interior de um "carvalho de Juno"; seria, pois, "uma silvana, uma ninfa, uma hamadríade", que, na ocasião em que o carvalho foi derrubado, se visse forçada a procurar outro lugar para sua morada, e assim passasse a morar "como que morta nesse sarcófago". Desse modo foi ela "celebrada, descrita e assinalada por Agatho, que ela amava e por quem ela era amada"[171].

68   Aelia, segundo essa opinião, é a *Anima* de Agatho, projetada em um "carvalho de Juno". O carvalho pertence a *Júpiter*, mas também é consagrado a Juno[172]. Em sentido figurado, é ele como que algo feminino e o portador da projeção da anima; em relação a Júpiter e também a Agatho respectivamente, é a coniunx ou a mulher amada. As ninfas, as dríades e outras mais são na mitologia numes da natureza e das árvores; do ponto de vista psicológico são projeções da anima[173], quando se trata de declarações de um homem.

69   Esta interpretação se encontra na *Dendrologia* de Ulisses Aldrovandus nomeado acima: "Dico Aeliam Laeliam Crispem ex Hamadryadibus unam fuisse... i.e. Quercui in Suburbano agro Bononiensi applicitam, seu inclusam, quae mollissima simul et asperrima apparens jam a bis mille forsitan annis inconstantissimos Protei in morem tenens vultus Lucii Agathonis Prisci civis tunc Bononiensis Amores ex Chao certe, isto é, confusione Agathonia... elicitos anxiis curis et solicitudinibus implevit..."[174] (Digo que Aelia Laelia Crispis foi uma das hamadríades... isto é, uma que estava presa ou encerrada em um carvalho, no campo suburbano de Bolonha. Ela aparecia ao mesmo tem-

---

171. Op. cit., p. 29.

172. No Capitólio se encontrava um carvalho extremamente velho e dedicado ao Capitolinus. A respeito de "Junonia" cf. PLUTARCO. *Quaest. Rom.* 92.

173. Cf. *Psychologie und Alchemie (Psicologia e alquimia)*. 2. ed., 1952 [OC, 12], p. 132, 134; *Paracelsica*. 1942, p. l0ls., 137, 157s.

174. *Dendrologiae Libri Duo*. Frankfurt: [s.e.], 1671, p. 146.

po carinhosíssima e aspérrima, talvez já há dois mil anos e, tomando o aspecto inconstante de Proteu, despertou os amores de Lucius Agatho Priscus, na época cidadão de Bolonha, certamente a partir do caos, isto é, a confusão de Agatho, e os encheu de cuidados ansiosos e de solicitudes...). Não é fácil imaginar outra descrição mais acertada daquele arquétipo que caracteriza o inconsciente do homem, isto é, a imagem da anima. Aqui aparece ela sob a forma da imortal e "incertissima amasia" (amante incertíssima), que como um espírito torturante e provocador persegue o homem justamente no silêncio dos nemora et fontes (bosques e fontes). Como é evidente, a inscrição não fornece nenhum apoio para considerar Aelia como uma dríade (ninfa do carvalho). Mas Aldrovandus nos informa que a Porta Mascharella de Bolonha era conhecida como "Junonia" na época dos romanos; disto conclui ele que Juno era manifestamente o gênio do lugar. Para fundamentar melhor sua hipótese de que Aelia era uma dríade, aduz o culto humanista um epitáfio romano que também foi achado nessa região (in hisce partibus). Consta que tinha os seguintes dizeres:

CLODIA PLAVTILLA
SIBI ET
QVERCONIO AGATHONI
MARITO OPTIMO
etc.

Este epitáfio se encontra de fato no Corpus Inscriptionum Latinarum[175]; mas a passagem decisiva encontrada aí é

Q. VERCONIO AGATHONI.

Trata-se, pois, de um Quintus Verconius, que cedendo aos caprichos do autor foi transformado no Querconius desejado.

Procura ele interpretar a passagem enigmática "hoc est sepulchram" dizendo que o carvalho forneceu o material empregado na construção do sepulcro! Como comprovação acrescenta ele que a vila que aí se achava tinha o nome de "Casaralta"[176], o qual ele decompôs em casa (casa), ara (altar) e alta (alta). 70

---

175. C. I. L. XI, 1, p. 163, 884. MVTINA.

176. A respeito da exatidão desse dado devo deixar toda responsabilidade para o autor.

71   Como mais um argumento aduz ele uma poesia italiana sobre um carvalho do Sol e da Lua que representa o mundo dos elementos[177]:

> "Dentro un giardin di vaghi fiori adorno
> Corre un fior rosso, e uma bianca Rosa
> ....
> Dodici rami cinge d'ogn'intorno
> Una gran Quercia, que nel mezzo posa,
> E d'ogni ramo grande e grosso ch'hà
> Quattro sole, e non più ghiande ei'dà".

Esta alusão ao universo de Pherekydes nos leva diretamente à alquimia da árvore do Sol e da Lua, à rosa vermelha e à branca[178], ao servus rubeus e à foemina alba (ou columba alba)[179] e as flores de quatro cores da árvore no país ocidental[180]. A *Pandora* de Reusner, de 1588, descreveu a árvore como um ser feminino, que carrega um facho e cuja cabeça coroada sustenta a copa da árvore[181]. A árvore está personificada por meio de seu nume feminino.

---

177. "Tertium tandem aenigma erit de Quercu, mundum elementarem repraesentantem in caelesti quodammodo viridario plantata, ubi Sol et Luna duo veluti flores circumferuntur" (Finalmente em terceiro lugar virá o enigma do carvalho que está plantado no jardim celeste e representa de certo modo o mundo dos elementos, onde o Sol e a Lua como duas flores descrevem uma circunferência). Op. cit., p. 146.

178. Quanto a branco e vermelho, cf. *Sohar*. I, 1932, fol. 1 a: "Como a rosa entre os espinhos (Ct 2,ls.) ela é colorida de vermelho e de branco, do mesmo modo na comunidade de Israel existe a graça (*chessed*) e o julgamento (*din*)". Em oposição à alquimia, aparece no sistema de Sefiro o vermelho relacionado com a mulher e o branco com o homem (*Informe do Dr. S. Hurwitz*).

179. Cf. com isso as pombas em "in sylva Dianae". *Musaeum Hermeticum*. 1678, p. 659. O símbolo da pomba poderia ser derivado inteiramente das alegorias cristãs. Considera-se aqui o significado *maternal* da pomba, a designação de Maria como *columba mystica* (MIGNE. *Patrologia Latina*. T. CLXXIV, col. 37), e ainda a designação de pomba dada à "mãe oculta" (*Acta Thomae*. C. 50) como também a simbólica da pomba relativa ao Paráclito em Philo (*Quis rer. div. her.* § 234). Nelken descreve a visão que teve um doente mental a respeito do "pai primitivo", o qual tinha no peito uma *árvore da vida com frutos brancos e vermelhos*, em que estava pousada uma *pomba* (*Jahrb. f. Psychoanal. u. Psychopath. Forsch*. Bd. IV, p. 541).

180. ABU'L-QASIM MUHAMMAD. *Kitab al-'ilm al-muktasab fi zirâ'at adh-dha-hab*. Paris: [s.e.], 1923, p. 23 [HOLMYARD, E.J. (org.)].

181. Cf. a figura em: *Psychologie und Alchemie (Psicologia e alquimia)*. 2. ed., 1952 [OC, 12], p. 565. Cf. a *Sapientia Dei* como *lignum vit*ae em *Aurora Consurgens*. I, cap. 1.

A interpretação de Aldrovandus movimenta-se na moldura do   72
pensar alquímico, como mostra o tratado de Bernardus Trevisanus
(conde da Marca e Treviso, 1406-1490)[182]. Trata-se de uma parábola[183], na qual o adepto encontra um pequeno poço de água clara, re-
vestido de belíssima pedra e fixado em cima do *tronco ou cepo de um
carvalho* (munitum supra quercinum truncum); esse conjunto é cercado por um muro. Isto é a *banheira do rei,* na qual este procura renovação. Um ancião (Hermes como mistagogo) explica ao adepto
como o rei construiu a banheira colocando dentro dela um velho *carvalho* que estava fendido ao meio[184]. O poço estava cercado por um
muro e era fechado primeiramente por uma pedra dura e branca e
então por um *carvalho oco*[185].

Como se evidencia, pretende a parábola apenas relacionar o car-   73
valho com a banheira. Geralmente se trata do banho nupcial do casal
régio. Em nossa narração *falta, porém, a rainha,* pois é apenas o rei
que se renova. Essa versão[186] fora do comum faz logo suspeitar que o
carvalho substitui a rainha por ser ele um nume feminino. Se a suposição for correta, também tem importância o fato de o carvalho ser
fendido num caso e oco no outro. O carvalho ora parece ser a armação do poço ora uma árvore viva a fornecer sombra, ora uma gamela
junto ao poço. Essa falta de clareza descreve os diferentes aspectos da
árvore: como armação do poço é de certo modo a origem da *fonte,*
como gamela é o *vaso* e como árvore protetora é a *mãe*[187]. Desde lon-

---

182. "Bernardi Comitis Marchiae Trevisanae Liber". *Theatrum Chemicum.* I, 1602, p. 773s.

183. Op. cit., p. 799.

184. "Induxit quercum veterem fissam per medium, (quae) tuetur a solis radiis, umbram faciens" (Introduziu um velho carvalho fendido ao meio, que protege dos raios
do sol, fazendo sombra).

185. "Primo duro lapide et claro turn demum cava quercu" (Primeiro por uma pedra
dura e clara, e então por um carvalho oco).

186. O rei geralmente se encontra sozinho quando está sentado no Laconicum (banho
de vapor).

187. Neste sentido o texto não tem nenhuma ambiguidade: "Petii rursum utrum fonti
Rex esset amicus et fons ipsi? Qui ait, mirum in modum sese vicissim amant, fons Re-
gem attrahit et non Rex fontem: *nam Regi velut mater est"* (Perguntei de novo se o rei
era amigo da fonte e a fonte amiga dele. Respondeu ele: Eles se amam reciprocamente

ga data a árvore é considerada a origem do homem[188] e, portanto, a fonte da vida. O vaso e a banheira são designados como "uterus" pelos alquimistas[189]. O tronco fendido ou oco dá a entender essa significação[190]. A banheira do rei em si já é uma matriz com a qual se relaciona a árvore como qualificação. Frequentemente, por exemplo, no rolo de Ripley[191], a árvore se encontra dentro da banheira real, ou

---

de modo maravilhoso; é a fonte que atrai o rei e não o rei a fonte; pois a fonte é como que uma mãe para o rei) (Op. cit., p. 801). Contexto semelhante se encontra em KYRILLOS. *Mystag.* II, 4: " Τὸ σωτήριον ἐχεῖνο ὕδωρ χαὶ τάφος ὑμῖν ἐγένετο χαὶ μήτηρ" (Esta água salvífica se tornou para nós sepulcro e mãe) (Cf. USENER. *Das Weihnachtsfest.* [s.l.]: [s.e.], 1911, p. 173).

188. Cf. a respeito disso: OVÍDIO. *Metam.* VII: "... ante oculos eadem mihi quercus adesse, / Et rami totidem, totidemque animalia ramis / Ferre suis visa est..." / (Diante dos meus olhos parecia estar o mesmo carvalho e carregar ele tantos animais quantos ramos tinha).

Da indicação fornecida por Isidoros a respeito do "carvalho alado" (ὑπόπτερος δρῦς) de Pherekydes se deduz que ele estava *envolto* num manto com capuz (φᾶρος) à semelhança de uma mulher (Cf. DIELS. *Die Vorsocratiker.* II, [s.l.]: [s.e.], 1912, p. 202). O "envolvimento" é um atributo de Ártemis χιτώνη, χιτωνία e principalmente de IStar: ela é taŠmetu, a encoberta, a Situri-Sabitu, a que está sentada no trono do mar, "envolta em um envoltório" (WITTEKINDT. *Das Hohe Lied...* [s.l.]: [s.e.], 1925, p. 15). O atributo constante de IStar é a *palma*. De acordo com o *Alcorão*, sura 19, Maria nasce à sombra de uma palmeira; da mesma forma Leto dá à luz à sombra da palmeira em Delos. Maya dá à luz a Buda com a assistência da árvore Sal. Os homens descenderiam do carvalho (PAULY-WISSOWA. *v. v. Drys*). Mais outras coisas cf. in: *Von den Wurzeln des Bewusstseins* (*Das raízes da consciência*). 1954. *Psych. Abh.* IX, Contrib. VI.

189. Como a designação litúrgica da pia batismal. Cf. o prefácio na *Benedictio Fontis* (bênção da fonte): "Qui hanc aquam regenerandis" etc. (Fecunde ele esta água para a regeneração dos homens... e do útero imaculado da fonte divina saia uma raça celeste – [NT: Encontrava-se isto na liturgia anterior ao Vaticano II]). "Per matricem, intendit fundum cucurbitae" (por matriz [útero] entende ele o fundo da retorta). "Consilium Coniugii". 1566, p. 204). "Vas spagiricum ad similitudinem vasis naturalis construendum" (o vaso alquímico deve ser construído à semelhança do vaso natural) (*Theatrum Chemicum.* I, 1602, p. 430). O *vas naturale* é o Uterus (*Aurora Consurgens. Artis Auriferae.* I, 1593, p. 203).

190. "Locus generationis, licet sit artificialis, tamen imitatur naturalem, quia est *concavus, conclusus*" (O lugar da geração, ainda que artificial, imita o lugar natural por ser côncavo e fechado) ("Consilium Coniugii". 1566, p. 147).

191. Cf. a figura 257 em: *Psychologie und Alchemie* (*Psicologia e alquimia*). 2. ed., 1952 [OC, 12], p. 617.

como coluna ou diretamente como árvore, em cuja copa se encontra o nume da árvore, na forma de uma melusina (= anima) com cauda de serpente. Imediatamente se torna clara a analogia com a árvore da ciência no paraíso[192]. O carvalho de Dodona era lugar de oráculo, o que corresponde à anima como mistagoga[193]. Mercurius, que muitas vezes se mostra na forma de serpente, aparece como nume de árvore no conto de Grimm *O espírito na garrafa*[194].

Em relacionamento com isso está certamente também aquele texto um tanto obscuro de Senior[195]: "Item dixit Marchos[196] et est tempus in isto genito quod nascitur de quo facit talem similitudinem. Tunc aedificabimus sibi talem domum, quae dicitur monumentum Sihoka[197]. Dixit, terra est apud nos, quae dicitur tormos, in qua sunt

74

---

192. É uma concepção muito espalhada que as almas e os numes aparecem sob a forma de serpentes (por exemplo, o nume heroico, Kekrops, Erechtheus e outros). Cf. tb. CHRYSOSTOMUS, J. *Opera*. [s.l.]: [s.e.], 1522, t. II, p. 68 [CRATANDER (org.)]; *Homilia*. XXV: "Quod enim est matrix embrioni, hoc est fideli aqua. Siquidem in aqua fingitur et formatur. Nam primum dictum est: Producant aquae reptile animae viventis. Ex quo autem Jordanis alveum ingressus est Christus non amplius reptilia animarum viventium sed animas rationales et spirituales aqua producit..." (O que o útero é para o embrião, é a água para o fiel, pois na água ele é plasmado e formado. Primeiro, pois, foi dito: Produzam as águas os répteis de alma vivente. Mas desde que Cristo entrou nas águas do Jordão, a água já não produz os répteis de alma vivente, mas almas racionais e espirituais).

193. Cf. *Psychologie und Alchemie* (*Psicologia e alquimia*). 2.ed., 1952 [OC, 12], figura 8, p. 79 e figura 19, p. 96.

194. "Der Geist Mercurius" – O espírito Mercurius (*Symbolik des Geistes – Simbólica do espírito*. 1953, p. 79s.).

195. De Chemia. 1566, p. 78.

196. Provavelmente idêntico com Marcus Graecus, o autor do chamado *Livro do fogo*. É difícil datá-lo (Cf. LIPPMANN, E.O. von. *Entstehung und Ausbreitung der Alchemie*. I, Berlim/Weinheim/Bergstr. 1919-1954, p. 477s.). O fato de ser ele citado por Senior, cujos escritos árabes ainda existem, permitiria datá-lo como anterior ao século X. Em BERTHELOT. *La chimie au moeyen âge*. III, 1893, p. 19, encontra-se um diálogo entre Marqush, rei do Egito, e Safanja, rainha de Said. Cf. ainda: *The Arabic Treatises on Alchemy by Muhammad Bin Umail* (século X a.C.). Ed. of the *Texts by M. Turab 'Ali M.A. Excursus* by H.E. Stapleton J.E.S. and M. Hidayat Husain Shams al' 'Ulama PH. D. Calcutta: [s.e.], 1933. *Memoirs of the Asiatic Society of Bengal*. Vol. XII, p. 175.

197. STAPLETON. Op. cit., p. 37, tem aqui: "It is a house, which is called the grave (qabr) of Sahafa. She said (qalat) etc. Possibly the name Mariyah has been omitted".

reptilia comedentes opaca ex lapidibus adurentibus, et bibunt super eis sanguinem hircorum nigrorum, manentes in umbra, concipiunt in balneis, et (pariunt)[198] in aere et gradiuntur supra mare et manent in monumentis et etiam manent in sepulchris, et pugnat reptile contra masculum suum, et in 40 noctibus" etc. (Da mesma forma disse Marchos: E é tempo para este gerado nascer, a respeito do que ele faz a seguinte parábola. Então construiremos para ele uma casa tal que seja chamada o sepulcro de Sahafa. Disse ele [respectivamente: Maria]: Há uma terra[199] chamada entre nós de tormos[200], na qual se encontram serpentes[201] [respectivamente: bruxas], que comem algo escuro[202] tirado de pedras [respectivamente: minerais] ardentes [verbalmente: que estão queimando] e sobre elas bebem o sangue de bodes pretos[203]. Ficam elas nas sombras, concebem nos banhos[204] e dão à luz no ar[205], andam sobre o mar e permanecem nos monumentos e também nos sepulcros; a serpente luta contra o próprio macho, que fica 40 noites no sepulcro e 40 noites na casinha etc.)[206].

---

198. Em lugar de *pereunt*, p. 79, *pariunt in aere*.

199. Ou uma "região"?

200. O grego τόρμος = buraco? O texto árabe tem tumti.

201. A palavra árabe para "reptile" tem na verdade o sentido de "bruxa". V. Stapleton: "The Arabic word properly means Witches (who consume the livers [iecora em lugar de opaca]) of children and drink the milk of black goats". Stapleton rejeita "reptile".

202. Árabe: o fígado.

203. Isso lembra o fogo do altar e o sacrifício de um bode. Cf. *optimus sanguis hircinus. Aurora Consurgens.* I, cap. X, par. 5. Já em Pibechios (BERTHELOT. *Collection des anciens alchimistes grecs.* 1887/88, III, XXV, 3) é αἷμα τράγου um sinônimo da água divina. Aqui se usa, de modo análogo, o sangue para "alimentação dos espíritos", como em Nekyia (*Odisseia.* XI, p. 31s.) onde Ulisses sacrifica ovelhas negras e, para Teiresias, especialmente um carneiro preto:
"Jorra o negro sangue, e de Erebos
subiram muitas almas dos mortos que haviam partido".

204. Isso poderia referir-se ao estado "de solução" no meio líquido.

205. Como *volatilia* e vapores.

206. Isso bem poderia ser uma influência cristã. O "Aquarium Sapientum" (*Musaeum Hermeticum.* 1678, p. 117) diz a respeito disso: "Christus in deserto quadraginta diebus totidemque noctibus ieiunavit, quemadmodum etiam per quadraginta menses in terra concionatus est, et miracula edidit, per quadraginta horas in sepulcro iacuit: quadraginta dies, inter resurrectionem a mortuis et ascensionem suam ad coelos, cum discipulis

A tradução latina traz "serpentes" em vez de "bruxas" e se relacio-   75
na com a antiga concepção de imaginar os espíritos dos mortos como
serpentes; com isso não fica mal o sacrifício do sangue de bode, pois o
sacrifício de animais pretos a numes ctônicos constitui a regra geral.
No texto árabe trata-se de demônios do deserto, de sexo feminino
(Jinns). Por isso é que se diz que elas "concebem nos banhos" e "lutam
contra seus machos". O nume que mora nos sepulcros é também uma
concepção muito espalhada, que se estende alcançando até as lendas
cristãs. Certa vez encontrei essa concepção num sonho importante de
um estudante de teologia, de 22 anos. Quero relatar o sonho inteiro, a
fim de que os meus leitores que não entendem a linguagem dos sonhos
possam reconhecer a extensão do problema mencionado[207].

O sonhador se acha diante de um ancião venerando, vestido de   76
preto. Ele sabe que este é o *mago branco*. Acabou este há pouco tempo uma instrução um tanto longa, da qual o sonhador não se recorda.
Ele guardou apenas as últimas palavras do mago: "E aqui precisamos
agora da ajuda do *mago negro*". Nesse instante abre-se uma porta e
entra outro ancião muito semelhante ao primeiro, mas vestido de
branco. Sabe o sonhador que esse é o *mago negro*. Lançou este um
olhar de interrogação para o sonhador. Mas o mago branco lhe disse
imediatamente: "Podes falar sem temor. Ele (o sonhador) é um inocente". Em seguida o mago preto vestido de branco começou a narração: "Venho de uma terra na qual reina um velho rei, que acha que
vai morrer em breve e por isso está preocupado em ter um *sepulcro*
condigno. Como naquela terra, desde tempos antigos, já existem
muitos sepulcros, procurou então o rei dentre eles um que fosse especialmente belo, para acabar de construí-lo para si mesmo. Era o se-

---

conversatus vivum esse ipsis repraesentavit" (Cristo jejuou no deserto por quarenta dias
e quarenta noites, como também durante quarenta meses pregou aqui na terra e fez milagres, e por quarenta horas esteve no sepulcro; quarenta dias medeiam entre a ressurreição
dos mortos e a ascensão aos céus, tempo em que, convivendo com os discípulos, se apresentou a eles como vivo). "Quarenta" é uma prefiguração da duração da obra. Segundo 1 Moisés 50,3, o embalsamamento dos egípcios dura quarenta dias. Quarenta parece ser uma
multiplicidade mágica dos *quatro*, isto é, 10 (*denarius!*) X 4.

207. Já mencionei este sonho várias vezes; assim por exemplo in: Wurzeln des Bewusstseins (*Raízes da consciência*). 1954, p. 46s.; *Symbolik des Geistes* (*Simbólica do espírito*). 1953, p. 16s.; *Psychologie und Erziehung* (*Psicologia e educação*). 1946, p.96.

pulcro de uma *virgem* que já havia morrido há tão longo tempo que dela não havia recordação. Mandou ele abrir o sepulcro e retirar os ossos. Ao contato com o ar, esses ossos se transformaram imediatamente em um *cavalo negro,* que fugiu para o deserto!" Ele (o mago negro) tinha ouvido falar desse acontecimento importante e se dirigiu para aquele lugar, a fim de procurar os rastos do cavalo e segui-lo até o deserto. Seguiu ele os rastos durante a caminhada de vários dias, até que chegou à região da grama, situada além do deserto. Lá encontrou ele o cavalo a pastar, e descobriu assim a *chave do paraíso.* Esta chave ele a trouxe consigo, porque a partir de agora precisava da ajuda do mago branco para prosseguir adiante. – Nesse ponto terminou o sonho.

77   O sepulcro era habitado certamente pelo espírito da virgem, a qual se porta para com o rei como a anima dele. Ela se vê obrigada a abandonar sua morada que tinha até agora, como aconteceu à ninfa no livro de Malvasius. Sua natureza ctônica e tenebrosa se manifesta pela sua transformação em um cavalo negro, que é como que um demônio do deserto. Trata-se, pois, aqui da concepção muito espalhada da anima como mulher-cavalo e fantasma noturno, um verdadeiro "spiritus improbus" e, ao mesmo tempo, também do conhecido motivo das lendas acerca do *rei que está envelhecendo* e perde a força vital. Parece que se deve subentender um casamento mágico e restaurador com a ninfa (talvez à semelhança do imortal Merlin com a fada), pois no paraíso, o jardim da maçã e do amor, se unem todos os opostos, pois "Ele mudou o deserto deles em paraíso e fez a estepe semelhante ao jardim do Senhor" (Isaías 51,3) e porque aí "o lobo será hóspede do cordeiro e a pantera descansará junto ao cabritinho. O bezerro e o leãozinho pastarão juntos, e um menino pequeno os conduzirá. A vaca e a ursa se tornarão amigas, e suas crias descansarão juntas; o leão comerá palha como o bezerro. A criancinha que ainda mama brincará na cova da serpente e a criança pequena meterá a mão no ninho da víbora" (Isaías 11,6-8). Aí o branco e o preto se unirão em núpcias reais, "como o noivo que coloca na cabeça o ornamento, e como a noiva que se adorna com suas joias" (Isaías 60,10). Os dois magos opostos preparam com certeza a obra da união, e o que isto deve significar para um jovem teólogo, somente se pode imaginá-lo como semelhante àquela grande dificuldade, cuja solução considerava a alquimia especulativa como sua tarefa mais importante. Conti-

nua, pois, o texto de nosso Senior: "Erit vacans sicut columbae albae[208] et prosperabitur gressus et proiiciet sêmen suum supra marmo-
rem[209] in simulachrum et venient corvi volantes et cadunt supra illud

---

208. As aves do amor, consagradas a Astarte.

209. Marmor é aqui a substância feminina, conhecida como Saturnia (ou Luna, Eva,
Beya, e outras), a qual dissolve o Sol. "Marmor coruscans est elixir ad album" (O mármore faiscante é o elixir para o branco...) (MYLIUS. *Philosophia Reformata*. 1622, p.
234). "Et de là changea sa *forme noire* et devint comme marbre blanc et le soleil était le
plus haut" etc. (Ms. 3022. *Bibl. de l'Arsenal*. Paris). A respeito da altura do Sol cf. a visão de Zosimos. Cf. *Wurzeln des Bewusstseins* (*Raízes da consciência*). 1954, p. 160 e
174. "Marmor" é também uma designação da *aqua sibi similis* (água semelhante a si
mesma), isto é, do Mercurius *duplex* ("Philaletha". *Musaeum Hermeticum*. 1678, p.
770). Esta nossa passagem vem comentada em "Consilium. Coniugii": "Et proiicient
semen super marmore simulachrorum et in aqua sibi simili deifica, et venient corvi volantes, et cadunt super illud simulachrorum. Intendit nigredinem... per corvos" (Eles
lançarão o sêmen sobre o mármore das imagens (?) e na água deificante semelhante
[igual?] a si mesma). A concepção do "Consilium" parece indicar aquilo que a alquimia
designa como *statua*. A origem dessa ideia está certamente no tratado de Komarios
(BERTHELOT. *Collection des anciens alchimistes grecs*. 1887/88, IV, XX, p. 14s.).
Diz-se que as almas, depois de ter sido afastada a sombra escura do corpo, ressuscita o
corpo tornado agora brilhante e o retira do Hades para que ele se levante da sepultura,
pois ele atraiu a si a espiritualidade e a divindade. Cf. o texto exato no capítulo sobre a
estátua (mais abaixo). Na *Aurora Consurgens*. II (*Artis Auriferae*. I, 1593, p. 196) a *mater Alchemia* é também uma estátua, mas constituída de vários metais. São também semelhantes as sete estátuas de Raymundus Lullius (no escrito de NORTON. "Ordinall." *Theatrum Chemicum*. Brit. 1652, c. I, p. 21). Em MYLIUS. *Philosophia Reformata*. 1622, p. 19) se diz: "Maximum quidem mysterium est creare animas atque corpus inanime in *statuam viventem* confingere" (É, pois, o maior mistério criar as almas
e fazer do corpo sem vida uma estátua viva). Segundo a doutrina mandaica (BOUSSET.
Hauptprobleme der Gnosis. 1907, p. 34) e a naassênica (HIPPOLYTUS. *Elenchos*. V,
7) era Adão uma "estátua corporal" ou uma "estátua sem vida". Do mesmo modo se
acha em HEGEMONIUS. *Act. Arch*. VIII, que o *vir perfectus* é uma "coluna de luz"; e a
ele se refere a frase: "Tune autem haec fient, cum *statua* venerit" (Mas então acontece-
rão essas coisas, quando a estátua vier) (Op. cit., XIII). A tais concepções remonta,
pois, uma frase como esta de LULLIUS, R. *Codicillus*. c. XLII): "Semper extrahis oleum (= anima) *a corde statuarum:* quia anima est ignis in similitudine, et ignis occultatus" (Sempre se pode extrair o óleo [= a alma] *do coração das estátuas:* porque a alma,
de acordo com a semelhança, é o fogo, e fogo oculto). SENIOR. *De Chemia*. 1566, p.
65) diz: "Calefacimus eius aquam extractam a cordibus statuarum ex lapidibus..."
(Aquecemos sua água extraída do coração das estátuas a partir das pedras...). E em

et colligunt. Deinde volabunt ad cacumina montium, ad quae nemo
potest ascendere, et dealbabuntur et ibi pullulant... Similiter non novit hoc nisi quae qui concoepit intra se in capite suo" (Ele [o macho]
estará excitado[210] como as pombas brancas e seus passos farão pro-
gressos, e ele derramará seu sêmen sobre o mármore na imagem [ou
fantasma que habita o mármore] e os corvos virão voando e cairão
sobre ele e o ajuntarão. Em seguida voarão para os cumes das montanhas, aonde ninguém pode subir, e eles se tornarão *brancos*[211] e se
multiplicarão... De modo análogo, não terá entendido isso senão
aquele que o tiver concebido dentro de si, em sua mente).

78   Este nosso texto descreve a ressurreição dos mortos, e, se tudo
não é enganoso, ocorre esta sob a forma de uma coniunctio, uma
união do branco (pomba) com o preto (corvo), que se apresenta ao
espírito que mora no sepulcro (cf. na nota de rodapé 209). Como
neste caso se empregam símbolos teriomórficos (serpente e pombas)
tanto para o macho como para a fêmea, o que aliás ocorre frequentemente, está essa circunstância significando a união de fatores inconscientes[212]. Os *corvos* que recolhem o sêmen[213] (produto da união?) e
com ele voam para os cumes das montanhas, representam os spiritus
ou algo como espíritos prestativos (familiares?) que completam a

"Rosarium Philosophorum" (*Artis Auriferae*. II, 1593, p. 335) se diz: "Animas venerari
in lapidibus: est enim mansio earum in ipsis" (Venerar as almas nas pedras: nestas fica
a mansão delas). Cf. a *estátua do hermafrodito* talhada em forma de cruz, que "ressu-
ma", no escrito de Bardesanes (SCHULTZ. *Dokumente der Gnosis*. [s.l.]: [s.e.], 1910,
p. LV). A estátua ou coluna se relaciona com a *árvore da luz e do fogo*, como também
com o *eixo do universo*. Cf. a coluna erigida por Adonai Sabaoth no segundo livro do
oráculo sibilino. Maiores informações no volume IX de *Psych. Abh.* (*Dissertações psicológicas*). 1954, contribuição VI.

210. Cf. STAPLETON. *Memoirs*. Op. cit., p. 178.

211. Árabe: elas porão ovos. STAPLETON. p. 178.

212. Enquanto uma paciente estava sendo submetida a tratamento do problema dos
opostos, sonhou ela: "Na margem de um lago (na margem da consciência) se acasalam
duas cobras d'água, da grossura de um braço e com cabeças humanas de cor clara".
Cerca de meio ano depois surgiu outro sonho: "Uma cobra branca como a neve e de
ventre negro cresce saindo do meu peito. Sinto profundo amor por ela".

213. As aves que voam para um lado e para o outro aparecem frequentemente como
alegoria dos vapores que se elevam. O céu para o qual alçam o voo é o *alembicus s. ca-
pitelum* (= o capitel ou alambique que recolhe os vapores).

obra quando não basta a capacidade do artifex. Não são aqui belos anjos como no *Fausto* de Goethe, mas mensageiros sombrios do céu, que nesta ocasião se tornam "brancos"[214]. Aliás, os anjos no *Fausto* não podem ser considerados como livres de toda arte de sedução, e é sabido que o "non posse peccare" (não poder pecar) dos anjos deve ser entendido de modo um tanto relativo, pois as mulheres devem cobrir a cabeça na igreja por causa de certa fraqueza moral da parte desses mensageiros alados do céu, a qual em tempos remotíssimos já se mostrou fatal uma vez.

Motivos semelhantes também aparecem em sonhos atuais, e até mesmo em pessoas que não têm a mínima ligação com a alquimia. Um paciente teve o sonho seguinte: "Ao sopé de um rochedo elevado arde uma grande fogueira; as chamas da lenha se elevam com grande fumaça. A região é solitária e romântica. A grande altura nos ares um bando de pássaros negros descreve círculos por sobre o fogo. De tempos em tempos, uma das aves se precipita voando para o meio das chamas e aí no fogo encontra a morte procurada – e então ela se torna branca"[215]. Como o sonhador observou espontaneamente, este sonho tinha caráter numinoso, o que pode ser entendido facilmente quando se considera sua importância. Trata-se, na verdade, do milagre que se dá com a fênix, isto é, uma transformação e um renascimento (transformação da negrura em brancura e da inconsciência em "iluminação"!), de acordo com os versos do Rosarium Philosophorum[216]:

> "Daí saem voando duas águias e queimam sua plumagem,
> E caem peladas sobre a terra,
> E em seguida se cobrem de penas outra vez".

Após essa digressão a respeito da transformação e da ressurreição, retornemos ao motivo do carvalho, que foi apresentado para discussão pelos comentadores do enigma.

Encontramos o *carvalho* ainda em outro tratado alquímico; é no *Introitus apertus ad occlusum regis palatium,* de Philaletha[217]. Lê-se

79

80

81

---

214. Ao menos segundo a interpretação do tradutor para o latim.

215. Devo este exemplo a uma informação gentil da parte do Dr. C.A. Meier.

216. *Artis Auriferae.* II, 1593, p. 293.

217. *Musaeum Hermeticum.* 1678, p. 652s.

aí (p. 654): "Fica conhecendo quem são os companheiros de *Cadmus,* quem é a serpente que os devorou, o que é o *carvalho oco* (cava quercus), no qual Cadmus fixou a serpente ao traspassá-la".

82   Para que se possa entender esta passagem, devo começar de longe pelo mito de Kadmos, parente do Hermes itifálico (ithyphallikós)[218] dos pelasgos. O herói partiu à procura de sua irmã que estava perdida (Ela se deixara seduzir por Zeus, que para isso se havia transformado em um *touro*). Mas ele recebeu a ordem divina de desistir dessa procura e de seguir uma *vaca,* que tinha de ambos os lados manchas em forma de lua, e acompanhá-la até que ela se deitasse para descansar. Ao mesmo tempo recebeu a promessa de que lhe seria dada por mulher *Harmonia,* a filha de Ares e de Afrodite. Quando a vaca se deitou, queria ele oferecê-la em sacrifício, e mandou que os companheiros fossem procurar a água de que precisava para o sacrifício. Eles a encontraram em um bosque dedicado a Ares, o qual era guardado por um dragão, o filho de Ares. Ele matou a maioria deles. Encolerizado com isso, Kadmos matou o dragão e recebeu Harmonia por esposa. Semeou então os dentes do dragão, e então brotaram da terra homens armados, que lutaram entre si e se mataram, de modo que apenas sobraram cinco deles, os quais o escolheram como chefe. O ato de fixar a serpente no carvalho parece ser acréscimo de nosso autor. Este ato representa o banimento do perigoso demônio para dentro do carvalho[219]; dão a entender isso não apenas o comentário da inscrição de Aelia feito por Malvasius, mas também a lenda de Grimm a respeito do "espírito na garrafa"[220].

83   O sentido psicológico do mito é transparente: Kadmos perdeu sua irmã-anima, porque esta havia fugido junto com o Deus supremo para o reino do sobre-humano e do infra-humano, isto é, o inconsci-

---

218. Como herói cultural, Kadmos é identificado com Hermes Kadmilos, a partir do século III a.C.

219. As hamadríadas são *numes* das árvores e da mesma forma as serpentes. Uma serpente guarda a árvore das hespérides e também o carvalho de Ares na Cólquida. Melampus recebeu o poder de vidente da parte de uma serpente que ele encontrou em um carvalho oco.

220. *Symbolik des Geistes* (*Simbólica do espírito*). 1953, p. 71s.

ente. Por ordem divina não deve ele cometer nenhuma regressão que crie a situação de incesto; por isso lhe foi oferecida uma mulher. Mas sua irmã-anima assumiu o papel de psychopompos sob a forma de uma vaca (em correlação com Zeus-touro) e o leva a cumprir seu destino de matador de dragão, pois não é tão simples a passagem do relacionamento de irmão-irmã para o relacionamento exogâmico. Se ele conseguir isso, atinge então a "Harmonia", que é *irmã do dragão*. Evidentemente, o "dragão" é a *Desarmonia*, como provam os lutadores que surgiram dos dentes dele. Eles mesmos eliminaram-se uns aos outros; a isso podemos aplicar a máxima do pseudo-Demócrito: "natura naturam vincit" (a natureza vence a natureza), que nada mais é do que a formulação em conceitos da história de *Ouroboros*. Kadmos se atém à "Harmonia", enquanto que os opostos do inconsciente, sob a forma de projeções, se devoram uns aos outros. Esta imagem representa o desenrolar de um conflito que divide a pessoa: decorre ele no interior dela. Em linhas gerais é o mesmo que acontece com Yang e Yin na filosofia clássica chinesa. Nisso tudo se verifica o fato de serem inconscientes os problemas morais dos opostos. Somente com o Cristianismo é que os opostos "metafísicos" começaram a penetrar na consciência humana; e deu-se isto na forma de uma contraposição quase dualista, que no maniqueísmo atingiu o ponto mais elevado. Esta heresia obrigou a Igreja a dar um passo importante côm a formulação da doutrina a respeito da privatio boni, por meio da qual ela estabeleceu a identidade entre "bem" e "ser". O mal, como um μή ὄν (algo não existente), foi atribuído à culpa dos homens – omne bonum a Deo, omne malum ab homine (todo bem vem de Deus, todo mal vem do homem!)[221]. Esta ideia juntamente com a outra do peccatum originale formam a base da consciência psíquica a respeito dos valores morais, o que representa algo de novo na história da humanidade: a metade do que constituía antes uma oposição essencialmente metafísica foi agora reduzida a um dado psíquico, e o demônio perde todo o jogo quando não encontra alguma fraqueza moral no homem. O bem, entretanto, continua a ser substância metafísica, que tem sua origem em Deus e não no homem. A macula peccati tinha corrompi-

---

221. Cf. *Aion*. 1951 [OC, 9/2], p. 78s.

do a criatura, boa em sua origem. Nessa conceituação dogmática está, pois, o bem ainda totalmente projetado, ao passo que o mal está apenas parcialmente, desde que a paixão do homem se tornou uma fonte essencial dele. Na especulação da alquimia continua esse processo de integração da oposição metafísica, na medida em que ao menos começa a desabrochar aí a consciência de que os opostos são de natureza psíquica. Vêm eles expressos primeiramente na duplicidade de Mercurius, a qual é eliminada na unidade do lapis (unus est lapis!). O lapis é feito pelos adeptos (Deo concedente) e se torna o equivalente do homo totus. Esse desenvolvimento é de grande importância por representar uma tentativa de integração psíquica dos opostos (que antes eram projetados).

84   A interpretação alquímica explicará Kadmos como Mercurius sob a forma masculina (como Sol). Procura ele, na parte feminina correspondente, o argentum vivum, que é justamente sua irmã (Luna). Essa, porém, lhe vem ao encontro como a serpens Mercurialis, que ele primeiro tem de matar, porque ele carrega dentro de si o combate furioso dos elementos opostos (= caos). Disso resulta a *harmonia dos elementos,* e então poderá realizar-se a *coniunctio.* Os spolia do combate, neste caso, a pele do dragão, são oferecidos em sacrifício ao *carvalho oco,* à *mãe,* de acordo com o antigo costume; esse carvalho é considerado como o representante do bosque sagrado e da fonte, e, portanto, do inconsciente que é o lugar de origem da vida, a qual converte a desarmonia em harmonia[222]. Da inimizade dos elementos resulta o pacto de amizade, selado entre eles no lapis, que garante sua indissolubilidade (incorruptibilitas). Esta lógica alquímica se coaduna com o fato de que Kadmos e Harmonia, de acordo com o mito, se *solidificaram formando pedra* (certamente por causa de um "embarras de richesse": de tanta harmonia nada mais aconteceu!); segundo outra versão, foram eles mesmos transformados em *serpentes* "et même en basilic", conforme nota Dom Pernety[223], "car le résultat de l'oeuvre incorporé avec son

---

222. Encontram-se aqui conceitos tirados da música, que são confirmados na alquimia porque também aí existem composições musicais. M. Majer tentou essa arte em "Atlanta fugiens". Exemplos se encontram em READ, J. *Prelude to Chemistry.* Londres: [s.e.], 1936, p. 281s. Quanto ao paralelismo entre a alquimia e a música ver BERTHELOT. *La chimie au moyen-âge.* 1893, III, XLIV, 1, e VI, XV, 2s.

223. *Les Fables Egyptiennes et Grecques.* [s.l.] : [s.e.], 1758, tome II, p. 121.

semblable, acquiert la vertu attribuée au basilic, comme le disent les philosophes". Para este autor muito rico em fantasias a harmonia é muito naturalmente a prima materia, e o casamento de Kadmos[224], realizado com a assistência de todos os deuses, é a coniunctio Solis et Lunae, da qual surge a tinctura, ou respectivamente, o lapis. A interpretação da harmonia proposta por Pernety estaria certa somente no caso de ela estar ainda ligada ao dragão. Como, porém, o dragão já a perdeu, deverá ela consequentemente mais tarde, em companhia do esposo, ser mudada em uma serpente.

Deste modo Malvasius se mantém no âmbito dos mitologemas da alquimia, juntamente com os mais interessantes de seus comentadores; isso nem deve parecer estranho, pois a Filosofia Hermética, no sentido mais amplo como a consideravam então, era o único método intelectual que prometia ajuda no preenchimento necessário das lacunas obscuras na continuidade da compreensão. O enigma bolonhês com seus comentários se tornou o paradigma χατ' ἐξοχήν (por excelência) para o único método de toda a alquimia. Teve ele a mesma atuação como a impossibilidade de compreender os processos químicos. Assim como procedia com eles (processos químicos), tratou o filósofo de manter fixos os olhos na natureza paradoxal da inscrição de Aelia por tanto tempo até que as estruturas arquetípicas do inconsciente coletivo começassem a clarear a escuridão com que se defrontava[225]. Se, por acaso, tudo isso não for ilusão, também a inscrição parece ser obra de uma fantasia que deve sua origem àquela massa confusa e paradoxal do inconsciente coletivo. Ao caráter contraditório do inconsciente vem em auxílio o arquétipo da coniunctio nuptialis, e por intermédio dela surge a ordem no caos. A tentativa de perceber um estado inconsciente esbarra em uma dificuldade seme-

85

---

224. Pernety deriva *Cadmia* de *Cadmus*. Por Cadmia é designado o cobalto em Ruland (cobalto significa "Kobold" = duende). Cadmia parece significar óxido de zinco ou outros compostos de zinco (Cf. LIPPMANN. *Entstehung und Ausbreitung der Alchemie*. II, 1919-1954, p. 24). Cadmos entra na alquimia, pois foi ele quem descobriu a arte de trabalhar o ouro. Cadmia já se encontra na farmacopeia de Galeno como secativo de úlceras profundas (*De simpl. Medicament*. Facult. IX). Também Plinius a conhece (*Hist. Nat.* XXXII, c. 7, e XXXIII, c. 5, e em outros lugares).

225. Certamente algo de semelhante ao bailado nupcial dos pares que dançam no anel do benzeno, segundo a visão (ou sonho) atribuído a Kekulé.

lhante à que existe na física atômica: o ato da observação modifica o objeto observado. Por isso, já de antemão não se espera nenhum caminho pelo qual seja possível averiguar objetivamente a natureza específica do inconsciente.

86   Quem não estiver convencido, como Malvasius, da origem antiga da inscrição de Aelia, deverá então procurar na literatura medieval outras fontes possíveis ou ao menos analogias. Neste propósito, poderia conduzir ao caminho certo o motivo da tríplice predição da morte ou de suas causas[226]. Esse motivo se encontra na *Vita Merlini*, no *Romance de Merlin*, obra francesa antiga, como também nas imitações posteriores das literaturas inglesa e espanhola do século XV. Mas a peça principal me parece ser o *epigrama do hermaphroditus*, como o chamam, que é atribuído a Mathieu de Vendôme (c. de 1150). Diz ele assim:

> "Cum mea me mater gravida gestaret in alvo,
> Quid pareret fertur consuluisse deos.
> Phoebus ait: Puer est; Mars: Femina; Juno: Neutrum.
> Jam qui sum natus Hermaphroditus eram.
> Quaerentes letum dea sic ait: Occidet armis;
> Mars: Cruce; Phoebus: Aqua. Sors rata quaeque fuit.
> Arbor obumbrat aquas; conscendo; labitur ensis
> Quem tuleram casu, labor et ipse super;
> Pes haesit ramis, caput incidit amne, tulique
> – Vir, femina, neutrum – ilumina, tela, crucem"[227].

226. Cf. WICKERSHAM CRAWFORD, J.P. "El Horóscopo del Hijo del Rey Alcaraz en el 'Libro de Buen Amor'". *Revista de Filología Española*. XII, p. 180s.

227. "Quando minha mãe grávida me carregava no seio.
Conta-se que ela consultou os deuses a respeito de quem daria à luz.
Febo disse: Será menino; Marte: Menina; Juno: Nenhum dos dois.
Quando nasci, era um hermafrodito.
Ao perguntarem sobre a morte, disse a deusa: Morrerá pelas armas;
Marte: Na cruz; Febo: Na água. O destino escolheu a todos.
A árvore sombreia as águas; trepo nela;
Cai-me a espada que por acaso trazia, e eu caio por cima dela;
O pé ficou preso nos ramos, a cabeça caiu na torrente,
E eu – homem, mulher, nenhum deles – a água, a arma e a cruz suportei".
TRAUBE, L. *Abh. d. Philosoph.-philolog.* Club d. k. Bayer. Akad. der Wiss. XIX, p. 317s.

Aponta Majer[228] para outro paralelo que, ao contrário do já exposto, data da antiguidade tardia. Trata-se de um *Aenigma Platoni-
cum*. "Vir non vir, videns non videns, in arbore non in arbore, sedentem non sedentem, volucrem non volucrem, percussit non percussit,
lapide non lapide" (Homem, não homem; vendo, não vendo; na árvore, não na árvore; sentado, não sentado; acertou e não acertou
com uma pedra que não é pedra, um pássaro que não é pássaro). A
solução é: Um eunuco caolho atirou um pedaço de pedra-pomes
num morcego pendurado em um arbusto e acertou de leve[229]. Esta
brincadeira, contudo, era por demais palpável e não poderia ter nenhum aproveitamento exaustivo pela alquimia. Do mesmo modo,
quanto sei, também era desconhecido dos alquimistas o epigrama do
Hermaphroditus. Teria sido objeto um pouco mais favorável para a
interpretação deles. Brincadeiras desse tipo devem ter fornecido o
modelo para a inscrição de Aelia. Mas a seriedade com que os alquimistas se ocuparam com essa brincadeira não se justifica apenas por
existir sempre algo de sério em toda brincadeira, mas porque o paradoxo representa o meio mais natural, pelo qual podem ser expressos
os fatos que transcendem a consciência psíquica. A linguagem da filosofia indiana, em seu esforço para exprimir conceitos transcendentes
semelhantes, se aproxima não raramente daquele paradoxo que é en-
contradiço em nosso domínio. Mostra-o o exemplo seguinte:

"Não sou homem – também não sou Deus nem duende,
Nem brâmane, guerreiro, cidadão ou sudra,

---

228. *Symbola aureae mensae duodecim nationum.* 1617, p. 171.

229. O enigma se refere a esta citação de Platão (*Politeia.* V, 479 BC): "Assemelha-se,
diz ele, àquela adivinhação ambígua, que se costuma propor nos banquetes e àquela outra adivinhação infantil a respeito do eunuco, que atirou uma pedra no morcego, na qual
se brinca perguntando o que foi que ele jogou e em que foi que ele atirou". O escólio res-
pectivo apresenta o que citamos acima "Vir non vir" etc. Formulado de outro modo, é
citado como o *enigma de Panarkes* (*Athen.* XIV, p. 16): "ὅτι βάλοι ξύλῳ τε χαὶ οὐ ξύλῳ
χαθημένην ὄρνιθα χαὶ οὐχ ὄρνιθα ἀνήρ τε χ' οὐχ ἀνὴρ λίθῳ τε χαὶ οὐ λίθῳ · τούτων
γάρ ἐστι τὸ μὲν νάρθηξ, τὸ δὲ νυχτηρίς, τὸ δὲ εὐνοῦχος, τὸ δὲ χίσηρις" (Que ele atirou numa árvore que não é árvore, em um pássaro que não é pássaro, sendo ele mesmo
um homem que não é homem, e com uma pedra que não é pedra. Por meio disso se entende: um arbusto, um morcego, um eunuco, e um pedaço de pedra-pomes).

Nem discípulo de brâmane, nem pai de família
nem eremita da selva,
Também não sou nenhum peregrino a mendigar −
Minha essência é ser alguém que desperta para
o que lhe é próprio"[230].

88   Outra fonte, que certamente deve ser considerada seriamente,
vem citada por Richardus Vitus de Basingstoke[231]. Acha ele que Aelia
Laelia é uma "Niobe transformata" e apoia essa interpretação fazendo referência a um epigrama atribuído[232] a Agathias Scholasticus, que
é historiador bizantino. O epigrama diz:

"Este sepulcro não tem dentro nenhum cadáver.
Este cadáver não tem por fora nenhum sepulcro.
Mas é para si mesmo cadáver e sepulcro"[233].

Vitus, que está convencido da autenticidade do monumento bolonhês,
acha entretanto que Agathias formulou seu epigrama imitando aquele.
Em todo o caso, o monumento bolonhês deve de algum modo ter sido
o precursor do outro, ou tanto Agathias, como o autor desconhecido
do epitáfio de Aelia, hauriram da mesma fonte comum.

89   A níobe parece ter para Richardus Vitus o caráter da anima, pois
ele continua a interpretação considerando Aelia (ou "Haelia", como
ele escreve) como a anima e diz a respeito dela com *Virgílio:* "Igneus
est illi vigor et coelestis origo, a qua nunc hic Haelia nominatur" (Sua

---

230. ZIMMER, H. *Der Weg zum Selbst.* [s.l.]: [s.e.], 1944, p. 54.

231. VITUS BASINSTOCHIUS, R. *Aelia Laelia Crispis Epitaphium Antiquum, quod in
Agro Bononiensi adhuc videtur.* Dordrechti: [s.e.], 1618.

232. É incerta a autoria atribuída a Agathias. Ele esteve em Bizâncio nos anos 577 e
582. Escreveu, entre outras coisas, um Κύχλος τῶν νέων ἐπιγραμμάτων (Um ciclo de
novos epigramas), dos quais muitos ainda são conservados na *Anthologia Palatina et
Planudea.* Entre eles se acha também esse nosso (Cf. *Anthologia Graeca Epigramma-
tum.* Vol. II, Pars prior, p. 210, n. 311 [STADTMUELLER, H. (org.)]). Em Eusthatius
Macrembl. (*Aenigmata.* p. 209, 8 H) encontra-se a interpretação acima devida a Holo-
bolus, segundo a qual o epigrama se refere à mulher de Ló.

233. Ὁ τύμβος οὗτος ἔνδον οὐχ ἔχει νεχρὸν
ὁ νεχρὸς οὗτος ἐχτὸς οὐχ ἔχει τάφον
ἀλλ' αὐτὸς αὐτοῦ νεχρός ἐστι χαὶ τάφος.
VITUS. Op. cit., p. 11.

força é de fogo e celeste sua origem. Disso toma aqui "Aelia" seu nome). Chamar-se-ia "Laelia" por causa da Luna, que exerceria uma influência oculta nas almas humanas. A alma humana seria "andrógina" (masculino-feminina) "cum virgo viri et vir muliebrem gerit" (porque a virgem tem alma masculina e o homem alma feminina)[234]. A esta notável visão psicológica ainda acrescenta Vitus a seguinte: A alma também seria designada como uma "mulher velha", porque o espírito (animus) dos jovens ainda é fraco. Deste modo vem expresso com acerto o fato da experiência comum de que a anima é representada nos sonhos por uma mulher velha, quando a consciência ainda tem uma atitude acentuadamente juvenil.

Como se vê este autor adivinha acerca da alma de modo mais nítido e mais psicológico do que Aldrovandus, citado anteriormente. Enquanto este último destaca o aspecto mitológico, procura Vitus realçar o aspecto filosófico. Em sua carta de 1567, dirigida a Joahnnes Turrius, escreve ele que a alma é uma ideia "de tão grande poder que produz as próprias formas e até as coisas"; ela encerra também "em si, por assim dizer, aquilo que constitui o si-mesmo (Selbstheit) da humanidade toda"[235]. Ela está acima de toda a diversidade individual. "Sic si se ipsam volet anima cognoscere, in animam debet intueri, inque eum praecipue locum, in quo inest virtus animae, sapientia"[236] (Assim, querendo a alma conhecer-se a si mesma, deve ela olhar para si mesma e principalmente para aquele lugar em que reside a força da alma, isto é, a sabedoria). É justamente isso o que aconteceu com os comentadores da inscrição bolonhesa: Na obscuridade do enigma contempla-se a alma a si mesma e percebe a sabedoria que reside em sua estrutura, ao mesmo tempo que lhe serve de fundamento e constitui toda a sua força. E acrescenta ainda Vitus: "O homem não é outra coisa senão sua alma"[237]. Merece ser destacado ainda que a alma é

90

---

234. Este conhecimento psicológico, que tivemos de tornar a descobrir no século XX, parece ter sido algo comumente sabido pelos alquimistas do fim do século XVI.

235. "Habet in se totius Humanitatis quasi dicerem αὐτότητα". Op. cit., p. 48 (Ele tem a essência do si-mesmo da humanidade toda [Selbstheit = autótes]).

236. Op. cit., p. 50.

237. "Nihil aliud esse hominem quam animam ipsius", op. cit., p. 51 (O homem não é outra coisa senão sua alma).

descrita aqui de modo completamente diverso daquele que seria talvez empregado hoje em dia por uma psicologia biológica ou persona-
lista: Ela é desprovida de toda a diversidade individual; ela possui a
"αὐτότης totius humanitatis" (a essência do si-mesmo [Selbstheit =
autótes] da humanidade toda), e pelo poder de sua sabedoria produz
ela até os próprios objetos. Essa descrição parece convir muito mais à
"anima mundi" do que à "animula vagula" pessoal de cada homem.
Até parece que o que se menciona aqui talvez seja aquele fundamento
enigmático de tudo o que é psíquico, isto é, o inconsciente coletivo.
Vitus chega à conclusão de que essa nossa inscrição não significa outra coisa senão a anima, que é a forma impressa na matéria[238]. Aliás, é
justamente isso mesmo o que acontece com os comentadores: formu-
lam eles o conteúdo incognoscível da inscrição segundo o cunho que
lhes oferece a alma.

91   A opinião de Vitus não é apenas original, mas também de uma
profundidade nada desprezível. Parece, contudo, que o merecimento
não é totalmente dele, uma vez que ele chegou a essa conceituação
mais profunda pela carta de Joahnnes Turrius, de janeiro de 1567.
Turrius acha que Aelia e Laelia representam "forma et materia". A
parte "nec coelo, nec aquis" etc. explica ele do seguinte modo:
"Como a prima materia não é *nada,* mas *somente é apreendida pela
imaginação,* então não pode ela estar contida em nenhum desses lugares"[239]. Ela não é objeto dos sentidos (sub sensum non cadit), mas
apenas é apreendida pelo intelecto (solo intellectu concipitur); por
isso também não se pode saber como aquela matéria é constituída.
Como é manifesto, também a concepção de Turrius descreve a projeção da alma e de seus conteúdos; com isso a explicação secundária e-
quivale a uma "petitio principii".

92   Como se depreende já do título de seu livro: *Allegoria Peripateti-
ca de generatione, amicitia et privatione in Aristotelicum Aenigma*

---

238. "Animamque ut ideam hoc Epítaphio notari", op. cit., p. 46 (A anima é designada
por ideia neste epitáfio).

239. "Prima materia cum nihil sit, sed imaginatione sola comprehendatur, nullo isto-
rum locorum contineri potest", op. cit., p. 40 (Como a matéria-prima não é nada, ela
somente pode ser compreendida pela imaginação e não pode estar contida em nenhum
desses lugares).

Elia Lelia Crispis[240], Fortunius Licetus vê nesse monumento toda a filosofia aristotélica. Ele menciona a indicação de que o epitáfio tinha sido "sculptum in silice, parietibus Aedium Divi Petri dudum inserto in eminenti loco" (gravado em pedra há muito tempo no edifício de São Pedro, embutido na parede e em lugar saliente). Mas ele não diz que o tenha visto com seus próprios olhos, pois em seu tempo já não existia, se é que existiu alguma vez. Ele é do parecer que a inscrição contém um resumo de uma teoria filosófica muito séria a respeito das res mundanae, isto é, das coisas do mundo e das criaturas; essa teoria é "scientifico-moralis", ou "ethico-physica", e "Scopum Autoris esse mirifice complecti Generationis, Amicitiae ac Privationis attributa" (que o escopo do autor era abranger de modo admirável os atributos da geração, da amizade e da frustração)[241]. Por isso é que o monumento constitui um verdadeiro tesouro.

Depois de Licetus ter referido uma série de autores que trataram   93
do mesmo tema, menciona ele o escrito de J. Casparius Gevartius, que estabeleceu a teoria de que a inscrição descreve a essência do "Amor". Esse autor se reporta aos versos do cômico Alexis, citados por Athenaeus[242]: "Parece-me que os pintores... não conhecem Eros, todos aqueles que fazem figuras desse daimon. Pois ele não é nem masculino nem feminino, nem Deus nem homem, nem irracional nem racional, mas é de certo modo formado de tudo; ele traz em si numa imagem primitiva (τύπος) muitas formações singulares (εἴδη); tem ele a ousadia do homem e a covardia da mulher, tem a incompreensão própria da loucura e a inteligência (λόγος) do sábio, tem a paixão impetuosa de um animal, a resistência indomável do diamante e o orgulho de um daimon".

Não pude conseguir o texto original de J. Casparius Gevartius.   94
Mas há um autor mais recente, Caietanus Felix Veranus, que retoma a teoria do Amor, aparentemente como descoberta sua, em sua obra *Pantheon argenteae Elocutionis* (Frankfurt 1712), vol. II, p. 215. Nomeia ele uma série de comentadores mais antigos, entre os quais se

---

240. Patavii: [s.e.], 1630.

241. Op. cit., p. 166-169.

242. Lib. XIII, p. 13.

percebe com surpresa a falta de Gevartius. Mas, como este último aparece em listas mais antigas, é pouco provável que seu nome tenha escapado a Veranus. Há, pois, motivo para suspeita de plágio. Defende ele sua tese com grande habilidade, e não lhe foi muito difícil conseguir o escopo proposto, uma vez que o caráter paradoxal de Eros é inegável. Dentre seus argumentos gostaria de tomar apenas um, aquele referente à parte final da inscrição: "Finalmente, diz ele, termina o epitáfio com as palavras 'seit et nescit quid cui posuerit', porque o autor dessa inscrição enigmática certamente sabe que a fez para o Amor, mas além disso nada sabe do que propriamente é o Amor, que vem expresso por meio de tantos contrastes e enigmas; por isso pode ele dizer que sabe e que não sabe a quem dedicou".

95   Menciono aqui a teoria de Gevartius principalmente porque nela podemos reconhecer o precursor de uma teoria com que se ocupou o final do século XIX e o início do século XX, a teoria freudiana acerca do caráter sexual do inconsciente. Veranus chega até o ponto de suspeitar que havia em Aelia L. Crispis um dote erótico especial (neste ponto já precedido por Aldrovandus, como se mencionou anteriormente). Diz ele: "Laelia era uma meretriz; Crispis vem de cabelo crespo (a crispo crine), porque as pessoas de cabelos crespos são mais moles do que as outras e mais dadas às seduções do amor", e cita Marçal: "Crispulus ille, quis est, uxori semper adhaeret? Qui Mariane tuae? Crispulus iste quis est?"[243]

96   Realmente é verdade que o amor como concupiscentia, como também a necessidade pessoal de impor-se (impulso do poder) como superbia, constitui a dynamis que revela o inconsciente da maneira mais infalível. E se, por acaso, o autor pertencesse ainda àquele tipo, cujo pecado capital é a concupiscentia, então ele nem sequer sonharia que, fora dela, pudesse existir entre o céu e a terra outra força que fosse a fonte de seus conflitos e confusões. De modo análogo, iria ele acreditar nesse seu preconceito como se fosse uma teoria universal, e acabaria convencido disso, com fanatismo tanto maior quanto me-

---

243. Lib. VI, Epigr. 61:
"Quem é, enfim, aquele de cabelos crespos, Mariano,
Que sempre se encosta em tua esposa? Quem é ele, enfim?"

nor fosse a razão que tivesse. Mas que representa o amor para quem tem fome de poder? É por isso que sempre encontramos duas causas principais para as catástrofes psíquicas: tanto a desilusão no amor, como o sentir-se contrariado nas pretensões ao poder.

A última interpretação que gostaria ainda de mencionar é uma das mais recentes. Data de 1727. É a mais tola quanto à argumentação, mas também a mais importante no que toca o conteúdo de sentido. Como ela pode ser as duas coisas ao mesmo tempo, se explica pelo fato casual de que o mais importante, de modo algum, precisa estar sempre unido à inteligência. O espírito sopra onde quer... O autor C. Schwartz[244] conseguiu uma ideia muito acertada, apesar dos meios insuficientes de que dispunha; mas ele de modo algum compreendeu o alcance dessa ideia. Chegou ele à opinião de que L. Agatho Priscius, ao erigir esse monumento, não podia ter pensado em outra coisa a não ser a *Igreja*. Acha ele que a inscrição não provém da época clássica, mas é de origem cristã; sem dúvida alguma, tem ele toda a razão, em oposição a todos os outros comentadores. Mas sua argumentação é fraquíssima – assim interpreta ele D.M. simplesmente como "Deo Magno", para dar apenas *um* exemplo. Ainda que essa sua interpretação não seja nada convincente, contudo parece ser importante o fato de a figura da Igreja em parte exprimir o que os filósofos humanistas projetaram na inscrição de Aelia quanto a mistérios psíquicos, e em parte até ocupa o lugar disso. A fim de não repetir coisas já ditas, devo remeter meu leitor ao tratado sobre a função protetora da Igreja, que se encontra em meu escrito "Psychologie und Religion" (Psicologia e religião)[245].

As projeções interpretativas com que nos ocupamos até agora, com exceção da última, se identificam com os conteúdos psíquicos

97

98

---

244. *Acta Eruditorum*. 1727, p. 332.

245. A Sra. A. Jaffé teve a gentileza de chamar minha atenção para a romança do Rosário, da autoria de Clemens Brentano (Obra Completa, Vol. II, 1852). A Rosadora, conhecida por Biondette, que foi reanimada por forças diabólicas, diz ao mago Apone: "Diante do mundo, segundo antigo costume, / Chamo-me ainda Biondette; / Aelia Laelia Crispis é como / Me chamo na intimidade".
Brentano a chama de "fantasma artístico enovelado" (Op. cit., p. 416).

que, na época da Renascença e do grande Cisma, se desprenderam da moldura do quadro dogmático e desde então permaneceram em estado de secularização, no qual estavam expostas ao princípio de interpretação naturalística e pessoal. Somente a descoberta do inconsciente coletivo trouxe alguma mudança para esse estado das coisas. No âmbito da vivência psíquica vem, pois, esse inconsciente coletivo substituir o reino platônico das ideias eternas, que constituíam o modelo, de acordo com o qual as coisas recebiam sua forma; o inconsciente coletivo oferece para isso os arquétipos, que condicionam de modo apriorístico todo o esforço para dar sentido às coisas.

99   Para finalizar devo ainda mencionar um documento que, a meu ver, faz parte de nosso contexto. Refere-se ele à anedota da "moça" de Mestre Eckhart. Segue o texto na linguagem da época e por extenso (a beleza desse texto naturalmente não aparece na tradução):

"Uma moça vai a um convento de predicantes (dominicanos) e pede que chamem Mestre Eckhart. O porteiro disse: 'Da parte de quem devo dizer-lhe?' Ela disse: 'Não sei'. E ele disse: 'Como não sabeis quem sois?' Ela disse: 'Porque eu não sou nem moça nem mulher nem homem nem mulher casada nem viúva nem virgem nem senhor nem criada nem escrava'. O porteiro foi ao Mestre Eckhart. 'Vinde ver uma das criaturas mais admiráveis que jamais escutei, e deixai-me ir convosco e peço-vos que vades e pergunteis: 'Quem me mandou chamar?' Ele fez assim. Ela disse a ele o mesmo que havia dito ao porteiro. Ele disse: 'Cara filha, tua fala é verdadeira e ajuizada: conta-me isso assim como entendes'. Ela disse: 'Se eu fosse uma moça, estaria eu ainda na minha primeira inocência; se então eu fosse uma mulher, estaria eu dando à luz incessantemente a palavra divina em minha alma; se então eu fosse um homem, teria eu uma forte resistência contra todas as misérias da vida; se então eu fosse uma mulher casada, guardaria a fidelidade a meu querido e único marido; se então eu fosse uma viúva, teria eu um pensar constante em meu único amor; se então eu fosse uma virgem, estaria eu em um serviço nobre, se então eu fosse uma criada, teria eu uma submissão humilde a Deus e a toda criatura; e se então eu fosse um servo, estaria eu em trabalhos pesados e serviria a meu senhor com toda minha vontade, sem contradizer. De tudo isso não sou nenhuma coisa, e sou uma coisa e outra coisa, e vou vivendo assim'. O mestre saiu e disse a seus discípulos: 'Eu ouvi a mais pura de todas as pessoas que jamais olhei, segundo me parece'. Este exemplo é chamado de moça do Mestre Eckhart"[246].

Esse texto é, além de duzentos anos, mais antigo do que a mais antiga menção acerca da inscrição de Aelia. Se é que ocorreu alguma influência literária, no máximo poderia depender de Mathieu de Vendôme; isso, porém, me parece tão pouco provável como se a visão do "menino cabeçudo" se tivesse originado da ideia muito antiga do puer aeternus. Nos dois casos tem-se aqui um arquétipo importante; no primeiro é a "menina divina" (anima) e no segundo a "criança divina"[247]. Como sabemos até de sobra, esses arquétipos podem reaparecer espontaneamente a qualquer tempo e em qualquer lugar, sem que exista a mínima forma de transmissão externa. Assim esta historieta podia da mesma forma ser tanto uma fantasia visionária de Mestre Eckhart, como a de um discípulo dele, ou como algo surgido na forma de um boato anônimo. Não pode ser, entretanto, um fato real, porque é curiosa demais. Mas ocasionalmente a própria realidade pode ser tão arquetípica como a fantasia humana, e às vezes parece que "a alma humana se põe a fantasiar fora do corpo"[248]; então as coisas começam como que a representar o jogo dos nossos sonhos.

100

---

246. PFEIFFER. *Deutsche Mystiker*. [s.l.]: [s.e.], 1857, Bd. II, p. 625.

247. Cf. JUNG-KERÉNYI. *Einführung in das Wesen der Mythologie* (*Introdução à essência da mitologia*). Zurique: [s.e.], 1941, p. 117s. e p. 217s.

248. ANONYMI. "Tractatus de Sulphure". *Musaeum Hermeticum*. 1678, p. 617: "(Anima) quae extra corpus multa profundíssima imaginatur et hisce assimilatur Deo" ([A alma] que fora do corpo imagina coisas altíssimas e neste ponto se assemelha a Deus).

III

As personificações dos opostos

1. Introdução

101   O esforço dos alquimistas em unir os opostos alcança o ponto culminante no "casamento alquímico", que é o ato de união supremo a coroar a obra. Depois de superada a inimizade dos quatro elementos, ainda existe sempre a última e mais forte oposição, que os alquimistas não podiam exprimir mais acertadamente do que pelo relacionamento recíproco do masculino e do feminino. Ao estabelecer esta contraposição, pensa-se primeiro na força da paixão e do amor, que obriga os polos separados a se unirem, ao passo que se esquece a circunstância de que atração tão intensa somente é requerida onde existe a força oposta a separar as partes. Ainda que a "inimizade tenha sido estabelecida" apenas entre a serpente e a mulher (Gn 3,15), contudo a mesma maldição se estende também ao relacionamento dos sexos entre si. Foi dito a Eva: "Sentirás desejos de teu marido, mas ele deve ser teu senhor!" (Gn 3,16). E a Adão foi dito que a "terra será amaldiçoada" por causa dele, porque ele "ouviu a voz de sua mulher" (Gn 3,17). Entre ambos existe a culpa original, isto é, uma *inimizade rompida,* que parece absurda apenas à nossa razão, não porém à nossa natureza (psíquica). E que nossa razão se encontra influenciada pela natureza exterior (physis) em grau elevado e às vezes até em excesso, de modo a parecer-lhe que a união dos sexos é a única coisa a ter sentido, e que o impulso para a união é o mais rico em sentido de todos os impulsos. Se procurarmos conceber a *natureza* em sentido mais elevado como uma noção geral que abranja todos os fenômenos, veremos que um de seus aspectos é o físico e o outro o espiritual (pneumático). Desde a Antiguidade o primeiro deles é considerado o feminino e o segundo o masculino. A meta do primeiro é a *união,*

mas o segundo tende para a *distinção*. Porque supervalorizamos o aspecto físico, falta à nossa razão hoje em dia a orientação espiritual, isto é, o pneuma. A alquimia parece ter suspeitado acerca disso, pois como poderia ela de outra maneira ter chegado àquele mito singular do país do rei marinho, em que somente se acasala igual com igual e por isso reina esterilidade[1]? Certamente é um reino de amizade inocente, uma espécie de paraíso ou de período áureo, ao qual os "filósofos" procuram com toda a razão pôr um termo por se sentirem representantes da physis. Mas o que então acontece não é de maneira alguma a união dos sexos, mas um incesto "régio", uma ação culposa, que imediatamente levou à prisão e à morte; e apenas depois disso foi conseguida a fertilidade no país. Contudo este mito é ambíguo como alegoria; como acontece em geral em toda a alquimia, pode ele ser entendido tanto em sentido físico como em sentido pneumático[2]. O escopo físico é o ouro, a panaceia, o elixir vitae; mas o escopo pneumático é o renascimento da luz (espiritual), a partir da escuridão da physis, bem como o salutar conhecimento de si mesmo e a libertação do corpo pneumático (ou espiritual) a partir da corruptio da carne.

Um traço muito sutil da Visio é afirmar que é *rei* no reino da inocência aquele que realizar na mente o acasalamento dos sexos. Assim diz o rex marinus: "Tenho de fato um filho e uma filha, e por isso sou o rei de meus súditos, pois eles não têm nada disso (horum nihil). Contudo foi no meu cérebro que tive a gestação (portavi) do filho e da filha"[3]. Portanto, o rei é um traidor potencial do estado paradisíaco da inocência por "ter na cabeça" a possibilidade de gestação, e ele é rei justamente por ser capaz de pecar contra o estado de inocência em que vivia até então. Porque ele também pode ser diferente dos outros, também é ele mais do que qualquer um de seus súditos; por isso é ele com razão o rei, ainda que do ponto de vista físico seja mau soberano[4].

102

---

1. "Visio Arislei". *Artis Auriferae*. I, 1593, p. 146s.

2. "Tam moralis quam chymica". MAJER. *Symbola aureae mensae duodecim nationum*. 1617, p. 156.

3. Artis Auriferae. I, 1593, p. 147.

4. Os filósofos dizem-lhe: "Domine, quamvis rex sis, male tamen imperas et regis" (Senhor, ainda que sejais o rei, contudo reinais e governais mal).

103   Também neste ponto se mostra novamente o contraste entre a alquimia e o ideal cristão dominante, que procura restaurar o estado primitivo de inocência por meio da vida claustral e mais tarde por meio
do celibato sacerdotal. O conflito entre a vida do mundo e o modo de
ser do espírito, que originariamente se encontrava latente no mito de
amor da mãe e do filho, foi elevado pelo Cristianismo ao estado de
núpcias místicas do sponsus (Christus) e da sponsa (Ecclesia), ao passo
que a alquimia o situou na physis como a coniunctio solis et lunae. A
solução cristã dada ao conflito é de natureza puramente pneumática,
enquanto que o relacionamento físico dos sexos passou a ser uma alegoria e, quando ultrapassa certa medida legal, se torna um pecado que
perpetua ou aumenta o peccatum originale. A alquimia, porém, elevou
justamente a pior transgressão da lei, isto é, o incesto, para ele ser o
símbolo da união dos opostos, esperando deste modo chegar ao aureum saeculum. Ambas as orientações veem a possibilidade de solução
na transferência da união dos sexos para outro meio; uma a projeta no
espírito, e a outra na matéria. Nenhuma das duas, porém, situa o problema no meio em que ele surgiu, que é a alma humana.

104   Certamente qualquer um estaria inclinado a admitir que seria
mais cômodo desviar para outro campo uma questão tão inaudivel-
mente difícil como essa, e aí representá-la como já solucionada. Mas
tal explicação é decerto simplista demais e até errada do ponto de vista psicológico, pois nesse caso teríamos de admitir também que o
problema como tal alguma vez já foi proposto de modo consciente e
que, sendo reconhecido como penoso, foi então desviado para outra
base. Este artifício corresponde às ponderações modernas; não, porém, ao espírito das épocas passadas, pois não existe documentação
histórica para tais operações neuróticas. Muito ao contrário, todos
os documentos falam a favor do fato de que esse problema sempre se
apresentou situado fora do campo psíquico conhecido por nós. Era o
hierósgamos dos deuses, a prerrogativa mística dos soberanos, o rito
dos sacerdotes etc. Trata-se aqui de um arquétipo do inconsciente
coletivo, que passou a ter influência sempre crescente na vida consciente, à medida que também crescia a consciência. Hoje em dia, contudo, tem-se a impressão de que a alegoria do esposo e da esposa,
para nem sequer falar da completamente obsoleta coniunctio da alquimia, tornou-se tão apagada a ponto de já não se encontrar o con-

ceito de incesto, a não ser na criminalística e na psicopatologia sexual. A descoberta de Freud acerca do chamado "complexo de Édipo" – que é apenas um caso especial dentro do problema mais geral do incesto e de sua difusão quase universal – veio reativar a velha problemática, mas isso inicialmente apenas para os médicos interessados pela psicologia. Entretanto, se o leigo sabe muito pouco acerca de certos conhecimentos médicos ou se tem nesse ponto até conceitos errôneos, contudo essa situação não altera a ordem dos fatos, como também não o faz o desconhecimento, por parte dos leigos, acerca da percentagem dos casos de tuberculose ou de psicoses.

O médico sabe hoje em dia que o problema do incesto, por assim dizer, ocorre em toda a parte do mundo de modo mais ou menos nítido, e que ele imediatamente aflora à superfície, tão logo sejam afastadas do primeiro plano as ilusões comumente encontradas. Mas ele conhece isso apenas do lado patológico e, por isso, deixa-o ficar entregue ao ódio que lhe vem do próprio nome. Assim não enxerga ele a demonstração fornecida pela História, por meio da qual chegaria ele a ver com clareza que esses segredos penosos ouvidos no consultório médico constituem como que o estádio embrional e imperfeito de uma problemática secular, que produziu um conjunto de símbolos de máxima importância, tanto na esfera superpessoal da alegórica eclesiástica como nos primórdios das ciências naturais. Ele enxerga apenas a "materia vilis et in via eiecta" (matéria vil e atirada à rua) do aspecto patológico, sem suspeitar nada a respeito da implicação pneumática existente, que constitui o outro lado da questão. Se ele enxergasse também esse lado, então também compreenderia ele como o espírito, que está perdido e encoberto sob uma aparência miserável e até condenável, retorna em cada indivíduo e provoca em certos casos predeterminados confusão interminável e destruição tanto maior em coisas pequenas como em grandes. O problema psicopatológico do incesto é a forma natural mal-entendida da união dos opostos, a qual como problema psíquico ainda nunca se tornou consciente ou, se já esteve consciente alguma vez, tornou a escapar do alcance da consciência. | 105

As personagens que representam o drama desse problema são o homem e a mulher, na alquimia o rei e a rainha, Sol e Luna. A seguir farei uma exposição da maneira como a alquimia caracteriza os representantes da oposição máxima. | 106

2. Sol

107   O Sol significa na alquimia o ouro, com o qual partilha o símbolo
⊙. Mas como o ouro "filosófico" não é o ouro "comum"[5] assim o
Sol não é nem o ouro metálico[6] nem o corpo celeste[7]. Em um caso se
chama "sol" uma substância ativa contida no ouro, do qual deve ser
extraída na forma da tinctura rubea. No outro caso o sol é o corpo
celeste como possuidor de uma radiação de efeito mágico e transformante. O sol, como ouro e como corpo celeste[8], encerra então um
enxofre ativo e de cor vermelha, que é quente e seco[9]. Por causa desse
enxofre vermelho o sol alquímico é vermelho[10], como também o
ouro correspondente. Era do conhecimento de todo alquimista que o
ouro devia sua vermelhidão ao acréscimo de Cu (cobre), isto é, de
Kypris (Vênus), que outrora representou na alquimia grega a subs-

---

5. "Aurum nostrum non est aurum vulgi" (Nosso ouro não é o ouro vulgar) (*De Chemia Senioris Antiquissimi Phil. Lib.* 1566, p. 92).

6. "Aurum et argentum in metallina sua forma lapidis nostri materiam non esse"
(Ouro e prata em sua forma metálica não são a matéria de nossa pedra) ("Tract. Aur.
de Lapide". *Musaeum Hermeticum*. 1678, p. 32).

7. O Sol é um arcanum porque o ouro não se oxida, e o "Consilium Coniugii" o descreve com as palavras: "Substantia aequalis, permanens, fixa, longitudine aetemitatis"
(Uma substância homogênea, imutável, sólida, da duração da eternidade) (*Ars Chemica*. 1566, p. 58). "Est enim Sol radix incorruptibilis" (O Sol é, pois, o elemento radical
incorruptível). "Immo non est aliud fundamentum artis quam sol et eius umbra" (Na
verdade, o fundamento de toda a arte não é outra coisa senão o Sol e sua sombra) (Op.
cit., p. 138).

8. RUPESCISSA, J. *La Vertu et la Propriété de la Quinte Essence*. [s.l.]: [s..e], 1581, p.
19: "Jceluy soleil est vray or... L'or de Dieu est appelé par les Philosophes, Soleil; car il
est fils du Soleil du Ciel, et est engendré par les influences du Soleil ès entrailles et vei-
nes de la terre".

9. O enxofre até se identifica com o fogo. Cf. "Consilium Coniugii". *Ars Chemica*.
1566, p. 217: "Scias igitur quod ignis sulphur est, id est Sol" (Saiba, pois, que o fogo é o
enxofre, isto é, o Sol). Em MYLIUS. *Philosophia Reformata*. 1622, p. 185) o Sol é idêntico ao *Sulphur*, isto é, o sol alquímico significa a substância ativa do Sol ou do ouro.

10. "Sol noster est rubeus et ardens" (Nosso Sol é vermelho e ardente) (DIONYSIUS
ZACHARIUS. "Opusc." *Theatrum Chemicum*. I, 1602, p. 840). Bernardus Trevisanus chega até a afirmar: "Sol nihil aliud est, quam sulphur et argentum vivum" (O Sol
não é outra coisa senão enxofre e mercúrio) (Excerto em anotações de Nic. Flamelli.
Theatrum Chemicum. I, 1602, p. 860).

tância transformadora[11]. O vermelho, o quente e o seco são as propriedades clássicas do Typhon egípcio, que é o princípio mau como o sulphur alquímico e se relaciona de perto com o demônio. Como Typhon tem o seu reino no mar proibido, assim o Sol ora como "sol centralis" tem o seu "mar" e sua "água crua e perceptível" (aquam crudam perceptibilem), ora como "sol coelestis" tem também seu "mar" e suas "aquas subtiles, perceptibiles". Essa *água marinha* (aqua pontica) é extraída do Sol e da Lua. Mas, em oposição ao mar de Typhon, a força doadora de vida dessa água é celebrada em hinos, o que de modo algum significa que ela em qualquer circunstância seja sempre algo de bom[12]. Significa ela decerto o mesmo que Mercurius, que é de caráter duvidoso e cuja natureza cheia de veneno é mencionada muitas vezes. O aspecto "tifônico" da substância ativa do sol, que é o sulphur rubeum e a aqua non madefaciens manus (que não molha as mãos)[13] ou a *água marinha*, não pode ficar fora de consideração. O próprio autor, neste contexto e nesta passagem, não consegue reprimir a alusão de ser-lhe consciente a maneira de empregar paradoxos: "Que ninguém se sinta chocado com as contradições que, de acordo com os costumes dos filósofos, se encontram casualmente em meus tratados. Se temos inteligência, é porque precisamos dela; não há rosas sem espinhos"[14].

Como já foi dito, a substância ativa do sol é algo de favorável. Na forma do chamado "bálsamo" goteja ela do sol e produz o limão, a laranja, o vinho e no reino mineral o ouro[15]. No homem forma o bál-

108

---

11. Olimpiodoro (BERTHELOT. *Collection des anciens alchimistes grecs*. 1887/88, II, IV, p. 43): "Esfrega (com isso) as folhas da deusa brilhante, a Kypris vermelha".

12. Cf. mais adiante a parábola do enxofre, na qual a água é "periculosissima".

13. HOGHELANDE, T.de. *Theatrum Chemicum*. I, 1602, p. 181.

14. "Novum Lumen Chemicum". *Musaeum Hermeticum*. 1678, p. 581s.

15. STEEBUS, J.C. *Coelum Sephiroticum*. 1679, p. 50. Paracelsus (em "Natura Rerum". SUDHOFF. XI, 330) diz: "Então, a vida do homem não é senão um bálsamo astral, uma impressão balsâmica, um fogo celestial e invisível, um ar incluso" etc. Na obra organizada por Adam von Bodenstein 1562: "Theophrasti Paracelsi Eremitae libri V de Vita Longa" etc. fl. c 7v diz-se: "(Tractans de quadam virtute invisibili) vocat eam balsamum, omnem corporis naturam excedentem, qui duo corpora coniunctione conservat, et coeleste corpus una cum quatuor elementis sustentat" ([Tratando de certa força invisível] chama-a de bálsamo que supera toda a natureza física, e conserva os dois corpos em união, e sustenta unido o corpo celeste com os quatro elementos).

samo "humidum illud radicale, ex sphaera aquarum supracoelesti-um" (aquela umidade radicial da esfera da água supraceleste); é ele o "lucens" ou "lucidum corpus" que, "desde o nascimento, promove o calor interno e de que provém todo o movimento da vontade (motus voluntatis) e o princípio de toda a tendência vital (totius appetitus principium)". É ele o "espírito vital" e tem "sua sede no cérebro e seu reinado no coração"[16].

109   Nas tetralogias de Platão *(Platonis Quartorum Libri),* um escrito de origem "sábica", o spiritus animalis ou o sulphur solar, ainda é πεῦμα πάρεδρον ou spiritus familiaris, isto é, um espírito serviçal que é forçado a vir em auxílio durante o trabalho, quando é chamado por in-vocações mágicas[17].

110   De tudo o que já foi dito sobre a substância ativa do sol, já deve ter ficado esclarecido que na alquimia "Sol" não indica propriamente uma substância química determinada, mas sim uma "virtus" ou uma força misteriosa[18], à qual se atribui um efeito produtor[19] e transfor-mador. Como o Sol físico ilumina e aquece o universo, assim também no corpo humano existe um arcano solar no coração, donde flui vida e calor[20]. "E, pois, com razão", escreve Dorneus, "que ele (o sol) é chamado o *primeiro depois de Deus* (primus post Deum) e pai e gera-dor de todos[21] pois nele reside a força que gera e forma todas as coi-

---

16. STEEBUS. p. 117: A Lua haure do Sol "unlversam formam atque vitam natu-ra-lem" (Sua forma completa e sua vida natural). DORNEUS. "Physica Genesis". *The-atrum Chemicum.* I, 1602, p. 397.

17. "Plat. Quart. Lib." *Theatrum Chemicum.* V, 1622, p. 130.

18. "Fatuum esset cum plurimis credere, solem esse dumtaxat ignem caelestem" (Seria tolice acreditar com o vulgo que o Sol fosse apenas um fogo celeste). DORNEUS. "Phys. Trismegisti". *Theatrum Chemicum.* I, 1602, p. 423.

19. Até Proclus inclusive (Comentário de Timeu), a alquimia ainda acredita que o Sol produz o ouro (in: Tim. 18 B, I, 1903, I, p. 43 [DIEHL, E. (org.)]).

20. DORNEUS. "Physica Trismesgisti". *Theatrum Chemicum.* I, 1602, p. 424, diz: "Ut fons vitae corporis humani, centrum est cordis eius, vel id potius quod in eo deli-tescit arcanum, in quo viget calor naturalis" (Como a fonte da vida humana é o centro do coração, ou antes o mistério que aí se oculta, no qual reside o calor natural).

21. Zosimos (BERTHELOT. *Collection des anciens alchimistes grecs.* 1887/88, III, XXI, 3) cita o dito de Hermes: " Ἥλιος ὁ πάντα ποιῶν" (O Sol é o criador de tudo).

sas" (quorumvis seminaria virtus atque formatus delitescit)[22]. Esta força é designada como *Sulphur*[23]. Ela é um dêmon vital quente, que está em íntima relação com o sol na terra, isto é, com o "ignis centralis" ou "gehennalis". Por isso também existe um "sol niger", um sol negro, que coincide com o negrume e a putrefação ou o estado da morte[24]. Do mesmo modo que Mercurius, assim também na alquimia o Sol é ambivalente.

A força admirável do Sol, segundo Dorneus, provém do fato de estarem contidos nele "todos os elementos simples, como também ocorre no céu e em todos os corpos celestes". "Unicum dicimus elementum esse solem" (dizemos que o sol é um elemento único) diz nosso autor; com isso, portanto, ex silentio ele o identifica com a quintessência. Esta concepção é explicada pela frase curiosa do *Consiliun Coniugii*: "Eles (os filósofos) dizem que o pai do ouro e da prata é o ser vivo da terra e do mar (animal terrae et maris), ou que é o homem, ou mesmo uma parte do homem, como cabelos, sangue, menstruo etc."[25]. A base filosófica desse modo de pensar é evidentemente aquela ideia errônea de uma força espalhada por toda a parte e de grande prestígio, capaz de efeitos mágicos e de curas, e responsável pelo crescimento[26]; encontra-se ela no Sol, como também no ho-

111

---

22. Op. cit., p. 424. Do ponto germinativo do ovo se diz aí (*Cod. Berol.* Lat. 532 fol. 154ʳ): "Punctum solis i.e. germen ovi, quod est in vitello" (O ponto solar, isto é, o germe do ovo que está na gema).

23. *Eod.* 1.: "Masculinum et universale semen et potissimum est eius naturae sulphur, generationum prima pars omnium, ac potissima causa. Proinde a Paracelso prolatum est, sol et homo per hominem generant hominem" (O sêmen masculino, universal e principal, é o enxofre de sua natureza, a parte principal e a causa mais importante de todas as gerações. Por isso disse Paracelso que o Sol e o homem geram o homem por intermédio do homem).

24. Cf. adiante. O Sol alquímico se origina também da escuridão da Terra, como se conclui da *Aurora Consurgens*. I, cap. XI, Parab. 6: "Terra fecit Lunam... deinde ortus est sol... post tenebras quas posuisti ante ortum solis in ipsa" (A Terra fez a Lua... então surgiu o Sol... depois das trevas que nela puseste antes do nascer do Sol).

25. *Ars Chemica*. 1566, p. 158. Em estágio mais primitivo de cultura considera-se o sangue como sede da alma. Os cabelos significam a força da vida e a força de Deus (Jz 13,5 e 16,17s.).

26. Cf. com isso os trabalhos de Lehmann, Preuss, Roehr e outros. Uma compilação se acha em meu escrito: "Über psychische Energetik und das Wesen der Träume". 1948, p. 115s. (A energética psíquica e a essência dos sonhos).

mem e nas plantas. Por isso, não apenas o Sol, mas também o homem, especialmente o iluminado ou o adepto, é capaz de produzir o
ouro em virtude dessa força universal. Para Dorneus era claro[27] que
não se pode fazer o ouro por meios químicos, isto é, pelo caminho
natural; por isso considerava como "miraculum" a chrysopoee (produção do ouro). Esse milagre se realiza por meio de uma "natura abscondita", uma entidade metafísica, "que não pode ser percebida pelos olhos exteriores, mas unicamente pela razão (mente sola)"[28]. Ela é
"caelitus infusa"[29] (infundida pelo céu), com a condição de o adepto
ter-se aproximado quanto possível das coisas divinas e ao mesmo
tempo ter extraído das diversas matérias as forças mais sutis "ad ac-
tum miraculosum idoneae" (apropriadas para a ação miraculosa).
"Há no corpo humano", diz nosso autor, "certa substância etérea
que mantém unidas as outras partes elementares dele e garante sua
continuação (continuare facit)"[30]. Esta substância ou força (virtus) se

---

27. Cf. BONUS, P. Pretiosa margarita novella. *Theatrum Chemicum*. V, 1622, p. 648:
"Et hoc modo Alchemia est supra naturam et est divina. Et in hoc lapide est tota difficul-
tas istius artis nec potest assignari sufficiens ratio naturalis quare ita esse possit. Et sic
cum intellectus noster non possit hoc comprehendere nec satisfacere sibi, sed oportet ipsum credere sicut in miraculosis rebus divinis ita ut fundamentum fidei Christianae quod
supra naturam existit a non credentibus primo existimetur verum omnino quoniam finis
eius miraculose et supra naturam completur. Ideo tunc solus Deus est operator quiescen-
te natura artífice" (E assim a alquimia é sobrenatural e divina. E nesta pedra está toda a
dificuldade desta arte, e não se pode indicar nenhuma razão natural suficiente por que
possa ser assim. E assim como o intelecto não pode compreender isto nem satisfazer-se a
si mesmo, mas é conveniente que ele acredite nela [pedra] como [acredita] nos milagres
divinos considerando-os como o fundamento da fé cristã, o qual está acima da natureza
e deve ser tido em primeiro lugar como absolutamente verdadeiro por todos os descren-
tes, porque seu fim é miraculoso e se completa acima da natureza. Por isso somente Deus
é que age enquanto a natureza como artífice descansa).

28. "Speculativa Philosophia". *Theatrum Chemicum*. I, 1602, p. 298. Ibid. "Philosophia
Chemica". p. 497.

29. Cf. *Aurora Consurgens*. I, cap. X, Par. 5: "Cum non suffecissem mirari de tanta rei
virtute sibi coelitus indita et infusa..." (Como não posso admirar-me suficientemente
de tão grande força que lhe foi dada e infundida do céu).

30. "Philosophia Meditativa". *Theatrum Chemicum*. I, 1602, p. 456. Uma passagem
semelhante (*Eod.* 1. p. 457) diz: "Porro in humano corpore latet quaedam substantia
caelestis naturae paucissimis nota, quae nullo penitus indiget medicamento, sed ipsa-
met est sibi medicamentum incorruptum" (Além disso, no corpo humano se oculta
certa substância celeste, de natureza conhecida por pouquíssimos, que não precisa de
nenhum remédio, mas é para si mesma o remédio incorrupto).

acha tolhida pela "corruptibilidade do corpo"; os filósofos, porém, reconheceram por "certa inspiração divina que se pode libertar das cadeias essa capacidade (virtutem) e essa força divina (vigorem)"[31]. Dorneus chama essa força de "veritas". É "a mais elevada das forças (virtus), uma fortaleza inexpugnável, que tem apenas pouquíssimos amigos, ao passo que é sitiada por inúmeros inimigos". Ela é "defendida pelo cordeiro imaculado" e significa por isso a Jerusalém celeste no homem interior: "Neste castelo se acha o tesouro verdadeiro e do qual não se pode ter dúvidas; ele não é comido pelas traças nem roubado pelos ladrões, mas é conservado para a eternidade e retirado daqui após a morte..."[32].

Segundo Dorneus, a scintilla do fogo divino, incutida no homem como princípio vital, se torna, pois, aquilo que Goethe, na primeira redação do Fausto, denominou a "enteléchia de Fausto", a qual é retirada deste mundo pelos anjos. Este é o tesouro que o "animalis homo" não conhece. "Facti sumus sicut lapides oculos habentes et non videntes" (nós nos tornamos como as pedras por termos olhos e não enxergarmos)"[33].   112

De acordo com tudo isso, pode-se dizer que o sol alquímico, por ter *quaedam luminositas* (certa luminosidade), poderia, de certo modo, ser equiparado ao *lumen naturae* (luz da natureza). Este último é a fonte genuína da iluminação na alquimia, e por isso Paracelsus reclamou essa mesma fonte para a arte médica. Deste modo não é pouco o que o Sol tem a avir-se com o surgimento da consciência (psíquica) moderna, a qual, no decorrer desses últimos dois séculos, se apoia de maneira crescente na observação e na experiência dos objetos naturais. Sol parece, pois, significar um fato psicológico considerável. Será, portanto, compensador acompanhar mais adiante suas propriedades, e a literatura oferece abundante ocasião para isso.   113

De modo geral o sol é considerado como a metade masculina e ativa de Mercurius, que por conceito lhe é superior; quanto à natureza psíquica singular deste último devo remeter o leitor para meu es-   114

---

31. *Eod.* 1. p. 457.

32. *Eod.* 1. p. 458.

33. "Non intelligit animalis homo" (O homem animal não entende isso). *Eod.* 1. p. 459.

crito *Der Geist Mercurius* (*O espírito de Mercurius*)[34]. Como ele na realidade não existe em sua forma alquímica, é ele uma projeção do inconsciente; e, como ele representa um conceito fundamental absoluto, significa ele nolens volens (quer queiramos, quer não) o próprio inconsciente. De acordo com sua natureza é ele o inconsciente, no qual nada pode ser distinguido; mas, por ser ele algo de atuante como spiritus vegetativus, deve ele também aparecer sempre na realidade como algo que possa ser distinguido. É, pois, designado de maneira adequada como duplex, como activus e passivus. Sua parte "ascendente", que se mostra ativa, é chamada de sol com muito acerto; e somente por meio dessa parte é que se percebe a outra parte, que é a passiva. Esta última recebeu, pois, o nome de Luna, porque ela toma do Sol a luz que tem[35]. Mercurius corresponde, como se pode comprovar, ao νοῦς (nous) cósmico dos antigos filósofos. Dele se deriva a mens humana, a vida acordada da alma, que se denomina consciência[36]. Esta parte reclama inexoravelmente a parte oposta que lhe corresponde, a qual é algo de psíquico escuro, latente, não manifesto, isto é, o inconsciente, cuja existência somente pode ser conhecida pela luz da consciência[37]. Como o astro noturno se eleva saindo do mar noturno, assim a consciência se forma a partir do inconsciente, tanto de maneira ontogenética como filogenética, e cada noite retorna ela novamente ao estado primordial de sua natureza. Esta duplici-

---

34. In: *Symbolik des Geistes. Psych. Abhand.* (*Simbólica do espírito. Dissertações psicológicas*). Vol. VI, 1953.

35. Cf. com isso a antiga concepção de que o Sol corresponde ao olho direito e a Lua ao esquerdo (Olimpiodoro em BERTHELOT. *Collection des anciens alchimistes grecs*. 1887/88, IV, II, p. 51).

36. Como o Sol era o deus do mundo físico, para o filósofo naturalista medieval, do mesmo modo a consciência representa "o pequeno deus do mundo".

37. Como o Sol, também a consciência é um *oculus mundi* (Cf. PICUS MIRANDULA. *In Astrol*. Lib. III, cap. X). No "Heptaplus" (1557, p. 55) diz Picus: "Cum Solem... Plato visibilem filium Dei appellet, cur non intelligamus nos imaginem esse invisibilis filii. Qui si lux vera est illuminans omnem *mentem* expressissimum habet simulachrum hunc Solem, qui est lux imaginaria illuminans omne corpus" (Como Platão chama o Sol de filho visível de Deus, por que não entendermos então que nós somos a imagem do filho invisível? Se este é a verdadeira luz que ilumina toda a inteligência, então tem ele por imagem muito expressiva este Sol que é a luz plasmadora a iluminar todo o corpo).

dade da existência psíquica é tanto modelo como imagem original para a simbólica do Sol e da Luna. O alquimista sente de tal modo a duplicidade de sua pressuposição inconsciente, que chega a inventar uma sombra para o Sol, em oposição à evidência astronômica: "Sol et eius umbra perficiunt opus" (O Sol e sua sombra completam a obra)[38]. Michael Majer, autor dessa afirmação, se desincumbe, entretanto, levianamente, do onus explicandi ao colocar a sombra da Terra em lugar da umbra Solis, como se vê no Discursus XLV de seu *Scrutinium*. Certamente, não encontra ele como esquivar-se dessa evidência astronômica. Cita então a sentença clássica de Hermes: "Fili, extrahe a radio suam umbram" (Filho, extrai do raio do Sol a sua sombra)[39], na qual se dá a entender de modo claro que a sombra está contida no raio de sol, e que por isso pode ser extraída dele (seja o que for o que isso signifique). Em ligação muito íntima com esta sentença se acha a concepção de um sol niger, sol negro, que vem mencionada pelos alquimistas[40]. Reforça esta concepção o fato atestado pelos sentidos de que sem luz também não há sombra; e assim, de certo modo também a sombra passa a ser emitida pelo Sol. Para

---

38. Esta concepção já se encontra em RUSKA. *Turba philosophorum...* 1931, p. 130: "Qui autem sapientum venenum sole et eius umbram tinxit, ad maximum pervenit arcanum". "In umbra solis est calor Lunae" (Quem, pois, tingir o veneno dos sábios com o sol e sua sombra, chegou ao mais alto mistério. – Na sombra do Sol está o calor da Lua) (MYLIUS. *Philosophia Reformata*. 1622, p. 22).

39. "Tractatus Aureus Hermetis". *Ars Chemica*. 1566, cap. II, p. 15.

40. Cf. MYLIUS. *Philosophia Reformata*. 1622, p. 19. Aqui sol *niger* é sinônimo de *caput corvi*, e significa a *anima media natura* (a alma no meio da natureza – a alma do mundo) no estado de *nigredo*, que ocorre quando a "terra auri suo proprio spiritu solvitur" (a terra do ouro se dissolve em seu próprio espírito), em interpretação psicológica significa uma extinção passageira do ponto de vista da consciência por uma invasão vinda do inconsciente. Mylius indica os *prisci philosophi* como a fonte do sol *niger*. Outra passagem semelhante se acha em op. cit., p. 118: "... obseruatus est Sol in ortu suo. Et haec denigratio est operis initium, putrefactionis indicium, certumque commixtionis principium..." (O Sol foi observado ao nascer. E o negrume é o começo da obra, o indício da putrefação e o começo da mistura...). Esta *nigredo* é uma *variabilis purgatorii umbrositas* (uma escuridão variável do purgatório). Em RIPLAEUS. *Chym. Schrifften*. 1624, p. 51, é também mencionado um Sol "escuro", e aí se acrescenta: "assim deves passar pela porta do negrume, para que possas receber a brancura da luz do paraíso". Cf. tb. *Turba phlisophorum*. 1931, p. 145, *nigredo solis*.

isso, porém, reclama a Física um corpo negro que se intercale entre o Sol e o observador. Esta condição, entretanto, não vale para o sol alquímico, porque ele ocasionalmente também se apresenta como negro. São coisas próprias dele a luz e as trevas. "Enfim, o que é esse sol sem sombra", pergunta Majer, "o mesmo que um sino sem badalo". Enquanto o sol é o que há de mais precioso, a sombra é uma "res vilissima" ou "quid vilius alga" (algo mais vil que a alga marinha). O modo de pensar por meio de antinomias da alquimia contrapõe uma negação a toda posição, e vice-versa. "In manifesto sunt corporalia et in occulto spiritualia" (exteriormente é algo de corporal e internamente é algo de espiritual), diz Senior Zadith[41]. Esta concepção é válida para todas as propriedades geralmente usadas na alquimia, e cada coisa traz em si o seu oposto[42].

115   Para o modo de pensar alquímico a sombra não é uma simples "privatio lucis", como Majer gostaria que fosse, mas a luz e a sombra se relacionam entre si como o sino e o badalo, sendo ambos de substancialidade palpável. É somente nesse sentido que deve ser entendida a sentença completa de Hermes. Diz ele: "Meu filho, extrai do raio luminoso a sua sombra e a sujeira proveniente do nevoeiro que se forma sobre ele, sujando-o e encobrindo sua luz; ele está sendo queimado por sua luz e por sua vermelhidão"[43]. Aqui se imagina a sombra de modo muito concreto; ela é como um nevoeiro capaz não só apenas de escurecer a luz, mas até de sujá-la (coinquinare é uma expressão forte para dizer isso!). A rubedo da luz solar indica o sulphur rubeum, que lhe é próprio e tem efeito ativo e causticante, e por isso destruidor. No homem o "sulphur naturale" se identifica com um "ignis elementaris", que é "a causa da corrupção"; e este fogo é aceso pelo "sol invisível, desconhecido da maior parte dos homens. É

---

41. De Chemia. *Ars Chemica*. 1566, p. 91.

42. Como o sol *niger* representa um antissol, assim também o sol que se acha incluído no centro da Terra de modo invisível (Cf. *Prodromus Rhodostauroticus*. 1620, V'). Concepção semelhante é a de Laurentius Ventura: "Sicut sol a principio occultatur in Lunam, ita in fine occultatus extrahitur a Luna" (Como desde o princípio o Sol se oculta na Lua, assim no fim ele é extraído ocultamente da Lua) (*Theatrum Chemicum*. II, 1602, p. 276).

43. "Tract. Aur." Op. cit., p. 15.

o sol dos filósofos". O enxofre natural tem a tendência de voltar à sua primeira natureza; isso faz com que o corpo se torne "sulfúreo" (sulphureum) e deste modo capacitado (habile) para receber o fogo que o "corrompe e o reduz à sua primeira essência" (ad primam suam essentiam corrumpentis)[44]. O sol é aqui visivelmente um instrumento no drama tanto fisiológico como psicológico do retorno à prima creatio, respectivamente: à prima materia, que é a morte, pela qual se deve passar quando se quer voltar ao estado primitivo dos elementos simples (isto é, à prima materia) e à natura immaculata do paraíso anterior a este mundo. Este processo era visto por Dorneus como um acontecimento tanto físico como espiritual e moral.

O sol aparece aqui em uma luz dúbia – uma "lux sulphurea" – pois ele corrompe, e faz isso certamente em virtude do enxofre que tem[45].   116

De acordo com tudo o que vimos até agora, o sol significa a substância de transformação, isto é, a prima materia, como também é tinctura do ouro. O tratado anônimo *De Arte Chimica* distingue as duas partes ou etapas do lapis. A primeira parte ele denomina "sol terrenus" (sol terreno). Sem esta parte não pode ser completada a obra[46]. Na segunda parte do opus, o sol é relacionado com Mercurius.   117

---

44. Quanto ao que foi exposto em Dorneus, trata-se primeiramente de uma atuação fisiológica que corrompe mudando os sais do corpo em cal, pelo que o corpo se torna sulfuroso. No entanto, essa observação de medicina vem introduzida pela frase: "Quia homo est in corruptione generatus, odio prosequitur eum sua propria substantia" (Porque o homem foi gerado na corrupção, por isso sua própria natureza o acompanha cheia de ódio). Com isso quer ele indicar a culpa original e a corrupção para a morte que dela se origina.

45. Não deixo de considerar aqui que a periculosidade do Sol possa também depender de sua irradiação, que contém a água miraculosa extraída da luz do Sol e da Lua ("quae ex radiis Solis vel Lunae vi magnetis extracta est" – que é extraída dos raios do Sol e da Lua pelo ímã). Nessa água se dá a putrefação, porque ela é "ante debitam coctionem summum venenum" (antes da cocção adequada é veneno fortíssimo). MYLIUS. Op. cit. Esta *aqua permanens* é a ὕδωρ θεῖον, e τὸ θεῖον é o enxofre. A água é chamada sulfurosa, e é Mercurius. Θεῖον ou θήϊον (Homero) possuía na antiguidade poder apotrópico (ou mágico), e talvez por isso fosse chamado de divino (?).

46. "Sine sole terreno opus Philosopbicum non perficitur" (sem o Sol terreno não pode ser concluída a obra filosófica). Op. cit.

"Esses materiais (lapides) aqui na terra estão mortos e nada produzem sem que o homem exerça sobre eles sua atividade. (Menciono)[47] a analogia profunda do ouro: o céu etéreo estava fechado para todos os homens, de modo que todos os homens deviam ir para o mundo inferior (infernas sedes) e ali ficariam presos para sempre. Mas Cristo abriu a porta do Olimpo etéreo e franqueou o reino plutônico, a fim de que as almas fossem libertadas, quando a Virgem Maria, com a assistência do Espírito Santo, concebeu em seu seio virginal – mistério inefável e sacramento profundíssimo – o que de mais sublime existia no céu e na terra; finalmente deu ela à luz o salvador do universo, que por sua transbordante bondade salvará todos os que estão entregues aos pecados, desde que o pecador se converta para ele. A Virgem, porém, permaneceu ilesa e intacta; por isso é que, com bom fundamento, Mercurius é equiparado (aequiparatur) à gloriosa e divina Virgem Maria"[48]. Daqui se depreende que a união do Sol e de Mercurius é um hierósgamos, no qual cabe a este último o papel de esposa. Desde que a gente não se perturbe demasiadamente com a falta de gosto desta analogia, então – aequo animo – é de esperar que seja proposta a questão se o arcanum do opus alchymicum, como ele era entendido pelos antigos mestres, não pode ser considerado como similitudo e o equivalente do mistério eclesial-dogmático. Para o psicólogo o que decide é apenas a atitude subjetiva do alquimista. Como mostrei em *Psychologie und Alchemie* (*Psicologia e alquimia*) não é um caso único (unicum).

118   A designação metafórica de Cristo como Sol[49] que é frequente no modo de falar dos Padres da Igreja, é tomada ao pé da letra pelos alquimistas e aplicada ao sol terrenus. Se recordarmos agora que o sol alquímico, do ponto de vista psicológico, poderia corresponder à consciência ou lado diurno da psique, deveríamos então acrescentar à

---

47. O texto tem aí apenas "auri similitudinem profundam" sem verbo.

48. *Artis Auriferae*. I, 1593, p. 580s.

49. Principalmente como *sol iustitiae*, cf. Ml 4,2, por exemplo: "Sicut enim sol sub nube, sic sol iustitiae latuit sub humana carne" (Como o Sol entre as nuvens, assim se escondeu o Sol da Justiça na carne humana) (HONORIUS AUG. "Spec. de Myst." *Patrologia Latina*. T. CLXXII, col. 921). Analogamente, também o *anthropos* gnóstico é idêntico ao Sol (Cf. REITZENSTEIN. *Poimandres*. 1904, p. 280).

consciência a analogia com Cristo, que já é válida para o Sol, como mostramos. Cristo aparece primeiramente como *filho,* e filho de sua noiva-mãe. O papel de filho compete também à consciência do eu, pois ela descende do inconsciente maternal. De acordo com autoridade máxima da *Tabula Smaragdina,* o Sol é o *pai de Mercurius,* que aqui aparece como feminino e no papel de noiva-mãe. Nisso ele se identifica com a Luna e chega, por meio da simbólica eclesiática de Luna-Maria-Ecclesia, a ser equiparado à Virgem. Assim se diz nas *Exercitationes in Turbam:*[50] "Assim como o sangue é a origem da carne, do mesmo modo Mercurius é a origem do Sol... e assim Mercurius é o Sol e o seu Sol é Mercurius". Deste modo, o *Sol é pai e filho ao mesmo tempo;* por isso existe o seu correspondente feminino de mãe e filha em uma só pessoa; e, além disso, o masculino (Sol) e o feminino (Luna) são apenas dois aspectos de uma e mesma substância, que é simultaneamente a causadora e a resultante de ambos; isto é, o Mercurius duplex, de quem dizem os filósofos que nele está contido tudo o que é procurado pelos sábios. O esquema deste pensamento é uma *quaternidade:*

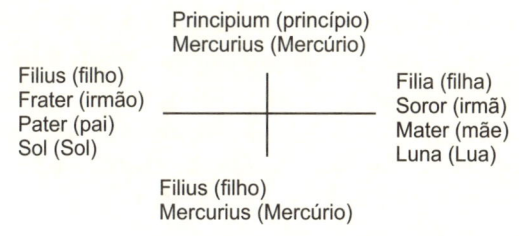

Principium (princípio)
Mercurius (Mercúrio)

Filius (filho)
Frater (irmão)
Pater (pai)
Sol (Sol)

Filia (filha)
Soror (irmã)
Mater (mãe)
Luna (Lua)

Filius (filho)
Mercurius (Mercúrio)

Ainda que pareça existir nisso alguma influência dos modelos dogmáticos, contudo os esquemas são muito desiguais; o esquema do dogma é uma trindade e apenas abrange o Ser divino, deixando de lado o Universo[51]. O esquema alquímico abrange aparentemente apenas o mundo material, mas por causa da sua quaternidade se aproxima de uma concepção da totalidade, como se nos apresenta no símbolo da cruz colocada entre o céu e a terra. A cruz é implicite o

119

50. *Artis Auriferae.* I, 1593, p. 155.

51. O correspondente alquímico da Trindade é o *serpens tricephalus* (Mercurius). Cf. a respeito disso: *Psychologie und Alchemie* (*Psicologia e alquimia*). 2. ed., 1952 [OC, 12], fig. 54, p. 163.

símbolo cristão da totalidade, pois, sendo ela um instrumento de martírio, exprime a paixão do Deus que se tornou homem na terra, e, sendo uma quaternidade, exprime o Universo, que inclui o mundo material. Se colocarmos nesse esquema da cruz as quatro figuras do drama divino do Universo – o Pai como auctor rerum, o Filho e seu adversário, o demônio (pois foi para combatê-lo que Ele se fez homem), e o Espírito Santo – chegamos à quaternidade seguinte:

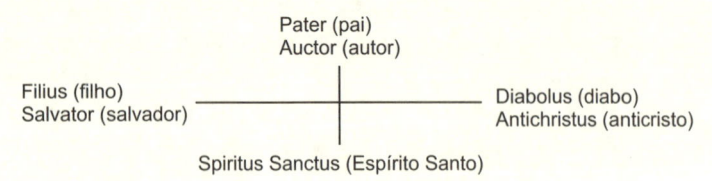

120   Não pretendo analisar aqui mais profundamente os diversos aspectos dessa quaternidade. Isso já foi feito em outro lugar[52]. Mencionei o esquema apenas para comparação com o alquímico. Tais quaternidades são propriedades fundamentais da lógica do pensamento gnóstico, que Koepgen com acerto chamou de "circulares"[53]. Já en-

---

52. *Symbolik des Geistes* (*Simbólica do espírito*), 1953, p. 395s. Nesse esquema talvez repugne a contraposição de Cristo e do demônio, pois ela supõe um relacionamento interno (que já entre os ebionitas de Epiphanius era considerado como o de dois irmãos). Coisa semelhante deve também ter sentido Angelus Silesius:
"Se o diabo pudesse sair de sua essência,
Então o verias imediatamente de pé no trono de Deus".
(*Cherubinischer Wandersmann*. I, p. 143. Por *essentia* entende Angelus o "ser ele mesmo" (Selbstheit), que é amaldiçoado; isso vale também para toda a essência que não reconheça sua identidade com Deus).

53. O desenrolar-se do pensamento nos Salmos e nos Profetas é circular. "Também o Apocalipse consta de imagens dispostas em espiral...". "Na disposição em círculo... está o característico do pensamento gnóstico" (KOEPGEN. *Gnosis des Christentums*. [s.l.]: [s.e.], 1939, p. 149). Koepgen cita como exemplo Éfrem o Sírio: "Alegra o corpo pela alma, mas devolve a alma ao corpo, para que os dois se alegrem que após a separação serão novamente unidos" (Op. cit., p. 151). Isso também poderia ter dito qualquer alquimista ao tratar do Ouroboros. Pois ele é o símbolo primordial da verdade alquímica. Koepgen também considera "circular" o dogma. O dogma é "circular no sentido de uma realidade viva". "Os dogmas estão voltados para a realidade religiosa, que é circular" (p. 52). Koepgen fala do "fato do não saber e do não conhecer, que se encontra no âmago do próprio dogma" (p. 51). Esta observação visa o motivo

contramos figuras semelhantes na descrição dos opostos, os quais frequentemente são agrupados em quaternidades. O ritmo do esquema é constituído de três etapas:

	Começo		Desenvolvimento		Escopo
Alquímico:	Origo	–	Sol	–	Filius
	Mercurius		Luna		Mercurius

	Auctor		Desdobramento do conflito		O Paráclito Espírito Santo
Cristão:		–		–	
	Pater		Salvator		Ecclesia ou
			Diabolus		Reino de Deus

O drama alquímico parte de "baixo", ou das trevas da Terra, para "cima" ou para o ser alado, que é divino, filius macrocosmi, e para a lux moderna; o drama cristão, porém, apresenta uma descida do Reino Celeste para a Terra. Tem-se assim a impressão de que é uma *imagem refletida em um espelho,* como se o Deus-homem vindo do alto – como requer a lenda gnóstica – fizesse refletir sua imagem nas águas escuras da physis. O relacionamento do inconsciente com a consciência é até certo grau *complementar,* como, por exemplo, mostram os sonhos simples provenientes de excitações somáticas e os sintomas psicogênicos elementares[54]. (Daí provém certamente a ideia curiosa de que o mundo do além tenha propriedades complementares em relação às do mundo do aquém, como ensina, por exemplo, Rudolf Steiner.) Entretanto, a observação mais cuidadosa e a análise chegam a um resultado que não pode ser visto de modo muito mecânico como simples complementação, mas muito antes como *compen-*

121

ou um dos motivos da "circularidade": Trata-se de conceitos aproximativos referentes a um fato existente que não pode ser descrito e do qual somente se pode aproximar-se por uma "circumambulação". Ao mesmo tempo essas verdades são *esferas* (σφαῖρα = bola), que se estendem por distâncias incomensuráveis; a razão disso é que elas representam *princípios*. Do ponto de vista psicológico correspondem elas aos *arquétipos*. *O tato* de elas se entrecortarem e interpenetrarem-se mutuamente pertence à sua essência. Esse caráter circular não é próprio apenas do dogma, mas especialmente também do pensamento alquímico.

54. São desse tipo especialmente os sonhos de fome, sede, dor ou desejo sexual. Um complemento para isso é a natureza feminina atribuída ao inconsciente do homem.

sação. Isto, porém, não impede de modo algum que muitíssimos sonhos tenham características de complemento, quando considerados de modo superficial. Nesse conjunto de coisas, o movimento alquímico poderia ser considerado como a imagem especular do movimento cristão[55]. Koepgen distingue, de maneira muito acertada, dois aspectos de Cristo: o de Deus que desce e se torna homem, e o do Cristo gnóstico que sobe e volta para o Pai. Não podemos fazer com que esse último coincida com o filius regis da alquimia, ainda que na concepção de Koepgen exista como que uma situação paralela ao nosso estado das coisas[56]. A figura do salvador na alquimia não pode ser mensurada pela figura de Cristo. Enquanto Cristo é Deus e gerado pelo Pai, o outro é a *alma da natureza,* que provém da Sapientia Dei infundida na matéria, ou do Logos criador do mundo. Deste modo também o filius regis é um filho de Deus, mas tem uma geração mais distante; não é gerado na Virgem Maria, mas na Mater Natura, o que vem a ser uma τρίτη υἱότης (terceira filiação), como considera Basilides[57]. No entanto, para a estruturação desse conceito de filius, não devemos pensar em quaisquer influências da tradição, mas aqui se trata de uma criação autóctone, proveniente de um desenvolvimento inconsciente e a partir de certos começos, que já nos primeiros tempos do Cristianismo atingiram a consciência, em virtude da mes-

---

55. Em relação ao aspecto compensador da "reflexão no espelho", cf.: *Psychologie und Alchemie* (*Psicologia e alquimia*). 2. ed., 1952 [OC, 12], p. 42s.

56. Op. cit., p. 112.

57. Cf. a respeito disso: "Der Geist Mercurius" (O espírito de Mercúrio), in: *Symbolik des Geistes* (*Simbólica do espírito*), 1953, p. 126s. Também em outro aspecto o filius philosophorum é uma "terceira pessoa", sobretudo se considerarmos o desenvolvimento do conceito do demônio que começou já com os *ebionitas* de EPIPHANIUS. *Panarium*. Haer. XXX). Falam eles de duas figuras constituídas por Deus; uma é o Cristo, e a outra é o demônio. Este último, segundo a influência de Psellus, é designado pelos *euquetas* como Satanael e irmão mais velho de Cristo. (Mais informações em: "Der Geist Mercurius" – O espírito de Mercúrio – Op. cit., p. 111s.). Em relação a isto – como donum Spiritus Sancti e filho da *prima materia* – o *filius regis* se apresenta como a "terceira filiação", que com a outra tem em comum uma descendência mais remota da divindade (A respeito de υἱότης τριμερής, cf. HIPPOLYTUS. *Elenchos*. VII, 22, 7s. [WENDLAND (org.)]). As "filiações" provêm da "luz verdadeira" (Jo 1,9), portanto do *Logos*, que é a *sapientia Patris* (HIPPOLYTUS. Op. cit., VII, 22, 4).

ma necessidade inconsciente por meio da qual ocorreu o desenvolvimento posterior do conceito. O inconsciente coletivo, de acordo com a nossa experiência moderna, é um processo vital, que segue suas leis internas e próprias em seu desenvolvimento, e que no tempo aprazado surge como uma fonte. Que isso, como no caso da alquimia, ocorra de modo pouco claro e complicado, se deve primordialmente à grande dificuldade psíquica do pensar por meio de antinomias; este pensar esbarra continuamente na exigência igualmente imprescindível de que as figuras metafísicas sejam unívocas quanto à lógica e absolutas em relação à sensibilidade. O "bonum superexcedens" da divindade não tolera nenhuma integração do mal. Certamente, Nicolaus Cusanus ousou lançar a ideia da coincidentia oppositorum, mas foi um Angelus Silesius quem ficou reduzido a destroços ao tentar deduzir a última consequência desse princípio, isto é, a relatividade do conceito de Deus; e sobre seu túmulo ficou apenas a coroa murcha dos louros de poeta. Ele e também Jacob Boehme beberam da fonte da Mater Alchimia. Mas também os próprios alquimistas se viram sufocados pelos erros que cometeram. Parece, pois, que novamente os médicos pesquisadores da natureza foram chamados para resolver esse enovelado de problemas, por disporem de novos recursos de conhecimentos, capazes de retirá-lo do campo da projeção e fazerem dele uma tarefa para a psicologia. Não podia isto ter ocorrido mais cedo simplesmente porque ainda não havia nenhuma psicologia do inconsciente. Por seus conhecimentos acerca dos processos arquetípicos, o médico pesquisador se encontra na situação vantajosa de poder reconhecer nas combinações de símbolos da alquimia, os quais à primeira vista parecem abstrusos e grotescos, os parentes mais próximos daquelas criações variadas da fantasia em que se fundamentam tanto as imagens vãs apresentadas pelas formas da esquizofrenia paranoide, como igualmente os processos de tratamento das neuroses psicógenas. Por maior que seja o pouco caso com que as outras Faculdades considerem esses processos psíquicos aparentemente desprezíveis, encontrados em indivíduos patológicos, contudo nada deverá demover o médico de cumprir seu dever de ajudar e de curar. Entretanto, somente terá ele condições de prestar ajuda à alma, quando ela se lhe apresentar sob a forma da alma individual, que ocorre uma única vez, e quando ele conhecer suas obscuridades tanto terrenas como supraterrenas. Na obscuridade da alma flui uma torrente arrebatadora em direção ao futuro, um πάντα ρεῖ (pánta réi = tudo flui), que tudo modifica e gera sem cessar um passado que jamais retornará. Considere, pois, o médico que não é tarefa de pouca importância a de proteger dessa torrente o ponto de vista da consciência psíquica, da univocidade da "razão", do bem conhecido e comprovado. Bem sabe ele certamente que no âmbito da consciência humana não existe nada que seja um bem sob todos os aspectos, mas ele também sabe que para muitas pessoas é melhor estarem elas convencidas da existência de um bem absoluto e darem ouvido à voz daqueles que representam para elas a superioridade da consciência psíquica e a univocidade do significado. Contente-se ele com o fato de possuir maior riqueza quem souber também acrescentar a sombra à luz. Assim não cairá ele na tentação de pretender assumir o papel de legislador nem se portará como um pregador da verdade; deverá ele ter em mente que o doente, o sofredor ou o desamparado não se defronta com ele na forma de um público anônimo, mas como o Sr. ou a Sra. X, e que como médico deverá ele apresentar-lhe algo de palpável e de benéfico, se é que deseja atuar como médico. Sua tarefa é tratar do indivíduo; deverá, pois, estar persuadido de não estar realizando outra coisa senão ajudar esse indivíduo concreto. Sua responsabilidade principal é perante esse indivíduo, e somente em segundo plano perante a sociedade. Se ele se sente obrigado a preferir o tratamento individual a qualquer atuação coletiva, ele sabe que o faz em concordância com sua experiência de que a atuação social ou coletiva não passa de um arrebatamento das massas, e de que somente a atuação de pessoa para pessoa tem o poder de realizar verdadeira transformação[58].

122   É quase impossível que para um alquimista tenha passado despercebido o fato de que o sol dele tivesse alguma relação com o homem. Assim diz Dorneus: "Homo fuit a principio sulphur" (desde o começo o homem foi o enxofre). O enxofre é um fogo que corrom-

---

58. Afinal de contas, o caso da psicoterapia não é diferente do da terapia somática. A intervenção cirúrgica, por exemplo, é feita também no indivíduo. Estou mencionando essa circunstância, porque certas tendências modernas pretendem tratar da alma por meio da "análise em grupos", como se ela fosse um fenômeno coletivo. Nesse caso, deixa ela de ser considerada como algo de individual.

pe, e "é aceso pelo sol invisível". E este é o "sol Philosophorum"[59], que por seu turno também é o Aurum philosophicum, tão desejado e decantado por ser a meta da obra toda[60]. Apesar de Dorneus considerar aqui o sol e seu enxofre quase como uma parte fisiológica do corpo humano, no entanto está claro que se trata aqui de mitologia fisiológica ou projeção.

No decorrer dessas nossas considerações vimos por diversas vezes que as projeções alquímicas, mesmo na ausência completa de qualquer psicologia, dão o traçado de certos fatos fundamentais da alma, quase que refletindo-os na matéria. Desses fatos fundamentais faz parte o par dos *opostos primários consciência-inconsciente,* cujo símbolo é Sol-Luna. 　123

Já sabemos de sobra que o inconsciente costuma apresentar-se personificado; comumente é ele o *tipo da anima*[61], o qual representa, tanto no singular como no plural, o inconsciente coletivo. O inconsciente pessoal é personificado por aquilo que chamamos de *sombra*[62]. Mais raramente se encontra o inconsciente coletivo que vem representado por um *ancião sábio*[63]. (Falo aqui somente da psicologia masculina, que é a única a permitir comparação com a da alquimia!) Mais raramente ainda, representa a Luna o lado noturno da psique durante os sonhos. Entre os produtos da *imaginação ativa,* 　124

---

59. "Speoc Phil." *Theatrum Chemicum.* I, 1602, p. 308.

60. RIPLEY, G. *Chymische Schrifften.* 1624, p. 35: "Pois então tua obra receberá a brancura total, então volta-te do oriente para o meio-dia e aí deve ela estar descansando em uma cidade de fogo, pois então é a colheita ou o término da obra... Então brilhará o Sol com cor vermelha em seu círculo e triunfará depois das trevas".

61. Mais informações em meu trabalho: "Über den Archetypus mit besonderer Berücksichtigung des Animabegriffes". *Von den Wurzeln des Bewusstseins* (Sobre o arquétipo, considerando especialmente o conceito de *anima*. As raízes do inconsciente). 1954, Contrib. II. Um exemplo para a *anima* no plural se encontra em *Psychologie und Alchemie (Psicologia e alquimia).* 2. ed., 1952 [OC, 12], p. 82s.

62. Exemplos para os dois tipos se encontram na parte II de *Psychologie und Alchemie (Psicologia e alquimia).* 2. ed., 1952 [OC, 12],. Cf. tb. *Aion.* 1951 [OC, 9/2], Contrib. II. Outro problema é a *sombra do si-mesmo,* que não é considerado aqui.

63. Exemplo em *Psychologie und Alchemie (Psicologia e alquimia).* 2. ed., 1952 [OC, 12], p. 176.

porém, já se encontra mais vezes o símbolo da lua, como também o do sol para representar o mundo psíquico da luz e da consciência desperta. O inconsciente do homem moderno já quase nada pode fazer com os símbolos do Sol e da Luna em seus sonhos[64]. O "tornar-se claro" ("amanhece" ou "está clareando") no sonho moderno poderia ser, da mesma forma ou até de preferência, representado pelo acender-se de uma lâmpada elétrica. O significado de Sol e Luna se acha expresso de modo adequado nas palavras de Goethe:

> "Se o dia sorri para nós claro e ajuizado,
> A noite nos envolve na trama do sonhado".

125   Nada há de espantoso no fato de o inconsciente aparecer projetado e simbolizado, pois de outra forma nem poderia ele ser percebido. No entanto, muito outra parece ser a situação da consciência, pois a consciência, tomada como o conjunto de tudo o que é consciente, parece não dispor de nada daquilo de que necessita para efetuar a projeção. Como é sabido, a projeção não é um acontecimento arbitrário, mas algo que de "fora" se apresenta à consciência; portanto, uma *aparência* de objeto, em que permanece oculto ao sujeito ser ele próprio a fonte luminosa que produz o brilho no "olho de gato" da projeção. É fácil imaginar que a Luna sirva de projeção, mas em relação ao Sol parece, à primeira vista, haver uma contradictio in adiecto; no entanto, o Sol nem por isso deixa de servir menos do que a Luna como projeção. Do Sol real percebemos apenas a luz e o calor, enquanto suas outras propriedades físicas somente podem ser conhecidas pelo raciocínio; de modo análogo, também a consciência provém de um corpo escuro, que é o *eu,* condição indispensável para a formação de toda e qualquer consciência, uma vez que esta não é outra coisa senão a associação de um objeto ou conteúdo ao *eu.* O *eu,* que na suposição e na ficção geral é tido como o que há de mais conhecido, na realidade é um estado de coisas extremamente complicado e cheio de obscuridades imperscrutáveis. Seria até possível defini-lo como uma *personificação relativamente constante do próprio inconsciente,* ou compará-lo com o espelho de que fala Schopenhauer,

---

64. Exemplo de um sonho raro com o sol em *Psychologie und Alchemie* (*Psicologia e alquimia*). 2. ed., 1952 [OC, 12], p. 200.

no qual o inconsciente percebe o próprio rosto refletido[65]. Todos os mundos primitivos anteriores ao homem existiam apenas fisicamente. Eram apenas um acontecimento sem nome, mas não eram nenhum ser determinado, pois não havia ainda aquela concentração mínima do psíquico igualmente existente para proferir a palavra que se avantajou sobre todas as coisas criadas: *Isto é o mundo e isto sou eu*. Era o primeiro dia do mundo, o primeiro raiar do sol após a escuridão primordial, quando aquele complexo capaz de ter consciência, o filho da escuridão, o eu capaz de conhecer as coisas, fez a distinção entre o sujeito e o objeto, e com isso fez que tanto o mundo como ele atingissem o estado de um ser determinado[66], pois foi ele quem deu

---

65. O conceito do *si-mesmo* apenas pode ser mencionado de passagem neste contexto; é como que um resumo hipotético do todo, que como tal não pode ser descrito; uma metade do todo é a *consciência do eu,* e a outra a *sombra*. No quadro daquilo que pode ser verificado experimentalmente, a sombra se poria (geralmente) como a personalidade inferior ou negativa. Abrange ela a parte do inconsciente coletivo que penetra na esfera pessoal e aí forma o que se denomina *inconsciente pessoal*. Representa ela como que a ponte que leva à figura da anima, que *é* apenas de condicionamento pessoal, e indo além dela atinge as figuras impessoais do inconsciente coletivo. O conceito do si-mesmo, intuitivo por natureza, compreende a consciência do eu, a sombra, a anima e o inconsciente coletivo em extensão indeterminável. Considerado como um todo, o si-mesmo é uma coincidentia oppositorum; ele é, pois, claro e escuro, e ao mesmo tempo nada disso. É como diz Angelus Silesius (II, p. 146):
"Deus é um puro raio de luz e um escuro nada,
Que a nenhuma criatura é dado contemplar em sua luz".
Personifiquemos o si-mesmo e derivemos dele (como que de uma personalidade preexistente) o eu e sua sombra, então estes dois últimos aparecerão como dois opostos que, até certo ponto, podem ser atingidos empiricamente, e que já estavam pré-formados no si-mesmo. Não me sinto inclinado a construir um mundo de conceitos especulativos, que apenas conduz a distinções sutilíssimas e sem valor, inerentes a tais discussões filosóficas; e por isso não atribuo nenhuma importância especial ao que acabo de ponderar aqui. Se essas ponderações servirem para criar certa ordem provisória no material empírico, já terão elas cumprido sua missão. A respeito da relação entre os conceitos do si-mesmo e de Deus, o pesquisador empírico nada tem para dizer.

66. Gn 1,1-7 contém a projeção desse processo. Na forma de um acontecimento objetivo, cujo sujeito agente não é o eu, mas Elohim, se acha aí a descrição do surgimento da consciência. Entre povos primitivos se observa que as pessoas não se sentem como os sujeitos do próprio pensar; assim é bem possível que em passado muito longínquo a consciência se apresentasse primeiro como algo que estivesse acontecendo ao eu e so-

ao mundo e a si mesmo a voz e o nome. O corpo solar que irradia luz é o eu e seu campo de consciência – Sol et eius umbra (o Sol e sua sombra) – por fora luz e por dentro escuridão. Na fonte da luz existe escuridão suficiente para daí formar projeções, pois a base do eu é a obscuridade da psique.

126   Ao considerarmos a realidade das coisas, sobressai a importância insuperável da existência do eu, o que possibilitou explicar a razão pela qual compete a essa partícula infinitesimal do Universo ter como personificação o Sol, com todas as implicações que convêm a essa imagem. A propriedade divina do Sol ainda era consideravelmente mais viva para o homem medieval do que para nós, e daí podemos concluir imediatamente que o caráter total da imagem solar estava contido implicite em todos os empregos alegóricos ou simbólicos que dela faziam. Incondicionalmente faz parte do significado total do Sol também seu múltiplo emprego como *imagem de Deus,* e isso também nos domínios do Cristianismo.

127   Mesmo que os alquimistas tivessem se aproximado muito do conhecimento de que o eu era a substância misteriosa e fugidia do arcano e o lapis procurado, contudo não chegaram a ter consciência de que, por meio da alegoria do Sol, estavam colocando a Divindade em íntimo relacionamento com o eu. Como já assinalei várias vezes, a projeção não é nenhum ato arbitrário, mas um fenômeno natural e característico da natureza da psique humana, que está situado fora do alcance da consciência. Se é, pois, esta natureza da psique que gera a analogia com o Sol, então com isso se declara naturalmente, isto é, pela própria natureza, que existe identidade entre Deus e o eu. Nesse caso apenas a natureza inconsciente poderá ser recriminada pela blasfêmia, mas o homem não pode ser censurado por ter de suportá-la. É convicção corrente em nosso mundo ocidental que Deus e o eu são algo de absolutamente diferentes entre si. A Índia, porém, sustenta essa identidade com a maior naturalidade. O espírito do india-

---

mente mais tarde fosse tudo isso integrado no próprio sujeito. Iluminações e inspirações, que nada mais são do que alargamentos da consciência ocorridos repentinamente, ainda hoje em dia são percebidas pelo sentimento moderno como se tivessem sujeito diverso do próprio eu. A respeito do desenvolvimento da consciência, cf. NEUMANN, E. *Ursprungsgeschichte des Bewusstseins.* Zurique: [s.e], 1949, p. 117s.

no, a seu modo, chegou a compreender o papel de criador do mundo que compete à consciência que se manifesta no homem[67]. O Ocidente, no entanto, acentuou a pequenez, a fraqueza e o caráter pecador do eu, ainda que tivesse elevado à Divindade *um único* homem. Os alquimistas, porém, ao menos suspeitaram que havia uma semelhança misteriosa com Deus, e a intuição de um Angelus Silesius acabou por declará-lo abertamente[68].

O Oriente resolveu esses aspectos cheios de contradições perturbadoras fazendo o eu, o Atman pessoal, dissolver-se e dispersar-se no Atman universal, e assim explicando o eu como um jogo de Maya. O alquimista ocidental nem sempre chega a tornar-se consciente dessa situação. Mas quando sua pressuposição não declarada e seu símbolo encontravam o terreno da gnosis consciente, como era o caso de Angelus Silesius, então justamente a pequenez e a humildade do eu[69] serviam de ensejo para procurar a identidade no oposto mais

128

---

67. *Rigveda*. 10, 31, 6 (DEUSSEN. *Allgemeine Geschichte der Philosophie*. Leipzig: [s.e.], 1915, I, I, p. 140):
"E esta oração do cantor, expandindo-se por si,
Torna-se uma vaca, que já existia antes do mundo,
Morando juntamente nesse seio de Deus,
São os deuses os que recebem iguais cuidados".
Atharvaveda 4, 1 (DEUSSEN. *Die Geheimlehre des Veda*. [s.l.]: [s.e.], 1909, p. 11):
"Brahma nasceu primeiro antes dos tempos;
E mais tarde o descobriu o vidente, cheio de brilho,
Manifestando suas formas mais profundas e sublimes,
O seio daquilo que existe e que não existe.
Surgiu o sábio que lhe é parente,
Para publicar todos os nascimentos dos deuses;
Ele arrancou de Brahma o Brahma,
Profundo, elevado, penetrou até em suas leis".
Vâjasaneyi-samhitâ 34, 3 (DEUSSEN. Op. cit., p. 17):
"Ele como consciência, pensar e decidir-se,
Permanece no homem qual luz imortal...".

68. Emprego aqui como equivalente às expressões "eu" e "consciência", pois a meu ver são eles aspectos do mesmo e único fenômeno. Não pode existir consciência sem um sujeito *que saiba* isso, e vice-versa.

69. "Homem, se não te tornares criança, jamais entrarás onde estão os filhos de Deus: a porta é na verdade demasiadamente pequena" (*Cherubinischer Wandersmann*. I, 153).

extremo[70]. A possibilidade dessa compreensão intuitiva não provém como que de um opinar arbitrário, saído de algumas cabeças fora do lugar, mas se fundamenta no fato de a natureza da alma, que é a mesma tanto no Ocidente como no Oriente, poder expressar tais verdades ou diretamente ou na roupagem de uma metáfora evidente. A possibilidade deste enunciado será facilmente compreendida por quem quiser considerar que a consciência humana, em certo sentido, está dotada do poder de criar o mundo. A verificação desse fato não fere nenhuma convicção religiosa, pois sempre resta a ela o recurso de conceber como instrumento divino a consciência humana, pela qual, por assim dizer, se realiza a segunda criação do mundo.

129   Devo advertir meu leitor que essas minhas exposições acerca da importância do eu poderiam facilmente servir-lhe de ocasião para me acusar de uma contradição grosseira. Talvez se recorde ele de ter encontrado essa mesma argumentação em outras passagens de meus escritos. A diferença é que ali em lugar do eu se encontrava o *si-mesmo*, isto é, o Atman pessoal, em oposição e em concordância com o Atman superpessoal. Como é sabido, eu defini o *si-mesmo* como a totalidade da psique consciente e inconsciente, enquanto que defini o *eu* como o ponto central de referência da consciência. O eu é parte essencial do si-mesmo, e pode ser usado em lugar dele como pars pro toto, desde que não se perca de vista o significado da consciência. Mas, ao pretender-se destacar a totalidade psíquica, seria preferível empregar a expressão "si-mesmo". Não se trata, pois, de definição contraditória, mas apenas de mudança de ponto de vista de considerar as coisas.

---

70. "Eu sou progênie e filho de Deus, e ele por seu turno é meu filho:
  Como sucede, no entanto, que ambos são ambas as coisas?" (Op. cit., I, p. 256).
  "Deus é o meu centro, se o fecho dentro de mim;
  E então é meu contorno quando nele por amor eu me diluo" (III, p. 148).
  "Quem é aquele que me indica qual é a minha extensão e a minha largura?
  Pois pode o Infinito (Deus) em mim mudar-se" (IV, p. 147).
  "Deus está muito mais em mim do que estaria o mar inteiro
  Quando estivesse todo e reunido em uma pequena esponja" (IV, p. 156).
  "O ovo está na galinha, a galinha está no ovo,
  Os dois num só, e também o uno nos dois" (IV, p. 163).
  "Deus se torna o que eu sou agora, e assume minha humanidade:
  Porque eu existia antes dele, por isso é que ele fez isso" (IV, p. 259).

3. Sulphur[71] (enxofre)

O enxofre, dado seu papel curioso, merece uma consideração   130
mais acurada. De início interessa-nos o já mencionado relacionamento com o sol: É designado como prima materia do sol, mas naturalmente se deve entender que sol é o ouro. (Ocasionalmente o sulphur
é identificado com o ouro)[72]. O Sol se deriva, pois, do sulphur. Essa
relação próxima entre os dois justifica que sulphur seja considerado
como "amigo da Luna"[73]. Quando o ouro (sol) se une a sua noiva
(luna), então "com ele é também invertido (isto é, introvertido)[74] o enxofre coagulante, que no ouro (corpóreo) estava voltado para fora
(extraversum)". Esta observação indica a natureza psíquica dupla do
enxofre (sulphur duplex); há o enxofre branco e o vermelho; o branco
é a substância ativa da lua e o vermelho a do sol[75]. No enxofre vermelho é maior sua "virtude" específica[76]. Sua duplicidade, porém, tem
ainda outro significado: de uma parte é ele a prima materia, e sob esta
forma é ele cáustico e corrosivo (adurens) e "inimigo" da matéria da
pedra; de outra parte, quando "purificado de toda impureza, é ele a
matéria da pedra"[77]. De mais a mais, sulphur é um dos muitos sinônimos para designar a prima materia[78] em seu aspecto duplo, isto é,
como a matéria inicial e como o produto final. No começo se acha o
sulfur crudum ou vulgare (enxofre cru ou vulgar), no fim é ele um
produto do processo de sublimação[79]. Sua natureza *ígnea é* acentuada

---

71. Ou *sulfur*. Este capítulo foi em parte reproduzido em *Nova Acta Paracelsica*. 1948 p. 27s.

72. VENTURA, L. In: *Theatrum Chemicum*. II, 1602, p. 334 e p. 335.

73. *Figurarum Aegyptiorum...* Ms. Do séculos XVIII.

74. "Introitus apertus". *Musaeum Hermeticum*. 1678, p. 652.

75. *Musaeum Hermeticum*. 1678, p. 33. MYLIUS. *Philosophia Reformata*. 1622, p. 54.

76. VENTURA, L. In: *Theatrum Chemicum*. II, 1602, p. 342.

77. "Tract. Aur. de Lap" Mus. Herm., p. 24.

78. *Musaeum Hermeticum*. 1678, p. 21. Ibid., p. 11; AEGIDIUS DE VADIS. *Theatrum Chemicum*. II, 1602, p. 100; RIPLEY, G. *Theatrum Chemicum*. II, 1602, p. 125.

79. *Theatrum Chemicum*. II, 1602, p. 125. Como *sulfur incremabile* é produto final em *Theatrum Chemicum*. II, 1602, p. 302. Igualmente "De Sulfure". *Musaeum Hermeticum*. 1678, p. 622.

unanimemente[80], e esse seu caráter ígneo não consiste apenas em sua inflamabilidade, mas também em sua natureza ígnea oculta. Como sempre, também aqui a alusão a propriedades ocultas está indicando que o material em discussão é objeto de projeções inconscientes. São estas que normalmente lhe conferem significação numisosa.

131　　　Em correspondência com sua duplicidade constante, o enxofre tanto é *corporal e terreno*[81] como também um *princípio oculto e espiritual*. Como material terreno provém ele da "gordurosidade da terra" (ex pinguedine terrae)[82]; por essa designação deve-se entender o humidum radicale como a prima materia. Ocasionalmente é designado como "cinis extractus a cinere" (cinza tirada da cinza)[83]. "Cinza" é um termo geral para o corpóreo "que fica embaixo" e para a escória que resta; deste modo a natureza ctônica do enxofre vem acentuada quase com exagero hiperbólico. É visto como masculino por ser vermelho[84]. Sob esse aspecto representa ele o ouro, ou respectivamente o Sol[85]. Simplesmente por ser uma entidade ctônica, o enxofre está

---

80. "Consilium Coniugii". 1566, p. 217. Em Paracelsus. II, p. 521 [HUSER. (org.)] *sulfur* é um dos três fogos primários ("fewer ist der leib der sêlen" – o fogo é o corpo das almas). Na "Vita Longa" (1560 [BODENSTEIN (org.)]) diz-se: "Sulphur est omne id quod incenditur, nequicquam concipit flammam nisi ratione sulphuris" (Enxofre é tudo aquilo que pode pegar fogo, e nada aceita a chama a não ser pelo enxofre que contém). TREVISANUS, B. *Theatrum Chemicum*. I, 1602, p. 793, diz: "Sulphur enim nihil aliud est quam purus ignis occultus in mercurio" (Enxofre nada mais é do que o puro fogo escondido no mercúrio). Em MYLIUS. *Philosophia Reformata*. 1622, p. 50, o enxofre filosófico é "simplex ignis vivus, alia corpora mortua vivificans" (Simples fogo vivo, que vivifica os outros corpos mortos). Igualmente em "Regul. Phil." *Theatrum Chemicum*. II, 1602, p. 150). *Sulphur* como *magna flamma* se torna perigoso para a pequena chama da vida dos alquimistas ("De Sulfure". *Musaeum Hermeticum*. 1678, p. 637).

81. RIPLEY. *Opera omnia Chemica*. 1649, p. 150.

82. *Musaeum Hermeticum*. 1678, p. 24.

83. *Aurora Consurgens*. Pars II. In: *Artis Auriferae*. I, 1593, p. 229.

84. Na tabela de símbolos de PENOTUS. *Theatrum Chemicum*. II, 1602, p. 123) se encontra ele colocado em paralelo com a *virilitas prima* e os *Dii caelestes*. Como que em oposição aos celestes está o arranjo seguinte de leo, draco e unicornu.

85. "Consilium Coniugii". 1566, p. 217; "Epistola ad. Herm." *Theatrum Chemicum*. V, 1622, p. 893.

intimamente relacionado com o *dragão*. Diz-se deste que ele é o *nostrum secretum sulphur* (nosso enxofre secreto)[86]. Como tal, o enxofre é também a *aqua divina,* que é simbolizada por Ouroboros[87]. Por todas essas analogias, muitas vezes quase não é possível distingui-lo do *mercúrio, pois o mesmo é dito de ambos.* "Hic est noster naturalis ignis certissimus, noster Mercurius, sulphur" (Este é o nosso fogo natural em que podemos confiar, nosso mercúrio, enxofre) etc. é o que se lê no *Tractatus Aureus de Lapide*[88]. Na *Turba* o argentum vivum é o corpo ígneo que se porta do mesmo modo que o enxofre[89]. Em Paracelsus, o enxofre junto com o *sal* é que produz o mercurius, que nasce por ação do Sol e da Lua[90]. Ou então ele está "in profundo naturae mercurii" (na profundidade da natureza do Mercurius)[91], ou é "da natureza do mercúrio"[92], ou sulphur e mercurius são "irmão e irmã"[93]. Ao enxofre se atribui o "posse metalla solvere, occidere, vivificare" (poder dissolver, matar e reanimar os metais), que são propriedades do mercúrio[94].

Esse relacionamento íntimo com mercurius mostra que o enxofre é uma *substância espiritual ou anímica* de importância universal, da qual vale quase tudo o que se diz do primeiro. Assim, o enxofre é a *anima* não apenas dos metais, mas também de todos os seres da natureza; no *Tractatus Aureus de Lapide* é até colocado em paralelo com a

132

---

86. MYLIUS. *Philosophia Reformata*. 1622, p. 104. Também DIONYSIUS ZACHARIUS. In: *Theatrum Chemicum*. I, 1602, p. 859.

87. MYLIUS. Op. cit., p. 179. Tb. *Musaeum Hermeticum*. 1678, p. 37.

88. *Musaeum Hermeticum*. 1678, p. 39.

89. RUSKA. *Turba philosphorum...* 1931, p. 149, 1. 21s. Em "Consilium Coniugii. 1566, p. 66 se diz: "Omne argentum vivum sulphur" (toda prata viva [mercúrio] é enxofre – citação de "Platão") eod. 1., p. 202 se encontra em uma citação de Geber, de conteúdo igual.

90. *De Pestilitate*. Lib. I, 1599, P. III, p. 24 [HUSER (org.)].

91. GEBER apud. TREVISANUS, B. In: *Theatrum Chemicum*. I, 1602, p. 793.

92. Citação de Morienus eod. 1.

93. RIPLEY, G. *Chymische Schrifften*. 1624, p. 31. Mercurius como a "mulher" de sulphur, "so die Schwängerung der Frucht von ihm empfehet" (assim concebeu dele a gravidez do fruto), eod. 1., p. 10.

94. "De Sulfure". *Musaeum Hermeticum*. 1678, p. 626.

"nostra anima"[95]. Na *Turba* se diz: "Sulfura sut animae, quae in quatuor fuerant occultae corporibus" (Os enxofres são as almas que estavam ocultas nos quatro corpos)[96]. Paracelsus[97] designa igualmente o
enxofre como alma. Segundo Mylius, do enxofre sai o fermentum,
que "é a alma que dá a vida ao corpo imperfeito"[98]. No *Tractus Micreris* se diz: "... quousque natus viridis tibi appareat, qui eius est anima, quam viridem avem et aes et sulphur philosophi nuncupaverunt"
(... até que te apareça o filho verde, que é a alma daquilo[99] que os filósofos chamaram de ave verde e minério e enxofre)[100]. A anima é designada também como "enxofre oculto" (occultum)[101].

133   A cor verde, no domínio da psicologia cristã, indica propriedade
espermática ou geradora. O verde é a cor atribuída ao Espírito Santo
como um princípio criador[102]. Assim diz Dorneus a respeito do enxofre: "O sêmen masculino e universal, o primeiro e mais poderoso, é o
enxofre da natureza solar, a primeira parte e a mais poderosa de toda
a geração"[103]. É ele o próprio *espírito da vida* (spiritus vitae). No tra-

---

95. *Musaeum Hermeticum*. p. 39. "Nostra" significa aqui naturalmente: assim como
nós os alquimistas a entendemos. O mesmo em RUSKA. *Turba philosophorum*... 1931,
p. 123, 1. 17s.

96. *Turba philosophorum*... 1931, p. 30. Os "quatro corpos" se referem à tetrassomia da
antiguidade, que consta de quatro metais. DORNEUS. *Theatrum Chemicum*. I, 1602, p.
622, acusa os gregos de terem transformado o grupo de quatro (a tetrassomia) em um
reino de ídolos diabólicos, dominado por Saturno, Vênus, Marte e Mercúrio.

97. *De generatione rerum naturalium*. Lib. I, 1590, t.VI, p. 265 [HUSER (org.)].

98. *Philosophia Reformata*. 1622, p. 202.

99. Refere-se a "Sol" que precedeu.

100. *Theatrum Chemicum*. I, 1622, p. 103.

101. HOGHELANDE. *Theatrum Chemicum*. I, 1602, p. 170.

102. A divindade é o verde; em *Cherubinischer Wandersmann*. (I, 190) de Angelus Si-
lesius:
"A divindade é minha seiva: o que de mim está verde e floresce,
Isto é seu Espírito Santo, pelo qual se realiza esse impulso".

103. *Theatrum Chemicum*. I, 1602, p. 423. LULLIUS apud. HOGHELANDE. *Theatrum Chemicum*. I, 1602, p. 172): "Pater et semen masculum" (o pai e o sêmen masculino). Citação de Tomás no mesmo lugar: "Substantia sulphuris quasi semen pater-
num, activum et formativum" (a substância do enxofre é como que o sêmen paterno,
ativo, formador).

tado *De Tenebris contra Naturam* escreve Dorneus: "Dissemos há pouco que a vida do mundo é a luz da natureza e o enxofre celeste, cujo fundamento (subiectum) é a umidade etérea e o calor do firmamento, a saber: Sol e Luna"[104]. Sulphur já atingiu aqui importância cósmica e é equiparado à lux naturae ou à fonte par excellence do conhecimento filosófico da natureza. Contudo, afirma Dorneus, essa luz não brilha livre de impedimentos. Ela se acha obscurecida pelas trevas dos elementos do corpo humano. Para ele o mercúrio é, pois, uma entidade luminosa e celeste. No entanto este enxofre é "filho que descende dos (corpos) imperfeitos", mas "se acha pronto para revestir-se das vestes brancas e purpúreas"[105]. Em Riplaeus é ele "um espírito da força parturiente que ali age na umidade..."[106]. No tratado *De Sulphure* é ele "a força (virtus) de todas as coisas" e fonte de iluminação e de todo o saber[107]. Ele sabe simplesmente tudo[108].

Dada esta importância do sulphur, compensa examinar rapidamente as propriedades que tem e como são elas indicadas pelos alquimistas. Antes de mais nada *é cáustico e comburente*: "A pequena força deste enxofre queima um corpo forte"[109]. Este corpo aqui é o Sol, como se deduz da frase: "O enxofre enegrece o Sol e o queima". Produz ele ou indica a *putrefação*, "que jamais foi vista em nossos dias", 134

---

104. *Theatrum Chemicum*. I, 1602, p. 518.

105. Cf. Op. cit., p. 482.

106. *Chymische Schriften*. 1624, p. 10.

107. "Sed quod maius est, in Regno eius est speculum in quo totus Mundus videtur. Quicunque in hoc speculum inspicit, partes sapientiae totius Mundi in illo videre et addiscere potest atque ita sapientissimus in hisce Tribus Regnis evadet" (Mas o que é maior ainda: no seu reino há um espelho no qual se vê o mundo inteiro. Quem olha nesse espelho, vê o domínio da sabedoria do mundo inteiro e pode aprender desse modo a tornar-se muito sábio nesses três reinos). *Musaeum Hermeticum*. p. 635.

108. Op. cit., p. 637 é descrito o diálogo entre o alquimista e uma voz (*vox*). O alquimista pergunta: "Domine, scitne etiam Sulphur aliquid in metallis?" Vox: "Dixi tibi, quod omnia seit et in metallis multo melius quam alibi" (Senhor, sabe o enxofre alguma coisa dos metais? Voz: Já te disse que ele sabe tudo, e dos metais ainda mais do que de outra coisa). L. c. p. 634: "est cor omnium rerum".

109. *Turba philosophorum...* 1931, p. 125, 1. 10.

como diz o *Rosarium*[110]. A terceira é a capacidade de coagular[111], e a
quarta e a quinta a de *colorir* (fingere, colorare) e a de *amadurecer*
(maturare)[112]. O "putrefacere" (apodrecer) é tomado também como
"corrumpere" (corromper). O enxofre é a "causa das imperfeições
de todos os metais"; ele é o "corruptivo do acabamento"; ele causa
"a negrura em todas as obras"; o "maior índice de natureza sulfúrea
é a causa da corrupção"; o enxofre é "mau e não está bem misturado"; ele é "de má qualidade e de cheiro ruim e fedorento e de débil
força (virtutis debilis)". Sua substância é densa e firme, sua ação cor-
ruptiva se baseia em parte no poder de inflamar-se e em parte em ser
ele o "lixo terreno" (terrea foeculentia). "Ele impede a perfeição em
todas as suas obras"[113].

135   Essa descrição nada favorável decerto impressionou muito a um
de seus antigos adeptos, e o levou a escrever "diabolus" em nota mar-
ginal aposta às causae corruptionis[114]. Essa nota é muito esclarecedora: serve de contraponto para o papel luminiso do sulphur: é ele um
Lucifer ou *Phosphorus,* desde a mais bela estrela no firmamento químico até aos pauzinhos de enxofre das "candelulae, quas vetulae ad
accendendum ignem vulgo vendunt" (das velinhas que as velhotas
costumam vender ao povo para acender o fogo)[115]. Entre muitas outras propriedades, também tem ele em comum com mercurius o caráter paradoxal extremo; além disso tem ele uma relação para com a
Senhora Vênus, que, entretanto, é indicada de modo mais discreto e
mais oculto: "Nossa Vênus não é o enxofre vulgar, que arde e é quei-

110. *Artis Auriferae*. II, 1593, p. 229.

111. DION. ZACHARIUS. In: *Theatrum Chemicum*. I, 1602, p. 842.

112. "De Sulfure". *Musaeum Hermeticum*. 1678, p. 632.

113. MYLIUS. *Philosophia Reformata*. 1622, p. 61s.

114. Assim está no exemplar de *Philosophia Reformata*. 1622, p. 62, que se encontra
em meu poder. Em J.R. Glauber o *sulphur* é o diabo bem preto do inferno ("der rechte
schwartze Höllenteuffel"), que aí está em luta com o sal (*De Natura Salium*. 1658, p.
41 e 43).

115. "De Sulfure". *Musaeum Hermeticum*. 1678, p. 640. As *candelulae* (velinhas) são
"elychnia ex sulphure, quo subducuntur fila aut ligna" (Lâmpadas de enxofre, no qual
são mergulhados fios e pedaços de madeira). RULANDUS. *Lexicon*. 1612, p. 457.

mado durante a queima do fogo e da corrupção; mas a brancura da Vênus dos sábios é queimada durante a queima da brancura e da vermelhidão (albedinis et rubedinis), e essa queima é o branqueamento completo de toda a obra: por isso são mencionados *dois enxofres* e *duas argenta viva*[116], e são eles aquilo que eles (os filósofos) chamaram de 'uma coisa' e 'uma coisa'[117], e estas se alegram mutuamente[118], e uma contém a outra"[119].

Outra alusão se encontra em uma parábola do tratado *De Sulfure*:[120] Um alquimista procura o enxofre. A busca o conduz ao *bosque de Vênus*, e lá escuta ele uma voz, que mais tarde se dá a conhecer como *Saturno*, e lhe diz que o Sulphur por mandado de sua *mãe* estava preso. Ele é elogiado como o *mille rerum artifex* (artífice de mil coisas), como o coração de todas as coisas, como aquele que fornece a inteligência (intellectus) a todos os seres vivos, como o gerador de todas as flores nas ervas e nas árvores, e finalmente como o "omnium coloram pictor"[121]. Esta descrição, sem mais nada, poderia servir para *Eros* também. Além disso ficamos sabendo ainda que a prisão lhe foi imposta porque ele se havia mostrado muito condescendente com os alquimistas, criando oposição à sua mãe. Ainda que não se tenha declarado quem era a mãe dele, em todo o caso podemos suspeitar que foi a própria Vênus quem prendeu o Cupido malcomportado[122]. Essa interpretação se deduz facilmente da circunstância de

136

---

116. A saber: embaixo e em cima, tosco e polido, material e espiritual.

117. São eles uma e mesma coisa. Como em cima também embaixo, e vice-versa. Cf. *Tabula Smaragdina*.1926.

118. *Natura natura gaudet* (a natureza se alegra com a natureza), de acordo com o axioma de Demokritos.

119. Alusão ao Ouroboros. O texto se encontra em "Rosinus ad Sarratantam Episcopum". In: *Artis Auriferae*. I, 1593, p. 302.

120. *Musaeum Hermeticum*. 1678, p. 633s.

121. Um paciente sonha: "Animais estão sendo caçados. O demônio, que é o guarda deles, aparece. No rosto castanho-escuro dele aparecem de repente *todas as cores;* e então na bochecha dele surge uma mancha de cor vermelha de cinábrio".

122. Como mãe, além disso, apenas a Luna entraria em consideração. Mais tarde ela também entra na parábola, mas na forma de Diana e, portanto, no papel de filha-irmã.

que, primeiro, o Sulphur se encontrava no bosque de Vênus[123], o que era inconsciente para o alquimista (tanto o bosque como a árvore tem o sentido de mãe!); segundo, Saturno se apresenta como o "praefectus carceris", quando era sabido de todos os conhecedores da astrologia alquímica de então que o caráter de Saturno era cheio de mistérios[124]; terceiro, ao cessar a voz, o alquimista caiu no sono, no qual se tornou visionário e enxergou no bosque uma fonte e junto dela o Sulphur (personificado); e por fim quarto, a visão termina com o "abraço no banho" usado na alquimia. Aqui representa Vênus sem dúvida alguma o amor sapientiae, que modera o comportamento arrogante e vagabundo do Sulphur. Esse comportamento provém certamente do fato de no Ouroboros ter ele sua sede na cauda draconis[125]. Sulphur é o elemento masculino par excellence e o "sperma homogeneum"[126]; e, como se diz do dragão que ele "impraegnat se ipsum" (engravida a si mesmo), então a cauda é sua parte masculina e

---

123. A cor verde atribuída ao sulphur, mesmo todo o seu colorido que já mencionei antes, tudo isso ele tem em comum com *Vênus*, como mostram os versos da *Gemma Gemmarum* (parte II: "Auslegung Rhythmorum Basilii". 1608, III'):

Von Venere / De Vênus

"Transparente / verde / amavelmente brilhante /

Sou toda por inteiro colorida /

Mas em mim está metido um espírito vermelho /

Não sei o nome como ele se chama /

O nome que recebi do meu marido /

Em honra de Marte guerreiro" etc.

O "espírito vermelho" é justamente nosso *Sulphur – omnium colorum pictor.*

124. Na *Occulta Chemicorum Philosophia* (como aposto impresso junto ao *Triumphwagen Antimonii Fratris Basilii Valentini*. 1611, p. 564s.) se encontra uma das características astrológicas de Saturno: ele é "honesto, escolhido"; é Sol e Lua, que "apenas por meio dele existem", ou respectivamente a *coniunctio* (conjunção) de ambos aquece seu corpo frio, "como o faz uma jovem mulher". Já na tradição antiga anterior a Ptolomeu, Saturno aparece relacionado com casos de amor duvidoso (BOUCHÉ-LECLERCQ. *L'Astrologie Grecque*. [s.l.] : [s.e.], 1899, p. 436. F.N. 1). *Musaeum Hermeticum*. 1678, p. 623 Menciona os "cárceres infernales ubi sulphur ligatum iacet" (os cárceres infernais onde Sulphur jaz acorrentado).

125. "Cauda est sulphur eius" (draconis) (a cauda é o enxofre dele [dragão]). "Consüium Coniugii". 1566, p. 140.

126. JOHANNES A MEHUNG (Jean de Meung). In: "Demonstratio Naturae". *Musaeum Hermeticum*. 1678, p. 162. Jean de Meung viveu por volta de 1250-1305.

a boca é sua parte feminina; e, como se diz de *Beja*[127] que ela conseguiu engolir completamente seu irmão e dentro de seu próprio corpo o reduziu a átomos, de modo semelhante o dragão começa a engolir a si mesmo pela cauda até que sua cabeça tenha devorado o corpo todo[128]. Como o enxofre é o fogo interno de Mercúrio[129] então ele naturalmente participa da natureza mais perigosa e mais maligna dele; está ela personificada no dragão e no leão quanto à violência, e em Cyllenius quanto à concupiscentia[130]. O dragão do qual participa o enxofre é apresentado muitas vezes como o dragão de Babilônia, ou mais precisamente: ele é o *caput draconis* (a cabeça do dragão) e representa um *venenum pernitiosissimum* (o veneno mais maligno), que são os vapores venenosos exalados pelo dragão voador. A cabeça do dragão vem "de Babilônia com grande velocidade". O *draco alatus* (dragão alado), que representa o argentum vivum, se torna o monstro[131] exalador de veneno somente depois de se unir com o *draco sine alis* (dragão sem asas), que corresponde ao enxofre. Ao Sulphur compete aqui um papel maligno, que combina bem com a Babilônia carregada de pecados. Além disso o *Scriptum Alberti* equipara esse dragão com a serpente do paraíso, dotada de cabeça humana, a qual trazia na cabeça a *imago et similitudo Dei* (a imagem e semelhança de Deus); aqui está a razão mais profunda por que o dragão devora o corpo odiado e o concentra na sua cabeça. "Caput eius vivit in aeternum et ideo caput denominatur vita gloriosa, et angeli serviunt ei" (a cabeça dele vive eternamente e, por isso, é chamada de vida gloriosa, e os anjos lhe prestam serviço)[132]. A última frase se refere a

---

127. Na segunda redação da "Visão de Arisleu". In: "Rosarium Philosophorum". *Artis Auriferae*. II, 1593, p. 246.

128. "Scriptum Alberti sup. arb. Aristotelis". *Theatrum Chemicum*. II, 1602, p. 526s.

129. "In Sulphure Philosophorum totum hoc arcanum latet, quod etiam in penetralibus Mercurii continetur" (No enxofre dos filósofos está oculto todo esse segredo, que também está no interior do mercúrio). *Musaeum Hermeticum*. 1678, p. 643.

130. Em relação a *Concupiscentia*, cf. meu trabalho: "Der Geist Mercurius" (O espírito de Mercúrio), in: *Symbolik des Geistes* (*Simbólica do espírito*). 1953, p. 121.

131. "Nicolai Flamelli Summarium Philosophicum". *Musaeum Hermeticum*. 1678, p. 173.

132. MAGNO, A. Op. cit. *Theatrum Chemicum*. II, 602, p. 525.

Mateus 4,11: "Tunc reliquit eum diabolus et ecce angeli accesserunt et ministrabant ei"[133].

137   Daí provém o paralelismo entre o caput draconis e Cristo, que concorda com a concepção gnóstica de que o Filho de Deus altíssimo tomou no paraíso a forma de uma serpente, para conferir a nossos pais a capacidade de distinguir, de modo que eles pudessem conhecer a imperfeição da obra do demiurgo. Por ser o filho dos sete planetas, o dragão assume claramente o papel de *filius macrocosmi,* portando-se ora como figura paralela, ora como rival de Cristo[134]. A cabeça do dragão contém a pedra preciosa, o que poderia significar: A consciência contém a imagem simbólica do si-mesmo, e o si-mesmo assimila os conteúdos da consciência e do inconsciente, à semelhança do lapis que reúne em si os opostos. Concorda plenamente com essa significação o valor de prenúncio favorável atribuído pela tradição ao caput draconis.

138   Retornamos agora ao sulphur. Do que foi dito até aqui conclui-se que o sulphur é a concentração das virtudes de uma substância ativa. Ele é o "spiritus metallorum"[135], ou então, juntamente com argentum vivum, o outro "spiritus naturae", forma os dois princípios e a "materia" dos metais; os próprios dois princípios já são metais "in potentia"[136]. Junto com o mercúrio forma ele também a pedra[137]. Na verdade, é o coração de todas as coisas[138] e a "força (virtus) de todas as coisas"[139]. Em uma enumeração dos sinônimos do lapis, que, além da aqua e do humor, é o "secretum totum et vita uniuscuiusque rei" (todo o segredo e a vida de qualquer coisa), diz o *Consilium Coniugii:* "O óleo, que recebe a tinta, isto é, o brilho do sol, é ele próprio o enxofre"[140]. Mylius o compara com o arco-íris: "O enxofre brilha

---

133. "Então o demônio o deixou, e eis que vieram os anjos e o serviram".

134. Cf. *Psychologie und Alchemie* (Psicologia e alquimia). 2. ed., 1952 [OC, 12], p. 42s.

135. MYLIUS. *Philosophia Reformata.* 1622, p. 185.

136. VENTURA, L. *Theatrum Chemicum.* II, 1602, p. 262.

137. Op. cit., p. 276.

138. *Musaeum Hermeticum.* 1678, p. 634.

139. Op. cit., p. 635.

140. P. 66. O enxofre é descrito como semelhante à anima media natura (alma no

como o arco-íris sobre as águas"... "o arco-íris fica entre a água pura, límpida e corrente, e entre a terra" ... "assim se exprime toda a propriedade (proprietas) do enxofre e a sua semelhança natural com o arco-íris". Por poder ser representado pelo *arco-íris*, o enxofre é uma "divina et mirabilis peritia" (experiência divina e maravilhosa). Umas linhas adiante, depois de mencionar o sulphur como um dos componentes da água, escreve Mylius que o mercurius (isto é, a água) deve ser purificada pela destilação "ab omni feculentia terrestri, et cadit Lucifer: hoc est, immunditia et terra maledicta e caelo aureo" (de toda a sujeira terrestre, e então Lúcifer, isto é, a imundície e a terra maldita, cai do céu de ouro)[141]. Lúcifer, o mais belo dos anjos, tornou-se o demônio, e o sulphur provém "de faeculentia terrae" (da imundície da terra). Tanto aqui como na cabeça do dragão mencionada há pouco, encontram-se lado a lado o que há de mais alto e o de mais baixo. Ainda que seja uma personificação do mal, contudo o enxofre paira como o arco-íris sobre a terra e a água e é um "vas naturae" (vaso natural)[142] da transformação divina.

De tudo o que já foi apresentado se torna evidente que o enxofre é para os alquimistas um dos muitos sinônimos daquela misteriosa substância do arcano ou da transformação das coisas[143]. Isto certa- 139

---

meio da natureza – alma do mundo) em "Aphorismi Basiliani". *Theatrum Chemicum*. IV, 1613, p. 368: "Animans autem vis, tanquam mundi glutinum, inter spiritum atque corpus medium est, atque utriusque vinculum, in Sulphure nimirum rubentis atque transparentis olei cuiusdam, veluti Sol in Majore Mundo, et cor Microcosmi" (Mas esta força que anima [confere a vida], à semelhança da cola do mundo, está no meio entre o espírito e o corpo como ligamento dos dois; consiste no enxofre de um óleo vermelho e transparente, como o Sol no macrocosmo e o coração no microcosmo).

141. *Philosophia Reformata*. 1622, p. 18. Uma fonte mais antiga é "De Arte Chimica". *Artis Auriferae*. I, 1593, p. 608.

142. Chamado assim por LULLIUS. *Theatrum Chemicum*. I, 1602, p. 199.

143. Sempre assim em KHUNRATH. *Von Hylealischen Chaos*. 1597, p. 264. Em "Rosinus ad Euthiciam". *Artis Auriferae*. I, 1593, p. 252) *nomen aquae divinae* (o nome da água divina). Em Dionysius Zacharius o *sulphur* é "pinguedo in cavernis terrae" (a gordura nas cavernas da terra). (*Theatrum Chemicum*. I, 1602, p. 831). Cf. tb. RULANDUS. *Lexemplo Alch*. 1612, p. 453. PERNETY. *Dict. Mytho-Hermétique*. 1758, cf.p. soufre) diz: "On voit le mot soufre attribué à bien des matières même très opposées entre elles... Les Philosophes ont donné à ce soufre une infinité de noms".

mente vem expresso de modo mais claro na *Turba:* "Aquecei-o por sete dias até que se torne brilhante como o mármore, porque, ao tornar-se assim, é ele um grande mistério (arcanum), pois o enxofre foi misturado com o enxofre; e a maior das obras foi realizada pela afinidade recíproca, porque naturezas que se encontram com naturezas[144] se alegram"[145]. Esta é uma das características da substância de transformação, que ela tenha "tudo de que precisa" (omne quo indiget) em si mesma e seja, portanto, um ser completamente autônomo, à semelhança do dragão que a si mesmo gera, pare, mata e devora. É problemático se os alquimistas alguma vez chegaram à consciência clara acerca do que estavam dizendo com essas figuras, pois eles podiam ser tudo, exceto pensadores consequentes. De acordo com o sentido das palavras usadas no modo de conceber as coisas, trata-se de um "increatum", isto é, um ser sem começo nem fim, que não necessitaria de nenhum outro. Tal coisa per definitionem (por definição) somente pode ser o próprio Deus; entretanto – devemos acrescentar – será Deus visto no espelho da physis (natureza) e, por isso, obscurecido até tornar-se irreconhecível. O "Unum" que os alquimistas procuram atingir corresponde à "res simplex", que o *Liber Quartorum* designa por "Deus"[146]. Esta alusão, contudo, é fato isolado, ao qual eu não gostaria de atribuir grande importância, dado o mau estado de conservação dos textos que dizem respeito ao assunto, ainda que as especulações de um Dorneus acerca do "Unum" e do "Unarius" não estejam muito longe da argumentação mencionada. Assim também diz a *Turba:* "E, contudo, não são naturezas diferentes nem múltiplas, mas é uma única (una) aquela que tem em si mesma todas as forças pelas quais sobressai às outras coisas. Não vedes que o Mestre co-

---

144. Alusão ao axioma de Demokritos.

145. RUSKA. *Turba philosophorum...* 1931, p. 192.

146. "Res ex qua sunt res est Deus invisibilis et immobilis, cuius voluntate intelligentia condita est, et voluntate et intelligentia est anima simplex, per animam sunt naturae discretae ex quibus generatae sunt compositae" (O ser, a partir do qual as coisas existem, é o Deus invisível e imóvel; por sua vontade foi criada a inteligência do universo; pela vontade e pela inteligência existe a alma simples; pela alma existem as coisas descontínuas na natureza, das quais foram formadas as coisas compostas). *Theatrum Chemicum*. V, 1622, p. 145.

meçou com uma só coisa (uno orditus) e terminou com uma só coisa? Então deu àquelas unidades (unitates) o nome de água do enxofre, a qual vence toda a natureza"[147]. A peculiaridade do enxofre também vem expressa no paradoxo de que ele é *incremabile* (incombustível) e uma *cinis extractus a cinere* (cinza tirada da cinza)[148]. Sua ação (como aqua sulfurea) é infinita[149]. O *Consilium Coniugii* diz dele: "Sulphur nostrum non est sulphur vulgi" (nosso enxofre não é o enxofre vulgar),[150] o que aliás se diz do ouro filosófico. Em Paracelsus *(Liber Azoth)* o enxofre é designado por "lignum" e "linea vitae" e por quádruplo (em correspondência aos quatro elementos). A partir dele se renova o espírito da vida[151]. A respeito do sulphur filosófico diz Mylius que tal coisa não poderá ser encontrada na Terra, mas apenas no Sol e na Lua, e que ele não pode ser nomeado por ninguém sem que isto tenha sido revelado por Deus[152]. Dorneus o chama de "filius genitus ab imperfectis" (filho gerado por [corpos] imperfeitos), que, quando sublimado, se torna o "sal altissimamente sublime das quatro cores". No velho *Tractatus Micreris* ele é simplesmente denominado "thesaurus Dei"[153].

Queremos contentar-nos com esses enunciados feitos a respeito do enxofre como substância do arcano e da transformação. Gostaria ainda de destacar aqui a observação de Paracelsus, a respeito da natureza quádrupla e a de Dorneus, discípulo de Paracelsus, sobre as quatro cores como um símbolo referente à *totalidade*. A entidade psíqui- 140

---

147. RUSKA. p. 255.

148. *Aurora Consurgens*. II. *Artis Auriferae*. I, 1593, p. 229. Sulphur incombustibile, em "Consilium Coniugii". p. 149.

149. "Non habet in suo actu finem, qui tingit in infinitum" (Não tem fim em sua atividade, porque tinge até o infinito), op. cit., 164.

150. Op. cit., p. 199.

151. Assim em HUSER. II, 1616, p. 525; em SUDHOFF. XIV, p. 555, em lugar de Sulphur φ; aqui como acima em Mylius unido ao arco-íris. Sem indicar motivos de crítica do texto ou outros motivos, Sudhoff coloca o *Liber Azoth* entre os Spuria. Não posso concordar com essa opinião.

152. *Philosophia Reformata*. 1622, p. 50.

153. *Theatrum Chemicum*. V, 1622, p. 106.

ca, que aparece como projeção em todas essas substâncias do arcano dotadas de tais características, é o *si-mesmo inconsciente*. Por causa deste último fato é que sempre de novo se impõe a semelhança conhecida entre o lapis e Cristo[154], o que se verifica também em relação ao sulphur na parábola mencionada acima a respeito das aventuras do adepto no bosque de Vênus. Como foi mencionado, ele adormeceu após uma conversa longa e instrutiva com a voz de Saturno. Em sonho vê ele junto à fonte do bosque dois vultos masculinos: um deles é Sulphur e o outro é Sal. Surge uma briga entre eles, e o Sal causa um *vulnus incurabile* (ferida incurável) em Sulphur. Logo em seguida sai-lhe o sangue pelo ferimento, tomando a forma de "leite branquíssimo". Em sono mais profundo ainda essa água se transforma num rio. Diana sai do bosque e se banha nessa água miraculosa. Um príncipe que passava (Sol) a vê, e ambos se inflamam de amor recíproco; Diana desmaia e submerge. O séquito do príncipe não quer salvá-la[155], por temor daquela água perigosa; então o príncipe se atira na água e é arrastado por Diana para o fundo. Em seguida aparecem por sobre o rio as almas dos dois e declaram ao adepto que não voltarão "in tam polluta corpora" (para dentro de corpos tão poluídos) e que se alegram de terem conseguido libertar-se deles. Eles ficarão pairando aí até que a névoa e a nuvem desapareçam. Nesse ponto o alquimista retorna ao sonho anterior e, junto com muitos outros alquimistas, encontra o cadáver de Sulphur perto da fonte; cada um toma

---

154. Tratado extensamente em *Psychologie und Alchemie* (*Psicologia e alquimia*). 2. ed., 1952 [OC, 12], p. 471s.

155. O rio, ainda que pequeno, é *periculosissimus*. Os criados dizem que uma vez já tentaram atravessá-lo, mas "vix a periculo aeternae mortis evasimus" (apenas escapamos do perigo da morte eterna). Não se trata, pois, de um perigo de vida comum, mas da *morte eterna*. Os criados acrescentam ainda: "Scimus etiam quod et alii nostri antecessores hic perierunt" (Sabemos que alguns dos nossos predecessores morreram aí). Os criados são os alquimistas, e o rio, ou sua água, simboliza o perigo que os ameaça, que é o *afogamento*, ao que tudo parece. O perigo psíquico do *opus* consiste na extinção do inconsciente e na perda da alma causada por isso – daí a "morte eterna". Possuo um manuscrito alquímico do século XVII, no qual ocorre uma irrupção do inconsciente no decurso da série de figuras e produz desenhos que contêm todas as características da esquizofrenia.

para si um pedaço dele para usá-lo (sem resultado) em suas experiências[156]. Ficamos sabendo ainda que Sulphur não é apenas "medicina", mas também "medicus" – o *médico ferido*[157]. Sulphur sofre destino igual ao do corpus que foi trespassado pela lança de Mercurius. Remeto o leitor para a gravura de *Pandora* (1588), que reproduzi em *Paracelsica*. O corpus é aí simbolizado como o Cristo (segundo Adão) trespassado pela lança de uma melusina, chamada Lilith ou Edem[158].

---

156. "De Sulfure". *Musaeum Hermeticum*. 1678, p. 639s.

157. O Prof. Karl Kerényi amavelmente me colocou à disposição o manuscrito de seu estudo "Asklepios e os lugares de seu culto", obra de enorme interesse justamente para os médicos (entrementes apareceu nas publicações da Ciba). O autor designa o médico primevo como "o ferido que fere" (por exemplo Machaon). É curioso que existam outros paralelos para o nosso tratado: O princeps é designado como *vir fortis*. Ele é sem dúvida o Sol e surpreende Diana durante o banho. O mito acerca do nascimento de Asklepios diz: Apolo surpreende Koronis (a "gralha") durante o banho. Koronis, por ser preta, se refere à lua nova (σύνοδος *solis et lunae*), cuja periculosidade vem reproduzida no nome de seu pai Phlegyas (que pode ser traduzido por "incendiário"). Seu irmão ou tio materno é Ixion, violentador e assassino. A relação entre Koronis e a Lua é deduzida também do fato de Phoibe (Lua) ser uma antepassada sua. Estando ela já grávida de Asklepios, filho de Apolo, se compromete ela ainda com Ischys (ἰσχύς – força) ctônico, o vir fortis, e é morta por Artemis como castigo. A criança é salva por Apolo, que a retira do corpo da mãe e da fogueira. Kerényi aceita a identidade entre Apolo luminoso e o Ischys sombrio. (Identidade semelhante seria Asklepios = Trophonios). Os ferimentos dos médicos em geral são flechadas. Também Asklepios sofre o mesmo destino e é alvejado pela seta de Zeus, e tudo isso por "excès de zèle et pouvoir"; pois ele tinha não apenas curado doentes, mas até mesmo chamado de volta os mortos, o que era demais para Plutão (Cf. tb. WILAMOWITZ-MOELLENDORFF, V. Isyllos von Epidaurus. *Philolog. Untersuch.* 9. Heft, 1886, p. 44s.). O "Novum Lumen Chemicum *menciona um* Aenigma Coronidis" (*Musaeum Hermeticum*. 1678, p. 585s.), que nada contém que faça alusão ao mito, a não ser a miraculosa "aqua aliquoties in somno tibi manifestata" (a água que algumas vezes te foi manifestada durante o sono). DOM PERNETY. *Fables Egyptiennes et Grecques.* II, [s.l.]: [s.e.], 1758, p. 152) interpreta corretamente Coronis como *putrefactio, nigredo, caput corvis* e considera o mito simplesmente como o *opus*, o que se adapta de maneira surpreendente, uma vez que a alquimia, o que ela própria ignorava, é filha desta mitologia ou daquela matrix, da qual já havia nascido o mito clássico como seu irmão mais velho.

158. Cf. tb. a gravura 150 em *Psychologie und Alchemie* (*Psicologia e alquimia*). 2. ed., 1952 [OC, 12], p. 406. Aí uma das *tela passionis* que causam o ferimento está marcada com o sinal de Mercurius (caduceus) e a outra com o do Sulphur.

141   Esta analogia mostra que, por ser o enxofre uma substância do arcano, atribui-se a ele analogia completa com Cristo e, portanto, para o alquimista o enxofre devia ter significado semelhante ao de Cristo. Diante de tal absurdo poderíamos ser tentados a afastar-nos de tudo isso, se não tivéssemos chegado à compreensão que foi o inconsciente que impôs ao alquimista essa semelhança, ora de modo nítido, ora apenas por uma alusão. Certamente não há diferença maior do que aquela que existe entre a representação santíssima da consciência e o mineral enxofre com suas transformações químicas malcheirosas. Portanto, essa semelhança de modo algum se situa no domínio dos sentidos, mas somente pode ter surgido quando o alquimista se ocupava com a substância química de modo profundo e apaixonado: lentamente foi surgindo em seu espírito um tertium comparationis que se lhe impôs com insistência cada vez maior. O que há de comum entre essas duas ideias extremamente incomensuráveis é o si-mesmo, essa ideia da totalidade do homem, que de uma parte atingiu no "Ecce homo" seu desenvolvimento mais belo e mais importante, e de outra parte se apresenta como o que há de menor, de mais desprezível, de mais insignificante; e justamente sob esta forma se aproxima ela da consciência, provindo do inconsciente. Sendo um conceito da totalidade humana, o si-mesmo já é *per definitionem* (por definição) algo maior do que a personalidade consciente do eu, porque além dela abrange também a sombra pessoal e o inconsciente coletivo. Inversamente, porém, parece à consciência do eu que o fenômeno todo do inconsciente é de tal modo sem importância que poderia ser explicado muito melhor como uma *privatio lucis* (privação da luz)[159] do que como algo a que se atribui uma existência autônoma. Além do mais, a consciência é crítica e desconfiada em relação a tudo que é designado como inconsciente, considerando-o como coisa duvidosa e impura. A fenomenologia psíquica do si-mesmo é paradoxal como o conceito indiano de *Atman,* que ora abrange o universo, ora reside no coração como o "Pequeno Polegar". A ideia oriental de Atman-Purusha, do ponto de vista psicológico, corresponde no Ocidente à figura de Cristo, que de uma parte é a segunda pessoa da

---

159. Além do mais, isso também se destaca da designação como "in-consciente".

Trindade e Deus mesmo, e de outra parte, quanto à sua existência humana, desde o nascimento no estábulo (por assim dizer, entre animais) até a morte ignominiosa na cruz entre dois ladrões, corresponde à figura do servo de Deus[160] sofredor dada por Isaías. De modo mais nítido ainda, segundo Hippolytus, traça a *gnosis naassênica* o contraste apresentado pelo Salvador. Diz uma passagem impressionante:[161] 'Abri as portas vós que sois seus governantes, e elevai-vos vós, portas eternas, que o Rei da Glória vai entrar'[162]. Isto é o milagre dos milagres. 'Pois quem', diz ele (o Naasseno), 'é esse Rei da Glória? *Um verme e não um homem,* uma ignomínia humana e uma dejeção do povo[163], esse é o próprio rei e o poderoso na guerra'". A guerra, porém, se refere, na opinião deles, ao conflito dos elementos que se combatem entre si em seu corpo. Esta associação da passagem do salmo com a ideia do conflito não é ocasional, pois a experiência psicológica mostra que os símbolos do *si-mesmo* aparerecem nos sonhos e na imaginação ativa, nos momentos das colisões mais violentas de pontos de vista opostos, como tentativa de compensação para intermediar no conflito e para "de inimigos fazer amigos", como se exprime o alquimista. Por isso o lapis, na verdade originado do dragão, é decantado como salvador e mediador, por representar o equivalente do salvador, surgido do inconsciente. Esse paralelismo entre lapis e o Cristo oscila entre a pura analogia e a identidade muito abrangente, mas em geral não é levada até às últimas consequências, de modo que permanece uma duplicidade no modo de conceber. Mas isto causa bem pouca admiração, porque ainda hoje geralmente não progredimos tanto que possamos entender a Cristo como a realidade psíquica de um arquétipo, sem

---

160. Isaías 52,14: "Como muitos se horrorizam por causa dele – tão desfigurado, já não era humano o seu aspecto e sua forma já não era a dos filhos do homem". 53,2s.: "Ele cresceu como um rebento, como uma raiz em terra seca; ele não tinha nem forma nem beleza para que olhássemos para ele, nenhum aspecto que nos causasse agrado. Estava ele desprezado e abandonado pelos homens, um homem das dores e experimentado na doença, como alguém, diante do qual cobrimos o rosto; estava ele tão desprezado que para nós nada valia".

161. *Elenchos.* V, 8, 18.

162. Salmo 24,7s.

163. Salmo 22,7s.

nada alterar em sua realidade histórica. Eu não duvido da verdade histórica de um Jesus de Nazaré, mas a figura do "Filho do Homem" e do Cristo Salvador tem pressupostos arquetípicos. Esses pressupostos fornecem o fundamento para as analogias da alquimia.

142   Os alquimistas, mesmo como pesquisadores da natureza, demonstraram seu espírito cristão pela *pístis* (fé confiante) em relação ao objeto de sua ciência, e não foi culpa deles se em muitos casos a psique se revelou mais forte do que a substância química e seus mistérios muito bem guardados. Somente a exatidão moderna da inteligência observadora indicou a balança como a chave para as portas trancadas que dão acesso às combinações químicas, depois de o pressentimento alquímico já muitos séculos antes haver destacado a importância de "pondus, gradus et mensura"[164]. A experiência mais imediata, ao lidar com a matéria, era a de achar que a matéria estava perpassada por uma alma, dado que para o homem medieval parecia evidente por si mesmo, pois cada missa, mesmo cada rito eclesiástico, bem como a atuação miraculosa das relíquias estavam como que demonstrando para ele que esta era a realidade natural das coisas. Foi mesmo preciso que ocorressem antes o "Esclarecimento" francês (Aufklärung) e o abalo profundo da imagem do mundo ancorada na metafísica, para que um Lavoisier sentisse a coragem de finalmente tomar na mão a balança. Mas, por ora, os alquimistas estavam ainda fascinados pela alma da matéria, que a própria alma humana lhe havia conferido por meio da projeção, ainda que este fato lhe fosse inconsciente. Ao ocuparem-se eles intensamente com a matéria concreta, seguiam eles essas pegadas, que os conduziam a um domínio que, no entanto, nem de longe tem o mínimo a ver com a Química, de acordo com a maneira moderna de julgar as coisas. O trabalho intelectual nesse sentido consistia então principalmente na apreensão intuitiva e na cristalização de fatos psíquicos, enquanto que ao intelecto cabia apenas a tarefa modesta de um criado. Por vários séculos nenhuma psicologia se mostrou capacitada para penetrar nos resultados obtidos por essa pesquisa singular. Se alguém não compreende uma pessoa, geralmente a tacha de boba. A falta de sorte do alquimis-

---

164. Peso, grau e medida.

ta era que eles próprios lamentavelmente não sabiam de que estavam falando. Apesar disso, dispomos de testemunhos suficientes sobre a estima que eles tinham para esse objeto de estudo, e sobre a admiração que lhes inspirava a natureza misteriosa da matéria. Tinham, pois, descoberto no enxofre – para ficarmos com o exemplo do Sulphur – bem como no pérfido Mercúrio, cheio de veneno e de astúcia, a analogia com a figura mais santa de sua religião, não obstante ser o enxofre um dos atributos habituais do inferno e do diabo. Por isso, deram ao arcano símbolos que indicassem sua natureza maligna, perigosa e sinistra, mas escolheram para isso justamente os símbolos usados para Cristo, em sentido positivo, pela literatura patrística que conheciam. Cito aqui a serpente, o leão, a águia, o fogo, a nuvem, a sombra, o peixe, a pedra, o unicórnio, o rinoceronte, o verme, o corvo noturno, o homem traído pela mulher, a galinha, a água e outros mais. Na verdade, esse emprego curioso certamente é favorecido pelo fato de a maioria das alegorias patrísticas, a par de seu significado positivo, permitirem também interpretação negativa. Assim, por exemplo, o lobo depredador significa em S. Eucherius[165] o apóstolo Paulo *in bonam partem* (em bom sentido), mas *in malam partem* (em mau sentido) o diabo.

Desse estado de coisas devemos concluir que os alquimistas descobriram o fato psicológico singular da existência da sombra, a qual se situa (de modo compensador) em oposição à forma positiva e consciente. Para eles a sombra não significava, de maneira alguma, uma privatio lucis (privação da luz), mas muito mais uma realidade verdadeira, a ponto de julgarem reconhecer sua consistência material; e por causa desse estado concreto lhe atribuíam a dignidade de uma matrix ou substância incorruptível e eterna. A esse descobrimento, que por assim dizer é psicológico, corresponde no campo religioso o fato histórico de ter sido unicamente com o Cristianismo que o diabo, "adversário eterno de Cristo", ganhou propriamente forma, bem como o outro fato de já no Novo Testamento ter surgido a figura do Anticristo. Seria, pois, fácil imaginar que os alquimistas tivessem chegado à ideia de terem eles incitado o demônio a sair da matéria som-

143

---

165. S. *Eucherii liber de Spiritualibus Formulis*. Cap. V.

bria. Já acabamos de ver que existem alusões nesse sentido. Constitu-em, porém, exceções; de modo geral predomina, e muito, a concep-ção otimista, propriamente característica da alquimia, de que esse ser tenebroso estava destinado a tornar-se o remédio, como nos mostra a designação do sulphur como *medicina et medicus* (remédio e médi-co), apesar de ser ele muito suspeito. Justamente esta designação é também uma alegoria de Cristo em S. Ambrósio[166]. A designação gre-ga correspondente phármakon (veneno e remédio) mostra essa ambi-valência. Em nossa parábola do enxofre há analogia entre o rio de "água periculosíssima", que a muitos já causou a morte, e a "aqua de latere Christi", ou respectivamente "ilumina de ventre Christi"[167]. O que aqui é uma torrente da graça, lá representa veneno mortal, no qual se encontram, no entanto, possibilidades de cura.

144   Esta indicação não é apenas eufemismo ou otimismo para agra-dar, mas corresponde à percepção intuitiva do efeito compensador da posição oposta. Não deve, pois, ser ela interpretada em sentido dualístico como se fosse simplesmente uma coisa oposta, mas deve ser vista como uma complementação, ainda que indubitavelmente perigosa, da posição da consciência, mas que nem por isso deixa de ser um auxílio valioso. Isso está de acordo com a realidade funcional do inconsciente. Como consta da experiência médica, o inconsciente se apresenta de fato como movido por uma tendência compensado-ra, da qual está repleto, ao menos na amplitude do que se considera normal. No domínio patológico acho ter encontrado casos em que a tendência do inconsciente deve ser tida por dominantemente destrui-dora, ao menos de acordo com a opinião humana. Em tais casos, po-rém, não me parece fora de propósito a ponderação de que a auto-destruição do irremediavelmente imprestável ou mau, se for conside-rada no sentido mais elevado, possa ter igualmente valor compensa-tório. Há realmente assassinos que consideram oportuna a sua exe-cução, e suicidas que sentem a morte próxima como um triunfo.

145   Portanto, os alquimistas de fato não descobriram a estrutura ocul-ta da matéria, mas acabaram descobrindo a estrutura da alma, ainda

---

166. MIGNE. *Patrologia Latina*. T. XIV, col. 1.011 e 1.086.

167. Torrentes que saem do corpo de Cristo.

que mal pudessem estar verdadeiramente conscientes do alcance de sua descoberta. O paralelismo ingênuo deles entre o lapis e Cristo mostra não apenas uma simbolização do arcano químico, mas igualmente uma simbolização da figura de Cristo. Esta identificação, ou colocação em paralelo, de Cristo com um fator químico, o que em sua essência é apenas uma projeção do inconsciente, tem um efeito retroativo na interpretação do Salvador. Se, pois, a (Cristo) = b (lapis) e b = c (o inconsciente), então a = c. Não é absolutamente necessário que se tire conscientemente tal conclusão para que ela se torne atuante. Se é dado apenas um impulso para isso, como por exemplo no paralelismo entre lapis e Cristo, então a conclusão é como que tirada espontaneamente, mesmo quando ela não atinge a consciência, e ela passa a ser uma propriedade não pronunciada e espiritual daquela orientação que por primeiro realizou a igualdade. Esta propriedade, como parte integrante do estado de espírito, passa também para os herdeiros, representados neste caso principalmente pela Ciência da Natureza. A consequência desta identidade consiste na transferência do nume religioso para a physis (natureza), e com isso finalmente para a matéria, que desse modo recebe a capacidade de, a partir de então, tornar-se por seu turno um princípio "metafísico". Ao prosseguir na linha de suas ideias fundamentais, como mostrei em *Psychologie und Alchemie* (*Psicologia e alquimia*), a alquimia contrapôs consequentemente ao Filho do Espírito um filho da terra e dos astros (ou dos metais), e ao Filho do Homem ou filius microcosmi um filius macrocosmi; e com isso professou, sem o saber, que nela própria reside um princípio que, mesmo que não possa substituir o espírito, contudo pode contrapor-se ao espírito de maneira autônoma. Entretanto tinha ela maior ou menor consciência de que seu conhecimento e sua verdade com certeza eram de proveniência divina, mas que não provinham da Sagrada Revelação, e sim da inspiração particular ou do lumen naturae, isto é, da sapientia Dei oculta na natureza. A autonomia de seus conhecimentos se mostrou verdadeira ao dar origem à emancipação da Ciência que se libertou da prerrogativa da Fé. Deve-se atribuir à intolerância e à falta de perspicácia humanas a circunstância de por fim ter surgido conflito declarado entre a Fé e a Ciência. Entre coisas incomensuráveis é impossível haver ou conflito ou comparação. A única atitude possível é a de tolerância recíproca. Nenhuma das duas é capaz de tirar a validade da outra. As convicções religiosas existentes, além de se fundarem em motivação sobrenatural, se apoiam também em fatos psicológicos, que têm o mesmo direito de existir como os fatos de qualquer outra ciência experimental. Se isto não puder ser compreendido por uma das partes ou pela outra, nem por isso serão afetados os fatos em qualquer coisa, pois eles subsistem, quer o homem os compreenda quer não, e quem não tiver os fatos a seu favor, mais cedo ou mais tarde, acabará perdendo.

146   Com isso pretendo encerrar o capítulo sobre o sulphur. Esta substância do arcano deu-nos oportunidade de fazer uma consideração de caráter geral. Isto não terá sido inteiramente casual, pois o enxofre constitui a substância ativa do Sol, o que transposto para a psicologia significa a *força impulsionadora na consciência*. Essa força é constituída, de uma parte, pela vontade, que concebemos muito melhor como um dinamismo subordinado à consciência, e de outra parte, pelo "estar-sendo-impelido", que é uma motivação involuntária ou um "estar-em-movimento", que vai desde o simples interesse até à possessão propriamente dita. O dinamismo inconsciente poderia corresponder ao sulphur, pois o "estar-sendo-impelido" é o grande mistério da nossa vida humana, o cruzamento da nossa vontade consciente e de nossa razão por uma entidade inflamável, que ora se manifesta como incêndio destruidor, ora como calor a dispensar a vida.

147   As causas eficiente e final dessa falta de liberdade residem no inconsciente e constituem aquela parte da personalidade que deveria ser acrescentada ao homem formado pela consciência para que ele se tornasse completo. É inicialmente um pedaço insignificante – *um lapis exilis, in via eiectus* [168] – que muitas vezes se torna incômodo para nós ou se coloca em oposição a nós, porque representa algo que põe à mostra ad oculos (visivelmente) nossa inferioridade secreta. Deve provir desse seu aspecto toda aquela resistência que se sente em relação à psicologia em geral e ao inconsciente em particular. Simultaneamente, porém, com essa parcela capaz de completar nossa consciência para constituir uma totalidade, já existe também no inconsciente essa totalidade, que é esse *homo totus* (homem todo) ocidental ou aquele verdadeiro homem (chên yên) dos alquimistas chineses, o ser

---

168. Uma pedra ordinária, atirada na rua.

primordial redondo, que representa o homem interior maior, o *ánthropos* (homem) aparentado com a divindade. Esse homem interior é em parte necessariamente inconsciente, pois a consciência como parcela do homem é incapaz de abranger o todo. Mas o homem total já está existindo sempre, pois a divisão do fenômeno homem é efeito da consciência, que consta apenas das representações supraliminares. Nenhum conteúdo psíquico pode tornar-se consciente, se não possuir certa tensão energética determinada. Diminuindo esta, torna-se o conteúdo subliminar ou inconsciente. Esta circunstância permite fazer uma seleção entre os diversos conteúdos possíveis, pois os capazes de atingir a consciência são separados dos incapazes. Por meio desta separação surge de uma parte a *consciência,* representada em sua claridade diurna pelo Sol, e de outra parte aparece a *sombra,* que corresponde à *umbra solis* (sombra do Sol).

O "estar-sendo-impelido" provém, portanto, de duas fontes: em parte da sombra e em parte do *ánthropos.* Esse estado de coisas explica suficientemente a natureza paradoxal do sulphur, que como corruptor não fica muito longe do diabo, mas em compensação se apresenta também como um paralelo para Cristo.   148

4. Luna (Lua)

A. *A importância da lua*

Luna, como já foi cabalmente mencionado, é o oposto do Sol; por isso é fria[169], úmida, de luz fraca até à escuridão, feminina, corpórea, passiva etc. De acordo com isso, seu papel mais importante é o de ser a parceira do Sol na conjunção. Como uma divindade feminina de brilho suave, é ela a amante. Já Plinius a chama de *"femininum ac molle sidus"* (astro feminino e suave). É soror et sponsa (irmã e noiva), *mater et uxor Solis*[170] (mãe e mulher do Sol). Para ilustrar o relacionamento entre o Sol e a Lua, gostavam os alquimistas de empregar o Cântico   149

---

169. "Sol calidus, Luna frigida est" (O Sol é quente, a Lua é fria). "Gloria Mundi". In: *Musaeum Hermeticum*. 1678, p. 275.

170. DORNEUS. In: *Theatrum Chemicum*. I, 1602, p. 424.

dos Cânticos[171], como por exemplo a *Aurora Consurgens I* em suas "confabulationes dilecti cum dilecta" (conversas do amado com a amada)[172]. Em Atenas o dia da lua nova era considerado a data mais favorável para o casamento, também é tradição árabe casar-se na lua nova; o Sol e a Lua são cônjuges que se abraçam no 28º dia[173]. De acordo com essa concepção antiga, a Lua é um *vaso do Sol:* Luna é um receptaculum universale omnium, principalmente do Sol[174], e é chamada também de *infundibulum terrae* (funil da Terra) por receber "as forças do céu e as derramar" (recipit et infundit)[175]; ou também se diz que a umidade lunar (lunaris humor) recebe a luz solar[176], ou que a Lua se aproxima do Sol para "como que haurir de uma fonte a forma universal e a vida natural"[177], ou que ela proporciona a concepção do "sêmen universal do Sol" em sua quintessência, o "venter et uterus natu-

---

171. "Idque Philosophi diversimodo indigitarunt, atque Sponso et Sponsae (quemadmodum etiam Salomon in Cantico Canticorum suo ait) compararunt" (Isso os filósofos indicaram de modo diferente e o compararam com o esposo e a esposa [como Salomão no Cântico dos Cânticos]). "Aquarium Sapientum". In: *Musaeum Hermeticum.* 1678, p. 90.

172. O modelo direto foi talvez a Epistola Solis ad Lunam crescentem (Epístola do Sol à Lua crescente) de Senior; o estímulo para isso poderia ter partido de CÍCERO. *De natura Deorum.* III, 11: "Nisi vero loqui solem cum luna putamus, cum proprius accesserit..." (Se não acreditamos que o Sol fala com a Lua quando se aproximam...) Luna foi identificada como a esposa por excelência, a saber, *Juno:* "Lunam ac Junonem eandem putantes" (Acham eles que a Lua e Juno são a mesma coisa). MACROBIUS. *Saturnal.* Lib. I, cap. XV.

173. WITTEKINDT. *Das Hohe Lied und seine Beziehungen zum Istarkult.* 1925, p. 13 e p. 23. Mais informações em EISLER. *Weltenmantel und Himmelszelt.* 1910, p. 122s., 370, 435, 602.

174. PENOTUS. In: *Theatrum Chemicum.* I, 1602, p. 681.

175. STEEBUS. *Coelum Sephiroticum.* 1679, p. 138. A opinião original em Plutarchus: De Iside, cap. 43: "Repleta e fecundada por Helios, ela (Selene, Lua) envia e distribui (χατασπείρουσαν) os germes criadores (γεννητιχὰς ἀρχάς)".

176. "Consilium Coniugii". 1566, p. 16.

177. DORNEUS. "Physica Genesis". *Theatrum Chemicum.* I, 1602, p. 397. Já em Firmicus Maternus (*Matth.* I, 4, 9) encontramos a ideia de que a Lua como que renasce junto do Sol; essa ideia encontrou o máximo desenvolvimento na analogia patrística da Igreja-Luna. Cf. H. RAHNER. Mysterium Lunae. *Zeitschrift für kirchliche Theologie.* Ano 63, 1939, p. 311s., e Ano 64, 1940, p. 61s.

rae" (ventre e útero da natureza)[178]. Neste sentido existe certa analogia entre a Lua e a Terra, como já indicaram Plutarchus e Macrobius[179]. Está assim na *Aurora Consurgens I:* "Terra fecit Lunam" (a Terra fez a Lua), e aí não se deve deixar de considerar que a Lua também significa a *prata.* Mas as declarações da alquimia sobre a Lua são de tal modo complexas, que se pode dizer igualmente que a prata é mais um sinônimo ou símbolo para o arcano da "Luna". Entretanto, uma declaração, como a mencionada há pouco, pode ter sido ocasionada em primeiro lugar por se considerar a suposta origem dos minérios na Terra. Também a Terra "concebe" as forças dos astros, o Sol gera nela o outro etc. *Aurora Consurgens I* equipara por isso a Terra com a esposa. "Ego sum illa terra sanctae promissionis" (Eu sou a terra da santa promessa)[180]; ou ao menos o hierósgamos se realiza na Terra[181]. Quanto à albedo, a Terra e a

---

178. DORNEUS. "Physica Trismegisti". *Theatrum Chemicum.* I, 1602, p. 426. Já entre os estoicos Luna tem o papel de intermediária entre o mundo das estrelas eternas e o reino inferior do terreno; do mesmo modo em MACROBIUS. *Somn. Scip.* I, 21, está a Lua no limite entre as coisas divinas e as transitórias. WILHELM MENNENS. "Aurei Velleris". Libri III. *Theatrum Chemicum.* V, 1622, p. 321, diz: "Verum Luna, cum infimus sit planetarum, ut matrix concipere fertur virtutes astrorum omnium rebusque inferioribus deinceps impartiri... Luna universas siderum vires... gignendis rebus cunctis et potissimum earum seminibus infert inseritque..." (Como a Lua é o mais baixo [mais próximo da Terra] dos planetas, diz-se ser ela como uma matriz que recebe a força de todas as estrelas e depois a distribui às coisas mais baixas... A Lua infunde e dissemina as forças de todos os astros... a todas as coisas que estão em formação e principalmente a todas as sementes...) Também exerce a Lua seu influxo doador de vida sobre os minerais: "... etiam in interraneis eiusdem (scl. terrae) visceribus lapidum, metallorum, imo animantium species excitando condendoque" etc. (Também no interior da Terra, nas vísceras das pedras, e mesmo dos seres vivos, excitando e criando as espécies etc.).

179. PLUTARCHUS. *De Facie in orbe Lunae.* 21; MACROBIUS. *Somn. Scip.* I, 11; *Orph. Fr.* 81: "ἄλλη γαῖα". Cf. EISLER. *Weltenmantel und Himmelszelt.* II, 1910, p. 657.

180. Cap. XII, Par. 7.

181. "Iste vult concumbere cum matre sua in medio terrae" (Ele quer deitar-se com sua mãe no meio da Terra). "Allegoriae Sapientum supra librum Turbae". *Theatrum Chemicum.* V, 1622, p. 69. BLASIUS VIGENERUS. "De Igne et Sale". *Theatrum Chemicum.* VI, 1661, p. 98) diz: "Et coelum corporum incorruptibilium et inalterabilium sedes et vas est Luna, quae humiditati praesidet, aquam et terram repraesentat" (O céu é a sede dos corpos incorruptíveis e inalteráveis, e seu vaso é a Lua, que governa a umidade, e assim representa a água e a terra).

Lua coincidem no mesmo, pois de uma parte a Terra, depois de sublimada e calcinada, aparece como *terra alba foliata,* da qual se diz que
é o "bem procurado", "como a mais branca neve"[182] e de outro lado a
Luna é a senhora da albedo[183], a femina alba da coniunctio[184] e a "mediatrix albedinis"[185] (mediadora da brancura). O enxofre dela é branco, como já mencionado. De modo especial é importante o plenilunium (lua cheia): "Fulgente Luna in suo plenilunio" (fulgindo a Lua no
plenilúnio), é enxotado o "cão danado", o perigo que ameaça a criança divina[186]. Em Senior a Luna plena é a substância do arcano (v.
mais adiante).

150   Segundo a tradição antiga, Luna é despenseira da *umidade* e a senhora do câncer aquoso (♋). Michael Majer diz que a umbra solis
não pode ser destruída se o Sol não entrar em (♋), mas (♋) é a "casa
da Luna, e a Luna é a senhora dos humores"[187] Conforme a *Aurora*

---

182. "Rosarium Philosophrum". *Artis Auriferae.* II, 1593, p. 338s.: "Cum autem vide-
ris terram sicut nivem albissimam... est cinis a cinere et terra extractus, sublimatus, ho-
noratus... est quaesitum bonum terra alba foliata" (Quando vires a terra como neve
branquíssima... é a cinza extraída da cinza e da terra, sublimada e honrada... é o bem
procurado na terra branca em forma de folha).

183. "Primum enim opus ad Album in Domo Lunae" (Pois a primeira obra para a
brancura é feita na casa da Lua). *Arc. Herm. Phil. Opus.* 1553, p. 82.

184. O *servus rubicundus* e a *femina alba* formam o par tradicional. A "Branca" tam-
bém ocorre na alquimia chinesa e é comparada a uma virgem: ("The white lives inside
like a virgin". Lu-Ch'iang Wu and DAVIS, T.L. An Ancient Chinese Treatise on
Alchemy. *Isis.* XVIII, p. 238). Quanto ao "branco" da Lua cf. tb. a tradução de Witte-
kindt de Ct 6,10:
"Quem é ela que se levanta,
Como a Lua (?)
Bela como a 'Branca'".
(*Das Hohe Lied.* p. 8). Lebana = a Branca como designação da lua em Is 24,23 e
30,26.

185. "Luna plena est mediatrix albedinis". RIPLEY, G. *Oppera omnia Chemica.* 1649,
p. 362. De modo análogo "Gloria Mundi". *Musaeum Hermeticum.* p. 217; "Fons
Chem. Phil." *Musaeum Hermeticum.* 1678, p. 809.

186. "Introitus Apertus". *Musaeum Hermeticum.* 1678, p. 659. Este trecho pertence
ao mito do "infans noster Hermaphroditus", que não pode ser tratado aqui.

187. *Symbola aureae mensae duodecim nationum.* 1617, p. 377.

Consurgens II, ela é a própria água[188], "roris nutrix larga"[189] (a nutriz liberal do orvalho). O estudo de Rahner acerca do *Mysterium Lunae* mostra por extenso o uso generalizado que os Santos Padres faziam da parábola do orvalho lunar para ilustrar a atuação da graça por meio dos sacramentos da Igreja. Também neste ponto a simbólica da Patrística exerceu influência muito grande nas alegorias dos alquimistas. Existe um orvalho da vida e um suco da vida, que saem da Lua: "Esta Lua é um suco da vida (succus vitae) que está oculto no Mercurius"[190]. Já a alquimia grega aceitava um princípio na Lua (τὴν τῆς σελήνης οὐσίαν, "o líquido do filósofo" (τὰ ὑγρὰ τοῦ φλοσόφου), como Christianos[191] o chama[192]. Aquele relacionamento entre a Lua e a *alma*[193], que a antiguidade destacava muito, decerto também se

---

188. *Artis Auriferae*. I, 1593, p. 191.

189. "Consilium Coniugii". 1566, p. 57. De modo semelhante "Rosinus ad Sarratantam": "Humiditas... ex dominio Lunae" (a umidade... do domínio da Lua); *Artis Auriferae*. I, 1593, p. 301. Macrobius diz sobre isso: "Sed nescio quae proprietas... et quaedam natura inest lumini, quod de ea defluit, quae humectet corpora et velut occulto rore madefaciat" (Mas certa propriedade... e certa natureza reside nesta luz que dela escorre e umedece os corpos e os molha como por um orvalho oculto). (*Saturnal*. Lib. VII, cap. XVI).

190. *Musaeum Hermeticum*. 1678, p. 809.

191. Ele a compara com a πηγὴ ἀέναος τοῦ παραδείσου (a fonte perene do paraíso). BERTHELOT. *Collection des anciens alchimistes grecs*. 1887/88, VI, I, 2, 1. 8. Em MACROBIUS. *Somn. Scip.* I, 11, a Lua é "mortalium corporum auctoi et conditrix" (autora e criadora dos corpos mortais); I, 19 diz: "φυρικόν autem, id est crescendi natura, de lunari ad nos globositate perveniunt" (O que é físico, isto é, a natureza do crescimento, chega até nós por meio da redondeza da Lua).

192. Ὁ Χριστιανὸς não é nenhum nome próprio, mas a designação sob a qual se oculta algum anônimo que passa por *philosophus christianus*. Deve ter sido mais ou menos um contemporâneo de Stephanus de Alexandria, e com isso também do imperador Heraclius. Poderia, pois, ter vivido em torno da passagem do século VI para o século VII.

193. A Lua recebe as almas dos mortos: Cf. HEGEMONIUS. *Acta Archelai*. 1906, p. 11 [BEESON (org.)]. É da Lua que vem a alma ("... τὴν δὲ ψυχὴν ἡ σελήνη ... παρέσχεν εἰς τὴν γένεσιν". (A Lua apresenta a alma para o nascimento). PLUTARCHUS. *De Fac. in orb. Lun.* XXVIII). Mais ainda na Dissertação de Halle de P. Capelle: *De Luna Stellis Lacteo Orbe Animaram Sedibus*. 1917.

encontra na alquimia, mas com outro matiz. Primeiro – e este é o caso geral – provém da Lua aquele *orvalho,* ou a Lua é aquela *aqua mirifica*[194], que extrai dos corpos as almas ou lhes empresta a vida da alma. Junto com o Mercúrio a Lua irriga o dragão despedaçado com sua umidade e o reanima, sim "faz com que ele ande, corra, se transforme, e que sua cor se torne semelhante ao sangue"[195]. Como água de ablução cai do céu o orvalho e purifica o corpo e o prepara a fim de tornar a receber a alma[196], isto é, produz a albedo, o branco estado da inocência, que espera o esposo à semelhança da Lua e da noiva.

151   Como os alquimistas muitas vezes eram também médicos, certamente as opiniões da medicina de Galenus influenciaram suas concepções a respeito da Lua e dos efeitos dela. Galenus chama a Lua de *princeps* (príncipe), que "merito terrestrem hanc regionem gubernat: non potentia caeteros planetas, sed vicinitate exuperans" (que com razão governa esta região terrestre, ultrapassando os outros planetas não por sua força mas por sua proximidade). Ele também a torna responsável por todas as mudanças corporais na doença e na saúde; igualmente, seus aspectos são decisivos para os prognósticos.

152   A crença antiquíssima de que a Lua promove o crescimento das plantas influiu na alquimia não apenas para que se fizessem declarações semelhantes, mas também para que se formasse a concepção curiosa de que a própria Lua é uma planta. Assim diz o *Rosarium Philosophorum:* O Sol é chamado de *animal magnum* (grande animal), a Lua, porém, de "planta"[197]. Encontram-se nas ilustrações da alquimia numerosas árvores[198] que representam o Sol e a Lua. No *Scrip-*

---

194. "Aqua mercurialis Lunae" e "fons matris". Cf. Rosinus ad Sarratantam. *Artis Auriferae.* I, 1593, p. 299.

195. "Scriptum Alberti..." *Theatrum Chemicum*. II, 1602, p 525.

196. "Rosarium Philosophorum". *Artis Auriferae*. II, 1593, p. 275s.

197. "Rosarium Philosophorum". *Artis Auriferae*. II, 1593, p. 243.

198. Cf. as estampas em *Psychologie und Alchemie (Psicologia e alquimia)*. 2. ed., 1952 [OC, 12], p. 331, 352, 480. Cf. tb. as árvores solares e lunares da "Domus Solis" do *Romance de Alexandre*: "Forsitan vultis videre e sacratissimas arbores Solis et Lunae, quae annuntient vobis futura" (Talvez queirais ver as sacratíssimas árvores do Sol e da Lua para que vos anunciem o futuro) (HILKA, A. *Der altfranzösische Prosa-Alexanderroman nach der Berliner Bilderschrift usw.* [s.l.]: [s.e.], 1920, p. 203s.).

tum Alberti o "circulus lunaris" (círculo lunar) sob a forma de uma *ciconia* (cegonha) está pousado em uma árvore maravilhosa junto ao sepulcro de Hermes[199]. Galenus,[200] segundo dizem, interpretou a arbor philosophica do modo seguinte: "Ela é certa árvore ou planta chamada *Lunatica* ou *Berissa*[201] cuja raiz é terra metálica, cujo tronco vermelho é perpassado por certo negrume e cujas folhas se assemelham às da Majorana; existem trinta delas, de acordo com a idade da Lua ao crescer e ao diminuir. É de cor amarela"[202]. Um sinônimo de Lunática é *Lunaria,* cujas flores mencionou Dorneus, às quais atribui forças miraculosas[203]. H. Khunrath diz na assim chamada *"Confissão"*: "Desta pequena fonte de água salgada cresce a árvore do Sol e da Lua, a árvore vermelha e branca dos corais do nosso mar", que é justamente a lunária, cujo "sal" se chama "Luna Philosophorum et dulcedo sapientum" (lua dos filósofos e doçura dos sábios)[204]. Uma fonte antiga, as

---

199. *Theatrum Chemicum.* II, 1602, p. 527.

200. Naturalmente, um pseudo-Galeno alquímico. Foi atribuído a Galenus um *Liber Secretorum,* que infelizmente não está a meu alcance.

201. *Aurora Consurgens. II. Artis Auriferae.* I, 1593, p. 222). DU CANGE. *Gloss. med. et inf. Graecit.* [s.l.]: [s.e.], 1688, indica: Βήρασσα, τὸ μῶλυ in *lexico Botanico MS. Reg. Molix. O livro das Ervas de Tabernaemontanus.* Basileia: [s.e.], 1731 [CASPAR e HIERONYMUS BAUHIN (org.)] menciona βησασᾶ = ἄρμαλα = πήγανον ἄγριον, Peganum sylvestre, chamado μῶλυ por Galeno, macela romana, que muitas vezes foi confundida com a cicuta venenosa. É um remédio para a epilepsia e para fantasias melancólicas; torna a pessoa sonolenta e embriaga como o vinho; é empregada em poções de amor. DIOSCÓRIDES. *De Med. Mat.* Cap. XLIV, no verbete Sylvestris Ruta) diz: "... quod in Cappadocia et Galatia Asiae finitima *Moly* dicitur" (... que na Capadócia e na Galácia da Ásia mais próxima se chama moly). GALENUS. *De simpl. medicam. facult.* Lib. VII, indica: "Moly = Ruta Sylvestris = Radicem habet nigram et florem lacteum" (tem a raiz negra e as flores da cor do leite). Para "Moly" cf. RAHNER, H. Die seelenheilende Blume. *Moly und Mandragora in antiker und christlicher Symbolik.* Eranos-Jahrbuch, 1945, p. 120s.

202. *Aurora Consurgens. II. Artis Auriferae.* I, 1593, p. 222. A cor amarela lembra *Cheyri,* a erva maravilhosa de Paracelsus. Cf. *Paracelsica.* 1942, p. 86s. Em *Labyrinthus Medicorum* menciona Paracelsus a Lunática: "Portanto também na lunática está todo o curso da Lua, não visível, mas em espírito" (Also ist auch in der lunatica der lauf des ganzen mons, nit sichtbar, aber in spiritu).

203. As flores ele as chama de *philosophis familiarissimos* (conhecidíssimas dos filósofos). *Theatrum Chemicum.* I, 1602, p. 581.

204. *Von Hylealischen Chaos.* 1597, p. 270.

Allegoriae super librum Turbae, descreve assim a planta ligada à Lua: "Na Lua marinha está plantada uma esponja[205], que tem sangue e consciência (sensum)[206] à semelhança de uma árvore que está plantada no mar e não se move do lugar. Se queres lidar com a planta, toma uma foice contigo para cortá-la, mas presta atenção para que o sangue não escorra, pois ele é o veneno dos filósofos"[207].

153   De acordo com tudo isso, parece que a planta da Lua é uma espécie de *mandrágora,* e assim nada tem a ver com a lunária botânica ou erva da Lua. Também o Livro das Ervas de Tabernaemontanus, que compilou cuidadosamente todas as propriedades mágico-medicinais das plantas, não conhece a Lunática ou Lunária da alquimia. Entretan-

---

205. "In maris Luna est spongia plantata" (Na Lua do mar está plantada uma esponja). Não consegui encontrar um paralelo para *maris Luna.* "Mar" significa sempre o *solvens,* isto é, a *aqua permanens.* Nesse mar o Sol se banha, mergulha ou se afoga muitas vezes sozinho. Para Luna no banho a correspondente é *Diana.* Mas ela nunca afunda no banho, pois ela já é a própria água.

206. *Spongia* não é apenas a esponja, mas também a pedra-pomes, por causa da estrutura lacunosa. Assim diz o "Liber Quartorum" (*Theatrum Chemicum.* V, 1622, p. 190). "Illud vero est *vapor,* vel in eis partibus *subtilitas* non retinetur nisi a corpore duro... et quandoque est lapis *qui circundat substantias velut spongia*" (Isso, porém, é o vapor, ou em suas partes não fica retido o que é sutil como nos corpos duros... e às vezes é uma pedra que circunda as substâncias como uma esponja). Como se referindo, talvez, a esta passagem, escreve MYLIUS. *Philosophia Reformata.* 1622, p. 107): "Sol et Luna cum prima aqua calcinantur philosophice, ut corpora aperiantur et fiant *spongiosa et subtilia,* ut aqua secunda melius possit ingredi" (O Sol e a Lua são aquecidos com a primeira água de modo filosófico, para que os corpos se abram e se mudem em esponja e em algo sutil, a fim de que possam receber melhor a segunda água). RULANDUS. *Lexicon Alchemiae.* 1612, p. 443) toma de DIOSCÓRIDES. *Med. Mat.* Lib. V, cap. LXXXV, a distinção das esponjas em masculinas (das quais uma espécie se chama "tragos" [bode]) e femininas. A cinza delas é usada para estancar o sangue. A isso acrescenta Rulandus, tomando de Avicenna, que a esponja "tem almas" (*habetque animas*), e isso significa certamente vapores ou gases que se desprendem durante o aquecimento. Além disso, *anima* tem para os alquimistas sempre também o significado formulado por AVICENNA. "Tractatulus". *Artis Auriferae.* I, 1593, p. 418, na frase: "Pars superior est anima, quae totum lapidem vivificat et reviviscere facit" (A parte superior é a alma que confere a vida à pedra inteira e faz com que ela se torne novamente viva). De fato, Rulandus também destaca que na "spongia inesse intellectum" (que na esponja reside a inteligência), porque ela se contrai, quando escuta barulho ou é tocada por quem a colhe. Ele a considera um "Zoophyton, neque animal neque frutex, sed tertiam habet quandam naturam" (um zoófito [planta-animal], e não um animal nem uma fruta, mas tendo uma espécie de terceira natureza).

207. *Artis Auriferae.* I, 1593, p. 141.

to a lunática, como é evidente, se relaciona de perto com a *árvore marinha* da alquimia arábica[208], e desse modo com a concepção geral da *arbor philosophica*[209], que por seu turno encontra seus paralelos na árvore Sephirot[210] da cabala, na mística cristã[211] e na filosofia indiana[212].

---

208. Cf. com isso: *Psychologie und Alchemie (Psicologia e alquimia).* 2. ed., 1952 [OC, 12], p. 616, onde apresentei o texto de Abu'l-Qasim na tradução de Holmyard.

209. Cf. as gravuras em *Psychologie und Alchemie (Psicologia e alquimia).* 2. ed., 1952 [OC, 12], p. 331, 352, 366, 477, 480 etc. Laurentius Ventura menciona uma citação de Haly sobre o "ponto", e acrescenta: "quod radices suaram mineraram sunt in aere et summitates in terra. Et quando evelluntur a suis locis, auditur sonus terribilis et sequitur timor magnus. Quare vade cito, quia cito evanescunt" ([Nota] que as raízes de seus minerais estão no ar e as grimpas estão na terra. E quando são tiradas de seus lugares se ouve um som terrível acompanhado de grande temor. Por isso vai depressa porque desaparecem depressa) (*Theatrum Chemicum.* II, 1602, p. 257). Trata-se aqui evidentemente de uma mandrágora que grita quando é arrancada. Cf. a respeito disso minha dissertação sobre a "árvore filosófica" em: *Von den Wurzeln des Bewusstseins (Das raízes da consciência).* 1954, t. IX. *Psychol. Abhand.* (Dissertações psicológicas).

210. A árvore é aqui Deus mesmo: "A criação foi feita para Deus ser reconhecido como senhor e dominador; ele *é o tronco e a raiz do mundo*" (*Sohar* I, 1923, fol. 11b; citação de HAMBURGER. *Realencyclop. d. Judentums.* Bd. II). Josef ben Abraham Gikatilla diz: "Fica sabendo que todos os santos nomes de Deus... em sua totalidade dependem do nome Jhwh, que é formado por quatro letras. Se objetares que o nome Ehjeh, apesar disso, é a razão e a fonte, então fica sabendo que o nome de quatro letras se assemelha talvez ao tronco de uma árvore, enquanto o nome Ehjeh é a raiz desta árvore. Dele ainda saem outras raízes e se espalham os ramos em todos os sentidos" etc. (WINTER UND WUENSCHE. *Die Jüdische Literatur seit Abschluss des Kanons.* III, 1897, p. 267). Acerca da "copa" (Kether) diz-se aí: "Ela é a fonte que fecunda a árvore e impulsiona a seiva pelos galhos e ramos todos. Pois tu, Senhor dos mundos, tu que és a razão de todas as razões, a causa de todas as causas, tu irrigas a árvore a partir daquela fonte que espalha a vida por toda a parte como a alma nos corpos" etc. (*De Tikkune Sohar.* Apud. JOEL. *Religionsphil. des Sohar.* [s.l.]: [s.e.], 1918, p. 308s.; tb. BISCHOFF, E. *Elemente der Kabbalah.* I, [s.l.]: [s.e.], 1920, p. 82).

211. Jan van Ruisbroeck (1294-1381) (*Die Zierde der geistlichen Hochzeit.* 1924, p. 258 [HUEBNER, M. (org.)]) diz, ao tratar da árvore de Zaqueu (Lc 19): "Ele deve trepar na árvore da fé, que cresce de cima para baixo, pois tem suas raízes na divindade. Esta árvore tem doze galhos, que são os doze mandamentos. Os mais de baixo tratam da humanidade de Deus e dos dez pontos necessários para a nossa felicidade, tanto espiritual como corporal. Os ramos mais de cima tratam da divindade, da trindade daspessoas e da unidade da natureza de Deus. Deve o homem segurar-se nessa unidade, que fica no topo da árvore, pois por aí deve passar Jesus com todas as suas dádivas".

212. "Katha-Upanishad". *Sacred Books of the East.* t. XV, p. 21: "There is that ancient tree, whose roots grow upward and whose branches grow downward – that indeed is

154   A observação de Rulandus de que a spongia "tem inteligência", e
a de Khunrath de que a essência da lunária é a dulcedo sapientum,
apontam para a concepção geral de que a Lua está em relação oculta
com o espírito humano[213]. Sobre isto a alquimia tem muita coisa para
dizer, que será de tanto maior interesse para nós, por sabermos que a
Lua é um símbolo muito apreciado para certos aspectos do inconsciente – isso, contudo, vale apenas para o homem. Para a mulher a Lua
corresponde à consciência, e o Sol ao inconsciente (v. mais abaixo!).
Isto está relacionado com o tipo sexual oposto no inconsciente (anima para o homem, animus para a mulher!).

155   Já na gnose de Simão, Helena ou Selene é a πρώτη ἔννοια[214] a sapientia[215] e a ἐπίνοια.[216] A última designação se encontra em Hippolytus (Elenchos VI, 19,2), onde se diz: Em Helena, nascida naquela época, habita a Ἐμίνοια. Em sua Ἀπόφασις μεγάλη (grande explicação), diz Simão:[217] "Brotados de uma só raiz, há dois rebentos de

---

called the Bright, that is called Brahman, that alone is called the Immortal. Ali worlds
are contained in it, and no one goes beyond".

213. O sânscrito *man-as* significa em inglês *mind*. Abrange todos os processos intelec-
tuais e emocionais e pode, pois, significar de uma parte: inteligência, intelecto, refle-
xão, pensamento etc; como de outra parte também: alma, coração, consciência moral,
desejo, vontade etc. *Man-as* é um órgão da "alma" interior ou *atman* (MACDONELL.
A Sanskrit-English Dictionary. [s.l.]: [s.e.],1893, v. v. manas). Rigveda 10, 90 (DEUSS-
EN. *Die Geheimlehre des Veda*. [s.l.]: [s.e.], 1909, p. 9):
"De seu manas formou-se a Lua,
O olho agora é visto como o Sol etc".
Trata-se dos dois olhos de Purusha, o homem macrocósmico primordial, que cria o
mundo transformando-se nele, segundo a opinião primitiva, o que se supõe ter servido
de base para a adaptação da *Tabula Smaragdina*. Brhadaranyaka-Up. I, 3, 18 diz:
"When the mind had become freed from death, it became the moon".

214. BOUSSET. *Hauptprobleme der Gnosis*. 1907, p. 78. "Ἐννοια significa pensamento, conceito, reflexão e também significação, em oposição a ἄνοια (falta de reflexão);
de acordo com o modo moderno de conceber, significa também compreensão, consciência, ao passo que ἄνοια em certas passagens pode ser traduzido mais acertadamente como inconsciência (por exemplo, no *Corpus Hermeticum*). Na órfica, Selene é a
πάνσοφος χούρη.

215. CLEMENS ROMANUS. *Recognit. Patr. Graec.* I, 1254.

216. Ἐπίνοια significa ideia súbita, invenção, intenção, pretensão.

todos os 'éons'[217a] que não têm começo nem fim: são eles certa força (δύναμις) e um silêncio (σιγή) invisível e inconcebível. Destas forças uma vem de cima e é uma grande força, o espírito do todo (νοῦς τῶν ὅλων), que tudo governa e é masculina; a outra, porém, vem de baixo, é uma grande meditação (ἐπίνοια μεγάλη), e é feminina e produz tudo. Em seguida uma se coloca diante da outra e as duas se unem, fazendo surgir no espaço entre elas um ar inconcebível, que não tem começo nem fim; é neste ar que reside o pai, que suporta e alimenta tudo o que tem começo e fim. Esse pai é o que está, esteve e estará; é uma força feminino-masculina, correspondente à força ilimitada que existia antes, a qual não tem começo nem fim, permanecendo na solidão (μονότητι)".

Esse trecho é notável sob vários aspectos. Representa uma coniunctio Solis et Lunae, que Simão, ao que parece, concretizou em sua   156 vida com Helena, a prostituta de Tiro, de acordo com o seu papel de Ištar. Em consequência da cópula com a soror, ou melhor, filia mystica, aparece um pneuma ou espírito, de natureza feminino-masculina, que curiosamente é chamado de ἀήρ (ar). Pneuma, como também spiritus, significa originariamente "ar em movimento" (vento); por isso a designação como "ar" parece arcaica ou então intencionalmente física. Mas na realidade pneuma deve ser tomado na significação de espírito, e isso se deduz do fato de os pais serem designados por termos que conservam o caráter noético (ou de conhecimento) e por isso pertencem à esfera "espiritual", isto é, νοῦς ἔννοια e ἐπίνοια. Desses três, "nous" é o conceito mais geral e no tempo de Simão era usado sem distinção em lugar de "pneuma". "Énnoia" e "epínoia" nada mais significam além do que ocasionalmente poder ser dado por "nous". Distinguem-se de "nous" apenas pelo caráter especial de acentuar mais o que há de específico e significativo no conceito genérico "nous". Além disso pertencem ao gênero feminino, necessário neste contexto, enquanto "ὁ νοῦς" é masculino. De qualquer manei-

---

217. HIPPOLYTUS. Op. cit., 18, 2s.

217a. N.T.: No gnosticismo os *éons* (aiones, αἰῶνες) espíritos eternos emanados do Ser Supremo.

ra provam eles a semelhança na essência das partes componentes dessa "syzygía" (coniunctio ou união) e sua natureza "espiritual".

157   A semelhança entre a concepção de Simão e a da *Tabula Smarag-dina* chamará a atenção de quem conhecer um tanto da alquimia:

> "Et sicut omnes fuerunt ab uno, meditatione unius: sic omnes res fuerunt ab hac una re, adaptatione[218].
>
> Pater eius est Sol, mater eius Luna; portavit illud ventus in ventre suo"[219].

158   Como "todos" foram formados pela meditação do Um, então isso vale também para o Sol e a Lua, aos quais convém, pois, origi-nariamente um caráter pneumático (espiritual). Constituem eles os protótipos espirituais, de cujo acasalamento surgiu o filius macrocos-mi. Na alquimia mais tardia tanto o Sol como a Lua são substâncias do arcano e também algo de volátil, isto é, spiritus[220].

159   Retornemos à Lua e vejamos o que dizem os textos a respeito de seu aspecto noético! O que se consegue explorar é admiravelmente pouco; contudo, encontramos no *Rosarium Philosophorum* a frase:

---

218. Ruska rejeita com razão a variante *adoptione*.

219. RUSKA. *Tabula Smaragdina*. 1926, p. 2. Tradução: "E assim como todos foram formados a partir do Um, pela meditação do Um, da mesma forma todas as coisas (em linguagem alquímica: substâncias) foram formadas a partir dessa uma coisa por meio da adaptação (o que recorda o modo [especificamente australiano] de conceber a transformação dos seres primitivos nos seres e coisas do mundo dos homens). Seu pai é o Sol e sua mãe a Lua; o vento o carregou no ventre". O emprego aqui do neutro *illud* poderia ser explicado facilmente pelo hermafroditismo dos rebentos, que vêm destacados constantemente. Cf. com esse texto o de SENIOR. *De Chemia*. 1566, p. 30: "Aer mediator inter ignem (= Sol) et aquam (= Luna) per calorem et humiditatem suam" (O ar é o intermediário entre o fogo [= Sol] e a água [= Lua] por seu calor e sua umidade); p. 31: "Aer est vita uniuscuiusque rei" (o ar é a vida de todas as coisas); p. 30: "Natus sapientiae in aere nascitur" (O filho da sabedoria nasce do ar).

220. Cf. com isso SENIOR. *De Chemia*. 1566, p. 20: "... spiritus et anima, quando de-cocti fuerint, in iteratione destillationis et tunc permiscentur permixtione universali et unus retinebit alterum et fient unum. Unum in subtilitate et spiritualitate..." (O espíri-to e a alma, quando forem fervidos juntos e destilados repetidas vezes, se misturam dando uma mistura universal, em que um retém o outro e forma uma só coisa. Uma só coisa na sutileza e na espiritualidade).

"Nisi me interfeceritis, intellectus vester non erit perfectus, et in sorore mea Luna crescit gradus sapientiae vestrae et non cum alio ex servis
meis, etsi sciretis secretum meum" (Enquanto não me tiveres matado,
vossa compreensão não será perfeita, e é em minha irmã Luna que aumenta o grau de vossa sabedoria e não em qualquer outro dos meus
servos, ainda que conhecêsseis o meu segredo)[221]. O compilador Mylius
em sua *Philosophia Reformata* de 1622 reproduz essa mesma frase sem
tê-la visto[222]. Os dois indicam como fonte a *Metaphora Belini de Sole*[223]. Os *Dicta Belini* se encontram nas *Allegoriae Sapientum* (Theatr.
Chem. V, 96s). Mas aí a frase é assim: "Nuncio ergo vobis omnibus sa-
pientibus, quod nisi me interficiatis, non potestis sapientes nuncupari.
Si vero me interfeceritis, intellectus vester erit perfectus, et in sorore
mea crescit luna, secundum gradum sapientiae vestrae et non cum alio
ex servis meis, etsi sciretis secretum meum" (Eu vos anuncio a todos
que sois sábios que, se não me matardes, não podereis ser chamados de
sábios. Mas se me matardes, será completa a vossa compreensão, e em
minha irmã Lua ela crescerá de acordo com o grau de vossa sabedoria,
mas não em outro dos meus servos, mesmo que conheçais o meu segredo). Belinus, como acertadamente supõe Ruska, é Apollonius de
Tyana[224], a quem são atribuídos alguns sermões na *Turba*. No sermo
32 trata Bonellus do problema da morte e da transformação, ao qual se
faz alusão em nosso texto citado. Todos os outros sermones de Bonellus nada têm a ver com nosso texto; também o motivo da ressurreição
pouco significa, por ser encontrado em toda a parte; deste modo os
Dicta certamente não têm nenhum relacionamento com a *Turba*.
Antes talvez possa ser considerado como fonte, ou como incentivo,
para os *Dicta* o tratado (harrânico?) de Artefius, *Clavis Maioris Sapi-*

---

221. *Artis Auriferae*. II, 1593, p. 380. Os "servos" refere-se aos planetas, ou respectivamente aos metais correspondentes.

222. P. 175. Aqui cita ele a frase tirada aparentemente da "Epistola Solis ad Lunam",
que se encontra em SENIOR. *De Chemia*. 1566, p. 7s. Mas aqui não se encontra essa
passagem.

223. "Rosarium Philosophorum". *Artis Auriferae*. II, 1593, p. 378; MYLIUS. *Philosophia Reformata*. 1622, p. 309.

224. *Turba philosophorum*, 1931, passim. Outras deturpações deste nome são Bolemus, Belenus, Balinas, Bellus, Bonellus etc.

entiae[225]. Diz-se aí: "Dixit magister noster Belenius Philosophus, ponas lumen tuum in vase vitreo claro et nota quod omnis sapientia mundi huius circa ista tria versatur..."[226]; e em outra passagem:[227] "Una vero die vocavit me magister meus Bolemus Philosophus et dixit mini: eja fili, spero te esse hominem *spiritualis intellectus,* et quod poteris pertingere ad gradum supremum sapientiae"[228]. Segue-se então uma explicação sobre o modo como da primeira coisa simples surgem duas naturezas opostas, o ativo e o passivo. Primeiro teria dito Deus "absque sermonis prolatione" (sem pronunciar palavra), portanto *em silêncio:* "Sit creatura talis (faça-se esta criatura), e começou a existir essa coisa simples (simplex). Em seguida criou Deus a natureza, ou respectivamente a prima materia, o primum passivum sive receptivum (a primeira coisa passiva ou receptiva), em que tudo existia como que em princípio ou in potentia". Para acabar com esse estado de suspensão criou Deus a "causa agens", "semelhante à abóbada celeste que ele decidiu chamar de luz. Essa luz, porém, recebeu uma sphaera (esfera, bola), uma espécie de primeira criatura dentro de sua curvatura". As propriedades dessa sphaera seriam calor e movimento. Era ela aparentemente o Sol, ao passo que o frio e o passivo necessariamente correspondem à Lua[229].

---

225. *Theatrum Chemicum.* IV, 1613, p. 221.

226. "Nosso mestre, o filósofo Belenius, disse: Coloca tua luz em um vaso de vidro claro e observa que toda a sabedoria deste mundo gira em torno desses três...", isto é, as três formas de união das almas: 1ª no corpo, 2ª na alma, 3ª no espírito.

227. Op. cit., p. 222.

228. "Certo dia, porém, chamou-me meu mestre o filósofo Bolemus, e me disse: Eia (!) filho, espero que sejas um homem de compreensão espiritual e que possas galgar até o último grau da sabedoria".

229. Não poderia eu deixar de mencionar neste lugar a analogia notável que existe a respeito da concepção dos principia mundi, entre Simão de Gitta e o pseudo-Apollonius de uma parte, e Lao-Tsé de outra parte. Os componentes do Tao são o Yang masculino e a Yin feminina; Yang é claro e seco como o Sol, e Yin é fria, úmida e escura como a Lua (nova). A respeito do ser inicial diz-se no Tao-te-king (cap. 25):
"Existe um ser, aperfeiçoado de modo caótico,
Antes de serem formados o céu e a terra.
Tão *quieto,* tão vazio!

Não me parece improvável que os *Dicta Belini* estejam relacio-   160
nados com essa passagem de Artefius e não com a *Turba,* com cujos
sermões de Apollonius eles nada têm a ver. Tratar-se-ia, pois, de uma
tradição independente; e isso tanto mais, porque Artefius parece ser
um autor muito antigo de origem árabe[230]. A doutrina do "simplex",
ele a partilha com o *Liber Quartorum*[231], que certamente deve ser
também de origem harrânica (?). Apresentei aqui sua doutrina da
criação, mesmo que não haja nos *Dicta* nenhuma passagem paralela.
A mim, porém, se me afigura digna de menção, por causa de sua afinidade interna com a *Apóphasis* de Simão. Nos *Dicta* não se trata da
separação primordial, mas sim da síntese, que se relaciona de modo
análogo com a sublimação do espírito humano (exaltatio intellectus)
como os processos do *Liber Quartorum*[232].

Faz parte do relacionamento entre Luna e o intelecto também o   161
relacionamento com *Mercurius,* que do ponto de vista astrológico e
mitológico já é aquele fator divino, que muito mais tem a ver com a
epínoia. A relação alquímica já se apoia em modelos antigos. Deixando de lado o relacionamento entre Hermes e o "nous", apenas menciono que em Plutarchus *Hermes reside na Lua* e a acompanha da cir-
cunvolução (como Hércules no Sol)[233]. Nos papiros de magia invo-
ca-se Hermes: "Ἑρμῆ χοσμοχράτωρ, ἐγχάρδιε, χύχλε σελήνης,
στρογγύλε χαὶ τετράγωνε" (Ó Hermes, dominador do mundo, que
estás no coração, *ó círculo da Lua,* redondo e quadrado)[234].

Sozinho subsiste ele e não se muda.
Ele corre em círculo e não está em perigo.
Pode-se também considerá-lo como a mãe do mundo".
(A tradução alemã é de ROUSSELLE, E. *Lau-Dsi's Gang durch Seele, Geschichte und Welt*. Eranos-Jahrbuch, 1935, p. 193).

230. Poderia ele eventualmente identificar-se com Senior, cf. STAPLETON. *Memoirs of the Asiatic Soc. of Bengal*. Vol. XII, 1933, p. 126, nota 2.

231. *Theatrum Chemicum*. V, 1622, p. 114s.

232. Cf. *Psychologie und Alchemie (Psicologia e alquimia)*. 2. ed., 1952 [OC, 12], p. 359s.

233. *De Iside*. Cap. XLI.

234. PREISENDANZ. *Papyri Graecae Magicae*. II, p. 139.

162   Na alquimia Mercurios é o rotundus χατ᾽ ἐξοχήν (por excelência). Sua natureza fria e úmida forma a Luna (a quente e seca forma o
Sol)[235], ou reciprocamente ela é a "própria substantia Mercurii" (a
própria substância do Mercúrio)[236]. Da Luna provém a aqua mercurialis (isto é, a aqua permanens)[237], ou ela reanima com sua umidade,
do mesmo modo que Mercurius, o dragão que foi morto[238]. Do mesmo modo o *circulus lunaris* desempenha um papel no *Scriptum
Alberti,* segundo o qual sobre uma árvore, que tem o verde por dentro, em vez de tê-lo por fora, se acha pousada uma "cegonha que parece intitular-se de círculo da Lua"[239]. Neste contexto não poderia eu
deixar de mencionar que também à alma, cujo relacionamento com a
Lua já foi tratado há pouco, compete a forma redonda. Assim se lê
em Caesarius de Heisterbach que a alma tem uma *natura sphaerica*
(natureza esférica), "ad similitudinem globi lunaris" (à semelhança
do globo lunar)[240].

163   Depois dessas divagações, retornemos à questão que o *Rosarium*
propôs por meio de sua citação dos *Dicta Belini.* Trata-se de uma das
citações tiradas mais ou menos dos *Dicta Belini,* o que é característico para o *Rosarium*[241]. A fim de explicar a citação completa, é preciso
notar que o interlocutor não se apresenta com clareza. O *Rosarium*
supõe que seja o Sol. Mas pelo texto seguinte dos *Dicta* é fácil con-

---

235. "Gloria Mundi". *Musaeum Hermeticum.* 1678, p. 266.

236. MYLIUS. *Philosophia Reformata.* 1622, p. 185. De modo semelhante "Epist. ad
Hermannum". *Theatrum Chemicum.* V, 1622, p. 893.

237. "Rosinus ad Sarratantam". *Artis Auriferae.* I, 1593, p. 299.

238. "Scriptum Alberti". *Theatrum Chemicum.* II, 1602, p. 525.

239. Op. cit., p. 527. Quanto ao significado da cegonha: "Ciconia serpentes devorat,
carnes eius contra omnia venena valent" (A cegonha devora cobras, a sua carne é imu-
ne a todos os venenos) ("Aurei Velleris..." *Theatrum Chemicum.* V, 1622, p. 446. A
cegonha é, pois, matadora do dragão e símbolo da Lua, que é vencedora dos demônios;
este último atributo é próprio da Igreja.

240. "Dialogus Miraculorum". *Dist.* IV, cap. XXXIV. Mais uma relação da Lua com a
alma se encontra no fato de ser ela considerada como receptaculum animaram. Cf.
HEGEMONIUS. *Acta Archelai.* VIII, 1906.

241. Cf. *Psychologie und Alchemie* (*Psicologia e alquimia*). 2. ed., 1952 [OC, 12], p.
160, F.N. 4, p. 236 e p. 372.

cluir que poderia tratar-se tanto do filius philosophorum como do Sol. Isso se deduz da circunstância de que o ser feminino ora é designado como soror, ora como mater e ora como uxor. Essas designações curiosas se explicam pelo fato primordial de o filho representar o pai renascido; é um motivo que nos é bem conhecido da prática cristã. O locutor é o filho-pai, cuja mãe é para o filho esposa-irmã. A maneira de exprimir-se do *Rosarium* é clara, mas a dos *Dicta* é sem nitidez: a frase "in sorore mea crescit luna" (na minha irmã cresce a Lua) deve ser: "intellectus erit perfectus et crescit" etc. (o intelecto será perfeito e cresce). A prova disso se encontra no trecho "non cum alio ex servis meis" (não com outros dos meus servos). "Secundum gradum sapientiae nostrae" (segundo o grau de nossa sabedoria) está em oposição a "intellectus vester" (vossa inteligência), e se refere, pois, à sabedoria do Sol redivivus, e como se supõe também se refere à soror Luna; por isso "nostra" e não "mea". "Gradus" não somente é possível, mas até é próprio do opus, pelo qual o Sol percorre as diversas etapas da transformação passando pelo dragão, pelo leão, pela águia[242] até o hermaphroditus. Cada etapa representa um novo grau de compreensão, sabedoria e iniciação, à semelhança do que ocorre no ciclo de Mitra com αἐτοί, λέοντες, ἡλιόδρομοι etc., que também designam grau de iniciação. *Nisi me interfeceritis* (se não me matardes) normalmente se refere à mortificatio do dragão, que é, pois, a primeira etapa perigosa e venenosa da anima (= Mercurius), libertada da prisão na prima materia[243]. Esta anima também é identificada com o Sol[244]. O Sol muitíssimas vezes é designado como *Rex*, e há uma exposição na qual ele é morto por dez homens[245]. Sofre ele a

---

242. Cf. KALID. "Liber Trium Verborum". Cap. VI. *Artis Auriferae*. I, 1593, p. 357s.

243. "Natus est draco in nigredine et ... interficit seipsum" (O dragão nasceu na escuridão e... se mata a si próprio). "Rosarium Philosophorum". *Artis Auriferae*. II, 1593, p. 230. A *anima in compedibus* (a alma nos grilhões) já se encontra no tratado de Sophe, o egípcio: "ἡ ἐν τοῖς στοιχείοις συνδεθεῖσα θεία ψυχή" (a alma divina ligada aos elementos) (BERTHELOT. *Collection des anciens alchimistes grecs*. 1887/1888, III, XLII, 1, 17).

244. "Mundi animam praecipue in Sole collocamus" (Colocamos principalmente no Sol a alma do mundo). MYLIUS. *Philosophia Reformata*. 1622, p. 10.

245. Fig. 8 in: MYLIUS. Op. cit., p. 359; e figura CI, in: *Viridarium Chymicum*. 1624.

mesma mortificatio como o dragão; a única diferença é que ele nunca é suicida. Enquanto o dragão é uma etapa prévia do filius solis, o Sol é exatamente de certo modo o pai do dragão, ainda que se diga do dragão que ele se gerou a si próprio, e que deste modo é *increatum*[246]. Mas sendo o Sol o filho de si mesmo, também é ele o dragão. Há de acordo com tudo isso coniugium do dragão com a mulher, que não pode ser outra coisa senão a Luna ou a metade lunar de Mercurius[247]. Da mesma forma como o Sol, a Luna também deve ser incluída como a mãe do dragão. Contudo, quanto sei, não se fala em mortificatio no sentido de um matar. Em todo o caso, ela é incluída com o Sol na morte do dragão, como dá a entender a frase do *Rosarium:* "Draco non moritur nisi cum fratre suo et sorore sua"[248].

164   A ideia de que o dragão ou o Sol deva morrer faz parte do mistério da transformação. Também aqui a ação de matar é apresentada apenas na forma de uma mutilação; no *leão* ela se efetua pela amputação das patas[249], e no *pássaro* pela amputação das asas[250]. A mortificatio significa a superação do antigo ou precedente; primeiramente é a superação das etapas perigosas antecedentes, as quais vêm designadas por símbolos de animais.

165   Para interpretar "intellectus crescit in sorore mea" (o intelecto cresce na minha irmã) deve-se considerar que já entre os estoicos começou a ocorrer uma espécie de interpretação filosófica dos mitos, o que hoje em dia sem nada mais consideraríamos como interpretação psicológica. Esse trabalho de interpretação não foi interrompido pela evolução do Cristianismo, mas foi cultivado diligentemente de ma-

---

246. Cf. *Psychologie und Alchemie* (*Psicologia e alquimia*). 2. ed., 1952 [OC, 12], p. 439s.

247. Cf. com isso o último emblema do *Scrutinium Chymicum* de Michael Majer (Frankfurt: [s.e.], 1687, p. 148).

248. *Artis Auriferae.* II, 1593, p. 224: "O dragão não morre, a não ser junto com seu irmão e sua irmã". Na p. 241 se encontra de novo esta passagem; aí se acrescenta: "Id est Soie et Luna" (isto é, pelo Sol e pela Lua).

249. Estampa na página do título de *Songe de Poliphile*. Paris: [s.e.], 1600. *Psychologie und Alchemie* (*Psicologia e alquimia*). 2. ed., 1952 [OC, 12],fig. 4, p. 66.

250. SENIOR. *De Chemia*. 1566, p. 15.

neira um tanto diversa; ocorre isso na hermenêutica patrística, a qual exerceu influência decisiva na simbólica alquímica. Já a interpretação de Cristo como o Logos anterior ao mundo, feita por São João (Jo 1,1), representa uma tentativa dessas de parafrasear o "sentido" da essência de Cristo. A Idade Média tardia, e especialmente os filósofos da natureza, fizeram da sapientia Dei (sabedoria de Deus) a parte central de sua interpretação da natureza, dando assim forma a um novo mito da natureza. Foram influenciados principalmente pelos escritos dos árabes e dos harranitas; constituem esses últimos os epígonos da filosofia grega e da gnose, cujo maior representante é Tabit ibn Qurra no século X. Um desses escritos – o *Liber Platonis Quartorum* – é um diálogo em que fala Thebed (Tabit). Neste tratado o papel representado pelo intelecto quanto à filosofia da natureza é de tal relevância que somente voltamos a encontrar coisa semelhante em Dorneus (século XVI). Picus de Mirandula se reporta à interpretação psicológica da Antiguidade e menciona que os "Graeci Platonici" designavam o Sol por διάνοια[251] e a Luna por δόξα[252], o que lembra o "nous" e a "epínoia" de Simão[253]. Picus mesmo caracteriza a diferença como a que existe entre scientia (ciência ou saber) e opinio (opinião)[254]. Ele acha que o espírito (animus), conquanto se volte para o Espírito (spiritus) de Deus, passa a emitir luz e por isso é chamado de Sol. Ao Espírito de Deus correspondem as aquae superiores (Gn 1,7). Mas o espírito do homem, ao voltar-se para as aquae inferiores, se ocupa com os fatores sensuais (sensuales potentiae), "unde infectionis aliquam contrahit maculam" (por isso contrai uma mácula de infecção), e em vista disso é chamado de Luna[255]. Como é evidente, nos dois casos se trata do espírito, ou melhor, da psique do homem; ambos, porém, têm duplo aspecto: um se volta para cima e para a luz, o

---

251. Diánoia = pensamento, inteligência, espírito.

252. Dóxa = imaginação, opinião. Picus ainda acrescenta: "Pro suae doctrinae dogmatis". "Heptaplus" in *Opp. omn.* Basileia:[s.e.], 1557, Lib. IV, cap. IV, p. 32.

253. No mesmo lugar menciona Picus que Platão e "certos filósofos mais recentes" teriam interpretado o Sol como o "intellectum qui actu est, Lunam eum, qui potentia est" (a inteligência em sua existência atual, a Lua em sua existência possível).

254. *Eod.* 1.

255. *Eod.* 1.

outro se volta para baixo e para a escuridão, que é governada pela Lua (Solem praesse diei, Lunam autem praesse nocti – o Sol rege o dia, a Lua a noite). "Na verdade, diz Picus, como caminhamos longe da pátria e nos achamos nessa noite e escuridão do mundo atual, por isso usamos mais aquilo que nos atrai para os sentidos; assim também *opinamos mais do que sabemos com certeza*"[256]; esse modo de pensar é mais pessimista, porém é muito correto, e está em concordância com as trevas espirituais e o negrume pecaminoso deste mundo sublunar, o qual é tão tenebroso que até a própria Lua leva uma mancha por causa dele (como já foi mencionado acima).

166   A Lua aparece numa posição desvantajosa em relação ao Sol. O Sol tem de vantagem a *concentração:* "Unico Sole dies lucescit" (O dia brilha unicamente com o Sol). Ao contrário a Luna – "quasi minus potens"[257] – precisa do auxílio das estrelas em relação ao compor, ao separar, ao refletir racionalmente, ao definir etc.[258]. Em oposição, parece que os *appetitus* como "potentiae sensuales" pertencem à esfera da Lua; são a ira e o desejo (libido), ou numa palavra a "concupiscentia". As paixões estão representadas pelos animais (bestiae), porque nós as temos em comum com animais, e "o que é ainda mais infeliz, porque elas muitas vezes nos fazem levar uma vida de animal"[259]. A Luna, segundo Picus, tem parentesco com *Vênus:* "Tem ela afinidade com Vênus, o que se manifesta principalmente no fato de que, estando ela (Luna) em Touro, casa de Vênus, torna-se ela tão sublimada que em nenhum outro lugar se apresenta como sendo a maior doadora de felicidade e de benefício"[260]. Taurus (touro) é a

---

256. *Eod.* 1.

257. "Como que menos poderosa".

258. Op. cit. Cf. a ideia de um "firmamento interior" como um símbolo do inconsciente. *Von den Wurzeln des Bewusstseins* (*Das raízes da consciência*). 1954. Contr. VII.

259. Op. cit., cap. V. Picus acrescenta: "Hinc illud Chaldeorum: Vas tuum inhabitant bestiae terrae et apud Platonem in republica discimus habere nos domi diversa genera brutorum" (Dai o dito dos caldeus: No teu vaso habitam os animais da terra, e em Platão na República aprendemos que temos em casa [isto é, em nós] diversos gêneros de animais). Cf. ainda o texto de Orígenes citado anteriormente. O místico inglês Pordage fala em sua "Sophia" (p. 108 da edição alemã de 1699) dos "povos horrorosos" da alma.

260. *Heptaplus.* Lib. II, cap. IV.

casa do hierósgamos do Sol e da Luna[261]. Sim, Picus define a Lua como "terra (= planeta) mais baixa e menos nobre de todos os astros"[262], lembrando que já Aristóteles havia comparado a Lua com a Terra. A Lua é inferior quando comparada com os planetas[263]. A lua nova (novilunium) é desfavorável porque priva da alimentação todos os corpos em crescimento e assim lhes causa dano[264].

Em termos psicológicos isto significa que a união da consciência [167] (Sol) com seu parceiro feminino, o inconsciente (Luna), tem de início um resultado não desejado: surgem daí animais peçonhentos, como dragão, serpente, escorpião, basilisco, sapo[265]; depois leão, urso, lobo, cão[266]; e finalmente águia[267] e corvo. Como se vê, aparecem aí animais de rapina, primeiro os de sangue frio, depois os de sangue quente, e finalmente as aves de rapina e o agourento devorador de carniça. Os primeiros filhos do matrimonium luminarium são pouco agradáveis. Mas isso somente pode provir do fato de que nos pais reside um mal obscuro que se manifesta nos filhos, como realmente

---

261. Cf. DEE, J. In: *Theatrum Chemicum*. II, 1602, p. 219: "Et lunari certe semicirculo (☽) ad solare (☉) complementam perducto: Factum est vespere et mane dies unus. Sit ergo primus, quo lux est facta Philosophorum" (E certamente quando o semicírculo da Lua for completado pelo círculo do Sol, então se fez uma tarde e uma manhã, um dia. Seja o primeiro dia em que se fez a luz dos filósofos). A união de ☉ com ☽ dá o sinal do touro ♉, domicilium Veneris. O casamento do dia e da noite é a razão para a designação (rara) do *lapis* como *filius unius diei* (filho de um dia).

262. "Lunam terram statuimus infimam ignobilissimamque omnium siderum, ut est terra, omnium elementorum opacitate itidem substantiae et *maculis illi persimilem*" (Estabelecemos que a Lua é a Terra [= planeta] mais baixa e menos nobre de todos os astros, assim como entre todos os elementos [terra, água, ar, fogo] a terra é aquele ao qual ela mais se assemelha pela densidade da substância e pelas manchas) (*Heptaplus*. Lib. II, cap. II).

263. "Lunam quidem scimus omnibus inferiorem" (Da Lua, no entanto, sabemos que ela é inferior a todos). Em *Astrolog*. Lib. X, cap. IV.

264. In: *Astrolog*. Lib. III, cap. V.

265. Uma forma mais suavizada é a salamandra.

266. Citam-se mais vezes o "cão corasceno" (Sol) e a "cadela armênia" (Lua). Cf. mais adiante!

267. Diz-se da águia que ela devora as próprias asas ou penas; é como que uma réplica do Ouroboros.

acontece muitas vezes na vida humana. Lembro-me do caso de um bancário auxiliar, de 20 anos de idade, que desviou umas centenas de francos (suíços). Todos lamentaram muito isso por causa do pai dele que era o caixa principal do mesmo banco e há 40 anos era modelo de fiel cumprimento do dever no exercício da profissão de muita responsabilidade. Dois dias depois de o filho ser preso, sumiu o pai – como depois se esclareceu – carregando um milhão para a América do Sul. De fato, existia algo "nesta família". Já vimos, ao tratar do Sol, ou que ele tem uma sombra, ou que até existe um Sol niger. Quanto à situação da Lua com respeito a isso, acabamos de ver há pouco ao tratar da lua nova. Na *Epistola Solis ad Lunam crescentem* (Carta do Sol à Lua crescente)[268] indaga o Sol com prudência: "(si) non intuleris mihi nocumentum, o Luna" (se não me trouxeres algum dano)[269]. Luna lhe havia prometido que ele se dissolveria completamente, enquanto ela própria se coagularia, isto é, se tornaria sólida e coberta da negrura dele (induta fuero nigredine tua)[270]. Ela supõe delicadamente que a negrura provém *dele*. O colóquio conjugal já está iniciado... Luna é a "sombra do Sol, ela é destruída com as coisas corruptíveis, e por meio da corrupção dela o leão é obscurecido"[271].

168   De acordo com uma antiga concepção, a Lua está situada no limite entre as coisas eternas e etéreas, e entre as manifestações caducas do domínio terrestre ou sublunar[272]. Diz Macrobius: "A luna de-

---

268. SENIOR. Op. cit., p. 9.

269. Lembrado do papel sinistro da Luna: "Nemo me enecat nisi soror mea" (Ninguém me mata, a não ser minha irmã) ("Exercit. in Turb." *Artis Auriferae*. I, 1593, p. 173).

270. Para isso vem citado eventualmente Ct 1,4: "Nigra sum" e 1,5: "... quod fusca sim, quia decoloravit me sol" (Sou negra... que seja morena, porque o sol me queimou).

271. "Consilium Coniugii". *Ars Chemica*. 1566, p. 136: "Luna enim est umbra Solis, et cum corporibus corruptibilibus consumitur et per ipsius corruptionem... Leo eclipsatur" etc. (Pois a Lua é a sombra do Sol e é dissolvida com os corpos corruptíveis, e pela corrupção dela... é extinguido o leão).

272. MACROBIUS. *In Somn. Scip*. I, cap. XXI: "Et sicut aetheris et aëris: ita divinorum et caducorum luna confinium est" (Como a Lua é o limite entre o éter e o ar, também é o limite entre as coisas divinas e as coisas caducas ou passageiras).

orsum natura incipit caducorum, ab hac animae sub numerum dierum cadere et sub tempus inicipiunt... Nec dubium est, quin ipsa sit
mortalium corporum et autor et conditrix..."[273] (Da Lua para baixo
começa a natureza das coisas caducas, a partir dela começam as coisas
a cair sob o número dos dias e sob o tempo... E não há dúvida que ela
é a autora e a causadora dos corpos mortais). Sim, a Lua, devido à sua
umidade, é a causadora da *podridão*[274]. A amenidade do plenilúnio,
decantada em hinos pelos poetas e pelos santos padres, encobre um
lado sombrio, que, porém, não pode permanecer oculto ao olho do
empírico[275] voltado para os fatos. A Lua, como o astro mais próximo
da Terra, toma parte nos sofrimentos dela; o mesmo significa a alegoria da Lua aplicada à Igreja e também a Maria como Mediadora[276].
Mas a Lua não toma parte apenas nos sofrimentos da Terra, mas também em sua escuridão demoníaca[277].

---

273. Op. cit., I, cap. XI.

274. O calor e o *ros lunaris putrefacit carnem* (O calor e o orvalho da Lua fazem apodrecer a carne). MACROBIUS. *Saturn.* VII, cap. XV.

275. O método empírico dos médicos é uma heresia, segundo ISIDORO DE SE-
VILHA. *Liber Etymolog'arum.* Lib. IV, cap. IV. Há três heresias dos médicos: "Secunda empirica (metodica), isto é, experientíssima inventa est ab Esculapio" (A segunda é
a empírica [metódica], isto é, a mais experimentada, foi descoberta por Esculápio).

276. Cf. com isso RAHNER. *Das christliche Mysterium von Sonne und Mond.* Eranos-Jahrbuch, 1943, p. 400.

277. A situação intermediária da Lua e da Igreja, que é o paralelo da primeira, vem
mencionada pelo alquimista WILHELM MENNENS. *Theatrum Chemicum.* V, 1622,
p. 460): "... quod fieri dicunt, cum Lunae lumen incipit crescere usque ad quintam de-
cimam Lunam et rursus ad tricesimam minui ad redire ad cornua, donec nihil penitus
lucis in ea appareat. Secundum hanc opinionem Luna in allegoria... significat ecclesi-
am, quod ex parte quidem spirituali lucet ecclesia, ex parte autem carnali obscura est"
(Dizem que isto acontece quando a Lua começa a crescer em relação à luz até à 15ª Lua
[isto é dia] e outra vez a diminuir até a 30ª Lua [isto é dia], e volta à forma de chifres
até que absolutamente nada de luz apareça nela. De acordo com essa opinião, a Lua
significa alegoricamente a Igreja, porque em parte a Igreja brilha sob o aspecto espiritual e em parte é obscura sob o aspecto carnal [material]). Considere-se aqui o destaque justo e ponderado dos dois aspectos da Lua. Este é o espírito da verdade científica,
em contraste com os retocamentos de intenção querigmática, que nas duas confissões
cristãs representa um papel meio duvidoso.

B. O cão

169   O lado escuro de Selene (Lua) já está indicado pela antiga invocação dela como "χυνώ" (ή χύων = cadela)[278], que se acha no chamado grande papiro mágico de Paris. Também se menciona que na segunda hora do dia Hélios aparece como um *cão*[279]. Essa averiguação é de certo interesse porque a "symbolizatio"[280] per canem (a simbolização como cão)[281] penetrou na alquimia ocidental pelo *Liber Secretorum,* que é um tratado de Kalid, talvez escrito originariamente em árabe. Todas as passagens correspondentes, enquanto pude verificar, remontam a Kalid direta ou indiretamente[282]. A passagem original

278. PREISENDANZ. *Papyri Graecae magicae.* I, 1941, p. 142, Pap. IV, 1. 2.280. Mais adiante se diz que Selene tem voz de *cão.* Pap. IV 1. 2.810, p. 162. De modo análogo IV, 1, 2.550, p. 132. A mistura com Hekate reforça nesse atributo (Cf. SIECKE. *Beitr. z. genauen Kenntn. der Mondgotth. bei d. Griech. Prog. der Progymn.* [s.l.]: [s.e.], 1885, p. 14s.). *Ilíada.* VI, 334 designa Helena como "cadela horrorosa e inventora de maldade" (χυνὸς χαχομηχάνου ὀχρυοέσσης). Κύνες (*kynes* = cadelas) são as criadas atrevidas e despudoradas de Penélope.

279. Op. cit., 1, 1695, p. 126. Na 12ª hora como crocodilo. Cf. o filho-dragão do Sol!

280. Esse termo se encontra no capítulo IX do "Dialogus Philosophiae" de PENOTUS, B.G. *Theatrum Chemicum.* II, 1602, p. 107. Por *symbolizatio* deve-se entender paralelização e parabolização, ou mais brevemente *amplificação,* o mesmo que CLEMENS ALEXANDRINUS. *Strom.* Lib. VIII, 46, designa como συμβολιχὴ ἑρμενεία (interpretação simbólica).

281. O cão se distingue na história do símbolo por uma riqueza extraordinariamente grande de relacionamento, que eu não gostaria de modo algum de esgotar aqui. Ao lado do paralelo gnóstico *Logos-canis,* existe também o paralelo cristão, que é *Christus-canis,* transmitido pela fórmula "mitis electis, terribilis reprobis" (suave com os escolhidos e terrível com os condenados), isto é, um *pastor verus* (verdadeiro pastor). S. Gregório diz assim: "Vel qui alii hujus gregis canes vocantur, nisi doctores sancti...?" (Quais outros deste rebanho são chamados de cães a não ser os santos doutores?...). É para recordar aqui o "canis Indicus", que na terra é quadrúpede, mas na água se torna peixe. Essa facilidade em transformar-se faz dele uma alegoria de São Paulo (Tudo isso e mais ainda se acha compilado em PICINELLUS. *Mundus Symbolicus.* [s.l.]: [s.e.], 1680, v. v. canis). Em HORAPOLLO. "Hieroglyphica 30". In: *Selecta Hieroglyfica.* [s.l.]: [s.e.], 1597) se destaca o poder contagiante do cão (principalmente a raiva e a doença do baço). Por causa de seu rico contexto simbólico o cão é um sinônimo apropriado para a substância de transformação.

282. Khalid ibn Jazid (c. 700) príncipe omiada. O *Liber Secretorum* é atribuído a ele. O texto vem citado em *Theatrum Chemicum.* IV, 1613, p. 40 e p. 859.

diz: "Hermes[283] dixit: Fili, accipe canem masculum Corascenum et caniculam Armeniae, et iunge in simul, et parient canem coloris coeli et imbibe ipsum una siti ex aqua maris: quia ipse custodiet tuum amicum et custodiet te ab inimico tuo et adiuvabit te ubicunque sis, semper tecum existendo in hoc mundo et in alio. Et voluit dicere Hermes, pro cane et canicula, res quae conservant corpora a combustione ignis et eius caliditate" (Hermes disse: Meu filho, toma o cão macho corasceno e a cadela armênia e os acasala, e eles parirão um cão da cor do céu; e quando ele tiver sede, dá-lhe de beber água do mar. Pois ele protegerá teu amigo e te defenderá de teu inimigo e te ajudará onde quer que estejas, vivendo contigo neste mundo e no outro. E Hermes quis designar pelas palavras cão e cadela as coisas que protegem os corpos da combustão do fogo e do calor dele)[284]. Algumas citações partem do texto original, e outras da variante do *Rosarium Philosophorum*, que é a seguinte: "Hali, Philosophus et Rex Arabiae in suo Secreto dicit: Accipe canem coëtaneum et catulam Armeniae, iunge simul, et hi duo parient tibi filium canem, coloris coelici: et is te filius servabit te in domo tua ab initio in hoc Mundo et in alio" (Hali, filósofo e rei da Arábia, em seu segredo diz: Toma um cão coetâneo e uma cadela armênia, acasala-os, e os dois parirão um filho-cão para ti, da cor do céu; este filho te conservará em tua casa, desde o começo, neste mundo e no outro)[285]. Como paralelos explicativos dá o *Rosarium* a união do branco com o vermelho e cita Senior: "Servus rubicundus candidam duxit uxorem" etc.[286]. Está claro que com esse acasalamento não se trata de outra coisa que do casamento do Sol e da Lua.

A figura teriomórfica do Sol como leão e cão, e Lua como cadela,   170
mostra que existe nas duas luminárias um aspecto que fundamenta a necessidade da *symbolizatio* (simbolização) em forma de animais, isto é, que os dois em certo sentido são também bestiae (animais) ou

---

283. Uma das muitas citações de Hermes, cuja origem é incerta.

284. CALIDIS FILII JAZICHI. "Liber Secretorum". *Artis Auriferae*. I, 1593, p. 340s.

285. *Artis Auriferae*. II, 1593, p. 248. Esse texto é citado em *Theatrum Chemicum*. IV, 1613, p. 832.

286. "O escravo vermelho casou-se com a esposa branca".

respectivamente appetitus (tendências), ainda que essas tendências como "potentiae sensuales" (faculdades sensitivas) sejam atribuídas à Lua, como vimos há pouco. Há, porém, um *sol niger;* no entanto, se contrapõe ele ao Sol diurno de maneira característica e é claramente distinto dele. A Lua não tem essa vantagem, pois ela é manifestamente ora clara, ora escura. Em termos psicológicos isso quer dizer que a consciência, de acordo com sua natureza, se distingue de sua sombra, ao passo que o inconsciente não está apenas misturado com seu próprio lado negativo, mas além disso está onerado com a sombra expelida pela consciência. Os animais solares leão e águia são certamente mais nobres que a cadela, mas nem por isso deixam de ser animais de rapina, o que quer significar que também a consciência cheia de sol tem suas bestiae (animais) perigosas. Ou, por outra, se o Sol é o espírito e a Lua o corpo, então também o espírito tem sua concupiscentia (cobiça) ou superbia (soberba), que de bom grado deixa de ser considerada por uma admiração parcial do espírito.

171   O filho do cão de Kalid é o sempre enaltecido "Filho do Filósofo", e com isso se destaca a ambiguidade dessa figura: ela é ao mesmo tempo luz claríssima e noite escuríssima, e portanto uma perfeita coincidentia oppositorum (coincidência dos opostos), por meio da qual se exprime a divindade do si-mesmo. Essa ideia, que se afigura impossível ao sentimento cristão, é de tal modo lógica e inevitável, que ela conseguiu abrir caminho e impor-se na alquimia, ainda que por veredas maravilhosamente entrelaçadas. Como se trata de uma verdade natural, não é de estranhar que ela se tenha manifestado claramente já muito cedo. Lemos, pois, no *Elenchos* de Hippolytus que, de acordo com Aratus, "Kynosura[287] é a Ursa Menor, a segunda criação, a pequena, o caminho estreito[288], e não a Ursa Maior (ἡ ἑλίχη). Pois ele não conduz de volta, mas aponta o caminho para a frente, por uma vereda reta para todos os que o seguem: Ele pertence ao cão (χυνὸς οὖσα). O *Logos é, pois, um cão* (χύων γὰρ ὁ λόγος), que em parte protege e defende o rebanho perseguido pelos lobos, em parte

---

287. Κυνόσουρα significa "rabo de cão" e é usado para designar a Ursa Menor.

288. Talvez seja uma alusão a Mateus 7,14: "Apertada é a porta e estreito o caminho que conduz à vida".

espanta e aniquila os animais selvagens da criação, e em parte ainda produz todas as coisas, e, como dizemos, é o χύων (kyon) ou o que gera"[289] (Elenchos IV, 48, 10). Aratus relaciona o cão com o crescimento das plantas e prossegue: "Quando ocorre a ascensão do Cão acima do horizonte, então pelo cão os vivos se distinguem dos mortos: ele, de fato, faz murchar tudo o que não lançou raízes. Mas este *cão*, como dizem, é *certo Logos divino;* surgiu como um juiz dos vivos e dos mortos e assim como o cão, que é constelação, tem influência sobre o nascimento das plantas, da mesma forma também o Logos em relação às plantas celestes, segundo dizem eles (os homens). Em virtude dessa causa é que então a segunda criação (Kynosura) está colocada no céu como uma imagem (figura) da criação do Logos (λογιχῆς χτίσεως). Entre as duas criações se estende o dragão, que impede que qualquer coisa da grande criação passe para a pequena; guarda ele tudo o que existe (τὰ χαθεστηχότα) da criação e também o Engónasi[290], observando como e de que modo cada coisa existe (χαθέστηχε) na pequena criação".

O filius canis (filho do cão)[291] de Kalid é da "cor do céu"; com isso se indica sua origem celeste a partir das grandes luminárias celestes. A cor azul, ou a semelhança com o cão[292] também compete àquela mulher designada por περεηφιχοϖλα (palavra incompreensível)[293], que é perseguida pelo ancião (πρεσβύτης) grisalho, alado e "itifálico" (de falo ereto). Ele é designado como φάος ρυέντης ou "luz que desce". Ela, porém, seria ἡ φιχόλα que significa "a água tenebrosa" (τὸ σχοτεινὸν ὕδωρ)[294]. Por trás destas figuras se oculta uma coniunctio Solis et

172

---

289. Κύειν significa "estar prenhe" e também gerar. A forma aparentada χυνεῖν significa "beijar".

290. Ὁ ἐγγόνασι, o que está de joelhos, é uma constelação, o Hércules. A respeito disso, *Elenchos*. V, 16, 16.

291. *Canis* como sinônimo de *lapis*. Cf. LAGNEUS. "Harm. Chem." *Theatrum Chemicum*. IV, 1613, p. 822.

292. Wendland tem χυνοειδῆ (em forma de cão); χυανοειδῆ (de cor azul) é apenas conjetura.

293. Uma conjetura é Περσεφόνη Φλυά.

294. *Elenchos*. V, 20, 6.

Lunae, em que os dois, o Sol e a Lua nova, aparecem em seu aspecto
desfavorável. Também aqui surge entre eles a "harmonia" (ἁρμονία)
de um espírito (πνεύματος), levantado entre eles, o qual corresponde à
situação do filius philosophorum. O filius tem em Kalid o papel típico
de um πνεῦμα πάρεδρον, ou spiritus familiaris (espírito familiar), cuja
invocação ou cuja evocação forçada é uma das características dos escritos de origem harrânica. Um paralelo para o espírito-cão nos apresenta
o Fausto na forma de um cão peludo (Pudel) do qual sai Mephisthophe-
les como o familiaris do alquimista Fausto.

173   Pode-se mencionar aqui o sonho de incesto de uma paciente:
"Dois cães se acasalam. O macho penetra de cabeça pela fêmea adentro e desaparece no ventre dela"[295]. Os símbolos teriomórficos indicam sempre que um processo psíquico se realiza na etapa animal, isto
é, na esfera dos instintos. O sonho representa um nascimento invertido como o escopo de um ato sexual. Esse estado de coisas arquetípico forma a base para o motivo do incesto em geral, e também existe
no homem moderno antes de qualquer consciência. Esse arquétipo
também está oculto no modo de ver primitivo, de que o filho é o pai
que torna a nascer, como também no hierósgamos de mãe e filho de
cunho pagão ou cristão[296], e significa o mais alto e o mais baixo, o
mais claro e o mais escuro, o melhor e o mais reprovado. É a imagem
ou o esquema para a renovação, para o renascimento e para todo o
desaparecer e ressurgir de figuras simbólicas.

174   O motivo do cão é a complementação necessária da natureza luminosa da pedra, que é exaltada até o exagero. Além desse dito de
Kalid, existem ainda outros aspectos no cão, que entretanto apenas
alusivamente se notam aqui e ali. Uma passagem obscura se encontra
em Laurentius Ventura:[297] De ratione conficiendi Lapidis Philosophici: "Rumpe ergo domum, frange parietes, purissimum inde extrahe

---

295. O motivo do desaparecimento se acha na segunda versão do mito de Gabri-
cus-Beya ("Rosarium Philosophorum". *Artis Auriferae*. II, 1593, p. 246) e na *submersio Solis* (op. cit., p. 315).

296. O mesmo arquétipo forma o fundo do colóquio de Nicodemos (Jo 3).

297. Médico veneziano do século XVI.

succum[298] cum sanguine; coque ut edere possis. Unde dicit Arnaldus in libro Secretorum:[299] Purga lapidem; tere portam; frange *caniculam;* elige carnem teneram, et habebis rem optimam. In una ergo re omnia membra latent, omnia metalla lucent. Horum duo sunt artifices, duo vasa, duo tempera, duo fructus, duo fines, una salus etc."[300].

Esse texto é muito obscuro. No trecho precedente menciona Ventura a unidade do lapis e da medicina, o "noli alienum introducere" e o "nihil extraneum"[301] fazendo citações tiradas de Geber, *Turba* e *Rosarius*. Fala então dos "superflua removenda"[302]. O lapis seja "purissimus" por natureza. Seja purificado suficientemente quando é "retirado de sua casa e fechado em uma casa estranha". Prossegue o texto: "Na própria casa é produzida a ave volante e na casa estranha[303] a pedra que tinge; ambas as aves volantes[304] saltam por sobre as mesas e

175

---

298. O texto tem *succu*. Poderia, pois, significar também: "Tirar o mais puro com suco e sangue".

299. SCHMIEDER. *Geschichte der Alchemie*. 1832, p. 153, menciona um manuscrito de ARNALDUS DE VILLANOVA. *De secretis naturae*, como igualmente LENGLET DUFRESNOY. *Histoire de la Philosophie Hermétique*. III, [s.l.]: [s.e.], 1744, p. 325.

300. *Theatrum Chemicum*. II, 1602, p. 292s. Tradução: "Destrói, pois, a casa, arranca as paredes, extrai daí o suco puríssimo junto com o sangue, cozinha para que possas comer. Por isso diz Arnaldus no Livro dos Mistérios: Purifica a pedra, mói, a porta, *despedaça a cadelinha*, escolhe a carne tenra, e terás uma coisa ótima. Numa única coisa estão ocultos os membros, luzem todos os metais. Deles dois são os artífices, dois os vasos, dois os frutos, dois os fins, mas uma a salvação" etc.

301. "Não introduzas nada de estranho", e "Nada de externo" são frases repetidas frequentemente.

302. "Para remoção dos supérfluos", também frase de uso corrente.

303. O conceito *domus* (casa, signo do zodíaco) provém originariamente da astrologia. *Domus* designa aqui de uma parte a *matrix* das substâncias (como *domus propria*), e de outra parte (como *domus aliena*) o vaso químico (p. exemplo, *domus vitrea*). A *avis volans* é um gás que se desprende da Matrix. A pedra, porém, significa aqui um corpo que não deixe sua casa como o gás, mas que deva ser passado para outro vaso. O gás (*spiritus*) é invisível e feminino; pertence, pois, à esfera do inconsciente. O corpo, no entanto, é visível e palpável e, portanto, "mais real". Aqui ele é masculino, e por isso pertence à esfera da consciência (no homem). Por isso a domus aliena deve ser entendida como a consciência, e a domus própria como o inconsciente.

304. Na separação, uma das aves pode voar e a outra não. Na união, porém, surge o hermafrodita alado.

por cima dos pratos principais dos reis[305], porque ambas, a ave coberta de penas[306] e a depenada (deplumata) deram esta arte visível[307] e não puderam abandonar a companhia dos homens[308]. O pai[309] dela (isto é, da arte) impele os preguiçosos para o trabalho, a mãe[310] alimenta os filhos exaustos do trabalho, refresca e adorna os membros cansados". Aqui começa nosso texto citado há pouco: "Rumpe ergo domum" etc. Se o leitor leu a parte precedente juntamente com as notas de rodapé, então compreenderá a exigência com o processo alquímico típico para a extractio spiritus sive animae, o que vem a ser a conscientização de conteúdos inconscientes. Durante a solutio, separatio e extractio aparece o succus lunariae, sanguis, aqua permanens, que ou é empregado ou é extraído. Esse "líquido" provém do inconsciente, e nem é o ver-

---

305. O texto original tem: "Utraque avis volans ad regum mensas et capita salit" (Cada uma das aves voa para as mesas dos reis e saltam sobre as cabeças). O único paralelo para isso se encontra talvez em SENIOR. *De Chemia*. 1566, p. 78: "Et venient corvi volantes et cadunt supra illud" etc. (E chegam voando os corvos e se lançam sobre aquilo). O pensamento é manifesto: as aves tomam parte na refeição régia, talvez não sem ter sofrido a influência de Mt 22,2s. (prandium regis) e de Ap 19,9 (Beati qui ad coenam nuptiarum etc.). *Rex* sempre significa o Sol, a mesa real, o mundo claro diurno e com isso a consciência, na qual e pela qual são reconhecidos os conteúdos do inconsciente (as aves). São os "peixes e as *aves*" que trazem a pedra. Cf. *Psychologie und Alchemie* (*Psicologia e alquimia*). 2. ed., 1952 [OC, 12], p. 444s.

306. Variante da "avis volans et sine alis" (a ave que voa e não tem asas) de SENIOR. *De Chemia*. 1566, p. 37). Para a ave depenada cf. "Allegoria sup. Turbam". *Artid Auriferae*. I, 1593, p. 140): "Recipe Gallum, crista rubea coronatum et vivum plumis priva" (Toma um galo coroado por crista vermelha e depena-o vivo) etc.

307. As duas aves são as duas luminárias, Sol e Luna, ou os espíritos deles. Uma das aves é masculina, a outra é feminina e alada. Como "colligatae" representam a coniunctio. São os pais do *lapis*, que de certo modo é idêntico com a *Ars Nostra*, pois ele é o *artificium*.

308. "Hominum consortia relinquere nescit" (Ele não pode deixar o convívio dos homens). Com outras palavras: "Eles ficam com os homens", o que lembra o "semper tecum existendo" do texto de Kalid. As aves são conteúdos personificados do inconsciente, os quais, desde que tornados conscientes, já não poderão voltar a ser inconscientes. Como é sabido, parte essencial da terapia analítica, ainda que não seja a parte decisiva, se fundamenta no fato de que a conscientização na maioria dos casos provoca uma mudança psíquica.

309. Sol como o astro diurno.

310. Luna como mãe dos viventes e rainha da noite.

dadeiro conteúdo, mas muito mais o efeito que ele produz na consciência. Trata-se aqui certamente daquele efeito indireto de conteúdos constelados e inconscientes, que é bem conhecido por parte dos médicos e equivale a uma atração, assimilação ou mudança de direção exercida sobre a consciência. Observa-se este processo não apenas no surgimento gradativo de obsessões hipocondríacas, de fobias ou de paranoias, mas igualmente nos sonhos, nas fantasias e nos procescos criativos, nos quais os conteúdos inconscientes forçam a orientação da atenção. A atenção é o succus vitae[311], o sangue, a participação vital, que o paciente de maneira inconsciente procura extorquir do médico e sem o qual não se pode esperar nenhum efeito terapêutico. A atenção voltada para o inconsciente atua como uma incubação ou choco[312] por meio daquele fogo lento que é exigido pelos primi gradus da obra[313]; por isso são também empregados frequentemente os conceitos de decoctio, digestio, putrefactio e solutio. De fato acontece como se a atenção aquecesse ou animasse o inconsciente e deste modo derrubasse as barreiras que o separam da consciência. Para libertar os conteúdos ocultos e trancados na "casa"[314] do inconsciente (anima in compedibus! – a alma nos grilhões), deve a "matrix" ser aberta. Essa matrix é a canícula ou a lua-cadela, que carrega no ventre aquela parte da personalidade que é sentida como essencial, como Beya carrega o Gabricus. Esse vaso deve ser quebrado para que seja retirado o conteúdo precio-

---

311. O *succus vitae* (o suco da vida) é, por seu turno, a *aqua permanens* (a água eterna), que de maneira curiosa (dentre outros nomes) é chamada de "cão", como mostra uma passagem do tratado "Opus Praeclarum Magistri Valentini". *Theatrum Chemicum*. IV, 1.613, p. 1.069): "Aquae... quae *Canis Balsami* dicitur, sive lac virginis, aut argentum vivum nostrum, seu anima, seu ventus aut cauda draconis".

312. É frequente a comparação do ovo com a substância do arcano. Por exemplo no tratado περὶ τοῦ ὤου (sobre o ovo) (BERTHELOT. *Collection des anciens alchimistes grecs*. 1887/88, I, III) se encontram os nomes correspondentes: οἱ δὲ λίθον ἐγχέφαλον (pedra cerebral)... ἕτεροι λίθον οὐ λίθον (*lapis non lapis* – pedra não pedra)... ἕτεροι τὸ τοῦ χόσμου μίμημα (*imago mundi* – imagem do mundo, como em RUSKA. *Turba philosophorum*... 1931, IV, p. 112; e em numerosas outras passagens).

313. Cf. o preceito frequente *lento igne* (em fogo lento).

314. *Domus*, como mencionamos acima, ocorre frequentes vezes, por exemplo, *domus thesauraria* para designar o lugar onde se encontra o *arcanum*, ou *domus vitrea* para indicar o vaso químico, ou respectivamente o forno (Cf. "Visio Arislei: Aenigm. Phil." In: *Artis Auriferae*. I, 1593, p. 148).

so, a caro tenera (carne tenra)[315]; e isto é aquela *una* res (coisa), em torno da qual gira a obra toda. Nesta *única* coisa estão contidas todas as partes (da obra)[316]. Pertencem a essas partes os dois artífices: na esfera simbólica Sol e Luna, na esfera humana o adepto e a soror mystica[317]

---

315. Caro (carne) é um nome da substância do arcano, sobretudo quando ela é "tornada viva". Assim está dito no "Consilium Coniugii. 1566, p. 234: "... recipit ille globus carnem, id est coagulationem, et sanguinem, id est tincturam" (Aquele globo recebe a carne, ou a coagulação, e o sangue ou a tintura). Dorneus deixa transparecer o modelo que usou, ao dizer na sua "Speculativa Philosophia" (*Theatrum Chemicum*. I, 1602, p. 300): "Ex his possunt philosophicae transmutationes intelligi: nonne scimus et panis et vini puriorem substantiam in carnem et sanguinem transmutan?" (Por meio disso podem ser entendidas as transformações filosóficas; porventura não sabemos que a substância mais pura do pão e do vinho se mudam em carne e sangue?) Igualmente claro é TREVISANUS, B. "De Alch." In: *Theatrum Chemicum*. I, 1602, p. 802, quando diz do "rei": "Iam suam carnem sanguineam et rubeam tradit omnibus manducandam" (Já dá sua carne sanguínea e vermelha a todos para comer). Na *Transmutatio Metallorum* diz Dorneus que a "medicina" "plus quam perfecta fieri potest per propriam carnem et sanguinem" (O remédio perfeitíssimo se realiza pela sua própria carne e sangue), concordando com a citação acima tirada do "Consilium Coniungii". Do mesmo modo diz sobre o *lapis* uma citação de Malchamech em "Rosarium Philosophorum". *Artis Auriferae*. II, 1593, p. 238: "Crescit ex carne et sanguine" (Cresce a partir da carne e do sangue). A "caro pinguis" (carne gorda) é uma imagem que ocorre varas vezes. Assim diz uma citação do pseudo-Aristóteles em MYLIUS. *Philosophia Reformata*. 1622, p. 277): "Fili accipere debes de pinguiori carne"; e p. 70: "Sed frustum comede de carne pingui" (Filho, deves tomar da carne mais gorda. – Mas come um bocado da carne gorda) (Uma citação atribuída ao "Rosarius" tirada de ARNALDUS DE VILLANOVA. "Thesaurus Thesaurorum". *Artis Auriferae*. II, 1593, p. 406). Caro indica a natureza "carnal" do homem, que é tocada pelo *opus*. Isso acentua o "Lib. Plat. Quart." *Theatrum Chemicum*. V, 1622, p. 144, quanto à importância de "habere scientiam corporis grossi, turbidi, carnei, quod est pondus naturarum, et pervenit ad animam simplicem" (Ter conhecimento do corpo grosseiro, confuso e carnal, porque é a gravidade das coisas naturais, e chega até à alma simples), esta última está muito próxima da ideia eterna.

316. A insistência na unidade da substância do arcano se acha em ARNALDUS DE VILLANOVA. "Rosarius". *Artis Auriferae*. II, 1593, p. 397): "Est enim lapis unus, una medicina, cui nil extranei additur, nec diminuitur, nisi quod superflua removentur" (Pois a pedra é uma só, um só o remédio, ao qual nada de estranho se acrescenta ou tira, exceto o supérfluo que se remove). Com mais insistência diz o "Rosarium Philosophurom". *Artis Auriferae*. II, 1593, p. 206: "Unus est lapis, una medicina, unum vas, unum regimen, unaque dispositio" (Há uma só pedra, um só remédio, um só vaso, um só processo, uma só disposição).

317. Pares clássicos são Zosimos e Theosebeia, Nicolas Flamel e Peronelle, Mr. South e sua filha. Boa descrição da vida de Flamel se encontra em LARGUIER, L. *Le faiseur*

(irmã mística) (como que uma repetição de Simão e Helena!), e na esfera psicológica a consciência masculina e o inconsciente feminino (= anima). Por seu turno os dois vasos são Sol e Luna[318], e os dois tempos são certamente as duas partes da obra, isto é, o *opus ad album* e *ad rubeum* (a obra para o branco e para o vermelho)[319]. A primeira é o opus Lunae e a segunda é o opus Solis[320]. Em termos psicológicos corresponde o primeiro à elucidação dos conteúdos inconscientes (opus Lunae), que é a primeira parte do trabalho analítico, e a segunda à inte-

---

d'or Nicolas Flamel. Paris: [s.e.], 1936. O "Mutus Liber". *Eupellae*. [s.l.]: [s.e.], 1677, que existe em edição recente, apresenta o *Mysterium Solis et Lunae* como a operação alquimista entre homem e mulher sob a forma de figuras. O fato de uma obra absurda dessas, que de modo algum é recomendável, ter sido reeditada no século XX, mostra que a participação da psique no seu próprio mistério ultrapassa toda a compreensão. Tentei apresentar a psicologia desse relacionamento em meu escrito: "Die Psychologie der Übertragung" ("A psicologia da transferência". In: JUNG, C.G. *Ab-reação, análise dos sonhos, tranferência*. 6. ed., 2011).

318. Cf. para isso as estampas do *Mutus Liber*, onde aparece fartamente esse motivo.

319. O *opus* (obra) está ligado a certos tempos simbólicos. Por exemplo diz o *Arcanum Hermeticae Philosophiae Opus*. Gênova: [s.e.], 1553), p. 82: "Primum enim opus ad Album in domo Lunae, secundum in secunda Mercurii domo terminari debet. Primum autem opus ad rubeum in secundo Veneris domicilio; postremum vero in altero regali Jovis solio desinet, a quo Rex noster potentissimus coronam pretiosissimis Rubinis contextam suscipit" (A primeira obra para o branco deve terminar na primeira casa da Lua, e a segunda na segunda casa de Mercúrio. Mas a primeira obra para o vermelho, na segunda casa de Vênus; a última, porém, no segundo trono real de Júpiter, do qual nosso rei poderosíssimo toma a preciosa coroa incrustada de rubis). Além desta divisão de tempo, existe ainda uma série de outras. Assim, por exemplo, "Consilium Coniugii". 1566, p. 65: "Albus (lapis) in occasu Solis incipit apparere super facies aquarum, abscondens se usque ad mediam noctem et postea vergit in profundum. Rubeus vero et opposito operatur, quia incipit ascendere super aquas in ortu Solis usque ad meridiem et postea descendit in profundum" (A [pedra] branca começa a aparecer sobre a superfície das águas com o ocaso do Sol, escondendo-se até pela meia-noite e depois se dirige para as profundezas. A pedra vermelha opera de modo oposto, pois começa a elevar-se sobre as águas com o nascer do Sol até ao meio-dia, e depois desce para as profundezas).

320. Cf. SENIOR. *De Chemia*. 1566, p. 26s. Sua apresentação não é muito clara, o que aliás ele próprio dá a entender, e depende da falta de clareza do próprio processo. Senior diz, p. 28: "Et opus secundum est albificatio et rubificatio et sapientes haec duo opera in unum contraxerunt. Nam quando loquuntur de uno lo-quuntur etiam de alio, unde diversificantur legentibus eorum scripta" (A segunda obra é o tornar branco e o tornar vermelho; e os sábios contraíram em uma essas duas obras. Quando, pois, falam de uma delas, falam também da outra; daí seus escritos parecem diferentes para aqueles que os leem).

gração desses conteúdos na vida real do indivíduo (opus ad *rubeum!*).
Os dois frutos[321] são os das árvores do Sol e da Lua[322], isto é, ouro e
prata, ou respectivamente Sol e Luna reunidos e sublimados. O paralelo psicológico é a mudança procurada tanto do inconsciente como da
consciência, fato experimentado por todos os que procuram confrontar-se metodicamente com o inconsciente. São dois os fins, isto é, as
mudanças mencionadas. Mas há uma salus (salvação, saúde) como
uma res (coisa); tanto no início como no final trata-se da mesma e única coisa, que sempre já estava presente, mas que somente aparece no
fim: é o *fato do si-mesmo,* aquela indescritível totalidade (ou inteireza)
do homem que não pode ser visualizada, mas que é indispensável
como conceito intuitivo. Empiricamente apenas se pode estabelecer
que o eu está sempre rodeado por um ser inconsciente. Esta prova é
fornecida por qualquer experimentação comum de associação, a qual

---

321. O resultado da obra muitas vezes é caracterizado como *fructus.* Menciono a
RUSKA. *Turba philosophorum.* Sermo LVIII, p. 161: "Cur arborem dimisisti narrare,
cuius fructum qui comedit, non esuriet unquam" (Por que deixaste de falar da árvore?
Quem comer de seus frutos não terá fome). Esta passagem certamente deve relacionar-se com Jo 6,35: "... qui venit ad me, non esuriet... non sitiet umquam" (... quem vem
a mim não terá fome... e jamais terá sede). A *Turba* continua: "Dico quod ille senex de
fructibus illius arboris comedere non cessat ad numeri perfectionem, quousque senex
ille iuvenis fiat. Pater filius factus est" (Digo que aquele ancião não cessa de comer dos
frutos daquela árvore até completar o número de dias em que o ancião volta a ser jovem.
O pai se tornou filho). É de duvidar se aqui se trata de uma interpolação cristã.

322. São comuns as figuras da *arbor philosophica.* Na linguagem patrística a árvore é a
"arbor fructifera in cordibus nostris excolenda" (a árvore frutífera que deve ser culti-
vada em nosso coração) (cf. S. Gregorius Magnus, MIGNE. *Patrologia Latina.* t.
LXXIX, col. 495), com a *videira* da Igreja oriental: "Tibimet, Dei vates, in visione visus es tamquam vitis ampla, universum orbem implens divinis verbis, quasi fructibus..." (A ti, vidente de Deus, apareceste em visão como uma videira grande que enche
o universo com palavras divinas, que são como que os frutos) ("S. Theodorus Studi-
tes". *Hymnus De S. Ephrem.* PITRA, J.B. *Analecta Sacra.* 1876, t. I, p. 341). "Ego vitis
fructificans" (eu sou a videira que dá frutos), *Aurora Consurgens.* Pars II da *Aurora* se
refere igualmente a Jo 15,1 e 5: "An ignoratis quod tota divina pagina parabolice procedit? Nam Christus .. modum servavit eundem et dixit: Ego sum vitis vera..." (Ou ig-
norais que toda página divina [da Sagrada Escritura] procede por meio de parábolas?
Pois disse Cristo... observando o mesmo modo: Eu sou a verdadeira videira) (*Artis Auriferae.* I,1593, p. 186). Mais informações em *Der Philosophische Baum* (*A árvore filosófica*). *Psych. Abh.* (*Dissertações psicológicas*). t. IX, contrib. VI.

demonstra ad oculos (visivelmente) que o eu e a vontade dele muitas vezes se negam a reagir direito. A psique é uma equação que não tem solução se faltar o fator do inconsciente, e que representa também uma totalidade (ou inteireza) que abrange tanto o eu empírico como o seu fundamento que transcende a consciência.

É preciso recordar ainda uma função do cão, que desempenha papel na alquimia. No *Introitus apertus* de Philaletha se acha esta passagem: "Este (isto é, o camaleão) é o filho hermafrodito, que desde o berço foi infectado pela mordedura do cão raivoso corascênico; em consequência de hidrofobia crônica, se torna ele abobado e raivoso; ele tem horror da água e foge dela, ainda que ela esteja mais perto dele do que qualquer outra coisa natural, oh! desgraça! Existe no bosque de Diana um par de pombas que acalmam o furor dele. Então o cão impaciente, escuro e raivoso voltará quase sufocado à superfície da água, para que não sofra uma recaída na hidrofobia e pereça afundado na água; tu, porém, afugenta-o com jatos de água e pancadas e mantém-no afastado, e assim as trevas desaparecerão. Quando a Lua brilhar em toda a sua luz, dá-lhe asas, e uma águia fugirá voando..."[323]   176

Este relacionamento mencionado entre o cão e a Lua permite compreender que o cão perigoso, noturno e doente sofre uma transformação por ocasião do plenilúnio, mudando-se em uma águia. Desaparece então sua natureza sombria e ele se torna um animal solar. Por isso deve-se supor que o pior estado dele cai no novilúnio. É manifesto que aqui se faz referência a uma *perturbação psíquica*[324] da qual está infeccionado também o "infans Hermaphroditus", até certo ponto. Provavelmente ocorre isso igualmente no novilúnio[325] isto é, na época da nigredo. Não está claro o modo como o cão hidrófobo e raivoso chega até a água, a não ser que desde o começo já se encontre   177

---

323. *Musaeum Hermeticum*. 1678, p. 658.

324. "Spagyri... ex ipsa Luna oleum eliciunt adversus morbum caducum omnesque cerebri affectus" (Os alquimistas... retiram da própria Lua um óleo contra a epilepsia e todas as doenças do cérebro). *Theatrum Chemicum*. I, 1602, p. 714.

325. Luna não apenas infecciona, mas também está doente e caduca. Uma de suas doenças é o sulphur combustibile, que já conhecemos, o qual lhe adere externamente; a outra é o "frio e a umidade excessiva". HOLLANDUS, J.I. "Operum Mineral. Lib." *Theatrum Chemicum*. III, 1602, p. 365).

nas "aquae" (inferiores). Pois precede a nosso texto essa frase: "Fiet inde Chamaeleon sive Chaos nostrum" (Surgirá depois o camaleão, isto é, nosso caos...) no qual estão ocultos em estado potencial todos os mistérios". O "chaos", porém, sendo a prima materia, se identifica com "as águas" dos primórdios. Segundo Olimpiodoro reside no chumbo (materia prima) um dáimon que enlouquece os adeptos[326]. É curioso que também Wei Po-Yang, o alquimista chinês do século II, compare o chumbo com um louco vestido de trapos[327]. Em outra passagem diz Olimpiodoro que o "amaldiçoado por Deus" (θεοχατάρα-τος) reside oculto na "terra negra". Este amaldiçoado é a *toupeira,* da qual conta Olimpiodoro em um livro hermético que ela era um homem que divulgou o mistério do Sol e por isso foi amaldiçoado e cegado por Deus. Ele conhecia como era a "figura do Sol"[328].

178   Não será difícil reconhecer nessas alusões dos alquimistas certo perigo que está ligado ao inconsciente, seja ele real ou apenas incutido pela fantasia. O inconsciente adquiriu má reputação nesse sentido, não talvez porque ele fosse perigoso em si, mas por existirem casos de psicose latente que apenas precisam de algum impulso para a manifestação explosiva da catástrofe. Já basta para isso o assumir o status praesens (estado presente ou atual) ou o tocar em algum complexo. O inconsciente também é temido, e isto sem dúvida por aqueles cuja posição de espírito consciente está em contradição com a sua própria natureza. É natural que nesse caso os sonhos frequentemente tomem forma desagradável e ameaçadora, pois a natureza violentada sabe vingar-se. O inconsciente é indiferente em si mesmo e normalmente funciona como uma compensação para a consciência. No inconsciente se acham os opostos como que adormecidos lado a lado;

---

326. "Μανίας περιπίπτουσιν ἀλλ᾽ οὐ νοῖ" (Eles caem na loucura em lugar de atingir o entendimento) BERTHELOT. *Collection des anciens alchimistes grecs.* 1887/1888, II, IV, 46.

327. *Ísis.* XVIII. p. 237. Na página 238 descreve Wei Po-yang a doença mental que acomete os adeptos.

328. BERTHELOT. *Collection des anciens alchimistes grecs.* 1887/1888, II, IV, 52. Um alquimista diria que ele conhecia o segredo do ouro. Em linguagem psicológica, isto significaria que ele tinha conhecimento acerca da transformação da consciência, mas que errou o caminho e caiu nas trevas em vez de chegar à luz.

unicamente por meio da consciência é que eles são separados com violência; quanto mais parcial e forçado for o ponto de vista da consciência, tanto mais penosa e perigosa será a reação do inconsciente. Para uma vida consciente solidamente fundamentada não há nenhum perigo do inconsciente. Entretanto onde existe não apenas uma parcialidade espasmodicamente forçada e mantida com teimosia, mas também certa fraqueza de julgamento, neste caso pode ser perigosa a aproximação e a invasão súbita do inconsciente, por provocar inflação perigosa, confusão e pânico, pois um dos perigos mais próximos consiste na identificação com as figuras do inconsciente. Havendo, porém, ainda instabilidade da disposição psíquica, pode isto equivaler a uma psicose.

O furor do filho infeccionado é "acalmado pelos carinhos" das pombas de Diana (este é o sentido de "mulcere" empregado aqui). As binae columbae formam um parzinho, naturalmente um casalzinho amoroso. As pombas são as aves de Astarte[329]. Na alquimia representam elas, como todos os seres alados, spiritus ou animae, o que equivale à água da linguagem técnica, isto é, a substância de transformação que é extraída[330]. O aparecimento do casal de pombas faz alusão ao casamento próximo do filius regis e à supressão dos opostos realizada pela união. O filius está apenas infeccionado pelo malvado, ao passo que este, o cão raivoso, é sublimado e se torna uma águia, por ocasião do plenilúnio. No tratado de Abraham Eleazar o lapis assume a posição do cão em sua forma obscura e feminina, sendo comparado

179

---

329. "In philosophica Mercurii sublimatione prima Herculeus labor operanti incumbit... limen enim a cornutis belluis custoditur... earum ferocitatem sola Dianae insignia et *veneris columbae* mulcebunt, si te fata vocant" (Na primeira sublimação filosófica de Mercúrio consiste o trabalho de Hércules para o operado... o limiar é guardado por feras de chifres... e a ferocidade delas, somente a aplacará a insígnia de Diana e as pombas de Vênus, se o destino te chamar). D'ESPAGNET. *Arcanum Hermeticae Philosophiae Opus.* XLII. MANGETUS. *Bibliotheca chemica curiosa...* II, 1702, p. 653. As pombas eram no início *corvorum pulli* (filhotes de corvos). Op. cit., XLIX, p. 655. As sacerdotisas de Istar são "pombas" (WITTEKINDT. *Das Hohe Lied...* 1925, p. 12), como também as sacerdotisas da deusa da Ásia Menor eram chamadas de πελειάδες (peleiádes = pombas selvagens) (EISLER. *Weltenmantel und Himmelszelt.* 1910, p. 158). A pomba vem acrescentada à representação obscena da deusa-mãe hitita.

330. ELEAZAR, A. *Uraltes Chymisches Werck.* [s.l.]: [s.e.], 1760, p. 34.

à Sulamita do Cântico dos Cânticos. Diz a pedra: "Devo ser como uma iona (= pomba)"[331].

180 No tratado *Introitus apertus ad occlusum Regis palatium*[332] ainda se encontra outra passagem que pertence a este contexto: "Se souberes irrigar esta terra árida com a água apropriada, dilatarás os poros da terra, e este ladrão exterior (externus) será lançado fora com os que operam iniquidade; pelo acréscimo do enxofre verdadeiro a água será purificada da sujeira leprosa (sorde leprosa) e da umidade hidrópica supérflua, e assim terás virtualmente a fontezinha do conde de Trevis, cujas águas com toda a razão são dedicadas à virgem Diana. Este ladrão é um imprestável munido de maldade arsenical (certamente venenosa), de quem tem horror e foge o jovem alado. E ainda que a aqua centralis seja sua esposa, contudo não ousa ele mostrar seu amor ardentíssimo para com ela por causa das ciladas do ladrão, cujas maquinações são deveras inevitáveis. Aqui Diana te seja propícia, a que sabe domar as feras, cujo par de pombas suavizará a malignidade do ar por meio de suas asas, para que o ar penetre facilmente pelos poros e o jovem abale os fundamentos da Terra[333] e produza a tétrica nuvem, mas tu elevarás as águas até ao fulgor da Lua, e deste modo as trevas que pairavam sobre a face do abismo serão afugentadas pelo espírito que se move nas águas. Assim por ordem de Deus aparecerá a luz".

181 Como é evidente, trata-se aqui de uma variação do mesmo tema que encontramos no precedente. Ao Hermaphroditus corresponde aqui o *iuvenis alatus* (jovem alado), cuja noiva é a fonte de Diana

---

331. Op. cit., p. 52.

332. EIRENAEUS PHILALETHA. "Introitus apertus ad occlusum Regis palatium". Cap. VI. In: *Musaeum Hermeticum*. 1678, p. 657.

333. O texto se acha alterado aqui: "Concutit statim pero ledos" (abalou imediatamente "pero ledos" – parte indecifrável). Eu procuro ler "terrae sedes" (a sede da terra). Trata-se aqui de uma ressurreição do *lapis* a partir da terra, na qual ele penetrou sob a forma de *aer sophorum* (ar dos sábios) (uma das muitas alusões para a coniunctio!). O nascimento do *lapis* é posto em paralelo com a ressurreição de Cristo. Liga-se a isso o terremoto de que fala Mt 28,2: "Et ecce terraemotus factus est magnus" (E aconteceu um grande terremoto).

(isto é, a Lua como ninfa da fonte). O paralelo do canis rabidus (cão raivoso) é aqui o ladrão, o imprestável, que está munido de maldade venenosa (arsenicalis malignitas – maldade arsenical). Lá era a "rabies" (raiva) e aqui a "malignitas" (maldade), que são moderadas pelas pennae columbarum (as penas das pombas). As asas do jovem indicam que ele é da natureza do ar; ele é um pneuma que penetra nos poros da Terra para vivificar; com isso não se pretende outra coisa senão indicar a união nupcial do spiritus vitae com a "árida terra virgo", ou as núpcias do sopro de ar com a água, que é dedicada a Diana. O jovem alado é, pois, designado como "spiritus se in aquis movens" (espírito que se move nas águas); isto faz lembrar o anjo que agitava a água do tanque de Bethesda[334]. O inimigo dele, ladrão e salteador, que lhe arma ciladas é o enxofre em combustão ("sulphur externum vaporosum comburens" – enxofre externo vaporoso e combustível), como o texto precedente faz reconhecer; portanto, como já vimos no capítulo sobre o enxofre, o sulphur vulgi (enxofre vulgar) é dotado de um mau espírito ou demônio, ou ao menos se acha preso pelo demônio no inferno[335]; e isto corresponde ao cão que quase foi afogado na água. Que cão e ladrão são idênticos entre si também se depreende da observação de que Diana sabe "amansar animais ferozes". As binae columbae (duas pombas) aqui se revelam de fato como aquele par amoroso que se supunha e sob o qual estão indicados os amores de Diana para com o pastor *Endymion*. Originariamente esta lenda se referia a *Selene*.

Com o aparecimento de Diana vem inevitavelmente também seu animal usado na caça, o *cão*, o qual representa o lado sombrio dela. O que há nela de sombrio está no fato de ser ela também a deusa da ruína e da morte, pois atira flechas que nunca falham. O caçador Actaeon, por exemplo, que a espreitava durante o banho, ela o transformou em um cervo, de modo que os próprios cães dele já não reconheciam o dono e o dilaceraram. Deste mito se deriva com certeza primeiro a designação do lapis como *cervus fugitivus* (cervo = veado

182

---

334. Jo 5,2s.

335. "Claves habet ad carceres infernales, ubi sulphur ligatum iacet". "De Sulphure". *Musaeum Hermeticum*. 1678, p. 623.

fugitivo)[336], e depois a do *canis rabidus,* que não representa outra coisa a não ser o lado vingativo e traiçoeiro de Diana como Lua nova. Aquela parábola, de que se falou no capítulo referente ao Sulphur, também encerra o motivo do "surpreender no banho". Lá, porém, é o próprio Hélios que aparece em leve disfarce; lá a relação de incesto entre irmão e irmã termina com a morte por afogamento para ambos. Essa catástrofe faz parte do incesto, e é por meio dela que se chega ao par régio, depois de serem mortos ou se matarem reciprocamente os animais[337]. Os animais (dragão, serpente, leão etc.) já representam as

---

336. Mais frequente é "servus fugitivus" (servo = criado fugitivo). Cervus aparece em AGRIPPA VON NETTESHEIM. *De Incertitudine et Vanitate Scientiarum.* [s.l.]: [s.e], 1584, cap. XC: "Stulta mysteria et inania aenigmata de leone viridi, de cervo fugitivo etc." (segredos tolos e enigmas bobos do leão verde e do cervo fugitivo). Uma representação de Diana e de Actaeon é a fig. IV da imagem do título de *Musaeum Hermeticum.* 1678 (Reprod. em BERNOULLI. R. *Seelische Entwicklung im Spiegel der Alchemie.* Eranos-Jahrbuch, 1935). Nas tabelas de figuras em MANGETUS. *Bibliotheca chemica curiosa...* Vol II, 1702, fig. XIII, Tab. IX, aparece o cervo com emblema de Mahomet Philosophus. O cervo é um símbolo do rejuvenescimento de si próprio em Honório de Autun (MIGNE. *Patrologia Latina.* T. CLXXII, col. 847), onde se diz que o cervo, quando engoliu uma serpente venenosa, bebe água para livrar-se do veneno, e nessa ocasião perde os chifres e o pelo – do mesmo modo deveríamos também nós "et cornua superbiae ac pilos mundanae superfluitatis deponere etc." (depor os chifres da soberba e os pelos da superfluidade mundana). Na lenda do Gral se diz que Cristo às vezes aparece a seus discípulos sob a forma de um cervo branco acompanhado de quatro leões (os quatro evangelistas). Também aqui se diz que ele pode rejuvenescer-se (*Le Saint-Graal, publ. par Eugène Hucher.* 1878, p. 155). RULANDUS. *Lexemplo Alch.* 1612, p. 138, menciona um "spiritus cerviculae" (espírito de cervazinha), que provém de um osso no coração do cervo. DOM PERNETY. *Dict. Mytho-Hermétique* 1758, p. 72, fala do "cerveau ou coeur de cerf": "C'est la matière des philosophes". O *Livre des Secrez de Nature* conta a respeito do cervo: "Le serf est une beste bien cognoue lequel se renouvelle quant il se sent foible et vieil. Il va à un fremier et cave tant au pié qu'il en trait une serpent et la derompt am le pié, apréz la meniue et adonc il enfle et ainsy se renouvelle et pour ce il vit IXC ans selon ce que l'on treuve en l'escripture et il a maintes nobles vertus... " "Les os du cuer du serf vault moult pour conforter le cuer humain" (DELATTE, L. *Textes Latins et vieux Français Relatifs aux Cyranides.* Bibl. de la Fac. de Phil. et Lettr. Liège. Fasc. XCIII, 1942, p. 346).

337. Como se trata aqui de uma mudança psíquica, talvez se possa ainda aduzir aquela passagem obscura do hino dos Naassenos (HIPPOLYTUS. *Elenchos.* V, 10, 2), onde são mencionados os padecimentos da alma. Ψυχὴ ... ἔλαφον (ἐλάφου Miller) μορφὴν περιχειμένη χοπιᾷ θανάτῳ μελέτημα (θανάτου μελέτηοι Diels) χρατουμένη (A alma... envolvida na forma de um cervo se cansa e vence os esforços da morte). O texto, porém, é de tal modo incerto, que dificilmente possui valor de documento.

más paixões que acabam se manifestando como incesto. Eles perecem por causa de sua natureza raivosa, e da mesma forma também Sol e Luna, cujo maior desejo culmina no incesto. Uma vez que tudo o que há de terreno também é uma parábola, então o incesto, como já mencionamos, tem o significado de uma etapa imediatamente anterior à unio oppositorum[338]. A partir do caos, das trevas e da maldade surge finalmente uma nova luz, depois que a morte tiver expiado as maquinações inevitáveis (technae inevitabiles) do mal.

C. *Allegoria alchymica* (alegoria alquímica)

Aos leigos no domínio da psicologia do inconsciente deverão certamente parecer muito arrevesados e estranhos os dois textos do cão raivoso e do ladrão. Mas não são eles nada mais do que sonhos que se apresentam ao psicoterapeuta como problemas de cada dia; da mesma forma que os sonhos, podem também tais textos ser traduzidos em linguagem com sentido. Para a interpretação de sonhos precisamos de alguns conhecimentos dos pressupostos pessoais do sonhador; e para a compreensão das parábolas alquímicas devemos conhecer os pressupostos da alquimia. No primeiro caso amplificamos com a história da vida pessoal, no segundo com os enunciados dos textos alquímicos. Munidos de tais conhecimentos, tanto num caso como no outro, não nos será difícil demais reconhecer um sentido que se mostre satisfatório às nossas necessidades. Para um caso determinado será muito difícil provar que a interpretação seja deveras convincente. Somente se poderá verificar que ela está certa, se ela por seu turno se mostrar eficiente como hipótese heurística. Por isso gostaria de concluir, traduzindo o último texto de Philaletha, que é um pouco mais claro, e proceder com ele como faria nossa psicologia médica com um sonho.

Texto:

"Se souberes irrigar esta terra árida com a água apropriada, dilatarás (ou afrouxarás) os poros da terra",	"Tu si aridam hanc Terram, aqua sui generis rigare sciveris, poros Terrae laxabis",

183

---

338. Cf. para isso "Die Psychologie der Übertragung" ("A psicologia da transferência". In: JUNG, C.G. *Ab-reação, análise dos sonhos, transferência* [OC, 16/2]). 1946, p. 90s.

Interpretação:

184   Quando sentires como estagnação e ermo estéril a tua falta de
fantasia, de ideias súbitas, de vivacidade interior, e te puseres a contemplar isso com o grande interesse (= o tornares prenhe) que em ti
desperta tanto o alarme por perceberes a morte interior, como também o clamor do deserto (não raro um "call of the wild"), então fica
sabendo que poderá acontecer algo contigo, pois o vazio interior
oculta uma plenitude tão grande como ele, contanto que apenas per-
mitas que ela possa penetrar em ti. Se te mostrares acessível ao clamor do deserto, então o desejo de plenitude dará vida ao vazio e ao
ermo de tua alma, como a chuva atua sobre a terra seca. (Assim fala a
alma ao experimentador de laboratório que mantém o olhar fixo e
cravado na estufa, enquanto coça atrás da orelha, porque nada mais
lhe vem à mente).

"e se este ladrão exterior for   "et externus hic fur cum
lançado fora com os que operam   operatoribus nequitiae foras
iniquidade",   projicietur",

185   Estás assim tão estéril porque, sem teu conhecimento, algo semelhante a um mau espírito obstruiu a fonte da tua fantasia, o poço da
tua alma. O inimigo é o teu enxofre bruto, que te faz arder no fogo
infernal do desejo, isto é, da concupiscentia. Gostarias de fazer ouro,
porque pensas:

> "Pobreza é o maior flagelo,
> Riqueza é o maior bem".

Desejarias resultados que afagassem tua superbia, ou de maneira mais
breve desejavas e esperavas a eficácia, mas nisso nem se deve pensar,
como pressentes apavorado. Por isso *queres* ser fértil, pois então seria
apenas por amor de Deus – mas não lamentavelmente por amor a ti
mesmo.

"pelo acréscimo de enxofre   "purgabitur aqua per addita
verdadeiro a água será purificada   mentum Sulphuris veri a sorde
da sujeira leprosa e da umidade   leprosa, et ab humore hydropico
hidrópica supérflua"   superfluo"

186   Procura, pois, afastar essa concupiscência grosseira e vulgar, que
apenas conhece metas dentro dos limites de teu horizonte, por ser infantil e míope. Pressupõe-se, entretanto, que o enxofre seja um spiri-

tus vitalis; na verdade ele é um "Jezer Horra"[339], um espírito mau da paixão, mas mesmo assim é um elemento ativo. Mas a maldade dele, que em certas circunstâncias é útil, serve de impedimento entre ti e a tua meta. A água do teu interesse não é limpa, mas se acha envenenada pela lepra da concupiscência, que é comum a todos. Também tu estás atacado dessa doença coletiva. Portanto faze o favor de refletir, "extrahe cogitationem", sobre o que se acha oculto por trás dessa concupiscência. Trata-se de um "padecer fome do infinito", como vês, de um não estar satisfeito com o que há de melhor, pois isso equivale ao "Hades", em honra do qual toda a concupiscência "celebra um descanso festivo". Quanto mais te apegares àquilo que todo o mundo deseja ter, tanto mais estás sendo um homem qualquer, que, em todo o caso, anda tropeçando pelo mundo à maneira de um cego e, na qualidade de guia de paralíticos, pisa em falso, ostentando a segurança de um sonâmbulo, no que és acompanhado por todos os paralíticos. Um "homem qualquer" sempre quer dizer muita gente. Purifica teu interesse de qualquer enxofre coletivo, que adere a todos como uma lepra. O desejo arde apenas para arder até o fim, e é neste fogo e deste fogo que se forma o verdadeiro espírito vital, o qual produz uma vida segundo suas leis e não está deformado em consequência da miopia de nossas intenções ou da arrogância grosseira e supersticiosa de nossa vontade.

"e assim terás virtualmente a frontezinha do conde de Trevis, cujas águas com toda a razão são dedicadas à virgem Diana".

"habebisque in posse Comitis a Trevis Fontinam, cujus Aquae sunt proprie Dianae Virgini dicatae".

"Quero decantar o que é vivo,
e que deseja a morte nas chamas..."

Isto significa queimar-se em seu próprio fogo e por isso não pretender passar porventura como sendo um cometa ou um farol em marcha, que indica aos outros o caminho "certo", enquanto ele próprio o desconhece. O inconsciente deseja que haja algum interesse para existir, e reclama primeiramente ser aceito assim como ele é. Desde

---

339. Assim na conhecida poesia de Rueckert. Jezer ha-ra quer dizer "impulso do mal".

que esteja estabelecida a existência daquele mundo com que se defronta, então o eu não apenas pode, mas até deve discutir consigo
mesmo e tomar posição perante as exigências surgidas por isso. Se
não houver reconhecimento do conteúdo dado pelo inconsciente,
então não apenas será impossível[340] seu efeito compensatório, mas
ele até se mudará em seu oposto, porque nesse caso procurará ele impor-se no verdadeiro sentido da palavra. A fontezinha de Bernardus
Trevisanus é o banho de renovação já mencionado anteriormente.
Porque a fonte jorra constantemente, exprime ela igualmente um jor-
rar contínuo do interesse voltado para o inconsciente, que é uma espécie de atenção constante ou religio, que também poderia ser chamada de *devoção* (Andacht). Deste modo se torna consideravelmente
facilitada a passagem de conteúdos inconscientes para dentro da
consciência. Com o tempo isto somente pode ser favorável ao equilíbrio psíquico. Diana, no papel de nume e de ninfa desta fonte, representa com muito acerto aquela figura que designamos por anima.
Quando a atenção se volta para o inconsciente, então o inconsciente
também libera seus conteúdos, os quais por seu turno, à semelhança
de uma fonte de água viva, fecundam a consciência. Tanto a consciência como o inconsciente constituem uma terra árida, enquanto
estiverem separadas entre si estas duas metades da vida psíquica.

"Este ladrão é um imprestável munido de maldade arsenical, de quem tem horror e foge o jovem alado".	"Hic fur est nequam arsenicali malignitate armatus, quem iuvenis alatus horret et fugit".

187   Esta *depuratio a sordibus* (limpeza da sujeira) é manifestamente
uma tarefa difícil, ou um *Herculeus labor* (trabalho hercúleo), na expressão de D'Espagnet. Por isso o texto retorna ao "ladrão". Como já
vimos, o ladrão personifica uma espécie de espoliação de si mesmo,
da qual, ao que parece, não é fácil livrar-se, pois ela se funda em um
hábito de pensar, amparado pela tradição e pelo meio ambiente:
Aquilo que de nenhum modo se pode explorar, torna-se desinteres-
sante – daí o pouco valor atribuído à alma. Outra razão é a desvalori-
zação habitual referente a todas as coisas que não se pode pegar com

---

340. Isso vale apenas dentro do processo de confrontamento com o inconsciente.

as mãos ou compreender. Sob esse aspecto mais amplo, a educação recebida até o presente – por mais necessária que ela tenha sido – não pode ser absolvida da culpa inevitável de ter contribuído para a má reputação da alma empírica. Nos últimos tempos, ao erro tradicional se associa ainda uma opinião supostamente biológica ou materialista, que até agora na avaliação do homem ainda não ultrapassou o modo de considerá-lo apenas como animal gregário, e em que como motivação dele apenas reconhece as categorias de impulsos de fome, poder e sexo. Pensa-se em centenas de milhares ou em milhões de exemplares, em relação aos quais não haverá naturalmente questões mais importantes do que saber de quem é o rebanho, onde está pastando, se nasceram bezerros suficientes, se foi produzida a quantidade correspondente de leite e de carne. Diante desses números imensos desaparece a mínima sombra de individualidade, pois a estatística apaga tudo aquilo que aparece apenas uma única vez. Diante de tal poder e miséria, o indivíduo simplesmente até sente acanhamento de existir. Mas o portador verdadeiro da vida é sempre o indivíduo. Apenas ele sente a felicidade, somente ele tem virtude e responsabilidade e ética. Nada disso tem a massa e o Estado. Apenas como indivíduo é que o homem vive; o Estado, porém, é um sistema, ou apenas uma máquina para separar e ordenar as massas. Todo aquele, pois, que, em se tratando de coisas humanas, pensar menos no homem e se interessar mais por grandes números, fazendo de si mesmo como que um átomo, torna-se salteador e ladrão de si mesmo. Junto com os outros apanhou ele a lepra do pensar coletivo e se tornou um dos moradores daquele curral punitivo e doentio que tem o nome de "Estado totalitário". Nosso tempo produz e contém boa porção daquele "enxofre bruto", que pela "arsenicalis malignitas" impede que o homem atinja seu próprio ser.

　　Traduzi "arsenicalis" por "venenoso", mas essa tradução é um tanto moderna. Nem tudo o que a alquimia chama de "arsenicalis" é de fato arsênio (As). "Arsênio" significa originariamente o "masculino" (ἄρσην) e é por essência um arcano, como mostra ainda o léxico de Ruland, de 1612. Aí o arsenicum "é um hermafrodito, o meio pelo qual o enxofre e o mercúrio se combinam, tem participação nas duas substâncias ou naturezas, e por isso é chamado de Sol e de Lua". Ou arsenicum é "Luna, nossa Vênus, comparsa do enxofre" e a

188

"alma". Aqui o arsênio não é o aspecto masculino da substância do arcano, mas o aspecto hermafrodito e até mesmo feminino. Com isso o arsênio entra na proximidade suspeita da Lua e do enxofre verme-lho, perdendo assim sua afinidade com o Sol. Por ser "comparsa do enxofre", é ele certamente venenoso, como o enxofre é cáustico. Vis-to que a substância do arcano sempre aponta para o conteúdo in-consciente principal, assim a qualidade de que ele estiver dotado mostra qual é o relacionamento do conteúdo para com a consciência. Se a consciência o aceita, assume ele a forma positiva; se não aceita, a negativa. Se, porém, a substância do arcano está dividida ao meio, isto é, consta de duas formas, então o conteúdo é aceito apenas em parte, e em parte é rejeitado; neste caso, o conteúdo é considerado sob dois aspectos diversos e incompatíveis entre si, sendo tomado en-tão por duas coisas diferentes.

189   Em nosso texto se verifica o último caso: ao ladrão está contra-posto o sponsus alado como representante de outra opinião, ou como a personificação do "sulphur verum"; este é o espírito da ver-dade interior, o qual mede a grandeza dos homens, não em sua rela-ção para com a massa, mas quanto ao mistério da alma. Este jovem alado (o Mercurius espiritual) evidentemente está consciente de sua fraqueza e "sente horror" (horret) do sulphur vulgi. O ponto de vis-ta do homem interior está ameçado na mesma medida em que do-mina o do exterior. Na verdade, às vezes é somente a sua invisibili-dade que o salva. Ele é tão reduzido que ninguém sentiria falta dele, se ele não fosse a conditio sine qua non da paz interior e da felicida-de[341]. E, por fim, não é um "povo de 80 milhões" nem o Estado que sente a felicidade e o contentamento, mas apenas o indivíduo. Ja-

---

341. "Na variedade não encontrarás o Uno;
Antes de tudo deve teu olhar estar voltado para dentro;
E se ainda puderes esquecer-te de ti e te perder,
Então em breve sentirás Deus em ti, o verdadeiro Uno".
(TERSTEEGEN, G. *Geistliches Blumengártlein inniger Seelen*. [s.l.]: [s.e.], 1729.
"Deus não me torna bom, enquanto eu o procuro fora de mim;
Não olhes ao redor de ti, tua salvação não está em nenhum outro lugar, a não ser em ti".
(CZEPKO, D. *Sexcenta monodisticha Sapientum*. Manuscrito de Breslau apud. HELD.
H.L. *Angelus Silesius*. I, [s.l.]: [s.e.], 1924, p. 177).

mais será possível derrubar a regra de cálculo segundo a qual mesmo o maior acúmulo de zeros nunca dará a unidade; de modo análogo nem a gritaria mais forte retirará do mundo a verdade psicológica muito simples de que quanto maior for a multidão, tanto menor importância terá o indivíduo.

O jovem arisco e delicado representa tudo aquilo que na alma tem   190
asas ou em que possam nascer asas. Mas ele morre por causa do veneno do pensar coletivo da massa, da estatística e da organização; e o indivíduo se torna vítima da loucura catastrófica, que mais cedo ou mais tarde se apodera da massa e é o entusiasmo pela morte, como se observa nos lemingues. No domínio dos homens isso se chama guerra.

"E ainda que a água central seja sua esposa, contudo não ousa ele mostrar seu amor ardentíssimo para com ela, por causa das ciladas do ladrão, cujas maquinações são deveras inevitáveis".	"Et licet Aqua centralis sit hujus Sponsa, tarnen Amorem suum erga illam ardentissimum non audet exercere, ob latronis insidias, cujus technae sunt vere inevitabiles".

A meta do jovem alado é uma realização mais elevada do que os   191
ideais da organização coletiva, que juntos nada mais são do que condições e expedientes para simplesmente continuar a existir; sendo a existência o fundamento último e absoluto, ninguém negará a importância dela, mas ela de maneira alguma representa aquele ar vital que o homem precisa ter para viver. Mas se o homem não viver deste modo, então nada o poderá salvar do abobalhamento mental. Sua existência constitui o terreno fértil, no qual sua alma quer e deve desenvolver-se. Contra a superioridade e a brutalidade da convicção coletiva nada tem o homem para opor a não ser o mistério de sua alma viva.

Trata-se daquele velho drama dos opostos, cuja luta é travada   192
em cada vida humana, tenham eles os nomes que tiverem. Nosso texto fala evidentemente do combate do bom espírito contra o mau, expresso aqui em linguagem alquímica, assim como hoje em dia aparece ele formulado em linguagem política. Nosso texto fala já com aproximação a linguagem dos místicos da época barroca, a linguagem de um Jacob Boehme (1575-1624), de um Abraham de Franckenberg (1593-1652), de um Angelus Silesius (1624-1677).

Tomamos conhecimento de que o iuvenis alatus é o noivo da   193
aqua centralis. Esta fonte é a nascente da alma, o "poço da sabedo-

ria"[342] do qual dimana a vida interior. A ninfa da fonte é afinal a *Luna,* a amada-mãe; daí segue com evidência que ele é o Sol, o filius solis, o lapis, o aurum philosophicum, o lumen luminum, a medicina catholica, a una salus etc. In potentia é ele o que há de melhor, de mais elevado, de mais precioso. Mas ele apenas se torna tudo isso de fato, quando ele puder unir-se à Luna, a corporum mortalium mater. De outra maneira lhe ameaça a sorte do puer aeternus da segunda parte do Fausto, o qual por três vezes como que se desfaz em fuma-ça[343]. O adepto deve, pois, sempre fechar bem o vaso hermético, para impedir que se evole aquele que aí está contido. Dá-se a "fixação" do conteúdo por meio do mistério da coniunctio, na qual se unem os opostos extremos, onde o dia se casa com a noite, "quando os dois forem um só, o exterior for igual ao interior e o masculino se juntar ao feminino, deixando de ser o masculino e o feminino"[344]. Este apócrifo, conhecido por λόγιον 'Ιησοῦ (dito de Jesus) e pertencente ao começo do século II, na verdade é ao mesmo tempo também um paradigma para a união dos opostos na alquimia. Naturalmente este problema é escatológico, mas nada tem de abstruso (excetuada a linguagem emaranhada, própria da época), pois tem valor universal, desde o Tao de Lao-Tsé até a coincidentia oppositorum do Cusanus. Esta ideia, na verdade, também penetrou no mundo das representações cristãs como as núpcias apocalípticas do Cordeiro (Ap 22,9s.), e raramente existe um ponto culminante de sentimento religioso onde não apareça esta figura eterna das núpcias do Rei.

194   Nada mais posso fazer do que estabelecer a existência desta figura e sua fenomenologia. Mas o que significa a união dos opostos é algo que ultrapassa a imaginação humana. Por isso o ponto de vista de quem se considera versado nas coisas do mundo pode desde já ir retirando da ordem do dia tal "fantasia" sem mais cerimônias, pois algo é de todo evidente: tertium non datur (não existe o terceiro ter-

---

342. "O poço da sabedoria; todos os sedentos beberão dele". Enoque, 48, 1 (KAUTZSCH. *Apokryphen und Pseudepigraphen des Alten Testamentes.* II, 1900, p. 264).

343. O menino Lenker, o Homunculus e o Euphorion.

344. CLEMENS ROMANUS. "Epistola II ad Corinthios". Cap. 12, MIGNE. *Patrologia Graecolat.* T. I, col. 345.

mo para comparar). Entretanto, com isso nada se consegue porque se trata aqui de uma figura "eterna" ou de um arquétipo, do qual se consegue por algum tempo afastar a mente humana, mas não de modo permanente[345]. Na época em que esta imagem estiver obscurecida, terá a vida humana perdido sua própria finalidade, e consequentemente o equilíbrio. Enquanto alguém souber que é um portador da vida e considerar importante que esteja vivendo, então também ainda estará vivo o mistério de sua alma, pouco importando que seja de modo consciente ou inconsciente. Se, porém, alguém não enxergar que a finalidade de sua vida consiste em que ela se realize, e também não acreditar que existe um eterno direito humano de liberdade para obter essa realização, então esta pessoa traiu e perdeu sua própria alma, e a substituiu por uma ilusão que leva à ruína, como nosso tempo mostra tão claramente.

As "maquinações do ladrão" (technae latronis) são "inevitabiles", como diz o nosso texto. Conforme o destino, pertencem elas ao drama dos opostos, como a sombra acompanha a luz. Entretanto, a inteligência não poderá deduzir daí uma receita prática, pois a inevitabilidade em nada diminuirá a culpa do mal, como tampouco o mérito do bem. O valor negativo (minus) permanece negativo (minus), e toda a culpa será paga mais cedo ou mais tarde. "O mal acompanha a injustiça", como diz o capuchinho no acampamento de Wallenstein – uma verdade corriqueira, que sempre de novo e de bom grado é esquecida; por isso o iuvenis alatus não pode desposar a noiva sem mais nem menos. O mal não pode ser extirpado de modo definitivo; constitui ele uma parte inevitável da vida, e não fica sem consequências, pois se deve pagar por ele, de modo direto ou indireto. O ladrão que

195

---

345. A Declaratio solemnis do dogma da Assunção da Bem-aventurada Virgem Maria ocorrida em nossos dias veio demonstrar isso novamente. Um autor católico faz uma observação adequada: "There seems to be some strange rightness in the portrayal of this reunion in splendour of Son and Mother, Father and Daughter, Spirit and Matter" (Life of the Spirit. *A Blackfriars Review*. Vol. V, p. 199). Como complementação disso, valem as palavras da Bula "Munificentissimus Deus": "In hac die Virgo Mater ad aethereum thalamum (aposento nupcial) est assumpta" (Neste dia a Virgem Mãe foi elevada ao tálamo celeste) (S. ANTONIUS PATAVINUS. *In Assumpt. S. Mariae Virginis Sermo.* [s.d.]).

a polícia não consegue agarrar, mesmo assim foi a si próprio que rou-
bou, e o assassino já proferiu o julgamento contra si mesmo.

196   Em nosso texto se considera o ladrão capaz de todo o mal; mas
na realidade trata-se de um "eu" e de sua sombra, nos quais se fazem
anunciar os abismos da natureza humana. À medida que cresce a
compreensão psicológica, mais e mais se impede também a projeção
da sombra. O acréscimo de conhecimento leva logicamente ao problema da união dos opostos. Por isso se chega primeiro ao conhecimento de que não se deve projetar nos outros a própria sombra, e a
seguir de que não há vantagem nenhuma em insistir que a culpa é do
outro, porque é muito mais importante conhecer e reconhecer como
sua a própria culpa por ser ela uma parte do próprio si-mesmo e também a condição sem a qual nada se poderá realizar neste mundo sublunar. Com efeito, não se afirmou nada que a Lua seja uma personificação do que há de escuro, entretanto se suspeita muito da Lua
nova, como já vimos até bastar. O jovem alado, porém, ama sua espo-
sa-Lua e deste modo também a noite a que ela pertence, pois os opostos não se repelem unicamente, mas até se atraem. É sabido que o mal
se apresenta como muito atraente, sobretudo quando não é percebido com clareza; e isso ocorre com maior frequência quando o mal assume um disfarce idealista. Como se supõe, é o mal que impede o iuvenis alatus em seu amor para com a "casta Diana", mas na realidade
o mal já se acha oculto no jovem idealista e na escuridão do novilúnio; o que o jovem teme é principalmente descobrir que afinal ele
próprio está representando o papel do Sulphur ordinário. Esse papel
é de tal modo horroroso que todo aquele que tem sentimentos nobres não quer ver-se metido nele, e procura desculpar-se com as ciladas do inimigo. É como se ele não pudesse saber isto até tornar-se
bastante adulto para poder acomodar-se ao fato de que devemos ser
gratos quando inesperadamente encontramos uma maçã sem bicho
ou uma sopa sem fio de cabelo.

197   Aceitos esses pressupostos, torna-se facilmente compreensível a
última frase de nosso texto:

"Aqui Diana te seja propícia, a que   "Esto hic tibi Diana propitia, quae
sabe domar as feras",   feras domare novit",

O escuro que se opõe ao claro é a instintividade irrefreada da na-   198
tureza, que se impõe sem a consciência ou mesmo contra ela. A quem
quer unir opostos seja Diana propícia, a domadora das feras, pois é
ela quem poderá ser a esposa, e ainda será preciso esperar o que ela
apresentará de animais ferozes. Ao lado disso, o ladrão talvez pareça
até digno de lástima.

"cujo par de pombas suavizará a   "cuius binae columbae pennis suis
malignidade do ar por meio de suas   aeris malignitatem temperabunt",
asas",

Em todo o caso, ao lado dela se acha o delicado casalzinho de   199
pombos, um aspecto certamente inofensivo da mesma coisa, que é
capaz de cobrir uma quantidade de pecados, ainda que o símbolo te-
riomorfo em si permita uma "interpretação para baixo". Mas o símbolo não deve ser interpretado nesse sentido já porque o símbolo da
animalidade indomada e da maldade se acha indicado pelo cão raivoso num caso, e pelo ladrão e salteador no outro. Em oposição a isso
as pombas são emblema da inocência e do amor conjugal, como ainda do Espírito Santo, da sabedoria de Cristo e de Maria, Mãe virginal[346]. Deste "contexto" da pomba decorre a espécie de intenção que
ela representa: ela é exatamente aquilo que se opõe à malignitas do
inimigo. Os dois juntos representam, por assim dizer, a incursão e o
ataque que um ser contraditório faz na consciência mais acanhada do
homem. A meta ou o êxito desta incursão é certamente o alargamento da consciência, que sempre se desenrola, ao que parece, conforme
o modelo de Gênesis 3,4: "De modo algum morrereis, mas Deus sabe

---

346. Igualmente clemência, mansidão, amor à paz (pomba de Noé), simplicidade
(*simplices sicut columbae*, Mt 10,16). Também Cristo é designado como pomba: "Columba fuit Dominus Jesus... dicens Pax Vobis... En Columba, en oliva virens in ore"
etc. (Foi uma pomba o Senhor Jesus... que disse: A paz esteja convosco... Eis a pomba,
eis o ramo verdejante de oliveira no bico!) (BENEDICTUS FERNANDIUS. Apud.
PICINELLUS. *Mundus Symbolicus*. [s.l.]: [s.e.], 1681, cap. XX, p. 283). Este último
chama Maria Virgem de "columba purissima". O "Aureum Vellus" de Guilielmus
Mennens (*Theatrum Chemicum*. V, 1622, p. 311) interpreta a pomba da maneira seguinte: "Unde Propheta exclamat: Quis dabit mihi pennas (sic) ut columbae (Sl 54,7)
videlicet cogitationes contemplationesque immaculatas ac simplices" etc. (Por isso ex-
clama o profeta: Quem me dará asas como as da pomba, isto é, pensamentos e con-
templações imaculadas e simples?)

que, logo que tiverdes comido disso, se abrirão os vossos olhos e sereis iguais a Deus conhecendo o bem e o mal".

200   Evidentemente se trata de um momento das maiores possibilidades, tanto "para cima" como "para baixo". Normalmente, contudo, no início ocorre apenas uma coisa depois da outra: o bom decai tornando-se mau, e o mau se converte tornando-se bom; com isso está resolvido o caso para quem o considera sem maior pretensão. Entretanto, um sentimento moral mais sutil ou uma compreensão mais aprofundada não conseguirá negar que esse *um-depois-do-outro* aparente, na realidade é *um-ao-lado-do-outro*. Talvez ninguém tenha sentido isso mais claramente do que S. Paulo, que sabia que carregava um espinho na carne e que um anjo de Satanás "lhe batia na face", para que ele não se ensoberbecesse[347]. O um-depois-do-outro é uma etapa preparatória mais suportável para chegar ao um-ao-lado-do-outro; esta última situação tem a desvantagem de constituir um problema mais difícil do que a primeira. Por seu turno, é mais facilmente suportável a concepção de que o bem e o mal são potências exteriores, ainda que de natureza espiritual, desse duelo em que o homem se encontra envolvido; mais difícil, no entanto, é o conhecimento de que os opostos são em si condições inextirpáveis e indispensáveis de qualquer vida psíquica nossa, até ao ponto de o fato em si da existência e da vida já significarem uma culpa. Até mesmo a vida consagrada a Deus é, entretanto, sempre ainda vivida por um eu: ela ainda fala de um eu e afirma um eu em oposição a Deus; esse eu não entra imediatamente na divindade, mas reserva para si uma liberdade e uma vontade, que o colocam de certo modo fora da divindade. Como é que o eu consegue isso diante do poder supremo de Deus? Unicamente pela afirmação de si mesmo, a qual garante a sua livre escolha tão bem como Lúcifer. Tudo aquilo que é diferente de Deus significa afastamento, alienação, deserção. A queda no pecado já era inevitável no paraíso. Por isso Cristo é "sine macula peccati" (sem a mácula do pecado) porque ele representa a divindade toda e dela não se separou por tornar-se também homem[348]. Mas a humanidade, situada mais

---

347. 2Cor 12,7.

348. Isso, entretanto, é um paradoxo como também o é a doutrina da *kénosis* (esvaziamento); diante disso a razão como que perde o fôlego.

abaixo, está como que marcada com ferro em brasa pela mácula da separação de Deus. Esse estado seria insuportável se não houvesse nada mais que lei e preceito moral para contrapor-se ao mal, como ocorria no judaísmo pré-cristão. O reformador e rabi Jesus procurou ensinar a concepção mais adiantada e psicologicamente mais correta de que a oposição à essência do mal não é a fidelidade à lei, mas muito mais o amor e a bondade. As asas das pombas moderam a malignitas aeris, que é a maldade do espírito do ar (princeps potestatis aeris huius – Ef 2,2), e apenas elas têm esse efeito.

"para que o ar penetre facilmente pelos poros, e o jovem abale os fundamentos da Terra e produza a nuvem tétrica",	"quod per poros facile ingreditur adolescens, concutit statim (terrae sedes)[349] nubemque tetricam suscitat",

Desde que se tenha moderado a maldade, também estará diminuída a pecaminosidade ou suas más consequências, e tudo o que tiver asas poderá abraçar a Terra... pois se trata da realização do hierósgamos, do tornar terreno o espírito e do tornar espiritual a Terra, da unio oppositorum, da reconciliação dos separados (Ef 2,14)[350], numa palavra, do esperado ato da redenção, no qual a pecaminosidade da existência ou a cisão original será novamente suprimida por Deus. O terremoto que se acha unido a isso, em parte é uma alusão à descida à região dos mortos e à ressurreição de Cristo, em parte é também um abalo da existência vulgar (terrena) do homem, em cuja vida e em cuja alma irrompeu algo de importante, pelo qual ele é ameaçado e elevado ao mesmo tempo.

201

---

349. Conjectura minha.

350. É um pensamento que aparece no dogma da Assunção da Bem-aventurada Virgem Maria e recebe especial destaque pela incorruptibilidade do corpo, que por ser o vaso terreno da divindade é comparada à arca da aliança (A Bula "Munificen-tissimus Deus" diz: "Arcam foederis, incorruptibili ligno instructam... quasi imaginem cernant purissimi Mariae Virginis corporis, ab omni sepulcri corruptione servati immunis") (A arca da aliança, construída de madeira imperecível... têm eles por uma imagem do corpo puríssimo da Virgem Maria, que foi conservado livre de toda a corrupção do sepulcro). Nas palavras da definição: "... fuisse *corpore et anima...* assumptam" (que ela foi assumida [assunta] ao céu com corpo e alma), está expressa de modo inequívoco a coexistência celestial do verdadeiro corpo terrestre com a alma.

202   É sempre um acontecimento intuitivo e uma realidade, conforme
seja possível. É a prefiguração e a antecipação de um estado ainda futuro, é o pressentimento da realização silenciosa, por assim dizer inconsciente, do estado de "ser um", formado pelo "eu" e pelo "não eu".
Com razão isso é designado como unio mystica, e constitui a vivência
fundamental de todas as religiões de certo modo ainda vivas, as quais
ainda não se tornaram confessionalismo por perda da profundidade,
mas ainda possuem o mistério, do qual as outras apenas conhecem o
rito produzido por ele, conservando desse modo ao menos a bolsa vazia, na qual antigamente estava o ouro já há muito evolado.

203   O abalo provoca o escurecimento pela nuvem, isto é, a consciência entra na escuridão por causa do abalo de seu ponto de vista sus-
tentado até agora, como aconteceu com a Terra por ocasião da morte
de Cristo, ao qual seguirá a ressurreição. Esta imagem quer significar
que o alargamento da consciência representa primeiro abalo e escurecimento, e depois expansão do homem para atingir o homem total,
ou simplesmente para atingir o homem. Dada a impossibilidade de
ser descrito, esse fenômeno é designado como uma experiência "mística" ou intuitiva; por isso homem vem designado adequadamente
pelo termo "ánthropos", porque este mostra a continuidade da ideia
através dos milênios.

"mas tu elevarás as águas até ao   "tu undas superinduces ad Lunae
fulgor da Lua",   usque candorem",

204   Como já foi mostrado acima, aqui convém à água o sentido de
"interesse fecundante", e sua elevação circunscreve o fato de que
agora ela se volta para o plenilúnio, que é o oposto amável e pacífico
do novilúnio e de seus perigos.

"e deste modo as trevas, que   "atque ita Tenebrae, quae supra
pairavam sobre a face do   abyssi faciem erant, per spiritum se
abismo, serão afugentadas pelo   in aquis moventem discutientur. Sic
espírito que se move nas águas.   iubente Deo Lux apparebit".
Assim, por ordem de Deus
aparecerá a luz".

205   A vista, que até agora estava orientada para os perigos tenebrosos do mal, se volta agora para o círculo da Lua, onde principia o éter
eterno dos imortais; e o abismo tenebroso ficará abandonado a si
próprio, porque o espírito o movimenta no interior e o transforma.

Quando a consciência se aproxima do inconsciente, não é apenas ela que experimenta o choque e o abalo, mas também penetra nas "trevas" do inconsciente um pouco da luz da consciência. A consequência disso é que para a consciência o inconsciente não se portará como sendo tão distante, estranho e amedrontador; com isso está preparado o caminho para a união final. Naturalmente, esse "aclaramento" do inconsciente de modo algum significa que o inconsciente a partir de agora será menos inconsciente. Não é disso que se trata. Mas o que agora acontece é que os conteúdos do inconsciente passam agora mais facilmente do que antes para a consciência. A luz que finalmente surge é a lux moderna dos alquimistas, o alargamento da consciência ocorrido há pouco, o novo passo dado adiante para a realização do ánthropos; e cada um desses passos significa um nascimento renovado de Deus.

Com isso encerramos nossa reflexão sobre o texto.

D. A natureza da lua

Será então que os alquimistas de fato se entretinham com tais pensamentos, procurando ocultá-los em suas metáforas cheias de ornamentos? Em outras palavras: Será que Philaletha, o autor anônimo do nosso texto, de fato pensou algo de igual ou semelhante ao que eu apresento como interpretação? Acho que isso está excluído e creio muito mais que os autores sempre procuraram dizer em relação a seu objeto aquilo que de melhor, de mais acertado e de mais claro podiam excogitar. Para o nosso gosto e para nossa necessidade intelectual parece que essa realização de altíssimo grau ainda é de tal modo insuficiente, que nos sentimos impelidos a fazer nós mesmos uma nova tentativa de dizer o mesmo com palavras ainda mais claras. Para nós está claro que tudo o que pensarmos a respeito disso jamais foi imaginado pelos alquimistas, pois nesse caso já há muito tempo teria isso vindo à luz. Os "filósofos" empregaram todos os esforços imagináveis para descobrir o mistério da pedra e divulgá-lo; eles mesmos censuravam os antigos por terem escrito também de modo por demais obscuro e ocultado muita coisa. Quando eles escrevem em sua linguagem "typice" (tipicamente), "symbolice" (simbolicamente) ou "metaphorice" (metaforicamente), então era isso sempre o melhor que

206

podiam dizer; e foi graças a esse esforço que em geral nos achamos em condições de compreender algo dos mistérios da alquimia.

207   Toda a compreensão, desde que não seja de natureza matemática (ela nada compreende, mas formula), entra na categoria daquilo que é condicionado pelo tempo. O que constitui o fundamento da alquimia é um mistério legítimo e verdadeiro, que a partir do século XVII começou a ser entendido inequivocamente como algo de psíquico. Nós, modernos, também não podemos imaginar que sejam outra coisa do que um produto psíquico, do qual se pode ardilosamente extrair o sentido por meio do método e das experiências da psicologia médica do século XX. Não tenho, porém, a presunção de que a interpretação psicológica de um mistério deva ser necessariamente *a última* palavra. Se é um mistério, deve ter ainda outros aspectos. Em todo o caso, julgo que a psicologia pode despir a alquimia de seu mistério; mas não decifrará o mistério do próprio mistério. Por isso é de esperar que um futuro mais distante também sinta que nossa tentativa tenha sido igualmente metafórica e simbólica, como nos sucedeu em relação à alquimia. Poderá acontecer então que o mistério da pedra, ou do "si-mesmo", desenvolva outro aspecto que atualmente nos seja inconsciente, mas já se encontre levemente indicado em nossas formulações, e isso de modo tão velado que o investigador futuro também questionará se nós tenhamos sabido o que nossas palavras pretendem dizer.

208   Já antes tratamos de maneira mais extensa do aspecto crítico e perigoso da Lua nova. Por ocasião da Lua nova é atingido o ponto culminante do decréscimo da Lua, o que nem sempre é favorável, conforme a superstição popular. A Lua nova traz perigo para a criança e para o casamento. Se o pai morrer em Lua minguante, isso trará desgraça para os filhos. Em homenagem à Lua nova (isto é, aquela figura em forma de foice logo após a Lua nova) devem ser feitas inclinações, senão ela trará desgraça. Também o luar é perigoso. Pode causar sonambulismo lunático, provocado pelo "lobo" lunar. O leito conjugal, as mulheres grávidas e as crianças pequenas devem ser protegidos do luar. Quem costura à luz da Lua, costura a própria mortalha etc.[351]

---

351. BAECHTOLD-STAEUBLI. *Handwörterbuch des deutschen Aberglaubens*. v. v. Mond.

A passagem a respeito da Lua encontrada em Paracelsus: De   209
Pestilitate III, 95, reproduz com acerto a disposição de ânimo alterada pela luz pálida do luar: "Agora notai onde se acha uma pessoa
medrosa e tímida, a quem a imaginação gerou e imprimiu um grande medo, por meio da Lua, que está no céu como corpus, e com o
auxílio das estrelas. Quando uma pessoa tão tímida assim olhar a
Lua com toda a sua imaginação, então estará ela olhando para o
speculum venenosum magnum naturae (grande espelho venenoso
da natureza), e então o espírito sideral e o magnes hominis (magneto humano) estará envenenado pelas estrelas e pela Lua. Mas deves
notar isso mais precisamente da nossa parte para a tua caminhada.
A pessoa tímida fez que seus olhos se tornassem da natureza do basilisco por meio de sua imaginação e assim ela infecciona o espelho, a
Lua e as estrelas por si mesmas em primeiro lugar. E depois que a
Lua foi infeccionada pela pessoa imaginativa, o que acontece facilmente e muito depressa, por causa da força magnética, então, como
o corpo sideral e o espírito juntamente com os astros, a Lua e as estrelas da grande natureza também estão, também a própria pessoa
torna a ser novamente infeccionada por meio desse espelho da Lua
e das estrelas, no qual olhou. Por isso, como vedes, acontece de
modo natural que uma mulher grávida, no tempo em que está
menstruada, mancha o espelho e o corrompe com seu olhar; pois
nesse tempo ela é venenosa e tem olhar de basilisco ex causa mens-
trui et venenosi sanguinis (por causa do menstruo e do sangue venenoso), que está oculto no corpo da mulher, e em nenhum outro lugar isso é mais forte do que nos olhos. Por isso o espírito sideral do
corpo manchado está exposto e sem defesa em relação ao magneto
sideral. Quia ex menstruo et venenoso sanguine mulieris causatur et
nascitur basiliscus, ita luna in coelo est oculus basilisci coeli (porque
o basilisco é produzido e nasce do menstruo e do sangue venenoso
da mulher, do mesmo modo a Lua é o olho do basilisco celeste). E
assim como o espelho é manchado pelas mulheres, do mesmo modo
são manchados por seu turno os olhos e o espírito sideral e o corpo
das pessoas. E isso porque nesse tempo os olhos da pessoa tímida e
imaginativa são fracos e abobados, e porque o espírito sideral e o
corpo das pessoas atraem a si o veneno tirando-o do espelho da Lua

em que olhaste: Não é que uma pessoa sozinha tenha o poder de envenenar assim a Lua pelo seu olhar, não; eu digo assim que as mulheres menstruadas envenenam muito mais a Lua e as estrelas, e isso de modo muito mais intenso do que todos os homens, e isso muito facilmente. Por isso, como vedes, elas envenenam e mancham o espelho corporal e metálico e, o que é mais ainda, também os de vidro, então muito antes e mais depressa mancham elas a Lua e as estrelas nesse tempo. E assim se nesse tempo a Lua apenas se refletir na água e a mulher olhar para a água, então a Lua já está envenenada, e isso ainda de muitos outros modos, que nem seria bom manifestar aqui tudo de modo claro. E esse envenenamento da Lua acontece pelo seguinte: ela é também o simples olho do espírito e do corpo sideral, e, como vedes, muitas vezes se torna nova e jovem. Por isso se uma criança nova olhar num espelho no qual tenha olhado antes uma mulher menstruada, então ela se torna hipermétrope e vesga, e também seus olhos se tornam envenenados, manchados e estragados; assim como o espelho foi manchado pela mulher menstruada, do mesmo modo também a Lua e também o homem são envenenados. E ainda a Lua, enquanto é nova e jovem, é de espécie mais venenosa, o que deveis notar de dois modos, como no elemento água e também na madeira, no linho etc. Assim se ela for tirada em tempo não oportuno, ela não arderá bem, mas será atacada pelos bichos, venenosa e má e podre; do mesmo modo acontecerá com a Lua lá em cima, pois ela também é facilmente envenenada pelo próprio olhar, e a Lua com seu brilho é o humidum ignis (fogo úmido) de natureza fria, e por isso está apta a receber facilmente o veneno"[352].

210   Na tabela das disposições e correspondências de Penotus[353] pertencem à Lua: *serpente, tigre*, os *manes*, os *lêmures* e finalmente os *dii infernales* (deuses infernais). Essas disposições mostram claramente que a Lua faz parte do mundo inferior (tártaro), o que chamava a

---

352. SUDHOFF, K. *Theophrast von Hohenheim*. gen. PARACELSUS. *Sämtliche Werke*. Bd. XIV, 1933, p. 651s.

353. Oculto sob o pseudônimo do B. a Portu Aquitano. *Theatrum Chemicum*. II, 1602, p. 123.

atenção dos alquimistas[354]. A experiência "herética" que fizeram a respeito dela foi além da linguagem patrística e levou ao reconhecimento de seu lado sombrio; esse aspecto, pois, já não se prestava para a alegoria da amável sponsa Christi. E como na alegoria eclesiástica da Lua se deixa de lado a cadela, do mesmo modo o julgamento masculino também procura esquecê-la sempre que se trate de uma mulher supervalorizada. Não devemos iludir-nos: O ladrar dos cães de Hécate está sempre presente, ressoa ele mais perto ou mais distante, como um reverso sinistro para um anverso indubitavelmente recomendável. Vale isso para tudo o que é feminino, e não em último lugar para a anima do homem. A mitologia da Lua é como que um ensino concreto e visual da psicologia feminina[355].

A Lua, com sua natureza de opostos, é em certo sentido um modelo da individuação, uma prefiguração do si-mesmo, por ser "mater et uxor Solis, quae foetum spagiricum a sole conceptum in sua matrice uteroque vento gestat in aëre"[356]. Esta imagem corresponde ao produto psíquico (psicologema) da anima grávida, que ocorre com frequência; seu filho corresponde ao si-mesmo, ou respectivamente é distinguido pelos atributos do filho-herói. Como a anima representa e personifica o inconsciente coletivo, assim é a Lua em relação aos seis planetas, ou aos espíritos dos metais, ou aos metalla spiritualia. Assim diz Dorneus: "De Saturno, Mercúrio, Júpiter, Marte e Vênus

211

---

354. A Lua também tem relação com *Saturno*, o Maleficus da astrologia. Nos *Dicta Belini* Saturno é em certo sentido "mãe-pai" da Lua: "Ego sum", diz o *lapis*, "illuminans omnia mea et facio lunam apparere potenter de interiore de patri meo Saturno et etiam de matre dominante, quae mihi inimicatur" (Eu sou quem ilumina tudo o que é meu e faço a Lua aparecer visivelmente ao sair do interior de meu pai Saturno e da mãe dominante que tem inimizade comigo). (Saturno representa o papel de Typhon em relação a ela. Despedaçamento!) *Theatrum Chemicum*. V, 1622, p. 97.

355. Esther Harding expôs a psicologia da Lua em um livro de grande mérito e muito útil ao psicólogo médico, intitulado *Woman's Mysteries*. 1935 (especialmente o cap. XIII: "The inner meaning of the Moon Cycle").

356. DORNEUS. *Theatrum Chemicum*. I, 1602, p. 424. Tradução: "Mãe e mulher do Sol, que concebeu do Sol o embrião secreto em seu ventre e está grávida dele no útero ao vento no ar" (Alusão à *Tabula Smaragdina*: Portavit illud in ventre suo. *De Alchemia*. 1541, p. 363).

não pode provir nenhum outro metal a não ser a Lua (isto é, a prata)... Pois a Luna consta dos seis metais espirituais e de suas virtudes, dos quais tem sempre dois... Do planeta Mercurius, do Aquarius e dos Gemini, ou do Aquarius e dos Pisces tem a Lua a liquefação (liquationem) e o brilho branco... de Iupiter, Sagittarius e Taurus tem a cor branca e a grande resistência ao fogo... De Mars, Cancer e Aries tem a dureza e o som agradável... de Venus, dos Gemini e da Libra tem a moderada solidificação (coagulationem) e a maleabilidade... do Sol, de Leo e de Virgo tem a pureza legítima e a grande resistência à força do fogo... de Saturno, de Virgo e do Scorpio ou do Capricornus tem a substância homogênea, a limpidez genuína (puram munditiem) e a constância diante do poder do fogo"[357].

212   Deste modo a Luna é como que a soma e o resumo das naturezas metálicas, e todas elas encontram acolhida em sua brancura resplandecente. Ela representa muitos, enquanto o Sol está sozinho por sua natureza distinta, como o "septimum ex sex spiritualibus metallis" (sétimo dos seis metais espirituais). Ele é "in se ipso nihil aliud quam purus ignis" (em si mesmo nada mais é que puro fogo)[358]. Este papel da Luna também compete à anima, que personifica a pluralidade dos arquétipos, e também à Igreja e à Beata Virgo por serem ambas da natureza da Lua e por reunirem a muitos para protegê-los e representá-los perante o Sol iustitiae. Luna é o "universale receptaculum omnium" (o receptáculo universal de todas as coisas), a "prima ianua in coelo" (a primeira porta no céu)[359], e Wilhelm Mennens[360] diz que ela reúne as forças de todos os astros em seu seio para depois distribuí-las a todos os seres sublunares[361]. A partir desta propriedade, parece poder explicar-se sua suposta atuação no "opus ad Lunam", ao conferir à tinctura o caráter e as virtudes de todos os astros. Assim diz o *fragmento dos filósofos per-*

---

357. "De transmutatione Metallica". *Theatrum Chemicum*. I, 1602, p. 641s.

358. Op. cit., p. 642.

359. PENOTUS. In: "De Medicament. Chem." *Theatrum Chemicum*. I, 1602, p. 681.

360. "Aurei Velleris Libri Tres". *Theatrum Chemicum*. V, 1622, p. 321.

361. Paralelo para Maria Mediatrix da Igreja.

sas:[362] "Por meio dessa tintura são reanimados todos os mortos para que vivam eternamente, e isto é o fermento criado por primeiro[363], ou o 'ad Lunam'[364] e com isso é a luz de todas as luzes, e a flor e o fruto de todas as luzes[365], que tudo ilumina etc."[366].

Esse louvor, quase que celebrado em hino, que é tributado à materia lapidis, ou à tinctura respectivamente, se refere primeiramente à Luna, pois é na obra de brancura que se dá a illuminatio. Ela é "a mãe nessa arte". Em sua água está "o Sol como se fosse um fogo oculto"[367]; isso é como um paralelo da concepção de Selene como μήτηρ τοῦ χόσμου (mãe do cosmo) em Plutarchus. Em cada dia 1º do Phamenoth penetra Osíris em Selene, o que manifestamente equivale ao sínodo da primavera. "Então eles colocam na lua a força (δύναμιν) de Osíris"[368]. Selene é designada como masculino-feminina, e ela se acha repleta e fecundada por Hélios. Menciono esses ditos porque mostram que a Lua tem luz dupla: por fora uma luz feminina, e por dentro uma masculina, que nela se acha oculta sob a forma de fogo. Luna é propriamente a mãe do Sol; como dado psicológico (psicologema): O inconsciente está grávido da consciência e dá à luz. É ele a noite, que é anterior ao dia:

213

---

362. Rachaidibi, Veradiani, Rhodiani et Kanidis Philosophorum Regis Persarum de materia lapidis acutissime colloquentium "Fragmentum". In *Artis Auriferae*. I, 1593, p. 397s.

363. Supõe-se que seja o éter como a Quinta Essentia.

364. O *opus ad Lunam* é o alvejamento (*albedo*), que é comparado ao *ortus solis*.

365. Entende-se: de todas as luminárias, isto é, astros.

366. "...cum hac tinctura vivificantur omnes mortui, ut semper vivant, et hoc est fermentum primum elementatum, et est ad Lunam, et hoc est lumen omnium luminum, et est flos et fructus omnium luminum, quod illuminat omnia" (...com essa tintura são reanimados todos os mortos, para que vivam para sempre, e isto é o fermento feito por primeiro, isto é, o que pertence à fase lunar (da obra) e é a luz de todas as luzes, e a flor e o fruto de todas as luzes, porque ilumina tudo). "Fragmentum". Op. cit., p. 393.

367. "Primum namque aqua destillata pro Luna aestumatur: Sol enim, tamquam ignis, in ea occultatus est" (Em primeiro lugar a água destilada é considerada como sendo a Lua, pois o Sol sob a forma de fogo se acha oculto nela). "Gloria Mundi". *Musaeum Hermeticum*. 1678, p. 280.

368. *De Iside et Osiride*. Cap. 43.

"Uma parte das trevas pariu a luz para si,
A luz soberba, que agora contesta
À mãe noite a dignidade antiga e o espaço".

214   Da escuridão do inconsciente surge a luz da iluminação da albedo.
No inconsciente os opostos estão contidos in potentia; daí se origina
seu hermafroditismo, o qual explica sua capacidade de geração espontânea e autóctone. Esta ideia também se encontra no conceito gnóstico
de mãe-pai[369] como também na visão ingênua do Irmão Klaus[370], e ainda na visão moderna de Maitland[371], biógrafo de Anna Kingsford.

215   Para finalizar, devo ainda dizer umas palavras sobre a psicologia
da Lua, que não é inteiramente simples. Os textos alquímicos naturalmente foram escritos por homens, pode-se mesmo dizer que com
exclusividade; por isso, tudo o que dizem sobre a Lua provém da psicologia masculina. As mulheres, contudo, também tiveram certo papel, como já mencionamos mais vezes; por isso não está inteiramente
fora de cogitação que a "simbolização" tenha sofrido ocasionalmente
certa influência feminina. De mais a mais, tanto a proximidade como
o afastamento da mulher exercem um efeito especificamente conste-
lador sobre o inconsciente do homem. O que existe de mais ou de
menos é completado pelo inconsciente de maneira compensadora.
Onde a mulher estiver distante ou for inacessível, cria o inconsciente
uma feminilidade no homem, a qual por toda a parte e de todos os
modos possíveis procura abrir passagem à força, surgindo daí os conflitos correspondentes. Quanto mais parcial for a atitude consciente
e espiritual-masculina, tanto mais baixa, banal, vulgar e biológica
será essa feminilidade compensatória do inconsciente. Esse fenômeno sombrio talvez nem seja percebido conscientemente como tal,
porque já há muito tempo foi de tal modo recoberto de sentimenta-
lismo e doçura, em vista da proteção da consciência e da estima de si
próprio, que a própria pessoa não apenas acredita no embuste, mas

---

369. Por exemplo em Markos.

370. LAVAUD. *La vie profonde de Nicolas de Flue*. [s.l.]: [s.e.], 1942, p. 94.

371. MAITLAND, E. *Anna Kingsford. Her Life, Letters, Diary and Work*. [s.l.]: [s.e.],
1896, p. 129s. Expus essa notável visão extensamente em meu comentário para o *Mistério da flor de ouro*, texto taoísta-alquímico organizado por Richard Wilhelm.

tem até prazer que outros venham a cair nele também. A atitude aceita como de fundo biológico ou até vulgar para com o que é feminino, produz no inconsciente uma valorização excessivamente elevada da feminilidade, que aí toma a forma da sophia (sapientia) ou de Nossa Senhora. Com frequência, porém, esta supervalorização recai na deformação por meio de todas as invencionices da misoginia, com as quais se protege a consciência masculina contra a influência feminina, ao passo que se entrega à mercê de caprichos imprevisíveis e de ressentimentos irracionais.

Declarações feitas por homens a respeito da psicologia feminina, por princípio, são sempre prejudicadas pelo fato de que sempre se verifica a mais forte projeção da feminilidade inconsciente justamente onde mais necessário se faz o julgamento crítico, isto é, aí onde o homem está envolvido emocionalmente. Luna, tal qual a alquimia a descreve por meio de metáforas, é primeiramente uma imagem especular da feminilidade inconsciente do homem; entretanto, ela é o princípio da psique feminina, no mesmo sentido em que o Sol o é da psique masculina. Essa caracterização salta aos olhos principalmente na concepção astrológica do Sol e da Lua, para nem se falar da pressuposição mitológica, que é eterna. Não podemos certamente imaginar a alquimia sem a influência dessa sua irmã mais velha, a astrologia. Na avaliação psicológica das luminárias, é preciso considerar as declarações desses três domínios. Então, se Luna caracteriza a psique feminina do mesmo modo que o Sol a masculina, nesse caso o Sol como consciência seria unicamente um assunto masculino, o que evidentemente não é possível, pois a mulher também possui consciência. Como até agora na parte apresentada identificamos o Sol como consciência e a Luna como o inconsciente, seríamos agora forçados a concluir que a mulher não pode ter consciência. **216**

O erro da nossa formulação consiste primeiro em termos colocado a Lua simplesmente em lugar do inconsciente, quando isso vale sobretudo para o inconsciente do homem; segundo, em termos deixado de considerar que a Lua não é apenas sombria, quando ela é também um corpo que fornece luz ou, em outras palavras, que ela também pode representar a consciência. Este último é então o caso das mulheres: a consciência da mulher em certo sentido tem mais caráter de Lua do que de Sol. Sua "luz" é a luz mais suave da Lua, que **217** antes une do que distingue. Ela não faz, à maneira da luz forte e deslumbrante do Sol, com que os objetos deste mundo, os quais não devem ser confundidos entre si, apareçam naquela forma inexoravelmente distinta e separada, mas reúne muito mais o que está perto e o que está longe em uma aparência enganadora, transforma por suas artes mágicas o pequeno no grande e o elevado no baixo, dilui as cores em um azulado crepuscular e reúne a paisagem noturna em uma unidade jamais suspeitada.

218   Partindo de considerações puramente psicológicas, tentei em diversos outros lugares caracterizar a consciência masculina por meio do conceito de *Logos* e a feminina pelo de *Eros*. Nessa tarefa procurei entender por "Logos" o distinguir, o julgar, o reconhecer, e por "Eros" o colocar-em-relação (relacionar). Os dois conceitos tinham para mim valor de concepções intuitivas, que não podem ser definidas de maneira exata ou exaustiva; isto é certamente lamentável do ponto de vista científico, mas é até valioso do ponto de vista prático, uma vez que os dois conceitos caracterizam de certo modo um domínio experimental de definição igualmente difícil.

219   Como é difícil estabelecermos um teorema psicológico sem que imediatamente nos vejamos obrigados a invertê-lo, também neste ponto aparecem de pronto exemplos em contrário: homens a quem pouco importa o julgar e o conhecer, e mulheres que manifestam uma capacidade quase exageradamente masculina de distinguir e julgar. Eu gostaria de designar esses casos como *exceções regulares*. Demonstram eles, a meu ver, o fato comum de haver do ponto de vista psíquico uma *sexualidade oposta predominante*. Sempre que isso acontece, trata-se de um avançar impulsivo do inconsciente, acompanhado da repulsão correspondente da consciência específica; é o predominar da *sombra* e do sexo oposto, e de certo modo até a presença de sintomas de possessão (entre os quais se enumeram: faltas generalizadas de liberdade, fenômenos coativos, fobias, obsessões, automatismos, afetos etc). O fato dessa inversão é provavelmente a fonte psicológica principal para a concepção alquímica do *Hermaphroditus*. No homem é a Anima lunar, na mulher é o Animus solar; nos dois casos se exerce grande influência na consciência. Ainda que muitas vezes ao homem não pareça clara sua possessão pela anima; entretanto terá ele uma impressão tanto mais clara e mais facilmente compreen-

siva da possessão pelo animus experimentada por sua mulher; e vice-versa também.

Logos e Eros são os valores intuitivo-intelectuais correspondentes às concepções arquetípicas de Sol e Luna. No meu modo de julgar, são essas duas luminárias de uma intuição tão insuperável que até os prefiro às resignações mais limitadas de Logos e Eros, ainda que estas últimas designem de modo mais acertado e inteligível certa particularidade psíquica do que os conceitos indefinidos de Sol e Luna. O uso desses conceitos certamente exige uma fantasia viva e sempre vigilante, o que não conseguem ter aqueles que por temperamento preferem conceitos puramente intelectuais. Estes últimos conceitos decerto oferecem algo de pronto e terminado, ao passo que uma imagem arquetípica nada tem senão sua pura exuberância, que se afigura "incompreensível" ao intelecto. ("Por onde te posso pegar, natureza infinita?"). Se os primeiros conceitos significam um valor cunhado e negociável, os últimos representam a vida. [220]

Se a fórmula da natureza lunar para a consciência feminina puder ser justificada – diante do consensus omnium a respeito disso, seria difícil imaginar que fosse diferente – então também se deveria tirar daí a conclusão que sua consciência é de natureza mais obscura, por assim dizer noturna, e que ela decerto, graças a essa iluminação mais parca, pode deixar de considerar certas distinções nas quais a consciência masculina no máximo ainda tropeça. Requer-se verdadeiramente uma consciência de natureza lunar para passar por cima de tudo o que separa e, por exemplo, unir uma grande família, falando e agindo de tal modo que não prejudique o relacionamento harmônico das partes para com o todo, e até mesmo o promova. E onde houver um fosso por demais profundo, aí um raio de luar produz a ilusão de que ele não existe. Um exemplo imortal é Sainte Cathérine d'Alexandrie em Anatole France (L'Ile des Pingouins) e sua proposta de bondade, quando o sínodo celeste entrou em um beco sem saída a respeito da questão do batismo, porque os pinguins, ainda que fossem animais, tinham sido batizados por St. Maël; pede ela então a Deus: "C'est pourquoi je vous supplie, Seigneur, de donner aux pingouins du vieillard Maël une tête et un buste humains, afin qu'ils puissent vous louer dignement, et de leur accorder une âme immortelle, mais petite!" [221]

222   Essa lógica insuperável de natureza lunar pode facilmente levar ao estado de ferro em brasa o furor rationalis. Por sorte, ela age geralmente na obscuridade ou se oculta no brilho ameno da inocência. A natureza lunar é sua melhor proteção, e isso se mostra claramente onde a virilidade inconsciente irrompe na consciência feminina e afeta o Eros. Aí geralmente se desfaz todo o charme e a meia luz conciliadora; em lugar disso a mulher assume e defende cavilosamente um ponto de vista, no qual cada golpe fere sua própria carne, pondo em risco, com miopia brutal, tudo aquilo que devia ser a meta mais preciosa da feminilidade. E por imperscrutáveis razões – decerto muito simplesmente porque agora chegou o tempo – muda-se de novo o quadro: é mais uma Lua nova que ela conseguiu superar.

223   O Sol, que personifica o inconsciente feminino, não é o Sol diurno, mas algo correspondente ao Sol niger. Não é, porém, o Sol niger verdadeiro da psicologia masculina, aquele alter ego, aquele irmão Medardus dos *Elixires do Diabo* de E.T.A. Hoffmann ou a identidade crassa dos opostos, representada por *Jekyll and Hyde*. O sol inconsciente da mulher, ainda que escuro, não é ἀνθραχώδης (preto como carvão), como se diz da Lua, mas é antes como que um eclipse solar permanente, que raríssimas vezes é total. A consciência feminina normalmente está provida tanto de escuridão como de luz, de modo a não poder ser inteiramente clara, como também seu inconsciente não pode ser completamente escuro. Entretanto, onde as fases lunares forem suprimidas por causa de uma influência solar demasiado forte, aí tanto assume a consciência feminina um caráter solar exageradamente claro, como também, em oposição, o inconsciente se torna cada vez mais preto – niger nigrius nigro – e esses dois estados se tornam com o tempo insuportáveis para ambas as partes.

224   Como o luar é celestialmente pacífico e encantadoramente congraçador, da mesma forma o Sol escuro deixa de iluminar e perde toda a graça. Ele promete explicitamente ser luz, quando não é; e ser uma grande verdade, quando sempre falha; e ser uma autoridade de peso, que jamais tem razão ou apenas tem tanta razão como aquele gato cego, que durante o dia procurava caçar morcegos alucinados pela claridade, e uma vez, sem querer, acabou pegando um realmente, e por isso se tornou completamente indócil. Não pretendo ser injusto – mas algo assim é o Sol da mulher, quando se torna demasiada-

mente claro. (E, contudo, ele deve brilhar um pouco até que o homem o compreenda!).

De maneira normal o homem somente chega a conhecer a sua 225
anima quando a projeta; o mesmo se dá com a mulher e seu Sol escuro. Se ela tem o Eros em ordem, também seu Sol não será escuro demais, e o portador correspondente dessa projeção talvez até signifique uma compensação útil. Se houver algo errado com seu Eros (infidelidade ao próprio amor!), então corresponde à escuridão do seu Sol uma pessoa masculina possuída pela anima, que "tira do barril para servir" um espírito de qualidade inferior, tão embriagante como o álcool forte.

O Sol escuro da psicologia feminina está relacionado com a ima- 226
gem do pai, pois de fato é o primeiro a encarnar para ela a imagem do animus. É ele quem dá conteúdo e forma a essa imagem virtual, pois ele, em virtude de seu Logos, se torna para a filha a fonte do "espírito". Lamentavelmente o jorro dessa fonte também pode turvar-se, quando se deveria supor aí água cristalina. O espírito que serve à mulher não é realmente um puro intelecto, mas é mais do que isso: é uma atitude, isto é, *um espírito no qual se vive*. Também um espírito por assim dizer "ideal" nem sempre é o melhor, se ele simultaneamente não entender também como lidar de modo correto com a natureza, ou respectivamente com o homem-animal; isto, aliás, seria realmente o ideal. Todo pai tem, pois, sob todos os aspectos, ocasião suficiente para estragar não pouca coisa no ser mais íntimo de sua filha, o que depois tem de ser tratado pelo educador, pelo marido e pelo médico em caso de neurose. A razão é que "o que foi estragado pelo pai"[372] somente por outro pai poderá ser restaurado, e "o que foi estragado pela mãe", somente por outra mãe pode ser reparado. O que nos é dado observar neste domínio poderíamos designar como pecado original psicológico, ou como maldição dos atridas, que atua através de gerações. Ao julgar criticamente tais coisas, ninguém se considere tão seguro a respeito do bem ou a respeito do mal. Aqueles que nutrem otimismo exagerado pela nossa cultura deveriam em

---

372. I GING. *Hexagr.* 18; GU. *O trabalho no corrompido*. 1924, t. I, p. 55 [WILHELM, R. (org.)].

nosso tempo já ter chegado à compreensão de que as forças do bem sozinhas não são suficientes nem para o estabelecimento de uma ordem mundial razoável nem para o comportamento ético irreprovável do indivíduo; e que, em contrapartida, as forças do mal são tão poderosas que chegam a questionar a própria ordem em si e a atrelar o indivíduo ao sistema diabólico dos mais horrendos crimes, fazendo com que até o homem dotado de valor ético acabe se esquecendo da responsabilidade moral para poder simplesmente viver. A malignitas do homem coletivo se revelou em nosso tempo mais aterradora do que nunca na História; nessa escala objetiva de medida é que devem ser avaliados os pecados maiores e os menores. Nisso precisaríamos ter maior delicadeza casuística, pois já há muito não se trata simplesmente de extirpar o mal, mas da arte muito mais difícil de *substituir um mal maior por outro menor.* Já passou o tempo do "sweeping statements" que era tão do agrado dos pregadores habituais de moral por lhes facilitar agradavelmente o trabalho. Também não conseguimos evitar esse conflito com *a negação dos valores morais.* Até mesmo o pensar em tal coisa já é algo contrário ao instinto e à natureza. Qualquer grupo humano, desde que não esteja justamente encarcerado em uma prisão, sempre caminhará, de acordo com a liberdade de que dispõe, no trilho a que desde sempre está acostumado. Qualquer que seja a definição intelectual e a avaliação do bem e do mal, ninguém jamais conseguirá eliminar esse par de opostos, porque ninguém o poderá esquecer. Até o cristão que se sente libertado do mal, quando tiver cessado sua inebriação espiritual, se lembrará de que mesmo o apóstolo Paulo não conseguia libertar-se do "espinho na carne".

227   Estas alusões devem bastar para de certo modo indicar como deve ser aquele espírito de que a filha necessita: são verdades que falam à alma, são coisas que jamais se manifestam com voz forte e com insistência, mas que atingem cada um que percebe o sentido do mundo. De tal saber precisa a filha para que ela o passe adiante a um novo filho.

5. Sal

A. O sal como substância do arcano

228   Neste capítulo não tratarei apenas do sal, mas também de uma série de simbolismos que mantém com ele relacionamento mais pró-

ximo, como por exemplo o "amargor" do mar, a água do mar e sua propriedade "batismal", que o relaciona com o "Mar Vermelho". Este último vem ainda incluído no círculo de minhas considerações, não, porém, o símbolo do *mar* em si. Como Luna simboliza o inconsciente, então o sal, por ser um atributo dela, é uma especificação do simbolismo lunar. Isto justifica a extensão do capítulo: tornam-se necessárias umas digressões um tanto longas, para que por meio do sal possam ser expressos alguns aspectos do inconsciente e ao mesmo tempo seja explicada a significação psicológica.

Em virtude da doutrina da correspondência, que parecia ser axiomática para a Idade Média, correspondiam um ao outro os princípios dos quatro mundos, que eram: o inteligível ou divino, o celeste, o terrestre e o infernal[373]. Contudo também era usual a divisão em três mundos, em correspondência com o princípio da Trindade: céu – terra – inferno[374]. Assim na alquimia a tríade era usada de modo corrente. Desde Paracelsus se destacava principalmente a tríade: sulphur – mercurius – sal, que era imaginada como a correspondência para a Trindade (de Deus). Georg von Welling, o copista de Johann Rudolf Glauber, em 1735, ainda estava convencido de que a tríade: fogo – sol – sal[375] no fundo era exatamente a mesma coisa[376]. O emprego da fórmula da Trindade era tão comum na alquimia, que se tornam dispensáveis outras comprovações. Uma sutileza de nossa fórmula: sulphur – mercurius – sal consiste em que a figura do meio, mercurius,

229

---

373. VIGENERUS. "Tract. de Igne et Sale". *Theatrum Chemicum*. VI, 1661, fala na página 32s. "de três mundos". O fogo na Terra corresponde ao Sol no céu, e este ao Espírito Santo "in intelligibili mundo" (no mundo inteligível). Na p. 39 lembra-se ele repentinamente do quarto mundo que estava esquecido: "Quartus est infernalis intelligibili oppositus, ardoris et incendii absque ullo lumine" (O quarto mundo é o infernal, oposto ao inteligível, cheio de fogo e incêndio, mas sem nenhuma luz). Em correspondência com isso, distingue o autor também quatro espécies de fogo.

374. Céu – terra – inferno, como também *sulphur – mercurius* – sal, constituem uma tríade aparente: a terra é dupla, constando do mundo da luz supraterrestre e do mundo das sombras infraterrestres.

375. Fogo = Sulphur. Sol = Mercurius (como mãe e filho do Sol).

376. WELLING, G. von. *Opus Mago-Cabbalisticum et Theosophicum*. [s.l.]: [s.e.], 1735, p. 30.

é de natureza andrógina e assim participa tanto do enxofre vermelho masculino, como do sal lunar[377]. A correspondência para isso entre as coelestia é o par de planetas Sol e Luna, mas *in intelligibilibus* (no mundo inteligível ou espiritual) é o Cristo em sua androginia mística, ou como o "vir a foemina circumdatus" (o homem circundado [rodeado] pela mulher)[378], isto é, como sponsus et sponsa (ecclesia). Como a Trindade, também a tríade alquímica é uma quaternidade disfarçada; provém isso da duplicidade da figura central: Mercurius de uma parte se divide em uma metade masculina e em outra feminina, e de outra parte ele é também o dragão venenoso e o lapis celeste. Está perfeitamente claro que aqui o dragão é análogo ao demônio e o lapis a Cristo, de acordo com a concepção cristã de que o demônio é o adversário de Cristo. Acresce que não é apenas o dragão que se identifica com o demônio, mas também o aspecto negativo do sulphur, ou o sulphur comburens, como Glauber diz do sulphur: "O verdadeiro e preto demônio

---

377. Em uma citação de Hermes, do "Rosarium Philosophorum". *Artis Auriferae.* II,1593, p. 244, é mencionado o "Sal nostrae lunariae" (sal de nossa planta lunar). "Sal autem reperitur in nobili quodam Sale et in rebus omnibus: quo circa veteres Philosophi illud vulgarem Lunam appellaverunt" (O sal se encontra em certo sal nobre e em todas as coisas; por isso os filósofos antigos o chamavam de Lua vulgar [prata]). *Musaeum Hermeticum.* 1678, p. 217. O sal do mar polar é lunar-feminino, e o do mar equatorial é solar-masculino. WELLING. Op. cit., p. 17. Glauber chama o sal de feminino e o coloca em paralelo com Eva ("Tract. de Natura Salium". *Metallorum et Planetarum* [s.l.]: [s.e.], 1658, p. 12).

378. S. Gregorius. MIGNE. *Patrologia Latina.* LXXIX, p. 23. Esta representação se acha formulada exatamente com as mesmas palavras tanto no Tantrismo tibetano como no *bengali* na forma de Shiva e Shakti, a formadora e geradora de Maya. Mas também na alquimia encontramos essa representação: "(Deum habere) circa se ipsum amorem. Quem alii spiritum intellectualem asseruere et igneum, non habentem formam, sed transformantem se in quaecumque voluerit, et coaequantem se universis, und rite per quandam similitudinem animae naturae Deum aut Dei virtutem, quae omnes res sustinet, animam mediam naturam aut animam Mundi apellamus" ([Que Deus] tem em torno de si o amor. Outros o consideraram um espírito intelectual, de natureza ígnea, sem forma própria, mas que se transforma naquilo que quiser e se iguala a tudo. Por isso à alma da natureza damos o nome de Deus ou de ação de Deus que tudo conserva. Nós a chamamos de alma no meio da natureza ou alma do mundo). MYLIUS. *Philosophia Reformata.* 1622, p. 8s. (A última frase é uma citação de "De Arte Chimica". *Artis Auriferae.* I, 1593, p. 698).

do inferno, que não pode ser vencido por nenhum outro elemento, a não ser pelo sal"[379]. Em correspondência com isso o sal é uma substância "luminosa" e semelhante ao lapis, como ainda veremos.

Disso tudo resulta o esquema seguinte:　　　230

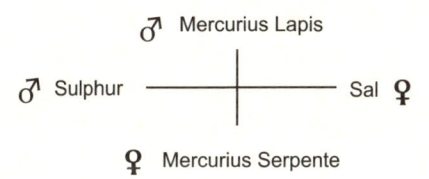

Trata-se, pois, aqui de um dos quatérnios de opostos já conheci-　231 dos, que geralmente se ocultam numa tríade, analogamente à trindade cristã, que se afirma unicamente por eliminar o quarto participante do drama divino. Se esse último fosse considerado, em vez da Trindade, ter-se-ia a *Quaternidade cristã*. Já há muito existia certa necessidade psíquica de tal coisa; foi daí que provieram aquelas conhecidas representações medievais da assumptio (assunção) e da coroação de Maria, e não apenas isso mas também a posição, por assim dizer, necessária da Deipara como Mediatrix, a qual corresponde à de Cristo Mediator, mas com a diferença de que Maria apenas transmite a graça e não a produz. A declaração dogmática da assunção da Bem-aventurada Virgem Maria acentua não apenas a assunção da anima mas também a do corpus no círculo da Trindade, pelo que se tornaram realidades dogmáticas aquelas numerosas representações medievais de uma quaternidade segundo o esquema:

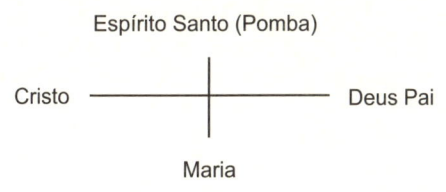

Depois de o magistério eclesiástico ter hesitado por longo tempo, e de já haver passado quase um século da declaração da Conceptio Immaculata como verdade revelada, foi somente então em 1950 que

---

379. "Tract. de Natura Salium". 1658, p. 41s.

o papa achou ser oportuno declarar a Assumptio como verdade revelada, ao ver-se como que impelido por uma corrente popular[380], que se tornava cada vez mais intensa. Tudo parece confirmar que essa declaração dogmática foi motivada principalmente por uma necessidade religiosa das massas cristãs. Por trás disso se encontra o numen arquetípico da divindade feminina[381], que se fez notar pela primeira vez como exigência no concílio de Éfeso em 431, ao se reclamar para ela o direito ao título de Theotokos (mãe de Deus) em oposição ao racionalismo nestoriano de simples Anthropotokos (mãe do homem).

232   A assunção *corporal* vinha sendo acentuada desde antigamente como acontecimento histórico e material; por isso também os alquimistas se serviam das representações da assunção para descrever a glorificação da matéria no opus. Ora, a estampa desse processo na *Pandora*[382] contém abaixo da cena da coroação, entre os símbolos de Mateus e de Lucas, uma espécie de brasão de armas, no qual está representada a extração de Mercurius, a partir da prima materia. O spiritus extraído aparece em forma monstruosa: a cabeça está rodeada por um halo e lembra a cabeça tradicional de Cristo; os braços são serpentes, e a metade inferior do corpo se assemelha a um rabo de peixe estilizado[383]. Ora, isto é indubitavelmente a anima mundi libertada das cadeias da matéria, ou respectivamente o filius macrocosmi, o Mercurius-Anthro-

---

380. "Decurso autem temporum huiusmodi postulationes ac vota, nedum remitterent, cotide magis et numero et instantia succrevere" (No decorrer do tempo as postulações e os pedidos neste sentido, longe de diminuírem, até cresceram diariamente tanto em número como em insistência – *Bula Munif. Deus*).

381. Um autor católico diz a respeito da Assumptio: "Nor, would it seem, is the underlying motif itself even peculiarly Christian; rather would it seem to be but one expression of a universal archetypal pattern, which somehow responds to some deep and widespread human need, and which finds other similar expressions in countless myths and rituals, poems and pictures, practices and even philosophies, all over the globe" (WHITE, V. "The Scandal of the Assumption". *Life of the Spirit*. Vol. V, Londres: [s.e.], 1950, p. 200).

382. Basileia: [s.e.], 1588, p. 253. Cf. *Psychologie und Alchemie* (*Psicologia e alquimia*). 1952 [OC, 12], figura 232, p. 567.

383. Cf. a representação de um homem com rabo de peixe em um mosaico no pavimento da catedral de Pesaro, do século VI, com a inscrição: "Est homo totus medius sed piscis ab imo" (É homem até o meio, daí para baixo é peixe) (BECKER, F. *Die Darstellung Jesu Christi unter dem Bilde des Fisches*. [s.l.]: [s.e.], 1866, p. 127).

pos, que graças a sua natureza dupla não é apenas espiritual e físico, mas até une em sua natureza o que há de moralmente mais elevado e de mais baixo[384]. A figura de *Pandora* indica o grande arcano que os alquimistas sentiam de maneira pouco clara estar implicado na Assumptio. Com a obscuridade proverbial da matéria sublunar está unido desde sempre também o "príncipe deste mundo" ou o diabo. Ele é aquela figura metafísica que se movimenta fora da Trindade, que, sendo o adversário de Cristo, representa uma conditio sine qua non do drama da Redenção[385]. Na alquimia lhe corresponde o lado escuro de Mercurius duplex, como também o enxofre ativo, conforme já vimos. Ele também se esconde na dragão venenoso, o qual forma a etapa ctônica prévia para o lapis aethereus. Para os filósofos medievais da natureza, e especialmente para Gerardus Dorneus (fim do século XVI), estava inteiramente claro que à tríade pertencia um quarto elemento, pois o lapis desde antigamente era uma quaternidade de elementos. Os antigos não se sentiam chocados com a implicação do espírito mau. Ao contrário, o despedaçamento e a devoração de si mesmo feita pelo dragão somente lhes podia parecer uma obra meritória. Dorneus porém reconhece que a quaternidade era em princípio uma oposição à Trindade, isto é, sua feminilidade, a qual lhe parecia ser *ex parte diaboli* (por parte do diabo); por isso chama ele o diabo de *serpens quadricornutus* (serpente de quatro cornos). Com este seu conhecimento tinha ele certamente enxergado o problema até o fundo[386]. Em sua *Refutação* identifica ele o feminino como sendo o diabo, por causa do número dois (feminino) característico de ambos. O diabo, na opinião de Dorneus, é o próprio binarius, por ter sido ele criado no segundo dia da criação, que é o *dies lunae,* sobre o qual Deus não manifestou seu agrado e que é o dia da "dúvida" e da separação[387]. Dorneus expressa aquilo que a figura de *Pandora* indica sub rosa.

---

384. Mais informações em *Symbolik des Geistes* (*Simbólica do espírito*). 1948, p. 103s. Cf. tb. a doutrina do Arcano de Paracelsus em *Paracelsica*. 1942, p. 66s.

385. Cf. *Symbolik des Geistes* (*Simbólica do espírito*). 1948, p. 395s.

386. Mais informações em *Psychologie und Religion* (*Psicologia e religião*). 1940, p. 110s.

387. "De Tenebris contra Naturam". *Theatrum Chemicum*. I,1602, p. 527.

233   Ao compararmos esse modo de pensar da alquimia com a quaternidade cristã, que foi praticamente estabelecida pelo novo dogma (não definida como tal!), então se torna imediatamente claro para nós que aqui se trata de um quatérnio "superior", situado acima da totalidade humana, o qual, do ponto de vista psicológico, permite comparação com o quatérnio gnóstico de Moisés[388]. Nela ainda não estão assumidos nem o homem nem o abismo tenebroso do mundo ou do deus absconditus (deus escondido). O alquimista, porém, é o arauto de uma tendência ainda inconsciente, orientada para a máxima integração, que parece estar reservada para um futuro distante, mas que já tem seu início na dúvida de Orígenes sobre o destino final do diabo.

234   Na alquimia filosófica compete ao sal o significado de um princípio cósmico. De acordo com sua posição na quaternidade corresponde ele ao lado feminino (lunar) e à metade superior (luminosa). Não causa nenhuma estranheza se o "sal" se torna uma das muitas designações da *substância do arcano*. Parece que esta designação se desenvolveu nos começos da Idade Média por influência árabe. Os vestígios mais antigos dela se encontram na *Turba Philosophorum,* onde o sal e a água do mar já são sinônimos da aqua permanens[389], e em Senior, onde se diz que Mercurius surgiu do sal[390]. O tratado dele pertence às autoridades mais antigas da alquimia latina. Nele também o "Sal Alkali" já desempenha o papel de substância do arcano, e o autor menciona que a dealbatio (alvejamento) era chamada de "salsatura" (salgadura)[391]. Nas *Allegoriae Sapientum,* também um tanto antigas, o lapis é designado como "salsus" (salgado)[392]. Arnaldus de Villanova

---

388. Mais informações em *Aion.* 1951 [OC, 9/2], p. 303s.

389. RUSKA. *Turba philosophorum...* 1931, p. 283.

390. "Primo fit cinis, postea sal et de illo sale per diversas operationes Mercurius Philosophorum" (Primeiro se forma a cinza, depois o sal, e dele o Mercúrio dos filósofos, por meio de diversas operações). Citação em "Rosarium Philosophorum". *Artis Auriferae.* II, 1593, p. 210; e em "Clangor Buccinae". *Artis Auriferae.* I, 1593, p. 488. Uma citação de Hermes (*Artis Auriferae.* II, 1593, p. 244) fala de *Sal nostrae lunariae* (sal de nossa lunária – planta lunar).

391. "De Chemia". *Theatrum Chemicum.* V, 1622, p. 231.

392. *Theatrum Chemicum.* V, 1622, p. 77. Para *salsatura* cf. *Aurora Consurgens.* II. *Artis Auriferae.* I, 1593, p. 205.

(1235?-1313) diz que aquele "que possuir o sal fusível e o óleo incombustível, poderá dar graças a Deus". Disso se torna manifesta com evidência a natureza própria do arcano representado pelo sal[393]. O *Rosarium Philosophorum,* que se apoia de modo especial nas antigas fontes latinas, diz que "todo o segredo reside no sal comum preparado"[394] e que "a raiz da arte é o sapo sapientiae" (trocadilho: sabão da sabedoria), o qual também constitui a base (minera) de todos os sais e é chamado de "sal amarum"[395]. Quem conhece o sal, também sabe acerca do mistério dos antigos sábios[396]. Os "sais e alúmens seriam os auxiliares da pedra", como se diz em outra passagem[397]. Isaacus Hollandus designa o sal como um intermediário entre a terra sulfúrea e a água. Neles "teria Deus infundido certo sal, a fim de uni-los (copulanda), e os antigos teriam chamado este sal de Sal Sapientum"[398].

Em alquimistas mais tardios aparece mais claramente o sal como substância do arcano. Em Mylius (1622) é ele sinônimo para a *tinctura;*[399] é o dragão da terra, que devora sua própria cauda, e a "cinza", o "diadema de teu coração"[400]. O "sal dos metais" é o *lapis*[401]. Basilius Valentinus fala de um *sal spirituale*[402]. Ele é a sede daquela virtus que

235

---

393. Citado em "Rosarium Philosophorum". *Artis Auriferae.* II, 1593, p. 244.

394. *Artis Auriferae.* II, 1593, p. 244.

395. *Artis Auriferae.* II, 1593, p. 222. Ibid., p. 225, onde o sal é chamado de "clavicula quae claudit et aperit" (chavezinha que fecha e abre). Na parábola VII da *Aurora Consurgens* I a noiva se denomina "clavicula".

396. *Artis Auriferae.* II, 1593, p. 244.

397. Op. cit., p. 269. O texto acrescenta: "Qui non gustaverit saporem salium, nunquam veniet ad optatum fermentam fermenti" (Quem não degustou o sabor dos sais, nunca chegará ao desejado fermento dos fermentos).

398. *Theatrum Chemicum.* III, 1602, p. 411.

399. *Philosophia Reformata.* 1622, p. 189.

400. Op. cit., p. 195.

401. Op. cit., p. 222. Além disso também no "Rosarium Philosophorum". *Artis Auriferae.* II, 1593, p. 208. Da mesma forma em KHUNRATH, H. *Amphitheatrum Sapientum.* [s.l.]: [s.e.], 1004, p. 194; *Musaeum Hermeticum.* 1678, p. 20.

402. Citação em *Musaeum Hermeticum.* 1678, p. 31. Os escritos de Basilius Valentinus não provêm do século XV, mas são uma falsificação do século XVII.

possibilita a "arte"[403], o *nobilissimus thesaurus*[404], o *sal bom e nobre*, que, mesmo "não tendo desde o começo a forma do sal, ainda assim é chamado de sal"; por si mesmo "se torna ele impuro e puro, dissolve e coagula, abre e fecha a si mesmo" etc.,[405] na verdade é "a *quinta essentia* acima de todas as coisas e em todas as criaturas"[406]. "O mistério todo está no sal e na sua solução"[407]. "No sal consiste a umidade radicial, que permanece eternamente (humidum radicale permanens)"[408]. É sinônimo de "oleum incombustibile"[409] e é mesmo um mistério que se deve esconder[410].

236   Por ser o sal a substância do arcano, é ele identificado também por certos sinônimos do arcano. Em primeiro lugar representa ele um ens centrale (ente central). Em Khunrath é o sal o "centro físico da Terra"[411]. Em Vigenerus o sal ao menos é um dos componentes "daquela terra virginal e pura que se acha inclusa no centro de todas as elementaria compostas, ou nas profundezas delas"[412]. Glauber chama o sal de "centrum concentratum elementorum" (centro concentrado dos elementos)[413].

---

403. "Alexander Magnus, Macedoniae Rex, ad nos, in Philosophia sua ita ait: Benedictus Deus in coelo sit, qui artem hanc in Sale creavit...". (Alexandre Magno, rei da Macedônia, nos disse em sua filosofia: Deus seja bendito no céu, que criou tal arte do sal). *Musaeum Hermeticum*. 1678, p. 217.

404. *Eod.* 1., p. 218.

405. Em "Gloria Mundi". *Musaeum Hermeticum*. 1678, p. 216.

406. *Eod.* 1., p. 217. Também como *balsamum naturae* (KHUNRATH. *Von Hylealischen Chaos*. 1597, p. 258) e (como mar) *quintum elementum* (VIGENERUS. "De Igne et Sale". *Theatrum Chemicum*. VI, 1661, p. 122).

407. *Eod.* 1., p. 256.

408. *Eod.* 1., p. 257.

409. *Eod.* 1., p. 260.

410. KHUNRATH, H. *Amphitheatrum sapientiae aeternae...* Hanau: [s.e.], 1604, p. 194.

411. *Von Hylealischen Chaos*. 1597, p. 257.

412. "De Igne et Sale". *Theatrum Chemicum*. VI, 1661, p. 44.

413. "De Natura Salium". 1658, p. 44. A isso acrescenta Glauber o verso: "No sal e no fogo se oculta o tesouro precioso".

Apesar de geralmente a substância do arcano ser identificada 　237
como Mercurius, contudo muito raramente é indicado um relacionamento do sal com ele. Senior, por exemplo, indica que "per diversas
operationes" (por diversos processos) se forma o Mercurius a partir
do sal[414], e Khunrath identifica Mercurius com o sal comum[415]. Justamente porque a relação com Mercurius seria dada propriamente por
meio do *Sal Sapientiae* (Sal da sabedoria), é que a raridade de tais
identificações chama a atenção. Somente consigo explicar isso, admi-
tindo que o sal só em época posterior adquiriu a significação de um
princípio e então apareceu logo como figura independente na tríade:
Sulphur – Mercurius – Sal.

O sal tem uma relação manifesta para com a terra, certamente 　238
não para a terra em geral, mas para a *terra nostra*, expressão pela qual
naturalmente se deve entender a substância do arcano[416]. Isso se torna evidente pela identificação do sal com o dragão terrestre, mencionada acima. A passagem em Mylius diz: "O que resta no fundo da retorta é nosso sal, isto é, nossa terra, e é de cor preta, um dragão que
devora sua própria cauda. Pois o dragão é a matéria que resta após a
destilação de sua água, e aquela água é chamada de cauda do dragão,
e o dragão é a sua negrura, e o dragão é embebido em sua água e coagula, e deste modo devora sua cauda"[417]. Digna de nota é esta relação
em geral raríssima do sal com a negrura[418]; pois o sal, por sua brancura proverbial, é sempre associado à albedo. Já seria de esperar, entretanto, a relação próxima entre sal e água, que já é dada de modo sensível pela *água do mar*. A "aqua maris seu pontica" desempenha papel importante como sinônimo da aqua permanes, como também o

---

414. *Artis Auriferae*. I, 1593, p. 210. Da mesma forma na *Turba*, como já mencionado,
são sinônimos de Mercurius sal e água do mar.

415. *Von Hylealischen Chaos*. 1597, p. 257.

416. "(Sal nostrum) hoc est, nostra terra" ([Nosso sal], isto é, a terra). *Musaeum Hermeticum*. 1678, p. 20. "Clangor Buccinae". *Artis Auriferae*. I, 1593, p. 488. "Scala Philosophorum". *Artis Auriferae*. II, 1593, p. 107.

417. *Philosophia Reformata*. 1622, 195.

418. É uma passagem de "Gloria Mundi". *Musaeum Hermeticum*. 1678, p. 216: "(In
initio) Sal est nigrum ferme ac foetidum" ([No começo] o sal é por assim dizer preto e
de mau cheiro).

conceito "mare" (mar). Que o sal seja um componente importante disso tudo, como também a Luna, se deduz das palavras de Vigenerus: "Não há, pois, nada em que a umidade esteja mais aderente, ou que seja mais úmido, do que o sal, de que é formado o mar em sua maior parte. Não há também nada em que a Lua mostre mais claramente seu movimento do que o mar, como pode ser visto... por suas marés enchente e vazante". O sal teria então uma *humiditatem inexterminabilem* (umidade inexterminável). "Esta é a causa por que o mar não seca."[419] Khunrath identifica a conhecida femina *alba* seu *candida* com o "sal cristalino" e esse com a água branca[420]. "Nossa água" nem sequer pode ser preparada sem o sal[421], e sem o sal não é possível nenhum resultado do opus[422]. Segundo a opinião de Joannes de Rupescissa (cerca de 1350), o sal é a "água que a secura do fogo coagulou".[423]

B. O amargor

239   Inseparável do sal e do mar é a propriedade da *amaritudo* (amargor). Para a Idade Média toda era válida a etimologia de Isidoro de Sevilha: *Mare ab amaro* (o mar vem do amargo).[424] Entre os alquimistas a amaritudo tornou-se como que um conceito técnico. Assim diz o tratado *Rosinus ad Euthiciam* [425] em um diálogo entre Zosimos e Theosebeia. (Zosimos): "É a pedra que tem em si mesma a magnificência e a cor. E ela: Donde vem a cor dela? Responde ele: De seu fortíssimo *amargor*. E ela: Donde vêm esse amargor e essa intensidade (intensio)? Responde ele: *Da impureza de seu metal*". No tratado *Rosinus ad Sar-*

---

419. "De Igne et Sale". *Theatrum Chemicum*. VI, 1661, p. 98.

420. *Von Hylealischen Chaos*, p. 197s.

421. *Eod*. 1., p. 229.

422. P. 254

423. *Theatrum Chemicum*. III, 1602, p. 199.

424. *Liber Etymologiarum*. [s.d.], XIII, 14.

425. Um *Zosimus ad Theosebeiam* mutilado pela tradição arábico-latina. *Artis Auriferae*. I, 1593, p. 264.

ratantam Episcopum[426] se diz: "Toma a pedra, que é negra, branca, vermelha, amarela, e uma *ave* maravilhosa, a qual na negrura da noite e na claridade do dia voa sem asas: do *amargor* que está em sua garganta é que se tira o colorido etc.". Riplaeus diz: "Toda coisa em sua primeira matéria é *corrupta e amarga*. O *amargor* é um veneno que tinge"[427]. Mylius diz: "Nossa pedra é de espírito fortíssimo (fortissimi spiritus), amarga e semelhante ao bronze (aeneus)[428], e o *Rosarium Philosophorum* menciona que o sal é amargo porque se forma a partir dos "minera maris" (minerais do mar)[429], O *Liber Alze*[430] diz: "Oh! natureza desta coisa (rei)! Como muda ela o corpo em um espírito... como ela sozinha vem e aparece, vence todas as coisas (res) e é excelente, um *vinagre amargo e acre*, que muda o ouro em puro espírito"[431].

Conclui-se desse agrupamento que certamente há uma alusão ao gosto do sal e do mar. A razão por que o gosto é dado como amargo e não apenas como salgado poderia por primeiro estar em certa inexatidão da linguagem, porque amarus significa forte, mordente, acre; e em sentido figurado é, por isso, usado para um dito que melindra ou um chiste que ofende. Influência importante tem a linguagem da Vulgata, pois ela representa sobretudo uma das fontes para o Latim tardio. O emprego moral constante que a Vulgata faz de amarus e amaritudo confere ao uso alquímico destas palavras um sentido acessório que não se pode deixar de considerar. Isso se vê claramente nas palavras do Canonicus Riplaeus: "Toda coisa em sua primeira matéria é *corrupta e amarga*". O agrupamento desses atributos está indicando uma conexão íntima entre ambos: corruptio et impuritas (corrupção

426. *Artis Auriferae*. I, 1593, p. 316. Idem: "Rosarium Philosophorum". *Artis Auriferae*. II,1593, p. 258. Idem: MYLIUS. *Philosophia Reformata*. 1622, p. 249. Idem: "Tract. Herm." 1566, p. 11s.

427. *Chymische Schrifften*. 1624, p. 100.

428. *Philosophia Reformata*. 1622, p. 244. Idem: "Rosarium Philosophorum". *Artis Auriferae*. II, 1593, p. 248.

429. *Artis Auriferae*. II, 1593, p. 222.

430. *Musaeum Hermeticum*. 1678, p. 328.

431. Uma citação da *Turba*, Sermo XV de Flritis (ou: Fictes = Sócrates). Cf. RUSKA. *Turba philosophorum...* 1931, p. 124s.

e impureza) estão na mesma linha, designam o estado dos corpora imperfecta (corpos imperfeitos), que o estado inicial ou a materia prima. Dos sinônimos mais conhecidos desta última fazem parte "caos" e "mar", e isso com seu significado clássico e mitológico de estado inicial do mundo, considerando o mar principalmente como παμμήτηρ ou matrix (mãe universal − madre, útero e mãe) de todas as criaturas[432]. Assim, como já foi mencionado, a conditio sine qua non (condição sem a qual não se realiza alguma coisa) do processo se chama "aqua pontica". Ora, o sal, que surge a partir dos "minera maris" é amargo por causa de sua origem; mas o amargor também provém da impuritas do corpus imperfectum. Salta-se por cima dessa contradição aparente por meio do relato de Plutarchus, segundo o qual entre os egípcios o mar era tido como algo de impuro e impróprio (μηδὲ σύμφυλον ἀυτῆς) e era considerado o domínio de Typhon. Eles chamavam o sal de "espuma de Typhon"[433]. Em sua Philosophia Reformata de 1622 menciona Mylius, spuma maris (espuma do mar) e mare purificatum com acetum, sal-gema, ave e Luna como sinônimos equivalentes de "lapis occultus".[434]A impureza do

---

432. Cf. Psychologie und Alchemie (Psicologia e alquimia). 2. ed., 1952 [OC, 12], p. 81 e p. 530.

433. De Iside. Cap. XXXII.

434. O texto é uma poesia, que Mylius cita como de fonte mais antiga. As passagens mais importantes são as seguintes:
Est lapis occultus, et in imo fonte sepultus,
Vilis et electus, fimo vel stercore tectus...
Et lapis hic avis, et non lapis aut avis hic est...
... nunc spuma maris vel acetum,
....
Nunc quoque gemma salis, Almisadir sal generalis
....
Nunc mare purgatum cum sulphure purificatum..."
(Há uma pedra oculta, e sepultada no fundo de uma fonte,
vil e desprezada, coberta de lama e de esterco...
e esta pedra é uma ave, e esta não é pedra nem ave...
... agora também espuma do mar ou vinagre,
Agora também sal-gema, almisadir, o sal geral.
Agora o mar é purgado, purificado com enxofre...).
(Philosophia Reformata. 1622, p. 305). "Gema" tem nessa época simplesmente a significação de "pedra" (Cf. RULANDUS. Lexemplo Alch. 1612, cf. v. gemma).

mar se acha aqui estabelecida indiretamente pelos atributos "purga-tum" e "purificatum". A espuma do mar aparece na mesma linha que o sal e – o que é de interesse especial – como a ave, naturalmente a avis Hermetis; isso torna compreensível aquela *passagem de Rosinus* já mencionada acerca da ave, em cuja garganta está localizado o amargor. A ave está, pois, em paralelo com o sal, porque este é um spiritus[435] um volatile, o que os alquimistas costumavam representar como ave.

Como a expulsão do espírito se efetua pelas diversas espécies de combustão (combustio, adustio, calcinatio, assatio, sublimatio, inci-neratio etc.), parece natural designar o produto final como cinis (cin-za), e isso com dois sentidos: primeiro como scoria, faex etc. (escória, fezes, borra) e então como spiritus ou avis Hermetis. Assim diz o *Rosarium Philosophorum:* "Sublimada pelo fogo, até que dela (matéria) saia o espírito, que nela se encontrava, e ele se chama avis (ave) ou ci-nis Hermetis (cinza de Hermes). Por isso diz também Morienus: 'Não desprezes a cinza, pois ela é o diadema de teu coração e a cinza de todas as coisas duradouras (permanentium)'"[436] o que equivale ao espírito que habita um corpo glorificado.

Esta ave ou espírito aparece ligada às cores. Primeiro a ave é *negra,* então lhe crescem penas *brancas* e finalmente se tornam elas *coloridas*[437]. De modo semelhante se transmuda a prima chinesa da avis Hermetis, a ave escarlate[438]. Dela se diz no tratado de Wei Po-Yang: "The fluttering Chu-Niao (scarlet bird) flies the five colours"[439] , as quais estão dispostas da seguinte maneira:

241

242

---

435. Cf. acima: *lapis fortissimi spiritus.*

436. *Artis Auriferae.* II, 1593, p. 282s.

437. Cf. ROSENCREUTZ. *Chymische Hochzeit.* 1616, p. 117.

438. A fênix, que corresponde a essa ave maravilhosa, é igualmente descrita do mes-mo modo por M. Majer como muito colorida: "... Cuius collum aureus fulgor, reli-quum corpus purpureus color in pennis cinxit" (O pescoço dele tem brilho de ouro, o resto do corpo está cingido de penas de cor purpúrea) (*Symbola aureae mensae duode-cim nationum.* 1617, p. 598.

439. *Isis.* XVIII, p. 218, 258.

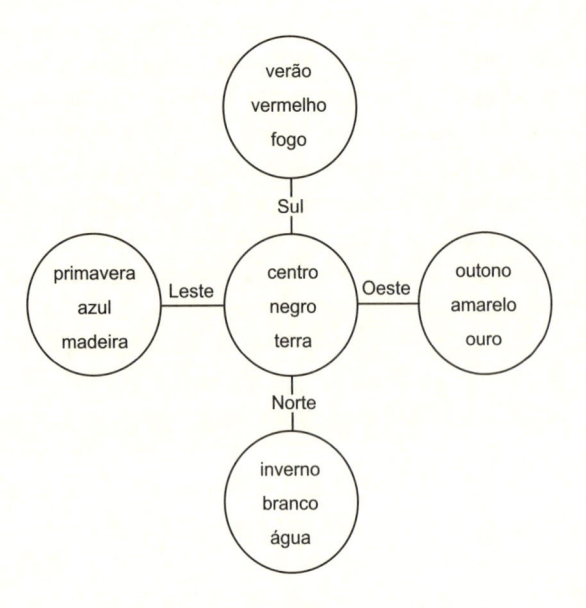

243   A Terra, como quintum elementum, ocupa a posição central,
mas não é a quinta essentia ou a finalidade do opus, é apenas sua
base, o que corresponde também ao papel da terra como matéria do
arcano na alquimia ocidental.[440]

244   Para mostrar a derivação e o parentesco de sentido da avis Hermetis, gostaria ainda de acrescentar que Aelianus relata que o Íbis era
amigo de Hermes, "pai dos λόγοι por ser parecido em seu aspecto
(εἶδος) com a natureza do Logos: a negrura e a rapidez das asas poderiam ser comparadas com o Logos, que é calado e introvertido
(ἔνδον ἐπιστρεφομένῳ), mas a brancura poderia ser comparada com
a palavra já manifestada e escutada, a qual é como um servo e mensa-
geiro da (palavra) interior"[441].

245   Para uma inteligência moderna não será nada fácil imaginar justamente o sal – esta substância fria e úmida, lunar-terrestre – como

---

440. Parece muito estranho que os editores de Wei Po-Yang sejam de opinião que entre a alquimia chinesa e a ocidental não existe nenhuma analogia fundamental. Muito
ao contrário, a semelhança é palpável.

441. *Hist. Animal.* X, p. 29.

uma ave ou espírito. Espírito é em chinês Yang, isto é, o ígneo e seco; isto está de acordo com as concepções de Heráclito como igualmente com as concepções cristãs sobre as línguas de fogo do Espírito Santo. É verdade que a Luna, como vimos acima, tem relacionamentos indubitáveis com mens, manas, mind, mente etc. Mas estas são em parte de natureza ambígua. A Terra pode muito bem gloriar-se de ter um espírito terrestre especial e até outros dáimons dos domínios dele, que são "espíritos" e justamente não são o "espírito". O lado "frio" da natureza não é desprovido de espírito, mas é um espírito de natureza peculiar, que na era cristã era considerado como diabólico e, por isso, não teve aceitação em lugar nenhum, a não ser no campo das ciências noturnas e nas artes. Esse espírito era um Nous em forma de serpente ou Agathodáimon, que coincide com Hermes no sincretismo helenístico. Também a alegórica cristã e a iconologia se apossaram dele, fundamentando-se em Jo 3,14: "Como Moisés ergueu a serpente no deserto, assim também deve ser elevado o Filho do Homem". A serpens mercurialis ou o "espírito de Mercurius" é a personificação e a continuação viva daquele espírito que era invocado do seguinte modo na oração intitulada Στήλη ἀπόχρυφος (estela com escrita secreta) do *Grande papiro mágico de Paris:* "Eu te saúdo, edifício inteiro do espírito do ar; eu te saúdo, espírito que do céu penetras até a terra, e da terra, que está no espaço médio do universo, até os limites do abismo; eu te saúdo, espírito que me penetras e me agarras... eu te saúdo, começo e fim da natureza imóvel; eu te saúdo, rotação dos elementos, repleta de serviços incansáveis; eu te saúdo, serviço do raio de sol, resplendor do mundo; eu te saúdo, círculo do luar noturno a brilhar de modo desigual (ἀνισολαμπής); eu vos saúdo, espíritos todos e dáimons do ar... Ó grande, máxima formação do mundo, circular e inconcebível... ó espíritos etéreos... em forma de água, em forma de terra, em forma de vento, em forma de luz, em forma de escuridão, brilhante como as estrelas, molhado-ígneo-frio (ὑγροπυρινοψυχρὸν πνεῦμα)"[442]...

Aqui se descreve de maneira grandiosa um espírito que está aparentemente em oposição cerradíssima ao Pneuma da doutrina cristã.   246

---

442. PREISENDANZ. *Papyri Graecae magicae.* I, 1941, p. 110. Pap. IV, 1.115-1.166.

Essa concepção antiga é o espírito da alquimia, o qual podemos hoje em dia conceber como o inconsciente projetado no espaço e nas coisas. Ainda que os antigos cristãos considerassem ser ele o diabo, contudo não pode ele simplesmente ser identificado com o mal; tem ele apenas a propriedade desagradável de estar situado além do bem e do mal, e de conceder o presente perigoso dessa propriedade a todo aquele que se identificar com ele; o caso de Nietzsche e a epidemia que o seguiu são exemplos vivos disso. Este "além do bem e do mal" não significa porventura "aqueles seis mil pés" além, mas muito mais essa distância abaixo, ou melhor, aquém. É aquele espírito das águas primordiais caóticas anteriores ao segundo dia da criação, isto é, anteriores à separação dos opostos, e deste modo anteriores à consciência. Por isso é que ele não conduz a quem nele cair para nenhum lugar para cima nem para fora, mas para trás, para o caos do mundo primordial. Este espírito corresponde àquela parte da psique que ainda não foi assimilada ao homem consciente, e cuja transformação e integração constituíam para o alquimista o assunto de um opus longo e penoso. O artifex desse empreendimento estava bem ciente, a seu modo, dos perigos de sua obra, e por isso suas operações consistem na maior parte em medidas prévias que correspondem aos ritos eclesiásticos.

247   O retorno ao caos era considerado pelos alquimistas como uma parte da obra. É o estado da nigredo (negrura) e mortificatio (mortificação, morte), seguido do ignis purgatorii (fogo do purgatório) e da albedo (alvura). O espírito do caos é indispensável para a obra, e nem sequer pode ser distinguido do Espírito Santo ("ars donum Spiritus Sancti" – a arte é um dom do Espírito Santo), como também o Satanás do Antigo Testamento representa um aspecto de Javé. O inconsciente é bom e mau, ou nem bom nem mau. Ele é a mãe de todas as possibilidades.

248   Após essas observações que me pareciam necessárias a respeito do *espírito do sal* (Khunrath), retornemos ao problema da amaritudo. Porque o sal amargo provém do mar impuro, poder-se-á compreender que a *Gloria Mundi* o designe como "ab initio" "nigrum ferme ac foetidum" [443] (desde o início geralmente negro e fétido). A negrura

---

443. *Musaeum Hermeticum*. 1678, p. 216.

e o mau cheiro, designados pelos alquimistas como "odor sepulchrorum" (cheiro de sepulcros), pertencem ao mundo inferior e desse modo às trevas morais. Desse caráter da impureza participa também a "corruptio", que Riplaeus usa como paralela ao "amargor", como já mencionamos. Vigenerus designa o sal como "corruptibile", tomando isso no sentido da caducidade e corruptibilidade do corpo, em oposição à natureza ígnea e "incorruptível" do espírito[444].

Esse uso claramente moral de propriedades que são originariamente físicas, justamente por um clérigo como Riplaeus, mostra visível dependência da linguagem eclesiástica. Sobre isso poderei expressar-me concisamente, apoiando-me no valioso estudo de Hugo Rahner *Antenna Crucis II: O Mar do Mundo*[445]. Neste escrito se encontra compilado tudo o que da alegórica patrística é de importância para a compreensão da simbólica alquímica. O emprego patrístico de "mare" está caracterizado pelo dito de S. Agostinho: *Mare saeculum est* (O mar é o mundo)[446]. É um termo que "resume o mundo como o elemento... que está entregue ao diabo". Diz S. Hilário: "Profundum maris sedem intelligimus inferni" (Por profundeza do mar entendemos a sede do inferno)[447]. O mar é o tristis abyssus, um resto do abismo primordial[448], isto é, do caos que cobria a Terra. Este abismo representa para S. Agostinho "o domínio deixado para o diabo e os demônios após a queda"[449]. O abismo é de uma parte a "profunditas aquarum impenetrabilis" (a profundeza impenetrável das águas)[450], e de outra parte a "profunditas peccatorum" (profundeza dos pecados)[451]. Em Gregório Magno o mar é "aeternae mortis profunda" (as profundezas da morte eterna)[452]. Desde a

249

---

444. "Ad hoc, scl. (corpus) spirituale, ignis, ad illud vero scl. corruptibile Sal refertur" (Por isso [o corpo] espiritual, o fogo, se refere ao sal incorruptível). "De Igne et Sale". *Theatrum Chemicum*. VI, 1661, p. 7.

445. *Zeitschrift für katholische Theologie*. 66. Band, 1942, p. 89s.

446. *Ennar. in Psalm*. 92, 7, apud. RAHNER. Op. cit., p. 90.

447. "Tract. in Psal." 68 , 28. Op. cit.

448. RAHNER. Op. cit., p. 105.

449. Op. cit.. p. 106.

450. *Ennar. in Psalm*. 41, 13. Op. cit., p. 106.

451. *Ennar. in Psalm*. 35, 10. Op. cit.

452. *Hom*. 11, 4. Op. cit.

Antiguidade é a sede dos demônios, os δαίμονες ἐνύδριοι (os demônios aquáticos).[453] Ele abriga o Leviatã (Jó 3,8)[454], que na linguagem
dos santos padres é sinônimo do diabo. Rahner apresenta documentação para as igualdades patrísticas: diabolus = draco = leviathan =
cetus magnus = aspis = draco (diabo = dragão = leviatã = grande
cetáceo = serpente)[455]. S. Jerônimo diz: "Diabolus maria undique
circumdat et undique pontum" (O diabo rodeia os mares por todos
os lados e por todos os lados o Ponto)[456]. Também o amargor da água
salgada faz parte desse contexto. É ele uma das propriedades do inferno e da condenação, que nos exercícios de S. Inácio de Loyola
deve ser degustada pelo exercitante. O quarto ponto do quinto exercício diz: "Gustare gustu (imaginationis) res amaras ut lachrymas,
tristitiam et vermem conscientiae" (Degustar com o gosto da imaginação coisas amargas como as lágrimas, a tristeza e o verme da consciência)[457]. Com cores mais vivas se exprime a *Praxis Exercitiorum
Spiritualium* de Sebastianus Izquierdus S.J. (1695): "Gustus torque-
bitur perpetua fame sitique rabiosa, in quarum levamen dabitur mise-
ris damnatis pro cybo absynthium, pro potu autem aqua fellis" [458] (O
gosto é torturado pela fome perpétua e pela sede furiosa, e para acal-
má-las é dado aos míseros para comida absinto e para bebida água de fel).

C. O Mar Vermelho

250   Em oposição ao sentido já mencionado do mar em geral, o que lembra
um paradoxo alquímico, o Mar Vermelho tem o significado da *água batismal*[459] santificadora e transformante, correspondendo nisso à

---

453. ABT, A. *Die Apologie des Apuleius*.[s.l.]: [s.e.], [s.d.], p. 183. Nota 4. Apud.
RAHNER. Op. Cit., p. 102.

454. Já a *Septuaginta* tem μέγα χῆτος em lugar de Leviathan, isto é, grande cetáceo ou
baleia.

455. Op. cit., p. 108.

456. *Corp. Ser. Eccl. Lat.* 54, p. 12.

457. *Versio literalis* (versão literal).

458. P. 77. A última frase corresponde a Jr 23,15: "Cibabo eos absynthio et potabo
eos felle" (Eu os alimentarei com absinto e lhes darei fel para beber).

459. DOELGER, F.J. *Antike und Christentum*. II, [s.l.]: [s.e.], 1930, p. 63s. Apud.
RAHNER. Op. cit., p. 111.

aqua pontica dos alquimistas. Diz S. Agostinho: "Mare Rubrum significai Baptismum" (O Mar Vermelho significa o batismo)[460]. Honório de Autun diz: "Mare Rubrum est baptismum sanguine Christi rubicundum, in quo hostes, scl. peccata, merguntur" (O Mar Vermelho é o batismo, vermelho pelo sangue de Cristo, no qual são mergulhados os inimigos, isto é, os pecados)[461].

Deve-se mencionar aqui a concepção dos peratas acerca do Mar Vermelho. O Mar Vermelho engoliu os egípcios. Egípcios são todos os ignorantes (οἱ ἀγνοοῦντες). O êxodo do Egito significa a saída de dentro do corpo, o qual é um pequeno Egito (justamente uma concentração da pecaminosidade), e o transpor (περᾶσαι)[462] do Mar Vermelho é o passar pelas águas da corrupção, que é o crónos. O além do Mar Vermelho é um além da criação. A chegada ao deserto é um "começar a existir fora da criação" (ἔξω γενέσεως γενέσθαι). Lá todos se encontram juntos, "os deuses da perdição" (οἱ θεοὶ τῆς ἀπωλείας) e "o Deus da salvação"[463]. O Mar Vermelho significa a água da morte para os "inconscientes", enquanto que para os "conscientes" é a água batismal da regeneração e do "passar para além". Por inconscientes são entendidos aqueles a quem falta a gnosis, isto é, a iluminação a respeito da essência e do destino do homem no quadro cósmico. Em expressão moderna, inconscientes são todos aqueles a quem são desconhecidos os conteúdos do inconsciente pessoal e os do coletivo[464]. O inconsciente pessoal corresponde à "sombra" e às chamadas "funções inferiores"[465], que em linguagem gnóstico-cristã significa a pecaminosidade e a impuritas, da qual deve ser lavado o catecú-

251

---

460. "Tract. in Joh. Ev." XLV, cap. 9 (*Patrologia Latina*. Vol. XXXV, col. 1795).

461. "Spec. de Myst. Eccl." *Patrologia Latina*. Vol. CLXXII, col. 921.

462. Daí vem a designação de *peratas*, são os "transcendentes".

463. HIPPOLYTUS. *Elenchos*. V, 16, 4.

464. Existe um nível do limiar da consciência, que é *designatio* para uma época histórica ou para uma camada da sociedade. Poder-se-ia compará-lo a um indicador de nível em uma caixa de água. O inconsciente procura penetrar em todo o lugar donde a consciência se retrai, e vice-versa. O que não se encontra no campo da visão, permanece invisível e forma o conteúdo inconsciente.

465. Ou "funções de menor valor". Cf. *Psychologische Typen* (*Tipos psicológicos*). 8. ed., [s.l.]: [s.e.], 1950, p. 615s.

meno. O inconsciente coletivo se exprime nas doutrinas mitológicas, próprias da maioria dos mistérios secretos, as quais revelam o saber secreto tanto acerca da origem de todas as coisas, como do caminho da salvação. Os inconscientes que tentam atravessar o mar sem estarem purificados e sem a orientação iluminadora morrem afogados, isto é, ficam retidos no inconsciente e caem na morte espiritual por não serem capazes de desenvolvimento ulterior em sua orientação. Para poderem prosseguir e chegar ao outro lado, deviam eles estar conscientes também de tudo aquilo que até agora tinha ficado inconsciente a eles e à época deles. Em primeiro lugar, trata-se aqui da oposição interna, isto é, de todos aqueles conteúdos que de qualquer modo são contrários à opinião dominante. Essa contínua tomada de posição perante a atitude de oposição assumida em cada caso pelo inconsciente, designei-a a seu tempo como "função transcendental"[466], porque necessariamente surge de qualquer maneira uma modificação do ponto de vista, pela confrontação dos dados conscientes (racionais) com os inconscientes (irracionais). Mas uma mudança somente é possível, se a "outra coisa" tiver sido permitida, ao menos até que se tenha conscientemente tomado conhecimento dela. Assim, por exemplo, nenhum cristão deveria hoje em dia manter-se radicalizado exclusivamente em uma confissão religiosa, mas deveria estar consciente do fato de já há 400 anos existir a Cristandade em estado de cisma religioso, estando por isso dividida a alma de cada cristão. Esta ferida naturalmente não poderá ser tratada nem curada pelo fato de cada um perseverar no seu ponto de vista. Dentro de seus muros poderá ele alegrar-se certamente de sua confissão religiosa absoluta e coerente, sentindo-se libertado do conflito, mas fora deles estará ele mantendo o conflito justamente por sua intransigência, e continuará a lamentar a teimosia e a obstinação do *outro*. Parece como se desde o início o Cristianismo tivesse sido a religião dos amantes das rixas, e que ainda hoje se esforçasse para que jamais sossegasse a altercação. É curioso que ele viva a anunciar sinceramente o Evangelho do Amor ao próximo.

252   Poder-se-ia ir consideravelmente mais longe, se as pessoas soubessem que *ao que é maioridade nos outros corresponde em nós mes-*

---

466. Cf. *Psychologische Typen* (*Tipos psicológicos*). 8. ed., 1950, p. 651.

mos a minoridade. Com tal iluminação psicológica – que hoje em dia já nem possui o caráter de revelação, pois basta para isso o senso comum (common sense) – poder-se-ia trilhar o caminho para a união dos opostos; assim chegar-se-ia, de acordo com a doutrina dos peratas, ao lugar onde "os deuses da perdição estão unidos ao Deus da salvação". Com isso certamente estão indicadas as forças destrutivas e construtivas do inconsciente. Essa coincidentia oppositorum (coincidência dos opostos) forma um paralelo para a descrição de como se realiza o estado messiânico conforme Isaías 35,5s. e 11,6s.; entretanto, há nisso uma dedução considerável: o lugar onde "se começa a existir fora da criação" (supõe-se um opus contra naturam) não é talvez o paraíso, mas ἡ ἔρημος, o ermo e o deserto solitário. Cada um, pois, que se apoderar ainda que apenas de uma parte do inconsciente pela conscientização, sai um tanto fora de sua época e de sua camada social εἰς τὴν ἔρημον, em direção ao ermo, como observa nosso texto. Mas é apenas aí que existe a possibilidade de encontrar o "Deus da salvação". Na escuridão é que a luz se manifesta, e no perigo aquilo que salva. Em um sermão sobre Lc 19,12 diz Mester Eckhart: "Quem porventura será mais nobre do que aquele que pela metade foi gerado por aquilo que de mais alto e melhor oferece o mundo, e pela outra metade foi gerado pelo íntimo mais profundo da natureza divina e da solidão divina? É assim que fala o Senhor pelo profeta Oseias: 'quero levar as almas nobres a um ermo e lá falar ao coração delas!' Um com o Uno, um por parte do Uno, e também um no Uno, eternamente!" [467]

Ocupei-me um tanto por extenso com o texto de Hippolytus, porque o Mar Vermelho significa algo de especial para o alquimista. Já a *Turba,* no sermo LXII, menciona a "cor de Tiro", "que é extraída do nosso puro Mar Vermelho". Ela está em paralelo com a tinctura philosophorum, que é designada como *negra* e é retirada do mar (a pelago)"[468]. Também o antigo tratado de *Rosinus ad Euthiciam* menciona o Mar Vermelho: "E fica sabendo, diz ele, que o nosso Mar Vermelho tinge mais fortemente que todos os mares e que o vene-

253

---

467. Esta passagem se refere a Oseias 13,5 (*Vulgata*): "Ego cognovi te in deserto, in terra solitudinis" (Eu te conheci no deserto, em uma terra de solidão).

468. RUSKA. *Turba philosophorum...* 1931, p. 164.

no[469], quando é fervido e apodrece e tinge, penetra em qualquer corpo"[470]. A tintura é o banho do fingimento e a água batismal dos alquimistas; aqui ela é descrita como proveniente do Mar Vermelho.
Pode-se compreender esta descrição pela interpretação patrística e
gnóstica do Mar Vermelho. Trata-se do sangue de Cristo, no qual fomos batizados; por isso a tinctura, o sal e a aqua pontica são colocados em paralelo com o sanguis e o cruor[471].

254   De maneira muito peculiar aparece o Mar Vermelho no antigo
tratado de Aristóteles Alchymista *Ad Alexandrum Magnum de Lapide
Philosophica* etc[472]. Diz aí uma "receita": "Toma a serpente e coloca-a
no carro das quatro rodas e deixa que ela se volte para a terra tantas
vezes até que mergulhe na profundeza do mar, e nada mais seja visível,
exceto o Mar Morto mais negro. E aí fique parado o carro de quatro
rodas, até que da serpente se elevem tantos vapores, que a planície
(planities) se torne areenta e negra pela dessecação, e isto é a terra que
não é terra, mas pedra que está desprovida de todo o peso"... Mas
quando os vapores se precipitarem em forma de chuva, "então podes
retirar da água o carro e levá-lo para o seco, e depois de colocadas as
quatro rodas dentro do carro, atinges o resultado (effectum), ao tentar
avançar em direção ao *Mar Vermelho,* correndo sem curso e movimen-
tando-se sem movimento (currens sine cursu, movens sine motu)".

255   Esse texto curioso necessita de alguma explicação. A serpente é a
prima materia, chamada de Serpens Hermetis, "que ele (Hermes)
mandou ao rei Antíoco para combater a ti e a teu exército"[473]. A ser-

---

469. *Venenum* ou φάρμαχον (phármakon = veneno e remédio) são sinônimos da
tinctura.

470. *Artis Auriferae.* I, 1593, p. 272.

471. *Musaeum Hermeticum.* 1678, p. 216: (sal) "in labore instar cruore fit" (durante o
processo o sal se torna como o sangue [coagulado]).

472. O título continua: "... olim conscriptus (scl. Tractatus) et a quodam Christiano
Philosopho collectus" (Tratado escrito antigamente e coligido por um filósofo cristão). *Theatrum Chemicum.* V, 1622, p. 885s.

473. Aqui o autor ainda acrescenta a sentença: "Melius est gaudere in opere, quam lae-
tari in divitiis sive virtuoso labore" (É melhor alegrar-se com o opus ou obra do que
com a riqueza ou o trabalho excelente). A expressão rara *virtuosus* corresponde ao grego ἐνάρετος (*enáretos*).

pente "que está no carro de seu vaso, e por uma quádrupla rotação das naturezas é retirada daí, certamente pode ficar inclusa" etc. As rodas são as "rotae elementorum". O vaso, ou respectivamente o carro, é o *sepulchrum sphaericum* (sepulcro esférico) da serpente[474]. A quádrupla rotação das naturezas corresponde à antiga tetrameria (grupo de quatro) do opus, isto é, desde a terra até o fogo. O simbolismo destas explanações descreve brevemente o essencial do opus: a serpente de Hermes e o Agathodmon, o nous do lado frio da natureza, ou em outras palavras: o inconsciente é preso no vaso esférico, que consta de vidro diáfano e (segundo a concepção alquímica) significa tanto o mundo como a alma[475]. A concepção psicológica reconhece nisso a correspondência psíquica do mundo, que é a *consciência* do mundo e da alma[476]. A transformação corresponde ao processo psíquico da assimilação e da integração, isto é, à função transcendente[477]. Esta função reúne pares de opostos que, como mostra a alquimia, são então ordenados em um quatérnio quando se referem a um todo. A quaternidade de um todo aparece naturalmente onde se trata não apenas de uma totalidade de fato ("inconsciente"), mas de uma totalidade consciente e discriminada; este caso se dá por exemplo onde o horizonte não é apenas um círculo simplesmente divisível de um modo qualquer, mas um círculo que é imaginado como formado de quatro pontos bem definidos. De acordo com isso, a personalidade de fato pode ser representada por um círculo contínuo; mas a personalidade consciente é representada por um círculo caracterizado por certa divisão, o que vem a ser muito mais uma quaternidade. A quaternidade da função fundamental da consciência corresponde a

---

474. Op. cit., p. 885.

475. Na prédica acerca de "Quasi vas auri solidum" etc. (Eclo 50,10) diz Mestre Eckhart: "Falei uma palavrinha que se pode dizer ser de S. Agostinho e de toda boa alma, que eles são semelhantes a um vaso de ouro, que aí está sólido e permanente e tem em si a nobreza de todas as pedrarias" (PFEIFFER. *Deutsche Mystiker*. II, 1857, p. 67).

476. Não é apenas o vaso que deve ser redondo, mas também o *fimarium* (= fogão aquecido com esterco de cavalo) no qual ele é colocado para aquecimento. O *Fimarium* consta de *fimus equinus* (esterco de cavalo).

477. Cf. *Psychologische Typen* (*Tipos psicológicos*). 8. ed., 1950, p. 598 e 615s.

essa exigência. Por isso – como se gostaria de dizer – é simplesmente natural que o carro de Aristóteles tenha quatro rodas[478], que correspondem aos quatro elementos ou naturezas. O carro, como vaso esférico e como consciência, está apoiado nos quatro elementos, isto é, nas funções fundamentais[479], como a ilha do nascimento de Apolo, Delos, que de início flutuava e depois se apoiava sobre quatro pilastras que Poseidon fez para ela. Naturalmente, as rodas estão do lado de fora do carro e são seu órgão de movimento; exatamente assim são as funções da consciência, que possibilitam a relação da psique com o ambiente. Neste contexto deve-se ainda destacar que isso, que hoje em dia denominamos esquema de função, já estava preformado de modo arquetípico; dá-se isto por um dos mais antigos esquemas de ordenação que a História conhece, isto é, pela quaternidade que sempre representa uma totalidade refletida, ou respectivamente diferenciada. Além de ser ela, por assim dizer, difundida universalmente, volta ela a aparecer espontaneamente nos sonhos, onde geralmente representa a totalidade da personalidade, ou respectivamente da psique. O "carro de Aristóteles" pode neste sentido ser considerado como um símbolo do si-mesmo.

256   A receita diz, pois, que este veículo simbólico deve ser mergulhado no mar do inconsciente, e isto com a finalidade de ser aquecido e chocado[480]; trata-se de uma situação de "Tapas"[481], isto é, de uma incubação por meio do "autoaquecimento". Manifestamente indica isto um estado de introversão, no qual se deve chocar e digerir o conteúdo aprisionado na consciência. Durante esta operação são interrompidas as relações com o mundo exterior e recolhidas as antenas do perceber e do suspeitar, do distinguir e do valorizar; as quatro ro-

---

478. Cf. *Psychologie und Alchemie (Psicologia e alquimia)*. 2. ed., 1952 [OC, 12], p. 519s.

479. Cf. minha dissertação em *Die Beziehungen zwischen dem Ich und dem Unbewussten (O eu e o inconsciente)*. 5. ed., [s.l.]: [s..e], 1920, p. 178.

480. Cf. o aquecimento e o choco no fundo do mar na tripla casa de vidro da visão de Arisleu. Tradução alemã de J. Ruska em *Stickerschen Festschrift*. Historische Studien und Skizzen zu Natur und Heilwissenschaft. [s.l.]: [s.e.], 1930, p. 22s.

481. *Tapas* é o termo técnico para o ato de chocar a si mesmo no estado de Dhiana.

das são como que "postas dentro do carro", isto é, no exterior tudo
está quieto, somente no interior da alma giram as rodas, e os processos cíclicos apresentam à consciência o "mandala" da personalidade
total[482], que é o desenho primordial do si-mesmo. Enquanto a consciência não tiver terminado o processo da sua integração, está ela coberta do "mais negro mar", isto é, envolvida pela inconsciência e obscurecida, e em forte aflição como o herói no ventre da baleia, durante o decurso da viagem noturna pelo mar[483]. Pelo choco faz-se evapo-
rar o conteúdo de natureza semelhante à da serpente, ou verbalmente: "sublimar", o que significa torná-lo conhecido e fazer dele um objeto de discussão consciente.

Pela "evaporatio" se obtém a "secagem de uma superfície da ter-   257
ra", que aparece arenosa e negra. Manifestamente, muda-se aqui a figura, e começa a influir a concepção do dilúvio que vai passando; do
ponto de vista psicológico, quer isto significar que é retirada a cober-
tura negra da inconsciência que envolvia o símbolo em formação.
"Arena" (areia) é considerada como "corpos limpos da pedra"[484], e
por isso nosso texto apresenta a terra que aparece de novo como "lapis
omni carens pondere". Não está explicado por que ela está sem peso.
Evidentemente, não resta mais nada de material, que é unicamente o
que tem peso, mas somente o conteúdo psíquico da projeção.

Neste ponto, entretanto, o opus ainda não chegou ao fim, por-   258
que ainda resta a nigredo (terra nigra) e está ainda preto o corpo da
pedra. É, pois, necessário que as "evaporationes" se precipitem para
a ablução da negrura, "unde tota terra albescet" (pelo que se torna
branca a terra toda). Então cai chuva tão abundante que ameaça

---

482. Sobre a representação e a psicologia do "mandala", cf. WILHELM e JUNG. *Das
Geheimnis der Goldenen Blüte* (*O mistério da flor de ouro*). [s.l.]: [s.e.], 1929 *Psychologie und Alchemie* (*Psicologia e alquimia*). 2. ed., 1952 [OC, 12], p. 139s.; *Gestaltungen des Unbewussten* (*Formações do inconsciente*). Zurique: [s.e.], 1950; *Aion*. 1951
[OC, 9/2], p. 367s. N.T.: O termo "mandala" vem do sânscrito e na Índia representa
um círculo místico ou um quadrilátero usado na meditação.

483. Cf. *Symbole der Wandlung* (*Símbolos da transformação*). [s.l.]: [s.e.], 1952, e a
"Visão de Arisleu", que parece fornecer o modelo para o motivo do rei a suar durante
o banho.

484. RULANDUS. *Lexicon Alchemiae*. 1612. Cf. v. arena.

transformar a terra em mar. Por isso a indicação: o carro seja levado para o seco! Novamente passa a influir nisso a ideia da arca de Noé e do dilúvio[485]. A invasão do dilúvio restauraria o estado anterior, e o resultado conseguido até agora pela opus seria novamente absorvido pelo inconsciente. O mesmo motivo aparece no dragão que perseguia Leto e a mulher coroada de estrelas (Ap 12).

259   Quando o carro estiver novamente no lugar seco – isto quer significar certamente que ele permanece visível, ou respectivamente consciente – então diz o texto "colocaste as rodas dentro do carro" (imposuisti in plaustrum)[486]. Deste modo se acham reunidas "as quatro naturezas", ou "elementos", e encerradas no vaso esférico, isto é, os quatro aspectos ou funções estão integrados na consciência; com isso foi preparado ou quase atingido o estado de totalidade. Se ele de fato já tivesse sido alcançado, então aqui estaria concluído o opus. Mas somente se conseguirá atingir o "effectus", quando "se for adiante" (progredi). Por "effectus" se pretende indicar algo que significa mais do que a integração das quatro naturezas. Se o carregamento do carro foi interpretado como a conscientização das quatro funções, apenas então se conseguirá a possibilidade de manter consciente todo o material disponível, que são os aspectos principais da alma. Surge então a questão sobre como se comporta essa abundância de fatores divergentes, que antes estavam em parte separados por incompatibilidades aparentemente insuperáveis, isto é, a questão como o eu consegue avir-se com tudo isso.

260   A figura curiosa da serpente do nous, cujo trono é um carro, lembra os deuses do Sul da Índia, os quais têm forma de serpente e andam de carro, por exemplo, o edifício enorme do pagode negro de Puri, que é propriamente um carro feito de pedra. Em todo o caso, não pretendo de maneira alguma relacionar nosso texto diretamente

485. Curiosamente se encontra em uma representação do carro de quatro rodas (cf. mais abaixo!) a inscrição seguinte "Foederis ex *arca* Christi cruce sistitur ara" etc. (Da arca da aliança, pela cruz de Cristo faz-se um altar) (século XII).

486. *Plaustrum* (carro de duas rodas) designa também a constelação celeste; esse lugar como já vimos, é de grande importância na história do símbolo: É um modelo da estrutura do si-mesmo.

com qualquer influência indiana, pois existe outro modelo imediato, que é a visão de Ezequiel, cap. 1, dos quatro seres respectivamente com face de homem, de leão, de touro e de águia. Com as quatro figuras se coordenam quatro rodas, "e elas eram trabalhadas de modo como se cada roda estivesse inteiramente dentro da outra. Podiam elas ir para os quatro lados sem se voltarem enquanto se moviam"[487]. O conjunto forma o trono em movimento de uma "figura cujo aspecto é de um homem". Na cabala representa este "carro" um papel considerável como o veículo no qual os piedosos viajam para Deus, ou respectivamente no qual a alma humana pode unir-se à alma do Universo.

Fonte mais próxima ainda poderia ser Honório de Autun: em seu comentário ao *Cântico dos Cânticos* explica ele a passagem Ct 6,11: "anima mea conturbavit me propter quadrigas Aminadab" (Minha alma me perturbou por causa das quadrigas de Aminadab), dizendo que sua "animalis vita" o perturba porque a "quadriga" significa os quatro evangelistas. Este carro, os apóstolos e seus discípulos o teriam puxado pelo mundo. Nos Evangelhos teria Cristo dito: "Se não vos converterdes, perecereis e ireis para o inferno" (Lc 13,3). E é a ele (Honório) que teria sido dita a passagem: "Revertere, revertere, Sunamitis" (Ct 6,12)[488].

261

---

487. Ezequiel 1,16s. A *Vulgata*, que deve ser considerada em primeiro lugar, diz: "Et aspectus rotarum et opus earum, quasi visio maris: et una similitudo ipsarum quatuor: et aspectus earum et opera, quasi sit rota in medio rotae" (E o aspecto das rodas e de sua ação era como o aspecto do mar, e as quatro rodas eram semelhantes: e o aspecto delas e de sua ação era como se uma roda estivesse no meio de uma roda). Uma visão, que em princípio é parecida com esta, se encontra em Zacarias 6,1: "Et eece quatuor quadrigae egredientes de medio duorum montium..." (E eis que quatro quadrigas saem de entre dois montes). Aos carros estavam atrelados cavalos. Em três dos carros as cores dos cavalos são vermelho, branco e preto; no quarto é malhado (*Vulgata*: "Equi varii et fortes" – Os cavalos são diferentes e fortes). Os cavalos se movimentam para as quatro partes do céu. Há uma visão notável de um índio, que é paralela a esta: Cf. NEIDHARDT, J.G. *Black Elk Speaks*. Being the Life Story of a Holy Man of the Ogalala Sioux. Nova York: [s.e.], 1932, p. 23. Na visão de *Black Elk* estão ao oeste doze cavalos pretos, ao norte doze cavalos brancos, ao leste doze cavalos ruivos, e ao sul doze cavalos zebrunos.

488. "Volta-te, volta-te, Sulamita". Em Honório naturalmente isso é tomado em sentido moral. Cf. *Expositio in Cant. Cant.* MIGNE. *Patrologia Latina*. T. CLXXII, col. 462.

262   Em psicologia, a visão de Ezequiel corresponde a um símbolo do
si-mesmo, que se compõe de quatro essências individuais e rodas,
isto é, funções diferentes. Na representação delas, três são teriomor-
fas e apenas uma é antropomorfa; supõe-se que isto queira significar
que apenas uma função atinje o nível de homem, ao passo que as outras três ainda se encontram no estado (de animal) inconsciente. O
problema do três e do quatro (tríade e quaternidade) desempenha
papel importante na alquimia sob o nome de "axioma de Maria"[489], e
como também a visão de Ezequiel tem algo a ver com a imagem de
Deus. Os símbolos do si-mesmo normalmente são símbolos da totalidade; as imagens de Deus, entretanto, apenas ocasionalmente o são.
No primeiro caso prevalecem os círculos e as quaternidades, no segundo caso a tríade e o círculo, e isso apenas quando se trata da representação abstrata, a qual não é a única a aparecer, como se sabe.

263   Bastarão essas indicações para esclarecer de algum modo a ideia
estranha do carro da serpente. É um símbolo da substância do arcano
e da quintessência, do éter, que contém os quatro elementos, e simultaneamente uma imagem de Deus, ou talvez mais precisamente uma
imagem da anima mundi, para o que já aponta a serpens mercurialis, a
qual, por seu turno, é interpretada pelos alquimistas como aquele "espírito de vida" que "estava nas rodas"[490]. Neste contexto deve ainda
ser mencionado que, de acordo com Ezequiel 1,18, as rodas que pene-
travam umas nas outras estavam cheias de olhos[491]. Ilustrações antigas
reproduzem por isso uma espécie de astrolábio, a fim de representa-
rem esta visão. Com a imaginação de rodas está naturalmente ligada a
do movimento para todos os lados, pois os "oculi Domini" penetram

---

489. Nesse contexto os alquimistas mencionam também os três jovens na fornalha ardente. Daniel 3,20s.

490. "Quia spiritus vitae erat in rotis" (Porque o espírito da vida estava nas rodas).
Ezequiel 1,21. Cf. ainda Psychologie und Alchemie (Psicologia e alquimia). 2. ed., 1952
[OC, 12], p. 524.

491. "E vi que elas (as rodas) tinham cambas, e nas cambas tinham olhos ao redor das
quatro rodas". A Vulgata tem: "Statura quoque erat rotis, et altitudo et horribilis aspectus: et totum corpus oculis plenum in circuitu ipsarum quatuor" (E as rodas tinham
certo tamanho e certa altura e o aspecto era horrível; e todo o corpo estava cheio de
olhos ao redor das quatro rodas).

em toda a parte, como diz Zacarias 4,10: "Septem isti oculi sunt Domini, qui discurrunt in universam terram"[492]. E assim se diz acerca dos cavalos: "Et quaerebant ire et discurrere per omnem terram"[493]. Os olhos são redondos também e podem de certo modo ser comparados com rodas. Igualmente parecem eles ser um símbolo curioso para o que eu designei como as múltiplas luminosidades do inconsciente. Entendo isso como a possibilidade aparente de que os complexos em geral possuam certa consciência ou luminosidade própria, que se acha expressa, como suspeito, no símbolo da faísca ou das faíscas da alma, dos olhos (polioftalmia) e do céu estrelado[494].

Em virtude de sua natureza "solar", o olho é um símbolo da consciência e os *muitos* olhos insinuam assim uma multiplicidade de centros de consciência correspondentes, que de certo modo devem ser reunidos para formar uma unidade, à semelhança dos olhos facetados dos insetos. Desde que a visão de Ezequiel possa ser entendida como um símbolo do si-mesmo, então poderá ser mencionada neste contexto a definição indiana do si-mesmo, neste caso a do Hiranyagarbha como "collective aggregate of all individual souls"[495].   264

A visão de Ezequiel é psicologicamente importante porque a quaternidade apresentada significa o veículo ou carro daquele que tinha aparência de homem. A quaternidade juntamente com o spiritus vivus que se acha nas rodas representa o si-mesmo empírico, que é totalidade das quatro funções. Do ponto de vista empírico, estes quatro apenas em parte são conscientes. As funções auxiliares são parcialmente autônomas, mas as chamadas funções "de pouco valor", inferiores ou subliminares[496] são sempre autônomas, isto é, estão subtraídas ao emprego consciente e chegam à consciência apenas de modo indireto, por seus efeitos amiúde perturbadores, como um fato con-   265

---

492. "Estes são os sete olhos do Senhor que vagueiam pela terra inteira".

493. "E estavam eles para separar-se, a fim de percorrer a terra".

494. Cf. *Von den Wurzeln des Bewusstseitis* (*Das raízes da consciência*). 1954, Contrib. VII, p. 544s.

495. RAMANUGA. Comentário sobre os Vedânta-Sûtras. *Sacred Books of the East.* Vol. XLVIII, [s.l.]: [s.e.], 1904, p. 578.

496. Cf. *Psychologische Typen* (*Tipos psicológicos*). 8. ed., 1950, p. 615s.

sumado (un fait accompli). A energia específica delas se soma à energia normal do inconsciente e lhe confere um impulso que torna possível as incursões espontâneas na consciência. Como é conhecido, tais incursões já podem ser normalmente observadas no "experimento de associações"[497].

266   A quaternidade do si-mesmo aparece na visão de Ezequiel, de modo muito apropriado, como uma base psicológica para a concepção de Deus. Deus se serve dela como seu veículo. A psicologia pode averiguar a estrutura dessa base. Para além disso é a Teologia que tem a palavra. Para esclarecer muitos equívocos, justamente do lado teológico, gostaria de destacar novamente aqui que não compete a uma ciência tirar conclusões que ultrapassem o domínio das possibilidades do conhecimento. Eu não sinto a mínima necessidade de colocar o si-mesmo em lugar de Deus, como a crítica míope me tem atribuído. Se filósofos indianos fazem coincidir o Atman com o conceito de Deus, e se muitos ocidentais fazem coisa igual ou semelhante, em primeiro lugar deve tratar-se então de uma opinião pessoal e não de uma ciência. Se houvesse a respeito disso um consensus generalis, seria isso entretanto de novo um fato, que teria tanta importância para uma psicologia empírica, como a opinião notável de muitos teólogos de que declarações religiosas absolutamente nada tenham a ver com psique. É igualmente característico para a filosofia mística dos alquimistas que no carro deles é a serpens mercurialis que está no trono. É um espírito vital que utiliza como carro o corpo constituído dos quatro elementos. Neste sentido o carro é também o símbolo da vida terrena. Diz o verso final de uma lenda georgiana[498]:

> "Puxei um carro morro acima,
> E ele se tornou como uma montanha,
> Chamai a mim desta vida,
> Para o além, para o eterno!"

---

497. *Diagnostische Assoziationsstudien* (*Estudos diagnósticos de associação*). [s.l.]: [s.e.], 1906, t. I, Contrib. IV.

498. "Der kahlköpfige Gänsehirt". *Die Märchen der Weltliteratur.* 1920 [LEYEN, F. von der. e ZAUNERT, P. (org.)]. *Kaukasische Märchen.*

Já indiquei acima que o processo da transformação de modo al-   267
gum chegou ao final, por ter confeccionado o símbolo da quaternidade. A continuação ulterior do opus conduz ainda à perigosa passagem pelo Mar Vermelho, a qual significa a morte e o renascimento. É
muito curioso que nosso autor, como também o texto de Hippolytus,
nesta passagem represente uma coincidência dos opostos, ao usar o
paradoxo "currens sine cursu, movens sine motu"; enquanto este último dá a entender a convivência dos "deuses da perdição" com o
"Deus da salvação". A quaternidade em discussão indica, como já vimos, um quatérnio de opostos, uma síntese das quatro funções que
originariamente divergiam entre si. Esta síntese teve êxito de maneira
figurativa, mas na realidade psíquica surgiu uma situação extremamente problemática ao fazer-se consciente a psique [499] toda. Pode ela
ser caracterizada em toda a sua extensão por uma única pergunta:
Que posso fazer com o inconsciente?

Para isso, infelizmente, não há receitas nem regras gerais. O que,   268
ao menos em princípio, se deve observar neste processo demorado e
conhecidíssimo dos psicoterapeutas, procurei expô-lo em meu escrito *Die Beziehungen zwischen dem Ich und dem Unbewussten* (Dialéti-
ca do eu e do inconsciente). Para os leigos neste assunto as experiências neste domínio são simplesmente uma terra incógnita, que não se
pode tornar acessível por meio de umas fórmulas gerais. Até mesmo a
fantasia dos alquimistas, que em outras coisas é tão fértil, falha aqui
completamente. Somente uma pesquisa profunda dos textos, o que
representa tarefa demorada, poderia trazer aqui alguma luz. A mesma tarefa está à espera de nosso esforço na psicoterapia. Também
aqui se apresentam milhares de imagens simbólicas, sonhos, fantasias
e visões, que esperam por um estudo comparativo. De antemão pode-se apenas dizer com alguma certeza que se trata de um processo
lento de assimilação, em que devem ser modificadas as duas posições: a da consciência e a do inconsciente. As diferenças individuais
são aí muito grandes, como aliás também entre os alquimistas.

---

499. "Todo" tem aqui sentido apenas relativo. Na realidade trata-se de um dos aspectos mais importantes da psique individual, como também do inconsciente coletivo.

D. O *quarto dos três*

269   Em sua peregrinação [500] (peregrinatio) mística alcança Michael
Majer (1568-1622) o *Mar Vermelho*. Ele viaja para as quatro bandas
do firmamento: para o Norte = Europa, Oeste = América, Leste =
Ásia, Sul = África[501]. Ao deixar a Ásia e voltar-se para a África, encontra ele uma estátua de Mercúrio, feita de prata e com a cabeça de
ouro, apontando para o paraíso, que ele enxerga ao longe. O jardim
do Éden, por causa dos quatro rios e por representar a sede do homem andrógino primordial (Adão), é um mandala muito estimado na
iconologia cristã, e portanto um símbolo da totalidade e também do
si-mesmo (quando considerado do ponto de vista psicológico). Ora, se
concebermos as quatro bandas do firmamento e os quatro elementos
como um equivalente simbólico das quatro funções fundamentais da
consciência, então o autor, com sua ida à Ásia, já tornou conscientes
três delas. Com isso achega-se ele à quarta e última. Esta, conforme a
analogia psicológica, é a "inferior", isto é, a mais obscura e a mais inconsciente de todas. Por isso não lhe fica mal o nome de África. No
momento em que ele estava para dirigir-se para esta quarta função, lhe
é dada a visão do paraíso repentinamente como imagem primordial da
totalidade, com o que se indica de certo modo que o escopo de sua viagem consiste em conseguir justamente essa totalidade. Com relação ao
momento em que ele atinge a África, indica ele a entrada do Sol no seu
domicilium Leo, e a posição da Luna em Câncer (Luna tenente can-
crum sui domicilii fastigium). A proximidade das duas casas (signos)
está indicando a coniunctio Solis et Lunae, e portanto a união dos
opostos extremos, a coroação da opus e a meta da peregrinatio. Por
isso acrescenta ele: "Quod magnam mihi spem optimi augurii fecit"
(o que me deu grande esperança do melhor augúrio).

270   A quarta função tem sua sede no inconsciente. Este costuma ser
designado na mitologia por um grande animal, por exemplo, o leviatã, a baleia, o lobo e o dragão. Através do mito do herói solar estamos
informados de que no ventre da baleia faz *tanto calor,* que chegam a

---

500. *Symbola aureae mensae duodecim nationum.* 1617, p. 568s.

501. Majer faz estas comparações: Europa = terra, América = aqua, Ásia = aer, África = ignis.

cair os cabelos do herói[502]. Também Arisleu e seus companheiros sofrem na prisão marítima com o grande calor[503]. Os alquimistas gostam de comparar esse fogo com o *Ignis Gehennalis* (fogo da geena ou do inferno) ou com o fogo do purgatório. Majer dá-nos tal descrição da África que lembra a do inferno: "inculta, torrida, sitibunda[504], sterilis et vacua"[505] (inculta, tórrida, sedenta, estéril e vazia). As fontes eram aí tão raras que animais das espécies mais diferentes chegavam a reunir-se e misturar-se junto delas; "unde novi foetus novique oris animalia nascuntur" (de modo a surgirem daí novos nascimentos e animais de novo aspecto), e por isso também se diz que a África produz "semper aliquid novi" (sempre algo de novo). Habitam aí pãs, sátiros, macacos com cabeça de cão (cynocephali) e semi-homens, "além de muitas espécies de animais selvagens"; isto é uma descrição do inconsciente, que dificilmente é superada por certas concepções modernas. Majer relata ainda que na região do Mar Vermelho vive um animal de nome "Ortus" (ascensão dos astros acima do horizonte). Tem ele a cabeça vermelha, com listras douradas até o pescoço, olhos negros, focinho branco, patas dianteiras brancas e traseiras pretas. A ideia desse animal, ele a deriva da observação de Avicenna: "Res cuius caput est rubeum, oculi nigri et pedes albi, est magisterium" (O ofício é uma coisa cuja cabeça é vermelha, cujos olhos são negros e cujos pés são brancos)[506]. Está ele convencido de que a lenda desse animal se refere à *Phoenix* (Fênix), que também se encontra naquelas regiões. Enquanto ele se esforçava em pesquisar sobre a Fênix,

---

502. FROBENIUS. *Das Zeitalter des Sonnengottes*. Berlim: [s.e.], 1904, p. 82 e passim.

503. "Intenso aestatis calore" (No calor intenso do verão). "Aenigma Phil." I. *Artis Auriferae*. I, 1593, p. 148.

504. *Sitibundus* (sedento) designa o que morre de sede no mar ("sitibundi in medio Oceani gurgite" – sedentos no meio da voragem do oceano).

505. *Symbola aureae mensae duodecim nationum*. 1617, p. 594. Majer completa a figura do inferno pela lenda de Oryx: "Ibi Oryx in summo aestu sitibunda lachrymis quasi effusis et gemitibus iteratis ardorem solis detestari traditur" (Diz-se que a Orix ali no máximo calor, desfalecendo de sede, com lágrimas derramadas e repetidos gemidos, amaldiçoa o calor do sol).

506. Op. cit., p. 199. Do livro *Liber de anima artis*, que infelizmente não está a meu alcance. Apresentado como "Aenigma" no cap. X do *Rosarius* de Arnaldus de Villanova, p. 42 do vol. II de GRATAROLUS. *Verae Alchemiae...* Basileia: [s.e.], 1561.

"ficou sabendo por um rumor" que não muito longe dali morava em uma gruta uma profetisa chamada Sibila da Eritreia. Trata-se daquela Sibila que anunciou a vinda de Cristo, segundo dizem. Majer certamente não se refere aqui ao 7º Livro dos sibilinos, verso 217, dos quais 27 estrofes começam com as seguintes letras: ΙΗΣΟΥΣ ΧΡΕΙΣΤΟΣ ΘΕΟΥ ΥΙΟΣ ΣΩΤΗΡ ΣΤΑΥΡΟΣ (Jesus – Cristo – de Deus – Filho – Salvador – Cruz), mas aquele relato de S. Agostinho, que era principalmente conhecido da Idade Média (De *Civitate Dei*, XVIII, 23)[507], e cita também a passagem da História Eclesiástica de Eusebius sobre a Sibila. Acentua ele que a profecia sibilina se refere ao "adventus Christi in carnem" (a vinda de Jesus Cristo na carne).

271   Que o Mare Erytraeum é um lugar cheio de mistérios já vimos mais acima. Aqui, porém, aprendemos particularidades notáveis. Primeiro, nosso autor chega a este mar no momento em que termina a viagem pelos três (continentes) e se prepara para pisar na quarta esfera, que é crítica. Pelo *axioma de Maria* somos informados, e podemos também ler no *Fausto*, acerca da importância que tem a pergunta aparentemente ingênua na entrada do *Timeu*:

"Sócrates: Um, dois, três – mas o quarto, meu caro Timeu, dos que ontem eram os hóspedes e hoje são os anfitriões, onde é então que ele está?

Timeu: Um mal-estar, Sócrates, o atingiu; pois espontaneamente ninguém jamais ter-se-ia ausentado desta reunião".

272   A passagem do três para o quatro é um problema[508], que a antiga formulação de *Maria* também não esclarece[509]. O dilema de três e

---

507. Cf. GEFFCKEN. *Die Oracula Sibyllina*. [s.l.]: [s.e.], 1902, p. 153s.

508. Há duas lendas armênias de Alexandre. A primeira diz: "Quando Alexandre da Macedônia apenas tinha vindo ao mundo, pôs-se a correr pelo aposento; quando chegou ao quarto canto, um anjo o derrubou, indicando com isso que ele apenas conquistaria três das partes do mundo". – Na segunda lenda Alexandre conquista três das partes do mundo, não, porém, a quarta, que é a dos chamados "justos-pobres". *Die Märehen der Weltliteratur*. 1920 [LEYEN, F. von der. e ZAUNERT, P. (org.)]. *Kaukasische Marchen*. p. 259.

509. Cf. *Psychologie und Alchemie* (*Psicologia e alquimia*). 2. ed., 1952 [OC, 12], p. 224. Quanto ao problema no Timeu cf. *Symbolik des Geistes* (*Simbólica do espírito*). 1953, p. 337s.

quatro é encontrado mais vezes e em várias formas, e também em *Symbola* de Majer o passo do três para o quatro aparece como um desenvolvimento importante, anunciado pela visão do paraíso. A região proverbialmente quente, nosso autor a atinge além disso em fins de julho, portanto no "intenso aestatis calore". Isso quer dizer que ele agora "se torna quente", e até extraordinariamente quente, quase como no inferno, pois ele se aproxima daquela esfera de sua psique, da qual se afirma sem injustiça que ela está povoada de "pãs, sátiros, macacos e semi-homens". Não é difícil ver que aqui se trata da alma animal do homem. Da mesma forma que o homem tem um corpo, que em princípio não se distingue do corpo animal, assim também sua psicologia tem certos andares inferiores, em que moram ainda os espíritos de épocas passadas da humanidade, como também almas animais do tempo do Anthropopithecus, além das "psiques" dos sáurios de sangue frio, e nas partes mais profundas ainda o que há de transcendentalmente incompreensível e paradoxal nos processos psicoides de fundo simpático e parassimpático.

Não é de admirar que pareça ao nosso viajante do mundo como   273
se ele estivesse no lugar mais quente – ele se encontra na Arábia Félix – e tenha além disso apanhado também o maior calor de verão! De modo extremamente penoso chega ele a tornar-se consciente de que isso aqui ele o sente em sua própria carne: "Tum tua res agitur, paries cum proximus ardet" (Então trata-se do que é teu, quando a parede do teu vizinho pega fogo). Ele será ao mesmo tempo hospedeiro e hóspede, comedor e comida.

As "innumerabiles beluarum species" (as inumeráveis espécies   274
de animais selvagens) da África já começam a aparecer no Mar Vermelho, e isso pelo fabuloso quadrúpede "Ortus", que reúne em si as quatro cores alquímicas, a saber: preto, branco, vermelho e algumas listras douradas na cabeça e no pescoço[510]. Majer não hesita em identificar o Ortus com a *Fênix,* a outra habitante lendária da Ará-

---

510. Correspondente a ξάνθεσις, citrinitas, cor amarelada do limão.

bia Félix[511], não tanto pelo aspecto, mas antes por causa do nome, pois a Fênix, depois de queimar-se a si própria, o que se realiza no Egito, toma de cada vez novo começo e nova ascensão, à semelhança do Sol renovado em Heliópolis.

275   O animal Ortus é aquele "animal" dos alquimistas que representa a quaternidade viva em sua primeira síntese. Para transformar-se na ave-espírito que vive eternamente, precisa ele apenas do fogo transformante, o qual se encontra justamente na África, isto é, na colisão com a quarta função e a alma animal, e ainda na pesquisa delas, como elas se nos apresentam justamente no animal Ortus. Majer o interpreta como Fênix, com o que ele sofre uma mudança de sentido, que atinge muito longe, como se tornará imediatamente manifesto. Além de sua alma animal, encontra nosso autor, por assim dizer, na vizinhança uma alma humana feminina, uma virgo, para quem ele aparece primeiro como um hóspede importuno[512] e ela é aquela Sibila que profetizou o adventus Christi. Portanto, junto ao Mar Vermelho encontra ele a alma animal sob a forma de um monstro da quaternidade, o qual, por assim dizer, representa a prima materia do si-mesmo, e, como a Fênix, se torna símbolo do renascimento. O mistério a que se alude aqui é manifestamente um contato com a alma animal, mas não apenas isso, senão também – dir-se-ia – ao mesmo tempo e no mesmo lugar um encontrar-se com a anima, que como um psychopompos feminino deve mostrar ao autor o caminho para Mercurius, como também para encontrar a Fênix[513].

276   Convém destacar que o animal é o portador do símbolo do si-mesmo. Essa alusão de Majer também se encontra no homem mo-

---

511. Isidoro de Sevilha, em *Lib. Etymolog.*: "Fenix arabie avis dieta quod colorem fenicium habeat et quod sit in orbe singularis et unica" (A Fênix, ave da Arábia, é chamada assim porque tem cor purpurina e porque é única e singular no orbe terrestre) (Lib. XII, fol. LXVI. Basileia: [s.e.], 1489).

512. "Quem tu hic quaeris, inquit, peregrine? Ad virginem non licitum est viro appropinquare" (Que queres aqui, peregrino, disse ela. Não é lícito ao homem aproximar-se de uma virgem). A Sibila, porém, o perdoa porque ele é *discendi percupidus* (porque estava desejoso de aprender).

513. Quanto a este papel da *anima* cf. *Psychologie und Alchemie* (*Psicologia e alquimia*). 2. ed., 1952 [OC, 12], p. 94s.

derno que nada sabe de alquimia[514]. Com isso decerto se quer exprimir o fato de que a estrutura da totalidade sempre já existia, mas estava como que enterrada no mais profundo inconsciente, onde ela sempre de novo pode ser encontrada, naturalmente pressupondo-se que alguém esteja disposto a aceitar para si o risco de atingir a máxima amplitude possível de sua consciência, por meio do maior conhecimento possível de si próprio – um *potus acerbus amarusque* (bebida acre e amarga), reservada aliás para o inferno. O trono de Deus não parece ser nenhum prêmio vil para tais esforços. Conhecimento de si próprio, no sentido mais completo do termo, não é nenhum passatempo restritamente intelectual, mas sim uma viagem através dos quatro continentis, na qual alguém se encontra exposto a todos os perigos por terra, por mar, no ar e no fogo. Um ato completo de conhecimento digno desse nome abrange os 4 ou os 360 aspectos do ser. Nessa tarefa não se deixa de considerar coisa alguma. Quando S. Inácio de Loyola recomenda ao exercitante a imaginação por meio dos cinco sentidos[515], ou respectivamente a imitatio Christi "in usu sensuum" (no uso dos sentidos)[516], é porque ele pretende com isso conseguir a "realização" (isto é, tornar *real)* mais completa possível do objeto da contemplação. Mesmo que se abstraia de todos os efeitos morais e de outra espécie que têm tais meditações, seu efeito principal é um treino da consciência, da capacidade de concentração, da atenção e da clareza da representação mental. O mesmo efeito têm as formas correspondentes da ioga. Em oposição a esses métodos tradicionais de tornar real o objeto, nos quais se trata de colocar-se dentro de uma forma predeterminada, o conhecimento de si próprio, a que Michael Majer alude, consiste em colocar-se dentro do si-mesmo, na forma como ele é dado empiricamente. Não se trata, pois, daquele si-mesmo que as pessoas gostam de imaginar, depois de terem "catado cuidadosamente as uvas-passas do bolo", mas na verdade se refere

---

514. Isto é na forma de animais simbólicos que aparecem em sonhos como estágios do si-mesmo.

515. "Videre visu, audire auribus, olfacere odoratu, gustare gustu, tangere tactu" (Ver com a vista, ouvir com os ouvidos, cheirar com o olfato, saborear com o gosto e apalpar com o tato). I *Hebdomada*. Exerc. V.

516. *Primus orandi modus*. IV.

ao ser assim do eu empírico e concreto, com tudo aquilo que ele faz e que com ele acontece. Cada um bem que gostaria de ver-se livre desse odioso assunto; por isso no Oriente o eu é declarado ilusão, e no Ocidente é oferecido em sacrifício à figura de Cristo.

277   Apesar disso, a peregrinatio mystica tem por escopo abranger todas as partes do mundo, a saber: todo o alcance das possibilidades da consciência, como se o princípio desses esforços místicos fosse a ideia carpocraciana de que ninguém está remido de um pecado que não tenha cometido. A regra fundamental da peregrinatio não é o afastar-se do modo empírico de ser concretamente, mas é o apreender mais completo possível do eu, tal como se reflete nas "dez mil coisas"[517]. Esta intenção procede consequentemente do conhecimento psicológico de que o próprio Deus não pode ser objeto da experiência, se não existir um eu, por mais fútil e ridículo que ele seja, a oferecer-lhe um modestíssimo vaso para captar a atuação exercida nele pelo Maior de todos e a dar-lhe o nome. A importância da simbólica do vaso na alquimia mostra como o artifex se interessava em ter para certo conteúdo também o vaso adequado, pois "unus est lapis, una medicina, unum vas, unum regimen, unaque dispositio" (uma é a pedra, um o remédio, um o vaso, um o processo, uma a disposição). A aqua nostra, ou a substância da transformação, é até mesmo seu próprio vaso também[518]. A partir daqui até à confissão paradoxal de Angelus Silesius não é muito grande a distância:

> "Deus é o meu centro, se o envolvo em mim:
> É então minha circunferência, quando nele me diluo por amor"[519].

278   O quadrupes eritreu de Majer, chamado Ortus, corresponde ao carro de quatro rodas do Aristoteles Alchymista. O chamado tetra-

---

517. Angelus Silesius (Cherubinischer Wandersmann. Buch III, Nr. 118) diz entretanto:
"Homem, entra apenas em ti mesmo! Pois à procura da pedra dos sábios
Não se pode logo de começo viajar para um país estranho".
Mas sem o mundo ainda ninguém descobriu a si próprio.

518. MYLIUS. Philosophia Reformata. 1622, p. 33 e p. 245.

519. Cherubin. Wandersmann. III, Nr. 148.

morfo é uma criação da iconografia [520] do início da Idade Média; nele os quatro seres alados da visão de Ezequiel se acham reunidos formando um monstro de quatro patas. Da mesma forma encontramos as quatro rodas reunidas para formar a "quadriga" e simultaneamente o veículo da divindade em Suger, o mestre dos vitrais de St. Denis (século XII)[521]. O carro traz a inscrição "quadrige Aminadab", o que se refere ao Ct 6,2: "Anima mea conturbavit me propter quadrigas Aminadab" (Minha alma me perturbou por causa da quadriga de Aminadab)[522]. Deus Pai está de pé em um carro de quatro rodas e segura diante de si o crucifixo. Nos cantos do quadro, como complementação ulterior, ainda se encontram os símbolos dos quatro evangelistas, que continuam pelo Cristianismo adentro os seres alados de Ezequiel. Desta forma os quatro evangelistas constituem de certo modo também o pódio da quaternidade, sobre o qual está o Salvador.

Interpretando-se o animal Ortus como a Fênix, surge então uma ligação com o Cristo vaticinado pela Sibila, pois a Fênix é uma alegoria conhecida da Resurrectio Christi (Ressurreição de Cristo), como também de qualquer resurrectio mortuorum (ressurreição dos mortos)[523]. É ela o símbolo par excellence da transformação. Sendo bem conhecido esse significado da Fênix e da Sibila eritreia, é de admirar que no início do século XVII um autor tivesse a ousadia de procurar a Sibila, não a fim de que ela lhe mostrasse o caminho

279

520. Cf. fig. 53, p. 161, in: *Psychologie und Alchemie* (*Psicologia e alquimia*). 2. ed., 1952 [OC, 12].

521. MALE, E. *L'art religieux du XIIeme siècle en France*. Paris : Collin, 1922, p. 182.

522. A passagem está truncada. Verbalmente está aí: "Minha alma me colocou – carro de Aminadab". Há muitas e variadas interpretações e conjeturas, dentre as quais deuses semitas: Ammon, 'Amm, 'Ammi: possivelmente a colocação dentro do carro solar no culto (2Rs 23,4). 'Amminabdi é o nome de um rei, derivado dos nomes de deuses semitas: Ammon, 'Amm, 'Ammi: possivelmente a colocação dentro do carro solar(?).

523. S. Ambrósio diz: "Doceat nos haec avis vel exemplo sui resurrectionem credere" (Essa ave nos deve ensinar pelo seu exemplo a acreditar na ressurreição). Epiphanius: "Cur igitur Judaei iniqui, Domini nostri Jesu Christi triduanam resurrectionem non crediderunt, cum avis trium dierum spatio seipsam suscitet?" (Por que os judeus iníquos não acreditaram na ressurreição de nosso Senhor Jesus Cristo após três dias, quando no entanto esta ave ressuscita a si própria no espaço de três dias?) Cit. PICINELLUS. *Mundus Symbolicus*. Lib. IV, 1681, p. 575, 576, 578.

para Cristo, mas a fim de que ela lhe indicasse onde poderia ele encontrar Mercurius! Esta passagem mostra de maneira contundente o paralelismo entre Mercurius e Cristo. Também a Fênix não figura aqui em seu papel alegórico-cristão, mas como portadora e lugar de origem do remédio universal, ou do "remedium irae et doloris" (remédio para a ira e para a dor). Assim como a Sibila antigamente anunciou a vinda do Senhor, agora deverá ela mostrar o caminho para Mercurius. Cristo é o ánthropos, o homem primordial, e Mercurius tem a mesma significação. O homem primordial representa a totalidade original e redonda, que antigamente caiu na prisão das potências deste mundo. No caso de Cristo se expressa, pois, a vitória completa, bem como a libertação total do homem primordial, com o que seria propriamente supérfluo o empreendimento alquímico. Apenas podemos nós verificar que os alquimistas evidentemente tinham outra opinião a respeito disso, e que procuravam seu remedium irae et doloris como complementação de uma libertação que percebiam ser incompleta.

280   É característico para a concepção de Majer que a ideia representativa principal não seja Mercúrio, que em geral é para ele uma figura expressamente personificada, mas sim uma substância proporcionada pela Fênix, a ave do espírito, e portanto é uma coisa e não um ser vivo. Esta coisa se torna símbolo da totalidade ou da complementação para a totalidade, cujo desiderato o símbolo de Cristo aparentemente não atingiu[524]. Espontaneamente faz-se a pergunta se afinal não é precisamente a personificação intensiva das figuras divinas – como é usual no Cristianismo, e de modo todo especial no Protestan-

---

524. Quando se estuda sob esse aspecto a simbólica iconográfica produzida espontaneamente por homens modernos, encontra-se com relativa raridade a figura humana a ocupar o lugar central, mas em compensação se acha com tanto maior frequência um sinal objetivo-abstrato, que deva exprimir a totalidade. Ocasionalmente se encontra um rosto ou uma cabeça, o que apenas intensifica ainda mais a analogia com a alquimia (Cf. *Psychologie und Alchemie* (*Psicologia e alquimia*). 2. ed., 1952 [OC, 12], p. 608). A expressão mais vigorosa do objetivo-abstrato na simbólica alquímica é o *lapis*. Em meu livro *Psychologie und Religion* (*Psicologia e religião* [OC, 11/1]) já chamei a atenção para essa particularidade das figuras psicológicas centrais.

tismo [525] – aquilo que o inconsciente procura compensar, ou até certo ponto suavizar por meio de representações um tanto materiais.

E. Subida e descida

Na procura da totalidade, o autor descobriu até agora, além da experiência dos três continentes e dos pontos cardeais, uma estátua de Mercurius ὁδηγός, que aponta para o paraíso; ele também viu de longe o paraíso, encontrou a alma animal e a alma da Sibila a apontar para cima; e agora ela o aconselha a procurar as sete Ostia Nili, isto é, o delta do Nilo, para aí encontrar Mercurius. A continuação de seu peregrinar se assemelha talvez à viagem da Fênix, que saindo da Arábia vai ao Egito, onde morre e ressuscita outra vez. Pode-se, pois, supor que talvez deva acontecer algo de semelhante com o autor. É verdade que nada disso chega a nosso conhecimento, de que ele porventura tenha transposto o Mar Vermelho e tenha desse modo imitado a passagem maravilhosa do povo de Israel, mas em sentido oposto. Mas em breve ficaremos sabendo que deve acontecer algo semelhante a um mistério de renascimento, pois Majer compara os sete braços do delta com os sete planetas. Ele alcança primeiro o Ostium Canopicum, onde encontra Saturnus em sua própria pátria. Dos planetas seguintes pode-se ainda com segurança reconhecer Marte, enquanto que as cidades dos outros são descritas de modo menos claro. Com alguns perigos e fadigas atravessa o autor as sete regiões sem encontrar Mercurius. Nem na cidade própria dele consegue achá-lo. Finalmente deve ele retornar e percorrer a pé toda a caminhada em sentido oposto, até que chega de novo ao Ostium de Saturnus, onde de fato encontra Mercurius. Consegue dele muitas informações secretas, mas não chega até a Fênix. Mais tarde retornará ele outra vez para conseguir pelo menos a panaceia. Em um *Epigramma ad Phoenicem* pede ele enfim que a ave maravilhosa dê suas penas ao sábio[526], e em um epigrama dirigido à "Medicina Phoeniciae" ele a enaltece

281

---

525. Disso deve ser exceptuada a Terceira Pessoa, o Espírito Santo, que é expirado (spiratio activa et passiva) pelo Pai e pelo Filho. Ele, como mostra sua representação simbólica usual sob a forma de pomba, é a figura divina que mais carece de "personalidade". Já mencionei a tendência da alquimia para a religião do Espírito Santo.

526. "... Sapiens, pennas cui dabis, oro, tuas" (ó sábio, a quem darás tuas penas como te peço). *Symbola aureae mensae duodecim nationum.* 1617, p. 606.

sobre todas as riquezas do mundo, colocando-a acima da inteligência do homem como algo sobre-humano[527].

282   A experiência típica, correspondente ao quarto continente e às chamadas funções inferiores, é apresentada por Majer como uma subida e uma descida, através das esferas dos sete planetas: Se a peregrinatio feita até agora ainda não representava o opus alchymicum, passa a ser isto aqui sem dúvida nenhuma. O opus equivale a um *transitus*, uma πέρασις no sentido gnóstico, portanto um transpor e uma transformação, em que sujeito e objeto é o "versipellis Mercurius" (Mercúrio muito ardiloso). Não pretendo apresentar mais extensamente a natureza do transitus, pois ele aqui é apenas mencionado de leve, uma vez que isso seria a tarefa principal da descrição do opus. Um aspecto do transtitus é a subida e a descida através das esferas dos planetas; a isso devemos dedicar aqui mais umas palavras. Como mostra a *Tabula Smaragdina,* a subida e a descida têm por efeito reunir as forças do que é inferior às do que é superior, e vice-versa. Quanto a isso é preciso atender-se especialmente que o opus consta em geral de uma subida que é seguida de uma descida, ao passo que o modelo provável cristão-gnóstico primeiro apresenta uma descida e depois uma subida. Há muitas comprovações para isso no domínio mencionado, mas não pretendemos aduzi-las. Em vez disso quero citar as palavras de um dos grandes santos padres gregos, S. Basílio: Na explicação do Salmo 17,10: "Et inclinavit coelos et descendit et caligo sub pedibus eius" (E ele inclinou o céu e desceu, e uma nuvem escura estava por baixo de seus pés), diz ele: "Ora é isso aqui que diz Davi: Deus desceu do céu em meu auxílio, e fez isso para castigar os inimigos. Ele profetizou de modo luminoso a encarnação de Cristo (ἐνανθρώπησις) ao dizer: Ele inclinou o céu e desceu. Justamente não rompeu ele o céu nem revelou abertamente o mistério, mas ocultamente desceu ele para a Terra, como a chuva sobre o velocino[528]

---

527. "Divitiae cedant et opes, huic cedat et aurum, cui mens non eadem, non homo, sed pecus est" (As riquezas e os tesouros, até mesmo o ouro valem menos do que ela, até a própria inteligência, pois não é homem mas um animal). Op. cit., p. 607.

528. πόχος = lã, tosquia; latim velus = velo, velocino, pelego. A passagem se refere ao Sl 71,6: "Descendet sicut pluvia in vellus" (Descerá como a chuva sobre o velo), igualmente a Jz 6,37: "Ponam hoc vellus lanae in aera: si ros in solo vellere fuerit" etc. (Colocarei uma pele com a lã [velo] na eira; se o orvalho estiver apenas no velo...)

porque a encarnação ficou em segredo e desconhecida, e oculto seu entrar na ordem do mundo (ἐν τῇ οἰχονομίᾳ)[529]. Para o verso 11: "Et ascendit super cherubin, et volavit" (E subiu acima dos querubins e voou), diz S. Basílio: "Ao subir chegou acima dos querubins, que Davi chama de asas dos ventos por causa de sua natureza alada e tempestuosa. Por asas dos ventos também se deve entender a nuvem que o recebeu"[530]. De modo lapidar Irenaeus resume o mistério: "Pois é Ele quem desceu e quem subiu, para salvar os homens"[531].

Em oposição a isso, na alquimia se fala primeiro em subida, e somente então em descida. Lembro a subida e a descida da alma na sequência das figuras do *Rosarium Philosophorum*[532], e principalmente as sentenças da *Tabula Smaragdina,* que orientavam toda a alquimia medieval: 283

(IV) "Pater ejus est Sol, mater ejus Luna; portavit illud ventus in ventre suo; nutrix ejus terra est".

(VI) "Vis ejus integra est, si versa fuerit in terram".

(VIII) "Ascendit a terra in coelum, iterumque descendit in terram et recipit vim superiorum et inferiorum. Sic habebis gloriam totius mundi"[533].

Estas sentenças diretivas (ora no neutro, ora no masculino) descrevem o "filho do Sol e da Lua", que foi colocado no berço dos quatro elementos e evidentemente por meio deles e da Terra atinge toda a sua força, sobe então ao céu e aí recebe a força das coisas superiores 284

---

529. PITRA. *Analecta sacra spicilegio solesmensi parata.* 8 vols. Paris: [s.e.], 1876-1891, T. V, p. 85.

530. Refere-se a At 1,9: "Nubes suscepit eum ab oculis eorum" (Uma nuvem o encobriu a seus olhos).

531. *Adv. Haer.* III, VI, 2.

532. Exposto em *Psychologie der Übertragung* ("Psicologia da transferência"). 1946.

533. RUSKA. *Tabula Smaragdina...* 1926, p. 2.

(IV) "Seu pai é o Sol, sua mãe a Lua; o vento o trouxe no ventre; sua ama de leite é a Terra".

(VI) "Sua força estará completa quando ela estiver voltada para a terra".

(VIII) "Da Terra subiu ao céu, novamente desceu à Terra e recebeu a força das coisas superiores e inferiores".

e de novo volta para a Terra, o que, segundo parece, significa uma espécie de integração triunfal ("gloria totius mundi" – glória do mundo inteiro). A apóstrofe "sic habebis" decerto é dirigida ao filósofo, pois ele é o artifex do "filius Philosophorum". Se ele conseguir a transformação da substância do arcano, isto significa para ele a consecução da própria totalidade, a qual aparece como gloria totius mundi. Os antigos mestres falavam, por isso, do "diadema cordis tui" (diadema de teu coração) ou da "corona victoriae" (coroa da vitória)[534] como outro símbolo da totalidade.

285   Não há dúvida que a substância do arcano, quer seja coisa, quer seja pessoa, sobe da Terra, realiza a união dos opostos e retorna à Terra, o que significa a sua própria transformação em *elixir*. "Ele sobe e desce na árvore do Sol" até que se torne *elixir*[535]. Alguém teria dito[536], menciona o *Consilium Coniugii*: "E mesmo se eu tiver subido nu ao céu, voltarei então vestido para a Terra e completarei (complebo) todas as matérias-primas (minerae)[537]. E quando tivermos sido batizados na fonte de ouro e prata, e o espírito do nosso corpo (isto é, a substância do arcano) tiver subido ao céu com o Pai e o Filho e (novamente) tiver descido, então nossas almas tornarão a viver (reviviscent) e meu corpo animal permanecerá branco (candidum), isto é, (o corpo) da Lua"[538].

---

534. A relação com 1Ts 2,19: "Nostra spes aut gaudium aut corona gloriae..." (Nossa esperança ou alegria, ou coroa de glória...) é questionável, bem como com Is 28,5: "Erit Dominus exercituum corona gloriae" (O Senhor dos exércitos será uma coroa de glória). Entretanto, Is 61,3: "Darem eis coronam pro cinere" (para que eu lhes dê um coroa pela cinza), é importante para a ligação alquímica de *cinis* (cinza) com *diadema* (diadema) e *corona* (coroa). Cf. tb. GOODENOUGH, E.R. "The Crown of Victory". *Art Bulletin*. Vol. XXVIII, [s.l.]: [s.e.], 1946, p. 139s.

535. "Consilium Coniugii". 1566, p. 118.

536. Esse "alguém", como se conclui dos textos seguintes, é a "amada" do Cântico dos Cânticos, isto é, a "Luna". Aqui fala ela ao Sol.

537. Suposta referência à *Tabula Smaragdina*.

538. Cf. Op. cit., p. 128, ou *in arbore aurea* (em uma árvore áurea), p. 211. Existe aqui decerto um relacionamento com Jo 3,13: "Et nemo ascendit in caelum, nisi qui descendit de caelo" (E ninguém sobe ao céu senão o que desceu do céu).

Neste texto a união dos opostos consiste em subir ao céu (com o   286
Pai e o Filho como as duas outras pessoas) e em descer para a Terra
no banho da tintura. O efeito terrestre no primeiro caso é uma com-
pletio minerarum, e no segundo caso é a reanimação das almas e uma
transformação luminosa do corpo animal, que antes evidentemente
era *escuro* (nigrum, fuscum). Outro texto paralelo diz: "Sua alma
sobe dele[539] para o alto e é elevada até o céu, isto é, ao estado de espírito, e ela ao nascer do Sol se torna vermelha e ao surgir da Lua (se
torna) de natureza solar[540]. E então o candelabro das duas luzes (lu-
cerna duoram luminum)[541], isto é, a água da vida, retornará à sua origem, isto é, à Terra e desaparece e é rebaixada e apodrece e é afixada
a seu amado[542], o enxofre terrestre"[543].

Aquilo que sobe é aqui a alma da substância do arcano, que é o   287
enxofre incombustível. A anima como Luna atinge seu plenilunium,
o brilho semelhante ao do Sol, para depois decrescer até o novilunium e para o abraço do enxofre terrestre, o qual no entanto aqui significa morte e decomposição. Pertence a este contexto a descrição horrorosa da coniunctio da Lua nova, que se encontra no *Scrutinium
Chymicum* de Majer: A mulher e o dragão jazem enrolados no sepulcro[544]. Outra descrição dá Dorneus em sua *Physica Trismegisti*: "Desse modo acontecerá então finalmente que este nascimento (foetura)
terreno e espagírico se revestirá da natureza celeste pela subida, e por
fim pela descida tomará de modo visível a natureza do centro da Terra, conservando entretanto em segredo a natureza do centro celeste,
(aquela natureza) que ele (nascimento) adquiriu pela subida"[545]. Este

---

539. Antes se falou do *sulphur nostrum*. Sulphur = substância solar ativa.

540. "In Luna crescente, in naturam solarem" (na Lua crescente, e para a natureza solar).
Poderia, pois, ser traduzido assim: "Ao crescer a Lua para (assumir) a substância solar".

541. A luz do Sol e da Lua.

542. A edição de 1566 tem aqui *figitur amanti eum*, mas eu leio *eam*.

543. "Consilium Coniugii". 1566, p. 165 (Comentário para SENIOR, *De Chemia*.
1566, p. 15). Cf. a "Inversão das luzes" na cabala.

544. *Emblema* L. p. 148: "Draco mulierem et haec illum interimit, simulque sanguine per-
funduntur" (O dragão mata a mulher, e ela o mata, e ambos ficam recobertos de sangue).

545. *Theatrum Chemicum*. I, 1602, p. 409.

ser vence então "a doença sutil e espiritual no espírito humano e também todos os defeitos corporais, tanto internos como externos". O remédio é formado de tal modo "quo mundus creatus est" (como o mundo foi criado). Em outra passagem anota Dorneus que o "foetus spagyricus" é impulsionado pelo fogo para subir ao céu, isto é, da parte inferior da retorta para a superior, a qual é designada pelos filósofos como *céu* (caelum), e de lá "desce novamente" após ter conseguido a maturação necessária e retorna à Terra, o que significa: "Este espírito se corporifica de novo depois de se ter antes espiritualizado a partir de um corpo"[546].

288   Em contradição com o espírito da *Tabula Smaragdina,* que Dorneus segue aqui, acentua ele em outra passagem: "Nemo enim ascendit in caelum, quod quaeritis, nisi qui de coelo (quod non quaeritis) descendit, illuminet eum" (Pois ninguém sobe ao céu, que procurais, a não ser que aquele que desceu do céu, que não procurais, o ilumine)[547]. Nosso autor é mais ou menos o primeiro alquimista para quem se tornam problemáticas certas declarações de sua arte[548]. Por isso cria ele aqui um álibi cristão para o foetus spagyricus, que se porta em demasia à maneira de Basilides. Ao mesmo tempo está ele também consciente da unidade indissolúvel entre o opus e o artifexemplo[549]. Suas especulações, que não devem ser menosprezadas, são

---

546. Op. cit., p. 431. O autor ainda acrescenta: "Aenigmate hoc olim involutum est a Philosophis: fac fixum, inquiunt, volatile, et rursus volatile fixum, et totum habebis magisterium" (Isto antigamente foi envolvido neste enigma pelos filósofos: Torna o fixo volátil, dizem eles. e de novo torna o volátil fixo, então terás o ensino da obra toda).

547. "Speculativa Philosophia". *Theatrum Chemicum.* I, 1602, p. 276. Aqui aparece mais clara ainda a relação com aquilo a que se aludiu mais acima, isto é, Jo 3,13.

548. Cf. *Psychologie und Alchemie* (*Psicologia e alquimia*). 2. ed., 1952 [OC, 12], p. 110 e 126.

549. Assim diz ele, por exemplo: "Disce ex te ipso, quicquid est et in caelo et in terra cognoscere, ut sapiens fias in omnibus, ignoras caelum et elementa prius unum fuisse, divino quoque ab invicem artificio separata, ut et te omnia generare possent? Si hoc nosti, reliquum et te fugere non potest, aut ingenio cares omni. Rursus in omni generatione separatio talis est necessaria, qualem de te supra dixi fiendam, antequam ad verae philosophiae studia velum applices. Ex aliis nunquam facies quod quaeris nisi prius ex te ipso fiat unum" (Aprende por ti mesmo a conhecer tudo o que existe no céu e na Terra, para que em tudo sejas sábio, ou ignoras que antes o céu e os elementos

ocasionalmente de grande interesse psicológico, assim por exemplo a tese: "simul descensus in quatuor et ascensus ad monadem" (simultânea é a descida para os quatro e a subida para a unidade ou a mônada). Isso só pode ser entendido, aceitando que Dorneus concebe a subida e a descida como um processo simultâneo[550]. Os "quatro" são os quatro elementos. A mônada, que reaparece no *denarius* (número dez), é a unidade primordial e o escopo do opus, isto é, a unidade da personalidade projetada na unidade do lapis. Deve-se entender a descida analiticamente como a separação (separatio) nos quatro componentes da totalidade, e a subida, entretanto, é entendida sinteticamente como a recomposição do denarius. Esta especulação concorda com o fato psicológico de que a confrontação da consciência com o inconsciente significa de uma parte a dissolução da personalidade, e de outra parte simultaneamente uma recomposição da totalidade. Pode-se observar isso claramente nos momentos de crises psíquicas, quando aparecem nos sonhos justamente os símbolos da unidade, por exemplo, mandalas. "Mas onde há perigo, aí cresce também aquilo que salva" (Hoelderlin). Isaacus Hollandus considera ascensus et descensus como propriedades da "água clara do paraíso"[551] com o que parece indicar-se algo como o vibrar de uma e mesma coisa para os dois lados. Além disso Dorneus faz ainda esta observação sobre Mercurius: que ele "per vicos ac domos Planetarum omnium trans-

---

eram uma coisa só, e que por uma ação divina foram separados, para que pudessem produzir a ti e a todas as coisas? Se souberes isto, o resto não te poderá escapar, ou então careces de todo engenho. Novamente em toda geração é necessário primeiro tal separação, como disse acima que devia ser feita por ti, antes de te dedicares ao estudo da verdadeira filosofia. De outras coisas nunca farás o que queres, se de ti mesmo não for feita a unidade) (Op. cit., p. 276). As etapas da subida são 1ª studium fidei, 2ª cognitio Dei per fidem, 3ª amor ex cognitione Dei etc. (1ª estudo da fé; 2ª conhecimento de Deus; 3ª amor que se origina do conhecimento de Deus etc.) (p. 449).

550. Uma opinião semelhante está indicada à p. 589. "Decoquendus igitur, assandus et fundendus: ascendit atque descendit, quae operationes omnes unica sunt igne solo facta (operatio)" (Deves cozer, assar e fundir: sobe e desce, e todas essas operações são uma única que é feita só pelo fogo).

551. Fragm. de Lapide. *Theatrum Chemicum*. II, 1602, p. 142: "Clara aqua paradisi... cui crebro in caelum ascendit atque in terram descendit" (A água clara do paraíso... por cujo [auxílio] ele muitas vezes sobe para o céu e torna a cair na terra).

currit" (percorre as aldeias e casas de todos os planetas) e que, ao res-
taurar-se, recebe a força do que é superior e do que é inferior[552].

289   Enquanto os autores mais antigos se prendem estritamente à *Tabula Smaragdina*[553], os mais novos, sob a influência de Dorneus, tra-
em certa tendência de apresentar o processo às avessas. Assim diz,
por exemplo, Mylius que a Terra não pode subir sem que antes o céu
tenha descido. Em todo o caso a Terra somente pode ser sublimada
para o céu, se ela estivar "dissolvida em seu próprio espírito[554]" e se
formar um só corpo com ele"[555]. O paracelsista Penotus é ainda mais
claro: "Mas como, diz ele falando de Mercurius, o filho do homem
(filius hominis) é gerado (generatur) pelo filósofo e é feito (efficitur)
o fruto da virgem, assim é necessário que ele (o filius) seja exaltado
da Terra (exaltatur) e purificado de tudo o que é terreno (terreitate);
então ele sobe para o ar como um todo e é transformado em espírito.
Assim se cumpre a palavra do filósofo: 'Ele sobe da Terra ao céu, e
desse modo recebe em si a força do que é superior e do que é inferior,

---

552. "De Transmutatione Metall." Op. cit., p. 578.

553. O "Rosarium Philosophorum" formula a subida e a descida do modo seguinte:
"Lapis noster transit in terram, terra in aquam, aqua in aerem, aer in ignem, ibi est status, sed descendit e converso" (Nossa pedra se mudou em terra, a terra em água, a
água em ar, o ar em fogo, aqui ela para, mas a descida se faz em ordem inversa). *Artis
Auriferae*. II, 1593, p. 250.

554. A água, na qual a terra foi dissolvida, é a *anima* dela ou o *spiritus*, do qual diz Senior: "Haec aqua est Rex de coelo descendens". Ele antes estava na terra. Cf. "Rosarium Philosophorum". *Artis Auriferae*. II, 1593, p. 283.

555. *Philosophia Reformata*. 1622, p. 20. Esta maneira de conceber provém do tratado "De Arte Chimica". *Artis Auriferae*. I, 1593, p. 612. Aqui o descendens se identifica
com a *incarnatio Dei*. Depois de nossa passagem vem o texto: "Hac similitudine tibi
satisfaciam: Filius Dei delapsus in virginem ibique caro figuratus homo nascitur, qui
cum nobis propter nostram salutem veritatis viam demonstrasset, pro nobis passus et
mortuus, post resurrectionem in coelos remeat. Ubi terra, hoc est humanitas, exaltata
est, super omnes circuios mundi, et in coelo intellectuali sanctissimae Trinitatis est col-
locata" (Por esta comparação te satisfarei: O Filho de Deus desceu na virgem, foi nela
formado em carne e nasceu homem, o qual, depois de nos ter mostrado o caminho da
verdade para a nossa salvação, sofreu por nós e morreu, e depois da ressurreição voltou aos céus. Onde, então, a terra, isto é, a humanidade, foi exaltada acima de todos os
círculos do mundo e colocada no céu intelectual da Santíssima Trindade).

depondo sua natureza terrena e impura'" etc.[556] Esta identificação completa do lapis com o "filius hominis" deve naturalmente terminar com a ascensão ao céu. Com isso surge uma contradição com a concepção originária e universal do lapis como tinctura ou medicina, que tem sentido apenas quando ela volta para as matérias impuras, isto é, inferiores. As coisas superiores não precisam de remédio, pois já são assim mesmo incorruptíveis. Seria inimaginável um salvador que partisse da matéria e retornasse à matéria: quem simplesmente fizesse do lapis uma só coisa com Cristo, cessaria de operar quimicamente, e quem preferisse operar quimicamente desistiria aos poucos da linguagem mística.

Ascensus e descensus, altura e profundidade, para cima e para baixo descrevem um realizar emocional dos opostos, que lentamente leva ou deve levar a um equilíbrio entre eles. Por isso esse motivo ocorre com muita frequência nos sonhos, como subir e descer um morro, subir uma escada, subir e descer em elevador, balão, avião etc.[557]. Neste sentido o motivo corresponde à luta do dragão alado com o não alado, isto é, o Ouroboros, e Dorneus designa isto também de "destillatio circulatoria" (destilação circular)[558] e de "vas spagyricum" (vaso do arcano), que é para ser construído à semelhança do vaso natural (útero). Com isso se designa a forma esférica. O hesitar entre os opostos ou o ser jogado de um lado para o outro, de acordo com a interpretação de Dorneus, significa o estar contido nos opostos. Os opostos se tornam um vaso, no qual aquele ser que antes ora era um, ora era o outro, agora está suspenso a vibrar, e aquela penosa situação de estar suspenso entre os opostos lentamente se transforma em uma atividade bilateral do centro[559]. Com isso se faz anunciar a chamada "libertação dos

---

556. *Theatrum Chemicum*. I, 1602, p. 681.

557. Cf. *Psychologie und Alchemie* (*Psicologia e alquimia*). 2. ed., 1952 [OC, 12], p. 88s., e em outros lugares.

558. *Theatrum Chemicum*. I, 1602, p. 430.

559. Este motivo não é raro nos mandalas desenhados por pacientes, nos quais o centro é representado por uma ave esvoaçante, ou por um cisto pulsante ou um coração palpitante. (Em patologia do coração fala-se do "pulsar das aurículas"). Também pertence aqui a formação de ondas concêntricas (Gestaltungen des Unbewussten – Formações do inconsciente – 1950, prancha 12) ou ainda a corrente de ondas que circunda o centro (Op. cit., prancha 4 e 5).

opostos", o nirvana (nirdvandva) da filosofia indiana, o que não é propriamente um desenvolvimento filosófico, mas psicológico. A *Aurelia
Occulta* resume esse pensamento nas palavras do dragão: "Enquanto
os muitos provêm do um e o um provém dos muitos, procedendo de
célebre linhagem, me elevo do mais baixo ao mais alto. A ínfima força
da Terra inteira se une à força mais alta. Sou, pois, o um e (sou) os muitos em mim..."[560]. Por meio destas palavras o dragão insinua que ele
representa a etapa (ctônica) prévia do *si-mesmo*.

F. A viagem pelas casas dos planetas

291   Ao retornarmos, após nossa digressão sobre ascensus-descensus,
à peregrinação de Michael Majer pelos sete Ostia Nili, que significam
os sete planetas, trazemos conosco um conhecimento aprofundado
daquilo que os alquimistas, incluído também nosso autor, queriam
dizer quando falavam de ascensus e descensus: era a libertação das almas, tiradas das cadeias das trevas, isto é, do inconsciente, sua ascensão ao céu, isto é, sua conscientização, e então seu retorno à Terra,
isto é, à dura realidade, e isso sob a forma de tinctura ou poção medi-
cinal, munidas das forças das coisas superiores. O que isto significa
do ponto de vista psicológico, poder-se-ia concluir facilmente da
Hypnerotomachia de Polifilo, se o conteúdo de sentido não estivesse
demasiadamente inundado por um oceano francamente inesgotável
de particularidades ornamentais. Deve-se por isso destacar que a primeira parte, a mais volumosa, do romance descreve a ascensão a um
mundo de heróis e de deuses, a iniciação em um mistério de Vênus e a
iluminação, ou respectivamente a deificação aproximativa de Polifilo
e Polia. Na segunda parte, a mais breve, segue diretamente uma mudança decepcionante para a sobriedade e o arrefecimento, que culmina no conhecimento que tudo foi apenas um sonho. É a descida para
a Terra e para a realidade do dia a dia, em que não fica bem esclarecido se o herói podia conservar "in occulto caelestis centri naturam,
quam per ascensum acquisierat"[561]. É para duvidar. De qualquer

---

560. *Theatrum Chemicum*. IV, 1613, p. 575.
561. *Theatrum Chemicum*. I, 1602, p. 409: "... em segredo a natureza do centro celeste, que havia adquirido pela ascensão..."

modo, sua importante aventura nos deixou um monumento psicológico, que é simplesmente modelar para o decurso e a simbólica do processo da individuação. Está perpassado menos pela linguagem, e muito mais pelo espírito da alquimia, e esclarece assim também os obscuros "aenigmata et griphos" (comparações e enigmas) dela[562].

A viagem de Majer pelas Ostia Nili, ou respectivamente pelas esferas dos sete planetas, principia por Saturnus, o mais frio, o mais pesado e o mais distante, que é o Maleficus e o lugar onde o maligno reside, o Senex sinistro, e sobe para a proximidade do Sol em que está Mercurius-Puer, o desejado ardentemente pelo adepto. É a subida da distância para a proximidade do Sol, da escuridão e do frio para a luz e o calor, da velhice para a juventude, e da morte para o renascimento. Mas retorna-se pelo mesmo caminho, e o Mercurius procurado não se encontra na proximidade do Sol, mas naquele ponto onde teve origem a partida. Isso tem muita aparência de algo psicológico. Realmente não há lugar onde a vida prossiga mais adiante do que justamente aí, onde ela chegou a parar[563]. O Mercurius procurado é o spiritus vegetativus, um espírito vital, que tem o poder de percorrer todas as casas (signos) dos planetas, isto é, o zodíaco inteiro. Poder-se-ia dizer igualmente: o horóscopo inteiro, ou, como este é a correspondência cronométrica (isto é, temporal) do caráter individual, todos os componentes da personalidade e do caráter. Pois a particularidade individual, como se diz de acordo com a concepção antiga, é aquela maldição ou bênção que os deuses do nascimento colocam no berço da criança sob a forma de aspectos favoráveis ou nefastos. O horóscopo é aquele "chirographum", o documento exarado a mão, do qual se diz "que Ele (Cristo) eliminou o documento existente contra nós, que pelas suas prescrições nos era contrário; e Ele o eliminou fixando-o na cruz. Despojando os principados e as potestades,

---

562. Cf. a profunda análise psicológica do texto em FIERZ-DAVID, L. *Der Liebestraum des Poliphilo*. Zurique: [s.e.], 1947, especialmente p. 59s.

563. É uma constatação psicológica, a qual, como se sabe, somente se torna verdadeira, quando pode ser invertida.

Ele os expôs publicamente à vergonha, arrastando-os em cortejo triunfal"[564].

293   Esta opinião já muito antiga acerca de um documento de culpa entregue a cada um no nascimento, ao qual se refere a Epístola aos Colossenses, é uma versão ocidental da ideia de um *carma* pré-natal. São os arcontes, os sete anciãos antigos, que imprimem na alma o destino. Assim diz Priscilianus († c. 385) que as almas, em sua descida para o nascimento, passam por certos círculos, onde são aprisionadas por más potências, e, conforme a vontade do vencedor, são forçadas a entrar em diferentes corpos e além disso lhes é "imposto um documento", no qual se supõe estarem gravadas as influências das diversas esferas dos planetas[565]. A esta descida pelas casas dos planetas corresponde também sua passagem pelos portões dos planetas, como descreve Orígenes: o primeiro portão é de chumbo e dedicado a Saturno[566], pelo que se percebe que Majer segue evidentemente uma tradição antiga[567]. A peregrinatio chymica (peregrinação química) é propriamente uma repetição da "antiga viagem da alma ao céu", que parece ter se desenvolvido particularmente na Pérsia.

---

564. Cl 2,14: "... delens quod adversus nos erat chirographum decreti, quod erat contrarium nobis, et ipsum tulit de medio, affigens illud cruci. (15) et exspolians principatus, et potestates traduxit confidenter, palam triumphans illos in semet ipso" (Apagando o documento de dívida que havia contra nós, cujas prescrições nos eram contrárias, Ele o eliminou cravando-o na cruz. Despojando os principados e as potestades, Ele os expôs publicamente à vergonha, arrastando-os em seu cortejo triunfal).

565. "... Dehinc (animam) descendentem per quosdam circulos a principatibus malignis capi et secundum voluntatem victoris principis in corpora diversa contrudi eisque adscribi chirographum" (A alma, ao descer de lá por certos círculos, é aprisionada pelos principados malignos e segundo a vontade do príncipe vencedor é metida à força em diversos corpos e lhe é imposto um título de dívida). Pauli Orosii ad Aurelium Augustinum Commonitorium... *Corp. Script. Eccles. Lat.* Vol. XVIII, p. 153.

566. *Contra Celsum.* Lib. VI, c. XXII. MIGNE. *Patr. Gr.* t. IX, col. 1.324.

567. A série parece começar regularmente por Saturno (Cf. BOUSSET. "Die Himmelsreise der Seele". *Archiv für Religionswissenschaft.* IV, Tübingen/Leipzig: [s.e.], 1901, p. 269s.).

Nesse contexto não pretendemos aprofundar-nos nos motivos   294
do transitus pelas casas dos planetas[568]; basta-nos saber que Mercurius
passa por elas, como também o filósofo Michael Majer em sua viagem mística[569]. Estas últimas, pelas indicações, têm o caráter de uma
"viagem heroica", cujos motivos são visíveis ao menos até o ponto
em que se podem sem dificuldade reconhecer o arquétipo: na passagem crítica (vau) encontra o autor o animal Ortus, que tem as quatro
cores na cabeça. Onde existe um monstro, aí por perto está a bela virgem, pois os dois, como se sabe, têm algo como um acordo secreto,
de modo que raramente aparece um deles sem o outro: a Sibila aparece como condutora de almas e lhe mostra o caminho para Mercúrio,
pelo qual se deve entender neste caso o Hermes Trismegistos, o mistagogo par excellence.

Hermas conta que encontrou na estrada da campanha um mons-   295
tro semelhante ao dragão marinho (χῆτος): "Na cabeça tinha o animal quatro cores sucessivas: preto, vermelho como fogo e sangue,
amarelo-ouro, branco. Depois que eu tinha passado pelo animal e an-
dado cerca de 30 pés, encontrei-me com uma virgem, adornada
como uma noiva que sai de sua câmara, vestida de branco e de sapa-
tos brancos, envolta em um véu até à testa; uma mitra lhe cobria a cabeça, e seus cabelos eram brancos"[570].

A concordância das duas narrações é de tal modo completa que   296
nos sentimos tentados a admitir que Majer tenha lido o *Pastor* de
Hermas. Infelizmente isso não é muito provável. Tinha Majer, é verdade, boa formação humanística, mas não consigo descobrir em seus
escritos indícios de ter ele lido a patrística. Ao tratar ele dos escritos

---

568. A respeito disso, remeto para as exposições de CUMONT. *Textes et Monuments
relatifs aux Mystères de Mithra*. I, Bruxelas: [s.e.], 1894, 36s.; BOUSSET. Tratado
mencionado acima; e REITZENSTEIN. *Himmelswanderung und Drachenkampf*. In:
ANDREAS-PESTSCHRIFT, F.C. 1916, p. 33s.

569. Cf. "Wanderung" ("Peregrinação") in: *Psychologie und Alchemie (Psicologia e alquimia)*. 2. ed., 1952 [OC, 12], p. 119, 279, 504. Para Mercúrio cf. o motivo *puer-se-
nex* em CURTIUS, E.R. *European Literature and the Latin Middle Ages*. [s.l.]: [s.e.],
1953, p. 98s.

570. *Der Hirt des Hermas* IV, 1,10-2,1 (HENNECKE, E. *Neutestamentl. Apokryphen*.
1924, p. 343).

de Alberto Magno e de Tomás de Aquino[571], poderia ter-lhe escapado facilmente qualquer observação nesse sentido. Mas não se encontra nada, e também não é provável que Majer deva ter tido conhecimento justamente dos apócrifos.

297   Hermas interpreta a virgem que lhe vem ao encontro como a *Igreja;* Majer, 1.500 anos depois, a toma pela Sibila eritreia, comprovando-se assim mais uma vez que o mais novo é também o mais antigo. A "nobre Senhora" conduz Hermas ao reino do Deus trino, a Majer, porém, ao Trismegistos (Três-vezes-máximo) e Trisomatos (de três corpos), ao Mercúrio triádico, o qual deve revelar-lhe o mistério da ressurreição da Fênix[572]. Ele somente consegue encontrar Mercúrio ao percorrer o rito da ascensio e da descensio, ou da destillatio circulatoria, começando pelo chumbo *negro,* na escuridão, no frio e na maldade de Saturno, o astro maléfico, e seguindo a série até o Sol ígneo, onde o ouro é aquecido no fogo mais forte e liberado de toda impureza, e finalmente retornado a Saturno, onde desta vez encontra o Mercúrio e recebe dele instruções úteis. Aqui Saturno de astro nefasto passou a ser casa da sabedoria, uma "domus barbae", onde ensina o "sapientissimus omnium" (o mais sábio de todos), o próprio Hermes três vezes máximo[573]. Também Hermas começa junto ao *preto:* sua Senhora lhe explica o seguinte: "O *preto* significa este mundo em que morais, o *vermelho ígneo e sanguíneo* que este mundo será destruído em sangue e fogo. A parte *áurea* sois vós, que fugistes deste mundo. Pois assim como o ouro é purificado pelo fogo e tornado útil, do mesmo modo sereis provados vós que entre eles habitais... A parte *branca é* o mundo

---

571. Nos *Symbola aureae mensae.*

572. Chamo atenção para a simbólica paralela dragão-virgem e para a tríade em *Hypnerotomachia.* [s.l.]: [s.e.], 1883 [POPELIN, C. (org.)], especialmente para o encontro com o dragão de três línguas e com a tríade ctônica, seguida do reino da rainha Eleuterilida (FIERZ-DAVID, L. Op. cit., p. 51s. e p. 75s.). Para a Sibila cf. CURTIUS, E. R. Op. cit., p. 101s.

573. "Itaque vocatus sum Hermes Trismegistus, habens tres partes Philosophiae totius mundi" (Por isso me chamo Hermes três-vezes-máximo, porque possuo os três domínios da sabedoria do mundo inteiro). *Tabula Smaragdina,* 12. A *domus barbae* vem do árabe *al-birba,* pirâmide e sepulcro em forma de pirâmide, onde Hermes deve estar sepultado.

futuro no qual habitarão os eleitos de Deus. Pois sem mancha e puros serão aqueles que Deus escolheu para a vida eterna"[574].

Na alquimia o fogo tanto purifica como funde os opostos para formar a unidade. Aquilo, que penetra subindo, reúne as forças das coisas inferiores com as forças superiores e manifesta todo o seu poder ao retornar de novo à Terra[575]. Isto deve ser entendido de uma parte como a panaceia ou Medicina Catholica, mas de outra parte como um ser animado e semelhante ao homem, isto é, o filius philosophorum, que é representado frequentemente como o jovem ou como Hermaphroditus ou como criança. É sem dúvida um paralelo para o Ánthropos gnóstico, mas aparece também como ἀνθρωπάριον, uma espécie de duende, que, na qualidade de πνεῦμα πάρεδον, ou spiritus familiaris, assiste o adepto no opus e ajuda o médico a ajudar os outros[576]. Este ser sobe e desce, e une o que é inferior com o que é superior, do que surge uma nova força que atua na vida diária. Também a Senhora de Hermas o aconselha: "Fala tu então sem cessar aos ouvidos dos santos"[577], isto é, atua entre os homens com quem convives espalhando a notícia do Ressuscitado.

Como Majer então encontra Mercúrio ao regressar, do mesmo modo Hermas na visão seguinte encontra o poimen, o pastor, com "uma pele branca nos ombros, uma mochila às costas e um bastão na mão". Hermas o reconheceu como aquele, a quem "ele tinha sido entregue"[578] isto é, como o pastor do cordeiro, que era ele próprio. O pastor bonus tem em iconologia a mais próxima relação com Hermes krióphoros (o que carrega o cordeiro). Já na antiguidade se encontram e se unem estas duas figuras de salvador. Enquanto Hermas estava "entregue" a seu pastor, inversamente é Hermes que entrega a

298

299

---

574. O pastor de Hermas. IV, 3, 2-3, 5.

575. "Vis eius integra est, si versa fuerit in terram" (A sua força está completa, quando se tiver voltado para a Terra). *Tabula Smaragdina*... 1926, 6.

576. Modelar para isso é Asklepios e seu cabiro Telesphorus. Cf. KERÉNYI, K. *Der göttliche Arzt*. 1948, p. 97 e p. 100. MEIER, C.A. *Antike Inkubation und moderne Psychotherapie*. 1949, p. 47s.

577. O pastor de Hermas. IV, 3, 6.

578. Op. cit., V, 1-4.

seu discípulo Majer sua arte e sabedoria, e deste modo o torna capaz de ele mesmo agir e atuar por meio do caduceu mágico, que entre os médicos alquímicos substitui o bastão de Esculápio, que tinha *uma única* serpente. A serpente do Asklepieion quer significar: *Deus cura,* mas o caduceu de Mercúrio em forma da coniunctio na retorta quer significar: *nas mãos do médico está o meio mágico dado por Deus*[579].

300   As múltiplas analogias entre estes dois textos, situados tão distantes entre si, possibilitam uma concepção psicológica das transformações aí indicadas. A sequência das cores coincidem por assim dizer com as dos planetas. Cinzento e preto corresponde a Saturno[580] e ao mundo mau; é o começo na escuridão, na melancolia, no medo, na maldade, na necessidade deste mundo, isto é, na situação do dia a dia humano. Trata-se justamente de Majer, do qual provém a sentença do "nobile corpus, quod de domino ad dominum movetur, in cuius initio sit miseria cum aceto" ([Do] corpo nobre... que vai de senhor a

---

579. Para a interpretação do caduceu, cf. SERVIUS. "Comentário sobre a Eneida de Virgílio". 1, IV, p. 242: "Nam serpentes ideo introrsum spectantia capita habent ut significent inter se legatos colloqui et convenire debere... Unde enim... legati pacis *caduceatores* dicuntur... Quibus caduceis duo mala adduntur unum Solis aliud Lunae... Mercurius haec tam fera animalia concordat, nos quoque concordare debere certum est" (Pois as serpentes têm as duas cabeças voltadas para dentro, para indicar que os legados devem conversar muito entre si e chegar a um acordo... Por isso... os legados da paz são chamados de *portadores de serpentes*... A estas serpentes são apresentadas duas maçãs, uma do Sol e outra da Lua... Mercúrio faz estes animais tão ferozes concordarem, é certo que nós também devemos concordar...). Lib. VIII, p. 138: "Alil Mercurium quasi *medicurrium* a latinis dictum volunt, quod inter coelum et inferos semper incurrat... Caduceus illi adeo adsignatur, quod fide media hostes in amicitiam conducat..." (Outros derivam Mercurius como em latim medicurrius, o que corre de um lado para o outro... porque ele sempre corre para lá e para cá entre o céu e o mundo inferior... O caduceu [bastão das serpentes] lhe é atribuído porque ele, pela confiança mediadora, conduz os inimigos à amizade...). O autor medieval Pierius diz, ao tratar do caduceu: "Perfacile is discordes animos in concordiam trahet, duosque angues, hoc est odia mutua, doctrinae suae virga in unum obligabit" (Muito facilmente levará ele à concórdia os ânimos discordantes, ao reunir em uma só coisa pelo báculo da sua doutrina as duas serpentes, isto é, o ódio recíproco) (Citação de PICINELLUS. *Mundus Symbolicus*. 1681, Lib. III, p. 30).

580. "Primo regnat Saturnus in nigredine" (Primeiro reina Saturno na negrura). *Symbola aureae mensae duodecim nationum*. 1617, p. 156.

senhor, em cujo início há miséria com azedume)[581]. Por dominus é indicado o arconte e o senhor da casa dos planetas. Acrescenta nosso autor: "Ita et mihi eventurum" (assim me acontecerá também). Essa escuridão e negrura significa em psicologia o estado de perturbação e de perdição por parte do homem; é aquele estado que no tempo moderno se torna um motivo para uma análise psicológica do status praesens, que é um exame cuidadoso de todos aqueles conteúdos que são a causa ou ao menos a expressão de uma situação problemática. Esta atividade, como se sabe, se estende também àqueles conteúdos irracionais, cuja origem se supõe estar no inconsciente, e portanto também a fantasias e sonhos. A análise e a interpretação dos sonhos confronta o ponto de vista da consciência com as declarações do inconsciente, com o que se arrebentam as molduras muito acanhadas da consciência reinante até então. Esse afrouxar de concepções e atitudes mentais espasmódicas corresponde adequadamente à solutio e à separatio elementorum pela aqua permanens, que já antes estava no corpo e agora é "atraída com engodos" pela arte. Esta água é uma anima ou um spiritus, isto é, uma "substância" psíquica, a qual por seu turno é aplicada ao material resultante. Isso corresponde ao emprego do sentido do sonho para esclarecer problemas existentes. Solutio é definida neste sentido por Dorneus[582].

A situação, antes obscura, é aclarada lentamente, como uma noite tenebrosa na qual nasce a Lua. O aclaramento de certo modo parte do inconsciente, são primeiramente os sonhos que auxiliam a seguir o rasto do esclarecimento. Essa luz do alvorecer corresponde à albedo ou luz da Lua, que segundo a concepção de outros indica o ortus solis. A vermelhidão que de agora em diante vai aumentando corresponde a um aumento de calor e de luz que provém do Sol, e portanto do domínio da consciência. Isso corresponde à participação crescente, e respectivamente à implicação da consciência, que começa a reagir também de modo emocional sobre os conteúdos produzidos pelo

---

581. *Symbola aureae mensae duodecim nationum*. 1617, p. 568.

582. "Speculum Phil." *Teatrum Chemicum*. I, 1602, p. 303: "Ut per solutionem corpora solvuntur, ita per cognitionem resolvuntur philosophorum dubia" (Como os corpos se dissolvem pela solução, assim pelo conhecimento se resolvem as dúvidas dos filósofos).

inconsciente. Por meio dessa discussão com o inconsciente, a qual de início significa um "acalorado" conflito, prepara-se o caminho para a fusão, ou respectivamente para a síntese dos opostos. A alquimia expressa isso por meio da rubedo, na qual se realizam as núpcias do homem vermelho com a mulher branca, isto é, do Sol e da Lua... Ainda que os opostos fujam um do outro, contudo eles tendem a equilibrar-se, pois o estado de conflito é por demais avesso à vida e por isso não pode conservar-se de modo duradouro. Os opostos se desgastam no atrito recíproco: um "devora" o outro, como os dois dragões ou ainda outros animais ferozes da simbólica alquímica.

302   Expresso em linguagem de astrologia, esse processo corresponde à ascensão desde o distante, frio e escuro Saturno através da série dos planetas até o Sol. Para os alquimistas era clara a conexão entre o temperamento individual e a posição dos planetas, pois tais pensamentos astrológicos elementares eram um bem comum dos eruditos da Idade Média, como também já da Antiguidade. A ascensão através dos círculos dos planetas significava o mesmo que o desenvolvimento das propriedades do caráter, indicadas pelo horóscopo, ou a libertação retroativa do caráter impresso pelos arcontes. O modelo consciente ou inconsciente de tal ascensão era o salvador gnóstico, que ou logra os arcontes com astúcia ou destrói seu poder pela força. A este motivo pertence também a libertação do "documento da dívida". De modo especial sentia o homem da Antiguidade tardia sua situação psíquica como uma dependência fatal dos poderes dos astros ou da chamada "heimarmene" (destino), um sentimento que pode ser comparado com a teoria moderna da hereditariedade e da transmissão de taras, ou sobretudo com o abuso pessimista dela. Mudança semelhante da visão moral aparece em muitos casos de neuroses, nas quais os pacientes aceitam os fatores psíquicos sintomáticos como fatos imutáveis, contra os quais não adianta sublevar-se. O percorrer as casas dos planetas, como também o passar pelos grandes pórticos do mundo egípcio, tem, pois, o significado da superação de um impedimento psíquico, ou respectivamente de um assim chamado *complexo autônomo,* o qual é representado de modo conveniente por um deus ou um daimon dos planetas. Quem superou todos os círculos planetários está livre de coação; conseguiu ele a corona victoriae e com isso a semelhança de Deus.

A linguagem psicológica de nosso tempo se exprime certamente　303
de modo mais modesto: a viagem pelas casas dos planetas se reduz à
conscientização das boas como das más qualidades do caráter, e a
apoteose nada mais significa do que a conscientização maior possível, que anda aliada à maior liberdade da vontade. O alvo é representado de maneira insuperável pelo símbolo do μεσουράνισμα τοῦ
ἡλίου (posição do Sol ao meio-dia) em Zosimos[583]. Mas este ponto
culminante leva à descida. O viajor místico Majer retorna àquele
Ostium do qual havia partido. De certo modo, portanto, torna ele a
fazer aquele descensus animae, que havia originado a adjudicação do
"chirographum". Torna ele a percorrer as casas já percorridas dos
planetas e retorna ao sombrio Saturno. Isto decerto indica que a
alma, a qual em sua descida para o nascimento recebeu a carga de um
caráter horoscópico, agora consciente de sua semelhança com Deus
afronta o poder dos arcontes e traz para baixo, para as trevas do
mundo, a luz liberta de todo o véu.

Também aqui a psicologia não faz exigências especiais: o que an-　304
tes era um peso arrastado contra a vontade, de cuja existência toda a
parentela era acusada, agora é visto e reconhecido em uma compreensão mais vasta possível (que pode até ser muito modesta!) como
um patrimônio da própria personalidade, e igualmente se passa a entender (o que nem sempre parece entender-se por si mesmo!) que
ninguém pode viver de outra coisa, senão daquilo que ele é.

Nosso peregrinus, ao retornar para a casa de Saturno, encontra o　305
Mercúrio procurado há tempo[584]. Majer passa curiosamente de
modo rápido por sobre esse encontro tão importante, e apenas menciona "multos sermones invicem habitos" (muitas conversas recípro-
cas), mas não participa o conteúdo delas. Isso é tanto mais de estranhar porque Mercúrio goza do aspecto de grande mestre, como
ocorre aqui, ou está de posse do caráter da substância do arcano; as
duas coisas já seriam uma rica fonte de revelações mais amplas. Mer-

---

583. BERTHELOT. *Collection des anciens alchimistes grecs*. 1887/1888, III, V, 1.

584. Mais exatamente: Antes de chegar à casa de Saturno, *in aliquo ostiorum* (Em alguma das desembocaduras [do Nilo]). *Symbola aureae mensae duodecim nationum*.
1617, p. 603.

cúrio, com efeito, significa o "nous" iluminador, que conhece o segredo da transformação e da imortalidade.

306   Suponhamos não ter sido por mero acaso que Majer repentinamente se torna taciturno neste ponto, mas que existia alguma intenção ou necessidade. Essa suposição não é de todo injustificada, visto
que o autor era um dos cofundadores da associação internacional
Rosa-cruz[585], por isso indubitavelmente se achava na situação de poder dissertar de modo mais extenso e mais amplo sobre os arcana
herméticos. O que sabemos sobre os chamados segredos da Rosa-cruz não explica seu ocultamente. O mesmo vale para a maioria
dos "mistérios" dessa espécie. É muito significativo que os "mysteria" da antiga Igreja em pouco tempo se tenham transformado em
"sacramenta". A palavra "Mysterium" se tornou um floreado desde
que no rito tudo se tornou manifesto. Andreas Rosencreutz antepôs a
seu *Chymische Hochzeit* (casamento químico) o mote: "Arcana pu-
blicata vilescunt et gratiam profanata amittunt. Ergo: ne margaritas
obiice porcis, seu asino substerne rosas" (Os mistérios publicados e
profanados se tornam sem valor. Por isso: não atires pérolas aos por-
cos nem espalhes rosas diante do burro). Nesta atitude poderia encontrar-se o motivo para calar-se. Em muitos casos já se chegou a
descobrir o que em certos mistérios era guardado em segredo e devia
ser silenciado sob juramentos gravíssimos, e se admirou muitíssimo
por que e para que tais coisas deviam ser guardadas em segredo. Parece que se deva concluir que se tratava do desejo de fazer-se importante ou da busca de prestígio por parte da classe sacerdotal, ou respectivamente da confraria dos mistérios. Que também esse abuso tenha
existido não se pode duvidar. Mas a razão verdadeira consiste propriamente em uma necessidade premente de participar de *um* mistério, ou talvez *desse* mistério, sem o qual a vida perde seu sentido supremo. O conteúdo guardado em segredo na verdade não merece ser
ocultado, mas seu ocultamento obstinado trai um motivo psíquico
igualmente duradouro, e é isto que constitui o segredo e o próprio
mistério. É curioso e misterioso que se precise fazer o gesto do ocul-

---

585. *Symbola aureae mensae duodecim nationum.* 1617, p. 477. WAITE. *The Real
History of Rosicrucians.* 1887, p. 268s.

tamento, ou em outras palavras: Por que o homem precisa do mistério e para que ele o cria artificialmente de modo a desenvolver até um
rito sacrossanto? Aquilo que está oculto em cada caso é mais ou menos sem importância, pois em si não passa de uma figura ou de um sinal que está apontando para um conteúdo que não deve ser definido
melhor. Este conteúdo, porém, de modo nenhum é indiferente, pois
é a presença visível de um arquétipo numinoso. Essencial é antes de
tudo o fato de ocultar, o que representa um gesto expressivo; é um
gesto que simboliza algo de indizível (árrheton), oculto e inconsciente; portanto é algo que ainda não está consciente ou que não quer
nem pode tornar-se consciente. Mais brevemente: trata-se da presença de algo inconsciente que está a exigir da consciência sempre de
novo consideração e atenção. Ao pôr em ação o interesse, se possibilita a percepção continuada e a assimilação daquelas influências e
efeitos do que é *mantido em segredo*. Para a orientação da vida isso
representa uma vantagem, porque os conteúdos do inconsciente se
relacionam de modo compensatório com a consciência e, quando
percebidos e conhecidos, produzem um balanceio, que se revela
como fomentador da vida. Na fase primitiva, os mistérios têm por
isso um efeito que promove principalmente o crescimento, a fertilidade e a saúde. E se nesses ritos nada existisse de bom, seria de supor
que ou eles jamais tivessem existido ou já há muito tivessem desaparecido. O importante efeito psíquico das Eleusínias, por exemplo,
está fora de discussão. Por meio da experiência psicoterapêutica a
importância do mistério voltou a ser questão premente não apenas
pelo aspecto religioso ou de cosmovisão, mas também em vista das
exigências da consciência moral, que a individuação faz ao homem.

　　O silêncio de Majer é eloquente, como veremos em breve ao ten- 307
tarmos desvendar o equivalente psicológico do descensus e do encontro de Mercúrio. A consciência maior possível a que se chega faz
confrontar-se o eu com sua sombra, e a existência psíquica individual
com a psique coletiva. Os termos (termini) psicológicos parecem le-
ves, mas têm grande peso, pois representam um conflito quase insuportável e um desfiladeiro psíquico, cujos horrores somente conhece
quem já os atravessou. O que se experimenta nessa ocasião tanto sobre si próprio como sobre os homens e o mundo, é de tal natureza
que não se gosta de falar sobre isso e além disso é tão difícil de descre-

ver, que se perde o ânimo só em tentar fazê-lo. De modo algum precisa ser uma fuga leviana, quando Majer apenas indica conversas (sermones) com Mercúrio. Na colisão com a vida e com o mundo há vivências capazes de produzir uma reflexão longa e profunda, das
quais nascem com o tempo compreensões (Einsichten) e persuasões
(os alquimistas exprimem isso por meio da árvore filosófica). A sequência desses fenômenos é de certo modo ordenada por dois arquétipos, o da anima, que exprime a *vida* incondicional, e o do "velho sábio", que personifica a *mente* (Sinn)[586]. Nosso autor já foi conduzido
pela Sibila-anima para percorrer as casas dos planetas como condição
prévia para todo o resto. Por isso apenas pode ser lógico que ele, pelo
fim do descensus, encontre Hermes três-vezes-máximo, a fonte de
toda a sabedoria. Com isso se descreve de modo apropriado o caráter
daquele espírito ou pensar que não se consegue obter como uma realização intelectual, operada pela gente, à semelhança de um "pequeno deus do mundo", mas que sobrevêm à gente como se partisse de
outra pessoa, que é alguém maior, talvez o grande espírito do mundo, designado adequadamente como τρισμέγιστος (trismégistos =
três-vezes-máximo). O refletir demoradamente, a "immensa meditatio", é de acordo com a definição alquímica um "colloquium inter-
num cum aliquo alio, qui tamen non videtur" (uma conversa interior
com outra pessoa que não é visível"[587].

308   Talvez Majer nos tivesse revelado um pouco mais, se Mercúrio,
como diz o relato, não tivesse tanta pressa, por ter querido o acaso
que ele tivesse aceito "justamente então o papel de árbitro entre a co-
ruja e as aves que a combatiam"[588]. Essa alusão se refere a um pequeno escrito de Majer *Jocus severus* (Francofurti, 1617), que defende a
sabedoria da alquimia contra seus adversários, tema que desempenha
papel importante nos *Symbola Aureae Mensae* sob a forma de argumentos e contra-argumentos. Justifica-se assim a suposição de que o
autor entrava em oposição crescente a seu ambiente espiritual à me-

---

586. Pormenores em meu escrito: "Sobre as raízes da consciência". In: JUNG, C.G. *Os
arquétipos do inconsciente coletivo* [OC, 9/1].

587. RULANDUS. *Lexemplo Alch.* 1612, cf. v. Meditatio.

588. *Symbola aureae mensae duodecim nationum.* 1617, p. 603s.

dida que mais se aprofundava nas especulações secretas da filosofia hermética. Na verdade também não poderia esperar outra coisa, pois o mundo das imagens herméticas envolve o domínio do inconsciente. A compensação inconsciente visa sempre as posições da consciência mais fortemente defendidas, visto serem as mais questionáveis, no que sua atitude aparentemente inimiga apenas reflete aquele aspecto não amável que o eu volta para o inconsciente. Na realidade, porém, a compensação da parte do inconsciente de modo algum é intencionada como ação hostil, mas ao contrário, como complemento necessário e benéfico, quando bem considerada, e como tentativa de restabelecer o equilíbrio. Essa constelação significa para o autor um conflito que não é apenas exterior, mas também interior e grave, que a firmeza da convicção não pode eliminar, mas apenas consegue reforçar. Pois qualquer convicção incompleta e parcial é acompanhada pela voz da dúvida, que gostaria de mudar em incerteza toda a certeza que julga ter, porque esta corresponde melhor à verdade. A verdade do *sic et non* (sim e não), que já foi mais ou menos reconhecida por Abelardo, é dificilmente suportável para o instinto de poder da parte do intelecto; não é, pois, de admirar que Majer tenha de certo modo ficado entalado em suas explicações e tenha adiado para as calendas Graecas a tarefa de encontrar a Fênix. Felizmente ele é suficientemente sincero para jamais afirmar ter ele alguma vez feito a pedra ou o ouro filosófico, e justamente por isso nunca estendeu um véu enganoso sobre sua obra (opus). Graças à sua conscienciosidade, possibilitou ele a seus pósteros distantes ao menos suspeitar até onde ele havia penetrado em sua arte e onde se detiveram seus esforços. Em outras palavras: ele jamais conseguiu encontrar aquele ponto, onde logicamente conflito e discussão se tornariam supérfluos, isto é, aquele ponto onde o sic et non seriam dois aspectos de uma e mesma coisa. "Jamais farás o uno, se antes tu mesmo não tiveres te tornado o uno", diz um mestre.

G. Regeneração na água do mar

Após estas dissertações mais longas sobre as conexões simbólicas que se ramificam a partir do mar e de seus aspectos, retornemos para o sal e para a água salgada. 309

310   A aqua pontica (s. permanens) se porta em parte como a água batismal da Igreja. Sua função principal é a ablutio, a purificação do pecador; na alquimia é a purificação do "laton", isto é, do "corpo impuro"[589]; daí o axioma repetido muitas vezes, que é atribuído ao autor
obsoleto Elbo Interfector[590]: Dealbate Latonem[591] et libros rumpite,
ne corda vestra corrumpantur" (Branqueai o laton e rasgai os livros
para que vossos corações não se corrompam)[592]. O *Rosarium Philosophorum* traz variação na ablutio [593] latonis, fazendo realizar-se a ablução
não pela água, mas por "azoth et ignis"[594]; é portanto uma espécie de
batismo de fogo, como aliás a "água" muitas vezes é designada como
"fogo"[595]. No rito católico corresponde isso à entrega da vela batismal
acesa, em concordância com Mateus 3,11: "Ipse vos baptizabit in Spi-

---

589. "Rosinus ad Sarratantam Episcopum". *Artis Auriferae*. I, 1593, p. 280: "Laton
autem est immundum corpus" (Laton é um corpo impuro).

590. Por exemplo, MAJER, M. *Symbola aureae mensae duodecim nationum*. 1617,
p. 215.

591. O *laton dealbatus* é idêntico ao "sal cristalino". KHUNRATH. *Von Hylealischen
Chaos*. 1597, p. 197. Laton é igualmente a substância do arcano, mas por assim dizer
com sinal negativo. Mylius diz: "Laton est ex Sole et Luna compositum corpus imperfectum citrinum; quod cum dealbaveris etc... ad pristinam citrinitatem perduxeris, habes iterum Latonem... tunc intrasti ostium et habes artis principium" (Laton é o corpo
formado do Sol e da Lua, impuro, de cor citrina; se o tornares branco e..., terás novamente o Laton .. [mas] então terás transposto a entrada e terás o princípio das obras). É
ele a prima materia lapidis no estado da vilitas, da qual então surge a "pretiosa margarita" (Cf. *Philosophia Reformata*. 1622, p. 199). Esta passagem parece tirada do "Consilium Coniugii". 1566, p.134. Laton é a *terra nigra* (Op. cit., p. 80, de modo semelhante, p. 39). Segundo Ducange "Laton" deve ter relação com Electrum. Cf.
LIPPMANN. *Entstehung und Ausbreitung der Alchemie*. I, 1919-1954, p. 481.

592. O "Rosarium Philosophorum" cita esta frase de Geber, mas mutilada; *reponite*
(reponde) em lugar de *rumpite* (rompei).

593. O processo da ablutio é entendido pelos alquimistas como *distillatio*. Cf.
MYLIUS. *Philosophia Reformata*. 1622, p. 53.

594. É uma citação de Hermes: "Azoth et ignis latonem abluunt et eius nigredinem
abstergunt" (Azoth e fogo lavam o Laton e afastam todo o negrume dele). *Artis Auriferae*. II, 1593, p. 277.

595. Mylius tem: "Ignis et aqua latonem abluunt et eius nigredinem abstergunt" (Fogo
e água lavam o Laton e limpam o negrume dele). *Philosophia Reformata*. 1622, p. 297.

ritu Sancto, et igni" (Ele, porém, vos batizará com o Espírito Santo e com fogo)[596]. Os alquimistas também chamam ousadamente de "batismo" (baptismus) seu processo de transformação. Assim diz, por exemplo, o *Consilium Coniugnii*: "Et si in fonte auri et argenti *baptisati* fuerimus et spiritus corporis nostri cum patre et filio in coelum ascenderit, et descenderit, animae nostrae reviviscent, et corpus meum animale candidum permanebit, scl. Lunae" (E se tivermos sido batizados na fonte de ouro e de prata, e o espírito do nosso corpo tiver subido ao céu com o pai e o filho, e descido de lá, então nossas almas terão nova vida e meu corpo animal permanecerá branco, como o da Lua). Os sujeitos desse período são Sol et Luna. A *Aurora Consurgens I* distingue três espécies de batismos: "baptizando flumine, sanguine, flammis" [597] (batizando no rio, no sangue, nas chamas), com o que a noção cristã é transferida diretamente para o processo químico. Isso vale também para a ideia de que o batismo é um mergulho na morte, de acordo com Cl 2,12: "Consepulti ei in baptismo, in quo resurrexistis etc." (Fostes sepultados junto com Ele no batismo, e nele também ressuscitastes). Assim a tabela de símbolos de Penotus dá a seguinte correspondência para o "Mysterium baptismatis": Luna (Lua), Manes (deuses domésticos), et Lemures (almas dos mortos, fantasmas), dii infernales (deuses do mundo inferior), e como etapa no processo a solutio, que significa o dissolver-se total do corpus imperfectum na aqua divina, a submersio, a mortification[598] e o sepultamento. A putrefactio ocorre no sepul-

---

596. A simbólica do fogo unida ao batismo vem expressa de modo especialmente claro no hino de S. Romano "de Theophania":
θεωρῶν ἐν μέσῳ τῶν ῥείθρων τόν ποτε
παίδων τριῶν μέσον φανέντα δρόσον ἐν
πυρὶ νῦν πῦρ ἐν τῷ Ἰορδάνῃ λάμπον χτλ.
(Ao olhá-lo no meio das ondas, a ele que outrora apareceu entre os três jovens [Dn 3,24s.] como o orvalho no fogo, agora um fogo brilhante no Jordão etc.). PITRA. *Analecta sacra spicilegio solesmensi pa.* I, 1876, p. 21.

597. Outra passagem diz: "Quando autem baptizat tunc infundit animam" (Quando batiza, então infunde a alma).

598. O exemplo clássico para isso é o dissolver-se do Gabricus no corpo de Beya: "In partes indivisibiles divisit" (Dividiu em partes indivisíveis). "Rosarium Philosophorum". *Artis Auriferae*. II, 1593, p. 246.

cro, e o mau cheiro que a acompanha é o cheiro dos sepulcros[599]. O motivo da *inclusão no mundo inferior* já ocorre na alquimia grega, em uma passagem do *Tratado de Komarios*, 13,17: "Ἐν γὰρ τῷ Ἅδη χατάχλεισον αὐτά" e 13,20: "... ἐν τῷ Ἅδη χλείσατε αὐτά (Encerrai-as [as substâncias] no Hades etc.)[600]. O renascimento a partir das ondas de água (χλύδωνες) do Hades e do sepulcro se encontra na linguagem eclesiástica em Cyrillus "Τὸ σωτήριον ἐχεῖνο ὕδωρ χαὶ τάφος ὑμῖν ἐγένετο χαὶ μήτηρ" (aquela água salvadora tornou-se para vós tanto sepulcro como mãe)[601], e no dito de S. Agostinho: "Aqua velut morientem deducit in tumulum: spiritus sanctus velut resurgentem perducit ad caelum"[602] (A água o leva como o moribundo ao sepulcro, mas o Espírito Santo o conduz ao céu como a quem ressuscita).

311   No tratado de Ostanes (Berthelot, IV, II, 2, 10) se diz que na preparação da Hýdor théion (água divina – e também água sulfurosa) se deve mergulhar o vaso com os ingredientes ἐν ὕδατι θαλασσίῳ (água do mar) e que desse modo se concluiria a água divina. Seria como se essa água fosse o fruto da gravidez ocorrida no útero da água do mar. Os efeitos dessa água, de acordo com o nosso tratado, são os seguintes: "Esta água devolve a vida aos mortos e mata os vivos, ilumina a escuridão e escurece a claridade, reúne (δράσσεται) a água do mar e apaga o fogo". Como essa água maravilhosa já ocorre nos textos mais antigos, provavelmente é ela antes de origem pagã do que cristã. O mais antigo tratado chinês que conhecemos, do ano 142 d.C., já con-

---

599. MORIENUS. "De transmut. met." *Artis Auriferae*. II, 1593, p. 33.

600. O texto se encontra aqui em péssima desordem. Nossa passagem parece ser atribuída a Stephanos e se acha apenas no "Tratado de Komarios" (BERTHELOT. IV, XX, 13), mas também em Zosimos (BERTHELOT. III, II). Se Stephanos (século VII) se exprimiu mesmo de modo a imitar a linguagem arcaica, deixemos de lado a questão. Essa passagem de fato pertence ao "Tratado de Komarios", onde já se acha em 10, 22s., conforme o sentido. Ali se diz: "τιτρώσχουσιν αὐτὴν χλύδωνες ... Εν τῷ Ἅδει χαὶ ἐν τῷ τάφῳ ἐν ᾧ χατάχεινται:Ὅταν δὲ ἀνεωχθῇ ἡ τάφος, ἀναβήσονται αὐτὰ ἐξ Ἅδου ὡς οἷα βρέφος ἐχ γαστρός" (As palavras a ferem... no Hades e no sepulcro no qual jazem. Se, porém, o sepulcro estiver aberto, então elas subirão do Hades, como o recém-nascido do ventre).

601. *Mystagog*. II, 4.

602. PITRA. *Analecta sacra spicilegio solesmensi parata*. 5, p. 150.

tém a ideia dessa água sob a forma da "pérola que corre" (isto é, o mercúrio) e do "Ch'i divino", que significa o ar, o espírito, a essência etérea. As diversas essências são comparadas[603] com as "spring showers in abundance", o que lembra imediatamente as ὕδατα εὐλογημένα (águas abençoadas) do Tratado de Komarios: também elas trazem a primavera[604]. O antiquíssimo uso da água no sacrifício e o papel importante que ela desempenha especialmente no Egito (para nós o país em que se originou a alquimia ocidental) foram decerto as primeiras etapas da simbólica da água surgida mais tarde. Nisso imaginações da fé e da superstição populares, como se manifestam a nós nos papiros mágicos, poderiam ter exercido uma função mediadora. Poderia, pois, da mesma forma ter dito um tratado de alquimia o mesmo que está em um papiro: "ἐγὼ φυτὸν ὄνομα βαῖς, ἐγὼ ἀπόρροια αἵματος ... ὁ ἐχπεφυχὼς ἐχ τοῦ Βυθοῦ...[605], ἐγώ εἰμι τὸ ἱερὸν ὄρνεον Φοῖνιξ...[606], ἐγώ εἰμι ὁ Ἥλιος... ἐγώ εἰμι Ἀφροδείτη... ἐγώ εἰμι Κρόνος, ὁ δεδειχὼς φῶς... ἐγώ εἰμι Ὄσιρις ὁ χαλούμενος ὕδωρ, ἐγώ εἰμι Ἴσις ἡ χαλουμένη δρόσος, ἐγώ εἰμι Ἡσενεφυς (Isis-Nephthys) ἡ χαλουμένη ἔαρ" χτλ[607]. Uma hýdor théion (água divina) personificada poderia facilmente empregar essa linguagem.

O efeito do batismo cristão é a ablução dos pecados e a recepção   312
na Igreja como o reino de Cristo na Terra, a santificação e o renascimento pela gratia sanctificans (graça santificante) e a colação do

---

603. *Isis*. VIII, p. 238 e 251.

604. BERTHELOT. *Collection des anciens alchimistes grecs*. 1887/88, IV, XX, 8, 9 e 12.

605. No Tratado ἡ τοῦ μυστιχοῦ ὕδατος ποίησις de Christianos (BERTHELOT. VI, V, 6, 12) se encontra a ἐναβύσσαιον ὕδωρ (A produção da água mística... água abissal [ou do abismo]).

606. A menção certamente mais antiga da Fênix se encontra em Zosimos (BERTHELOT. III, VI, 5) como uma citação de Ostanes de um "ἀετός χαλχοῦς χατερχόμενος ἐν πηγῇ χαθαρᾷ χαὶ λουόμενος χαθ' ἡμέραν ἐντεῦθεν ἀνανευόμενος" (A águia de bronze desce à fonte pura e aí se banha todos os dias e é renovada diariamente etc).

607. PREISENDANZ. *Papyri Graecae magicae*. II, 1928-193, p. 73. Pap. XII, 1. P. 228-238. Tradução: "Eu sou a planta de nome bais, sou uma excrescência do sangue... uma germinação do abismo... sou a ave sagrada Fênix... sou Hélios... sou Afrodite... sou Cronos (Saturno), que mostrou a luz... sou Osíris, chamado água; sou Ísis, chamada orvalho, sou Esenephis, chamada primavera" etc.

character indelebilis do estado do ter sido batizado. O efeito da aqua permanens é igualmente maravilhoso. Assim se diz na *Gloria Mundi:* "O mistério de cada coisa (rei) é a vida, isto é, a água; pois a água dissolve o corpo mudando-o em espírito e faz os mortos ressuscitarem como espírito" (a mortuis excitat vivum aliquem spiritum)[608]. O dissolver que transforma em espírito, a volatilização ou sublimação corresponde na química à evaporação ou ao menos à expulsão de componentes gaseificáveis, como mercúrio, enxofre etc. Do ponto de vista psicológico, porém, se equipara ela à conscientização, isto é, à integração de um conteúdo até então desconhecido. Conteúdos inconscientes estão como que ocultos em alguma parte do corpo, talvez à semelhança do demônio de uma doença, do qual a consciência não se pode apossar, e isso especialmente quando causam sintomas corporais, para os quais não se consegue encontrar causas orgânicas. O "espírito" que é ressuscitado dos mortos é normalmente o "espírito de Mercúrio", o qual como anima mundi está inerente a todas as coisas no estado latente. Entretanto, em nosso estado, como se deduz da passagem citada, ele é seguramente o sal, de que se diz: "E isto é o que buscamos: pois ele encerra em si todos os nossos segredos". O sal, porém, "tem sua origem no mercúrio". O sal é, pois, um sinônimo da substância do arcano. Como se sabe, o sal representa também no ritual romano um papel considerável, já como acréscimo à água benta e principalmente na cerimônia do batismo, em que são dados ao batizando alguns grãos de sal bento com as palavras: "Accipe sal sapientiae; propitiatio tibi si in vitam aeternam" (Recebe o sal da sabedoria; seja para ti a propiciação para a vida eterna)[608a].

313   Como a alquimia pretende produzir um corpus glorificationis (corpo de glorificação ou glorificado) incorruptível, tem ela, se o conseguir, na albedo (alvejamento, brancura) aquele estado do corpo que não oferece nenhuma possibilidade de decomposição, por ser

---

608. *Musaeum Hermeticum.* 1678, p. 262. Esta opinião é posta na boca de "Sócrates". Corresponde, até certo ponto, ao conteúdo do Sermo XVI da *Turba philosophorum.*

608a. N.T.: Valia isso antes do Concílio Vaticano II. O ritual pós-conciliar suprimiu a cerimônia do sal.

sem mancha alguma. Por isso é que o corpo branco da cinza[609] (cinis) é designado como *diadema cordis* (diadema do coração) ou como *corona victoriae* (coroa da vitória)[610] quando sob a forma de sinônimo de *terra alba foliata* (terra branca em forma de folhas). A "cinza" se identifica com a "água limpa", que está purificada das trevas da alma, da materia da negrura. Dela (água) se separa a maldade (malitia) do que constitui a má natureza terrena[611]. Essa *terrestreitas mala* (natureza terrestre má) é a *terra damnata* (terra amaldiçoada) de outros autores, à qual é "penoso suportar aquele resto de natureza terrena" e que representa aquela insuficiência moral do homem mortal que não pode ser retirada pela água. Cinis em Senior é sinônimo de *vitrum* (vidro), o qual por sua incorruptibilidade e sua diaphanitas parecia aproximar-se do corpo procurado. O vitrum, por seu turno, está em ligação com o sal, que é celebrado como terra illa virgo et pura (terra virgem e pura), pois o "pulcherrimum vitrum cristallinum" (o vidro cristalino mais belo) consta principalmente de sal sodae (sal sódico), ao qual se acrescenta areia como aglutinante. Destarte a terra vítrea é formada de "duas substâncias incorruptíveis"[612]. A isto se acrescenta ainda o fogo, que é o elemento "puro" por excelência. No gosto "acre" ou "cáustico" do sal julgava-se reconhecer o fogo que nele residia e com o qual tinha em comum a propriedade de conservar as coisas. Assim cita-se, por exemplo, Alexander Magnus Macedoniae Rex, que deve ter dito: "Deve-se saber que o sal é fogo e secura"[613]. Ou então: "os sais são de natureza ígnea"[614]. Por este motivo tem ele também relação com o enxofre e sua natureza essencial

---

609. Cinza é o corpo "calcinado" ou completamente modificado pelo fogo, isto é, livre de decomposição ulterior.

610. Esta última em SENIOR. *De Chemia*. 1566, p. 41: "Terra alba foliata est corona victoriae, quae est cinis extractus a cinere, et corpus eorum secundum" (A terra branca de aspecto foliáceo é a coroa da vitória, o que é a cinza extraída da cinza e seu segundo corpo [filosófico]).

611. Op. cit., p. 40.

612. VIGENERUS. "De Sale et Igne". *Theatrum Chemicum*. VI, 1661, p. 44s.

613. *Musaeum Hermeticum*. 1678, p. 217.

614. VIGENERUS. *Theatrum Chemicum*. VI, 1661, p. 57.

de fogo[615]. Em Glauber "são fogo e sal a mesma coisa quanto à sua natureza profunda", e por isso "são muito estimados entre os cristãos ajuizados, ao passo que o ignorante não sabe mais nada a respeito disso do que a vaca, o porco ou qualquer animal do mundo, que vai vivendo sem inteligência alguma". Também os "abissínios" batizam com água e fogo. Também os pagãos não podiam oferecer sacrifícios sem o fogo e o sal, e ao evangelista São Marcos se atribui o dito: "Todos os homens devem ser temperados com fogo, e todos os sacrifícios com sal" (Alle Menschen mit Fewr, und alle Opffer mit Saltz sollen gewürtzet seyn")[616].

H. *Interpretação e significado do sal*

314 Tanto quanto a cinza, o sal também é sinônimo de albedo (s. dealbatio = brancura, alvejamento) e se identifica com "lapis albus, sal albus, Luna plena, terra alba fructuosa, mundificata et calcinata" etc. (pedra branca, sol branco, lua cheia, terra branca e fértil, purificada e calcinada)[617]. A relação entre cinis e sal é dada pela potassa, e é sabida de todos a propriedade ardente e cáustica das lixívias[618]. Já Senior menciona que a dealbatio foi designada como sendo "salsatura" (salgadura)[619].

315 A obscuridade dessas significações variadas do sal, que se entrecortam, começa a aclarar-se, quando percebemos em seguida que um dos significados mais nobres do sal é o de *alma.* Como substância branca é "mulher branca, o sal cristalino"; o "sal magnesiae nostrae"

---

615. Op. cit., p. 127.

616. "De Natura Salium". 1658, p. 16s. Glauber refere-se a Mc 9,49: "Omnis enim igne salietur, et omnia victima sale salietur" (Tudo deve ser salgado com fogo, e cada sacrifício salgado com sal).

617. MYLIUS. *Philosophia Reformata.* 1622, p. 20.

618. Cf. com isso a obra atribuída a Rhases ou Garlandius RUSKA. *Liber de aluminibus et salibus.* 1935, § 76s.: De *speciebus salium.* Esta obra é puramente química e de origem árabe; permite-nos avaliar os conhecimentos químicos da alquimia medieval mais antiga.

619. SENIOR. Op. cit., p. 42.

(sal de nossa magnésia)[620] é uma *scintilla animae mundi* (uma centelha da alma do mundo)[621]. Em Glauber o sal é feminino e corresponde a Eva[622]. *Sal terrae est anima* (o sal da terra é alma). Esta sentença
de grande alcance significativo na *Gloria Mundi*[623] encerra toda a ambiguidade da alquimia: de uma parte anima é aquela "aqua permanens, quae solvit et coagulat" (água eterna que dissolve e firma), portanto a substância do arcano, que sempre é aquilo que transforma e
simultaneamente aquilo que deve ser transformado, aquela natura,
quae vincit naturam (a natureza que vence a natureza); de outra parte
é a alma humana, que é prisioneira do corpo assim como a scintilla
animae mundi (centelha da alma do mundo) o é da matéria, e por isso
percorre as mesmas transformações da morte, da purificação e da
glorificação final como o lapis. Ela é a tinctura[624], que "solidifica toda
a matéria" (coagulat), ela até se "fixa" (figit) a si própria, ela provém
"do meio da Terra" (de medio terrae), e é a "destructa terra et nulla
res in terra est tincturae similis" (a terra destruída e nada sobre a Terra é semelhante à tintura)[625]. A anima, pois, não é uma coisa terrena,
mas transcendental, não obstante a circunstância de que deva aparecer na retorta. Essa contradição ainda não causava incômodos ao espírito medieval. E a razão para isso não é tão má assim: aqueles filó-

---

620. Magnésia tem entre os alquimistas geralmente a significação de substância do arcano, e não designa de nenhum modo uma substância química específica.

621. KHUNRATH. *Von Hylealischen Chaos*. 1597, p. 197.

622. "De Natura Salium". 1658, p. 12. A respeito de Eva como sendo o feminino contido no homem cf. *Psychologie und Alchemie* (*Psicologia e alquimia*). 2. ed., 1952 [OC,
12], p. 212.

623. *Musaeum Hermeticum*. 1678, p. 217.

624. Op. cit., p. 217s.

625. O quanto a "água batismal" é designada como tinctura, pode-se ver no texto grego, por exemplo em BERTHELOT. VI, XVIII, 4, 2: "σώματα ὄντα πνεύματα γίνον-
ται, ἵνα ἐν τῇ χαταβαφῇ τοῦ πνεύματος βάψει" (O que é corpo se torna espírito, para
que se possa batizar [tingir] no banho batismal do espírito). (De modo semelhante também em Pelagios. BERTHELOT. IV, I, 9, 17.s). Isso lembra muito aquela passagem da
"cratera" (vaso, almofariz) em Zosimos (BERTHELOT. LI, 8): "βαπτισθεῖσα τῷ
χρατῆρι" (Batizado [mergulhado] no vaso de misturar [almofariz]), que se refere ao
batismo de Theosebeia na comunidade de Poimandres.

sofos estavam tão cheios do fato psíquico que em sua candura reproduziam com simplicidade e fidelidade a situação psíquica deles. O inconsciente, personificado e representado pela anima, é em si algo transcendente, mas pode manifestar-se na consciência, isto é, neste mundo, sob a forma de um "influxo" nos processos conscientes. (Convém olhar com atenção a metáfora da "água", que sempre ainda se mantém aderente à nossa linguagem!).

316   A alma do mundo penetra tudo, e da mesma forma o sal. Ele está simplesmente em toda a parte, e por isso preenche a expectativa relativa à substância do arcano, de que ela deva ser encontrada por toda a parte. O leitor deve ter sentido comigo as dificuldades não pequenas em representar o sal e suas relações de ubiquidade. Ele representa o princípio feminino do Eros o qual faz todas as coisas se relacionarem entre si de modo quase perfeito. Neste aspecto, ele é superado apenas pelo Mercurius, e por isso se compreende facilmente a opinião de que ele provenha do Mercurius. Justamente como anima, como scintilla animae mundi é o sal, por assim dizer, filho do spiritus vegetativus da criação. O sal é muito mais indeterminado e universal do que o Sulphur, o qual é determinado de modo relativamente unívoco por sua natureza ígnea.

317   Do parentesco com a anima mundi, que, de acordo com o conhecimento geral, se acha personificada no homem primordial (ánthropos), não é grande a distância para chegar até à analogia com Cristo. O próprio Glauber estabelece o paralelo: Sal – Sol = A – Ω. (Alfa – Ômega) [626], perfazendo a analogia com a divindade. Nesse contexto convém ser mencionado que a representação simbólica do sal (⊖), segundo Glauber, era originariamente ⊕ [627], ou, em outras palavras, um símbolo duplo do espírito; pois o círculo representa a totalidade de fato em geral, e o quadrado a totalidade discriminada. Entretanto, ainda existe outro símbolo para o sal, que é ⊞ para distinguir do de Vênus (♀), a qual no mínimo pouco se relaciona com a inteligência e a sabedoria. Glauber anota (como mencionado acima) a respeito do sal, que "ele vence o demônio negro do inferno", isto é, o sulphur

---

626. "De Natura Salium". 1618, p. 15.

627. Op. cit., p. 23.

comburens (enxofre em combustão)[628]. Na criação o sal foi o primeiro "fiat"[629]. Cristo é o sal sapientiae que é dado no batismo[630]. Georg von Welling torna mais explícito este pensamento: Cristo é o sal, fiat é o Verbo gerado desde a eternidade para a nossa conservação. Cristo é o "sal doce e fixo da eternidade calma e suave". O corpo, quando salgado por Cristo, se torna tingido (ou respectivamente batizado) e por isso incorruptível[631].

O paralelo do sal com Cristo pertence à especulação alquímica 318 tardia, que se inicia após J. Boehme. Como é evidente, isto se tornou possível por meio da igualdade: sal = sapientia. Já na Antiguidade tinha o sal o sentido de gracejo, inteligência, espírito, bom gosto etc., como por exemplo diz Cícero certa vez: "Sale et facetiis Caesar ... vicit omnes" (Com espírito e dito jocoso César... venceu a todos)[632]. Mas a Vulgata é que foi decisiva para a formação de imagens na alquimia. Já o "sal foederis" (sal da aliança) no Antigo Testamento tinha significado moral[633]. No Novo Testamento se acha uma passagem clássica em Mt 5,13: "Vos estis sal terrae" (Sois o sal da Terra), a qual é dirigida aos discípulos e os apostrofa de certo modo como personificações da compreensão superior e da sabedoria divina (como a eles, por serem ἀπόστολοι – apóstolos – e anunciadores da Boa-Nova, compete o papel de ἄγγελοι – anjos – a fim de que o reino de Deus na Terra se assemelhe à estrutura do reino celestial). A outra passagem é Mc 9,50: "Habete in vobis sal, et pacem habete inter vos" (Tende o sal em vós, e a paz entre vós). A isso pertence também a mais antiga menção do sal no Novo Testamento, a qual é de caráter clássico, a saber Cl 4,6: "Sermo vester semper in gratia, sale sit conditus, ut sciatis quomodo oporteat vos unicuique respondere" (A vossa palavra seja sempre agradável, temperada de sal, para saberdes como convém responder a cada um).

---

628. Op. cit., p. 41.

629. Op. cit., p. 44.

630. Op. cit., p. 51.

631. *Opus Magocabbalisticum*. 1735, p. 6 e p. 31.

632. *De officiis*. I, p. 133.

633. Por exemplo Lv 2,13.

319   O sal é aqui indubitavelmente a compreensão, o entendimento e
a sabedoria. Tanto em Mateus como em Marcos trata-se aqui de um
sal que está ameaçado de "abobamento". Evidentemente deve este
sal ser conservado acre, assim como as lâmpadas das virgens prudentes devem estar acesas. Para isso é exigida a *cultura do espírito,* a qual
de modo algum é assegurada, por exemplo, pela teimosia em acentuar
exclusivamente a fé. Qualquer um considerará que é tarefa da Igreja
conservar na pureza original o bem da sabedoria, a aqua doctrinae, e
no entanto, porque deve dar resposta ao espírito mutável dos tempos, adaptá-la por meio de modificação e diferenciação, assim como
fizeram os Santos Padres. O Cristianismo antigo certamente se tornou conhecido no mundo culto romano, entre outros aspectos, também como uma "mensagem" em vestes filosóficas, como se pode ver
claramente, por exemplo, em Hippolytus. Era, pois, uma doutrina filosófica capaz de concorrer com as outras, que em S. Tomás atingiu
de certo modo o cume da perfeição. Por assim dizer, até em pleno século XVI, o valor de verdade da doutrina cristã correspondia ao grau
de verdade das Ciências de hoje em dia.

320   Médicos e pesquisadores da natureza, entretanto, se encontravam na Idade Média diante de problemas para os quais a doutrina
cristã não tinha resposta. Pressionados pela doença e pela morte, não
hesitavam os médicos em procurar ajuda recorrendo também aos
árabes e com isso àqueles restos da Antiguidade pagã que a Igreja julgava já ter exterminado, isto é, as sobrevivências do sincretismo helenístico de orientação mandaica e sabaica (ramificações gnósticas).
Daí extraíram eles um sal sapientiae tão pouco semelhante à doutrina
eclesiástica que imediatamente teve início um processo recíproco de
assimilação, que produziu frutos curiosíssimos. A alegórica eclesial se
ateve, quanto ao essencial, ao uso clássico do sal, tanto quanto pude
verificar. Apenas S. Hilário († 367) parece ter penetrado um pouco
mais na natureza do sal, ao observar que o sal "continha simultaneamente elementos da água e do fogo"[634]. Com relação a isso diz Pici-

---

634. *Comment. in Matth.* Cap. IV, 10: "Sal est in se uno continens aquae et ignis elementum et hoc ex duobus est unum" (O sal contém em si água e fogo, e assim é um a
partir de dois).

nellus: "Dois elementos, que atiçam entre si uma inimizade implacável, se encontram unidos maravilhosamente no sal. O sal é, pois, inteiramente fogo e inteiramente água"[635]. De resto aconselha ele uso parcimonioso do sal: "Aspergatur sermo sapientia, non obruatur" (O falar seja esparzido de sal, e não recoberto), e outro dos primeiros criadores da alegórica eclesiástica, Nicolaus Caussinus, S.J.[636], nem sequer menciona o sal.

Isso não causa muita admiração; pois em que relação estão entre si a sabedoria e a revelação? Como mostram certos livros do cânon vétero-testamentário, ao lado da Sapientia Dei, que se manifesta na revelação, existe ainda uma sabedoria humana, que ninguém possui, se não a exercitar e cultivar. Mc 9,50 é, pois, uma exortação para que se cuide de ter sempre consigo sal suficiente, o que não se refere à sabedoria revelada, pois esta o homem não pode adquirir nem produzir; mas sua própria sabedoria pode ele cultivar e aumentar. O fato de justamente Marcos conter essa advertência e de São Paulo, partindo de seus pressupostos judaicos, ter-se exprimido de modo semelhante, está de acordo com o judeu-helenismo tradicional das comunidades judaicas daquela época. Para o sal da sabedoria humana a Igreja oferece certamente pouco espaço. Da mesma forma não é para admirar, se o sal sapientiae desempenha papel incomparavelmente mais importante fora da Igreja. Assim menciona S. Irenaeus († após 190) a opinião dos gnósticos de seu tempo, segundo a qual "o espiritual foi enviado para ser formado, educado e elevado por meio de sua união matrimonial com o psíquico. Isto é o sal e a luz do mundo"[637]. O espiritual como masculino se une com o psíquico como feminino; isto está longe de ser uma fantasia dos gnósticos: isto continua a ressoar na Assumptio Mariae, na união de Tipheret e Malchut e no dito de Goethe: "O eternamente feminino nos atrai". Hippolytus menciona o mesmo modo de pensar como sendo dos sethianos. Diz ele: "Quando, porém, esta onda for produzida na água pelo vento e for engravidada em sua natureza, assumindo em si o rebento do femini-

321

---

635. *Mundus Symbolicus*. 1681, Lib. XII, cap. XXVII, p. 260

636. *Polyhistor Symbolicus*. 1623.

637. *Refutatio*. I, VI, 1.

no, então a luz espalhada do alto a mantém unida por meio do bom aroma do espírito (πεύματος)[638], isto é, o espírito (νοῦν)[639] que assumiu formas diversas. Esta (luz) é um deus perfeito trazido, a partir da luz incriada de cima e do espírito (πνεύματος) para dentro da natureza humana, como para um templo, gerado da água pela força da natureza e pelo movimento do vento, reunido e misturado aos corpos, à semelhança do sal que está na base de todas as criaturas, e é uma luz das trevas, que tem a tendência de separar-se dos corpos, mas não é capaz de conseguir a separação e encontrar uma saída para si própria. Uma mínima centelha é misturada..." (Segue aqui uma passagem corrupta e controvertida, que omito). "... Tudo então, o refletir e o cuidar da luz de cima, acerca do como e do modo como o espírito (νοῦς) será libertado da morte do corpo pecaminoso e escuro, do pai aí embaixo (τοῦ χάτωθεν)[640], que é o vento, a levantar as ondas com bramido e terror, e que gera um filho perfeito, o qual por sua natureza mais profunda não é propriamente seu filho. Era ele um raio de luz vindo de cima, daquela luz perfeita, o qual foi subjugado na água escura e terrível e amarga e suja, e ele é um espírito luminoso (πνεῦμα φωτεινόν) levado por sobre as águas..."[641].

322   Esta passagem admiravelmente bela contém quase tudo que os alquimistas pretendiam dizer acerca do sal: Sal é o espírito, a luminosidade dos corpos (albedo), a scintilla animae mundi aprisionada nos abismos tenebrosos do mar, e aí mesmo gerada como lux do alto e como um "rebento feminino". Note-se que os alquimistas não tinham o mínimo conhecimento de Hippolytus, pois suas *Philosophoumena,* que se julgava estarem perdidas, somente foram redescobertas em meados do século XIX, em um mosteiro do monte Athos. Quem conhece as duas coisas, o espírito da alquimia e o tratado sobre os

---

638. Pneuma tem aqui a significação de "Espírito Santo", e menos a de vento.

639. Como "espírito", no sentido de inteligência, razão, *mind.*

640. Ambos, a morte e o pai aqui embaixo, são precedidos pelo mesmo ἀπό e por isso estão colocados em paralelo ou até são porventura idênticos, pois o que produz a vida, produz também a morte. Também isso aponta para a inevitável natureza dos opostos atribuída ao *auctor rerum.*

641. *Elenchos.* V, 19, 14s.

gnósticos escrito por Hippolytus, se sente sempre de novo tocado muito profundamente pela afinidade interna entre esses dois domínios do espírito.

A chave para a passagem acima e para outras semelhantes do *Elenchos,* como já mostrei antes, é a fenomenologia do si-mesmo[642]. O sal, entretanto, não é nenhum símbolo onírico muito comum. Aparece, porém, sob a forma cúbica do cristal[643], que em muitos desenhos de pacientes ocupa o centro e assim representa o si-mesmo; da mesma forma a signatura salis (sinal representativo do sal) mencionada mais acima, é recordada pela estrutura quaternária fundamental da maioria dos mandalas. Assim como os muitos sinônimos e atributos da pedra destacam ora um, ora outro aspecto da mesma, também sucede como os inúmeros símbolos do si-mesmo. Abstraindo-se de sua propriedade conservadora, tem o sal principalmente o significado figurado de *sapientia* (sabedoria). Em relação a este aspecto, gostaria ainda de fazer umas observações: Diz um texto alquímico: "Nas alegorias místicas de nossos sábios se diz: Quem trabalhar sem o sal, não poderá ressuscitar os corpos mortos ... Quem trabalhar sem o sal, distende um arco sem corda. Deve-se, pois, saber aqui que os sábios nomeados precisam de bem outro sal do que são esses minerais vulgares ... Chamam esse sal até de medicina" etc.[644]. Essas palavras são ambíguas: sal significa aqui tanto o gracejo e o espírito, como também sapientia. O que representa esse sal in opere (na obra) mostra-nos outra passagem referente à substância do arcano: "E isto é o chumbo dos filósofos, denominado por eles de chumbo do ar, no qual está a pomba branca e refulgente, que é chamada de 'sal dos metais', consistindo nisso o magisterium da obra. Essa é aquela rainha de Sabá, pura, casta, sábia e rica" etc.[645]. Aqui aparecem, sob uma mesma forma, sal, substância do arcano (como o paradoxo "chumbo do ar"!), columba alba (o spiritus sapientiae), sabedoria e feminilidade. Está isenta de todo o equivoco a sentença: "Não há ninguém no mundo que possa chegar ao conhecimento perfeito sem que conheça

323

---

642. Cf. *Aion.* 1951 [OC, 9/2], Contrib. I.

643. O cristal cúbico do sal vem destacado em WELLING. Op. cit., p. 41.

644. "Tractatus Aureus de Phil. Lap." *Musaeum Hermeticum.* 1678, p. 20.

645. GRASSEUS, J. "Arca Arcani..." *Theatrum Chemixum.* VI, 1661, p. 314.

o sal"[646]. Para o *Aquarium Sapientum* o sal provém da aqua benedicta ou pontica, a qual como extrato também é designada como "coração, alma e espírito". Primeiro, a aqua está contida na prima materia e então é "da cor do sangue; após a preparação, porém, é de cor branca brilhante, clara e transparente e então é chamada de sal sapientiae"[647]. Khunrath vê em resumo e de modo ousado as declarações acerca do sal: "Nossa água, diz ele, não pode ser feita sem o sal da sabedoria, pois é o próprio sal da sabedoria, e os filósofos dizem ser um fogo, um sal de fogo, o verdadeiro Menstruum Vegetativum Universale" (menstruo vegetativo universal). "Sem sal" a obra não tem êxito[648]. No *Amphitheatrum* observa o mesmo autor: "Não foi sem razão séria que o sal foi adornado pelos sábios com o apelido de sabedoria". O sal é o lapis, um "mysterium celandum" (um mistério que deve ficar em segredo)[649]. Vigenerus diz que o Salvador escolheu os apóstolos "para que eles fossem o sal dos homens e anunciassem a eles a doutrina pura e incorruptível do Evangelho" etc. A respeito dos "Cabalistae" tem ele a dizer que a "computatio"[650]. da palavra hebraica "melach" (sal) dá 78. Esse número pode ser dividido por todos os divisores e dá sempre uma palavra que se refere ao "mysterium nominis Divini" (mistério do nome divino). Não pretendemos aprofundar-nos mais nas consequências tiradas pelo autor e apenas notemos que por todas essas razões o sal é empregado "ad cultus Divini administrationem in omnibus oblationibus et sacrificiis"[651]. Glauber designa Cristo por sal sapientiae e o apóstolo predileto João como "aquele que foi salgado com o sal da sabedoria"[652].

---

646. "Gloria Mundi". *Musaeum Hermeticum*. 1678, p. 216.

647. *Musaeum Hermeticum*. 1678, p. 88.

648. *Von Hylealischen Chaos*. 1597, p. 229, 254

649. *Amphitheatrum Chem*. 1604, p. 197. Mas o *lapis* corresponde ao si-mesmo.

650. A *computatio* (computação) significa a assim chamada Isopsephia, que consiste em procurar a soma dos diversos valores numéricos atribuídos às diversas letras da palavra, e considerar essa palavra como um paralelo de outra palavra que tenha a mesma soma.

651. "Para perfazer o culto divino em todas as oblações e sacrifícios". *Theatrum Chemicum*. VI, 1661, p. 129s.

652. "De Natura Salium". 1658, p. 25 e 51. Christus como sal *sapientiae* representa mais um símbolo do si-mesmo.

A par da umidade lunar e da qualidade terrestre do sal, desta- 324
cam-se mais as propriedades de amaritudo e sapientia. Como, no duplo quatérnio dos elementos e das propriedades elementares, sal e
água têm em comum o frio, assim também amaritudo e sapientia formam um oposto por intermédio de um terceiro. Por mais incomensuráveis que esses dois conceitos possam ser, têm eles algo em comum,
que em psicologia é a função do *sentimento*. Lágrimas, sofrimento e
decepção são amargos, mas a sabedoria é que consola em qualquer
dor da alma; na verdade, amargor e sabedoria formam uma alternativa: Onde houver amargor, falta a sabedoria, e onde houver sabedoria
não pode existir amargor. O sal, portanto, é atribuído à natureza feminina por ser ele o portador dessa alternativa marcada pelo destino.
A propriedade masculina de ser como o Sol, e que ocupa a metade direita de nosso duplo quatérnio, não conhece nem frio nem sombra
nem peso, porque ela, enquanto tudo vai bem, se identifica o máximo possível com a consciência, isto é, com a ideia que cada um faz de
si próprio. Nesta ideia costuma faltar a sombra. Primeiro, porque
ninguém admite de bom grado algo de inferior para si próprio; segundo, porque a lógica proíbe denominar de preta uma coisa que é
branca. O homem bom tem boas qualidades, e apenas o mau tem más
qualidades. A respeito do prestígio e da fama nos calaremos completamente. Exemplo acertado e conhecido de todos para o preconceito
masculino constitui o super-homem de Nietzsche e a "besta loura", o
animal solar que brilha como o ouro, isto é, o leão, que no Cristianismo é uma allegoria diaboli e um símbolo do paganismo (por isso apa-

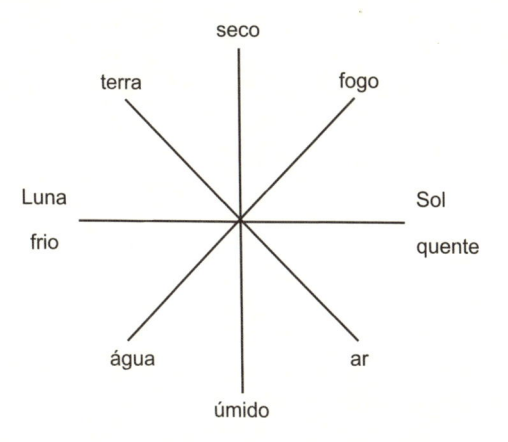

rece formando a base das colunas!) e na alquimia representa a etapa dos animais de sangue quente, que se atinge após a morte do draco mercurialis, símbolo da concupiscentia desenfreada (razão pela qual lhe são cortadas as patas!). O super-homem se revolta contra a misericórdia e contra o "homem horrendo", que significa o homem comum que é cada um de nós. A sombra não pode existir, mas deve ser negada, reprimida e modificada em algo extraordinário. O Sol brilha sempre e tudo reflete a sua luz. Nenhum lugar foi deixado para a fraqueza capaz de impedir o prestígio e a fama. Por isso em nenhum lugar se enxerga o sol niger. Apenas nas horas solitárias é que se teme que ele exista.

325   No entanto, com Luna as coisas são diferentes: cada mês ela se escurece até tornar-se irreconhecível, o que cada um pode ver e conhecer, e ela própria não pode ocultar isso a ninguém, nem ao menos para si própria. Ela sabe que a mesma Luna ora está clara, ora está escura. Mas ninguém ainda ouviu falar de um sol escuro. Denomina-se esta propriedade da Luna como a *proximidade da natureza da parte da mulher,* enquanto o brilho fogoso e o ar aquecido envolvem as coisas, vindo de fora, o que se gosta de designar como *espírito masculino.*

326   Não obstante todas as tentativas de negá-lo e obscurecê-lo, existe o inconsciente, isto é, um sol niger, que fornece o ensejo para que haja uma frequência surpreendente de cisão interna no homem, em que uma das mãos não saiba nem deva saber o que a outra faz. Por causa dessa cisão interna da alma do homem de uma parte, e do novilunium regular da mulher de outra parte, se explica o fato notável de ser a mulher acusada de acarretar para o homem toda espécie de coisas sombrias, enquanto ele "como que se aquece ao sol", ao considerar-se a verdadeira fonte de força vital e de iluminação para a feminilidade que o envolve. Na realidade, porém, muitas vezes faria ele muito melhor se lançasse a mais profunda dúvida sobre o brilho de seu espírito. Não é difícil para o "espírito" (que, além de outras coisas, é um grande trapaceiro como Mercurius) admitir de maneira convincente uma multidão de pecados, e unir a isso ainda o falso sentimento de atitude ética elevada, sem atingir o mínimo que seja da compreensão da realidade, uma vez que ela não pode ser conseguida sem a participação do sentimento. Entretanto, o sentimento só é aceito pela inteligência onde convém a ela. A obscuridade lunar da mulher é para o homem fonte de numero-

sas decepções, que facilmente causam amargura, mas igualmente são a garantia da verdade, desde que sejam compreendidas pelo homem. Isso, no entanto, só será possível, se ele estiver disposto a reconhecer o seu sol niger, que é a sua "sombra".

A confirmação para a nossa maneira de interpretar o sal como Eros, isto é, como o relacionamento promovido pelo sentimento, resulta do fato visto mais acima de que a amaritudo é a origem das *cores*. Cores são os valores do sentimento, como se deduz dos desenhos e das pinturas dos pacientes que acompanham e auxiliam sua análise por meio da "imaginação ativa". De fato muitas vezes se observa que de início somente é usado o lápis comum ou a pena para captar bosquejos fugazes de sonhos, de ideias espontâneas e de fantasias. A partir de certo momento, todavia, começa o paciente a servir-se das cores, e esse momento surge quando o interesse puramente intelectual é substituído por uma participação mais rica em sentimentos. Ocasionalmente se observa o mesmo fenômeno em relação aos sonhos, que em tais momentos se tornam coloridos de maneira pronunciada, ou quando se insiste em uma cor especialmente muito viva. {327}

A decepção, pois, por ser um choque para o sentimento, não é apenas a mãe da amargura, mas também a mola mais poderosa a impulsionar a diferenciação dos sentimentos. O fracasso de um plano de predileção, o comportamento de uma pessoa querida em discordância com nossa expectativa, e outras coisas mais, tudo isso fornece ocasião para uma explosão afetiva mais ou menos brutal ou para uma modificação e acomodação do sentimento, e com isso para dar-lhes um desenvolvimento mais elevado. Esse desenvolvimento culmina na sabedoria, justamente quando ao sentimento se associam a reflexão e o conhecimento intelectual. A sabedoria jamais emprega violência, e por isso nela coisa nenhuma causa também violência à outra. {328}

Perante tal interpretação do sal e de suas propriedades deve-se propor a pergunta, como em geral em todos os casos em que se trata de declarações alquímicas, se também os alquimistas pensaram em coisas semelhantes. Como mostra nosso material, tinham eles sem dúvida alguma consciência da significação moral da amaritudo, e da mesma forma entendiam por sapientia exatamente o mesmo que se entende em geral por essa palavra. Como, porém, a sabedoria provém da amargura ou de que modo a amargura representa a origem {329} das cores, nesse ponto eles nos deixam no escuro. Também não temos nenhum motivo para acreditar que essas conexões fossem simplesmente entendidas por eles, de maneira a considerarem desnecessária qualquer explicação a respeito disso. De outro modo alguém dentre eles certamente teria deixado escapar algo. Por isso persiste a probabilidade muito maior de terem eles simplesmente dito as coisas desse modo, sem que houvesse por trás disso um ato consciente de conhecimento. Acresce além disso que a soma de todos os enunciados raríssimas vezes ou jamais se encontram formuladas pelo mesmo autor como um todo conexo de sentido coerente; ao invés disso um autor diz isto, outro aquilo, e apenas a visão de conjunto, como realizamos aqui, é que fornece o quadro completo[653]. Mas os próprios alquimistas acenam para um método, e devo acentuar aqui que foram os conselhos dados por eles que me colocaram na vereda da interpretação psicológica. Diz, por exemplo, o *Rosarium Philosophorum:* "Lege de parte in partem" (Lê de pedaço em pedaço), ou outra sentença de mestre: "Librorum habeat magnam copiam" (Tenha grande número de livros), ou: "Liber librum aperit" (Um livro abre caminho para outro). Como até o século XIX, por assim dizer, faltava completamente o ponto de vista psicológico (o qual, entretanto, ainda hoje esbarra nos maiores equívocos), só isso torna muito pouco provável que os alquimistas tenham chegado à consciência de algo parecido com a concepção psicológica. Seus conceitos morais se movimentam muito mais na linha dos sinônimos e das analogias, ou numa palavra: da correspondência (correspondentia). Destarte trata-se aí certamente de enunciados que não provêm do pensar consciente, mas muito antes de um *modo inconsciente de pensar,* à semelhança de sonhos, ideias súbitas ou fantasias, nas quais somente depois se consegue descobrir, por meio da cuidadosa comparação e por meio da análise, o que elas propriamente significam.

---

653. Olimpiodoro (BERTHELOT. *Collection des anciens alchimistes grecs.* 1887/88, II, IV, 38) diz do mesmo modo: "Τοσάντη χλεὶς λόγου τῆς ἐγχυχλίου τέχνης ἡ σύνοψις" (Assim a chave para decifrar o sentido da arte circular consiste na sinopse ou visão de conjunto). A *Turba* diz: "Quanto magis libros legebam, tanto magis mihi iluminabatur" (Quanto mais livros lia, tanto mais tudo se me tornava claro) (RUSKA, J. Sermo XV, p. 125).

O enigma dos enigmas é naturalmente a questão, que volta sempre de novo, acerca do modo como os alquimistas de fato imaginavam as suas substâncias. Que significa, por exemplo, um "sal spirituale"? A única explicação possível parece ser esta: A "materia chemica" era de tal modo desconhecida para eles que se tornava ao mesmo tempo também uma portadora de projeções, isto é, o que ela tinha de obscuro era preenchido por conteúdos inconscientes, e assim se estabelecia uma "participation mystique", isto é, uma identificação[654] inconsciente com a substância química, o que fazia com que ao menos em parte ela se portasse como um conteúdo inconsciente. A partir desse relacionamento, porém, existia certo pressentimento que possibilitava ao alquimista fazer tais declarações sobre as substâncias, que não podem ser entendidas de outra maneira que não seja a psicológica.

330

Em sua *Confessio* diz Khunrath: "Et Lux Sal facta est, um corpo salino, o sal sapientiae" (E a luz se tornou sal, um corpo salino, um sal da sabedoria)[655]. Diz ele ainda que o "ponto médio" do sal corres-

331

---

654. Tomo de empréstimo dos trabalhos de Lévy-Bruhl o conceito de *participation mystique* (participação mística) no sentido definido acima. Ultimamente essa ideia aparece rejeitada por outros etnólogos, em parte com a argumentação de que os primitivos sabem distinguir muito bem entre as coisas. Esta última afirmação é inegável; contudo não se pode também negar que para eles as coisas incomensuráveis possam ter o mesmo tertium comparationis incomensurável. Basta pensar na aplicação generalizada por toda parte na aplicação da palavra "mana" ou no motivo do lobisomem etc. Além disso a "identidade inconsciente" representa um fenômeno psíquico, com o qual o psicoterapeuta tem de lidar por assim dizer diariamente. Por parte de certos etnólogos também é recusado o "état prélogique" (estado pré-lógico) que está ligado de modo muito íntimo com o da participation. É verdade que a expressão não é de fato a mais feliz, pois o primitivo, a seu modo, pensa tão logicamente como nós. Lévy-Bruhl sabia disso, como pude certificar-me em conversa pessoal com ele. Ele entendia por "pré-logique" apenas as pressuposições primitivas que estão em desacordo com nossa lógica racionalista. Essas pressuposições, entretanto, nos são frequentemente estranhas, e se não merecem ser designadas como "pré-logiques", no entanto, não deixam de ser "irracionais". É de admirar que Lévy-Bruhl, em seu diário publicado após sua morte, tenha revogado esses dois termos. Isso é tanto mais estranho, porque ele com esses conceitos se encontrava em terreno absolutamente firme de psicologia.

655. *Von Hylealischen Chaos*. 1597, p. 74. Esta passagem certamente não deixa de relacionar-se com Jo 1,9: "Erat lux vera, quae illuminat" etc. (Era a luz verdadeira que ilumina...).

ponde ao "Tartarus mundi majoris" (tártaro do mundo maior), portanto ao inferno[656]. Isto se acha em certa concordância com o fogo
oculto no sal. Por ser o sal substância do arcano, deve convir-lhe o caráter paradoxal e a duplicidade de natureza. Desse modo se diz na
Gloria Mundi "quod in Sale duo Sales sient" (que no sal há dois sais),
a saber: o sulphur e a "radicosa humiditas" (o humidum radicale –
umidade radicial), isto é, os contrastes mais fortes que se possa imaginar; por isso foi ele também apelidado de *Rebis*[657]. Vigenerus estabelece que o sal é formado por duas substâncias, por participar do sulphur
e do argentum vivum (prata viva)[658]. Esses dois últimos correspondem ao "Künig und Küniginne" (rei e rainha) de Khunrath, isto é, "às
duas águas, à vermelha e à branca"[659]. O sal aparece durante a obra
(in labore) como sangue (instar cruore)[660]. "É certo, diz Dorneus, que
do sangue humano se forma um sal, o bálsamo natural do corpo. Ele
encerra em si a corrupção (corruptio) e a preservação (preservatio)
da corrupção, pois na ordem natural não existe nada que não contenha tanto de mal como de bem"[661]. Domeus era médico e um dito
dele significa uma confissão designativa do ponto de vista empírico
da alquimia.

332   Pertencem à natureza sombria do sal a "negrura e o fedor", destacados em *Gloria Mundi*[662]. Na decomposição dos corpos vivos é o
sal a última coisa que resta como o "ultimum in corruptione" (o último na corrupção), mas, por outro lado, é o "primum in generatione"
(o primeiro na geração)[663]. Mylius identifica expressamente o sal
com o dragão, tomado como o Ouroboros[664]. A identidade do sal com
o mar tifônico já foi mencionada antes. A partir daí também poderia

---

656. Op. cit., p. 194.

657. *Musaeum Hermeticum.* 1678, p. 217s.

658. *Theatrum Chemicum.* 1661, VI, p. 127.

659. *Von Hylealischen Chaos.* 1597, p. 197s.

660. *Musaeum Hermeticum.* 1678, p. 216.

661. "Specul. Phil." *Theatrum Chemicum.* I, 1602, p. 307.

662. *Musaeum Hermeticum.* 1678, p. 216.

663. STEEBUS. *Coelum Sephiroticum.* 1679, p. 26 e p. 29.

664. *Philosophia Reformata.* 1622, p. 195.

ele ser identificado com Leviatã, o dragão marinho[665]. De qualquer modo existe uma relação engraçada entre o sal e o Leviatã, uma vez que Abraham Eleazar, conhecido da tradição da cabala, refere o seguinte com apoio em Jó 41,20: "Pois Behemoth é um boi bravio, que juntamente com Leviatã o altíssimo do mundo vindouro salgou e conserva condimentado (com sal)"[666], e tudo isso manifestamente para os habitantes do paraíso[667], ou o que quer que seja e esse mundo futuro.

Outra relação sombria do sal é a que tem com o Maleficus Saturnus, que já mencionamos na passagem de Grasseus a respeito da pomba contida no chumbo filosófico. Ao identificar mare e sal, adverte Vigenerus que os pitagoreus chamaram o mar de "lágrima de Saturno" por causa da "salinidade amarga"[668]. Enfim, atribui-se ao sal também uma propriedade assassina[669] por causa de sua afinidade tifônica (com Tifão), conforme já vimos no capítulo sobre o sulphur:

---

665. Não me recordo de ter alguma vez encontrado essa relação nos textos.

666. *Uraltes Chymischcs Werck*. 1760, p. 62. Em forma abreviada vem esta história narrada em BIN GORION. *Lendas dos Judeus*. [s.l.]: [s.e.], 1935, p. 27: "Tudo que o Senhor criou no seu mundo, Ele o criou macho e fêmea; também o Leviatã, esse dragão gigante, como igualmente o grande touro; mas se os machos e as fêmeas se juntassem e gerassem filhotes, eles destruiriam o mundo. Que fez o Senhor? Ele castrou os machos e matou as fêmeas; mas *a carne, Ele a salgou e ela se conservará fresca até o grande banquete*". A passagem original, como me mostrou a Srta. Dra. Phil. R. Schaerf, se encontra no *Talmude Babilônico*. Tratado Baba Bathra. Fol. 74 b. (Tradução de GOLDSCHMIDT. *Babyl. Talmud*. t. VIII, p. 207). Aí se diz que Deus impediu o acasalamento perigoso desses animais, castrando o macho e *matandoa fêmea e a salgando para os piedosos no reino futuro*. O mesmo deve ter feito também com Behemoth. Para explicação gostaria de acrescentar que os dois animais primitivos Leviathan (água) e Behemoth (terra) com suas fêmeas formam um quatérnio de opostos. Essa *coniunctio oppositorum* na etapa animal e impediria seu desenvolvimento ulterior. Característico para a relação entre a fêmea e o sal é o fato de que justamente a fêmea tenha sido salgada.

667. De acordo com uma antiga tradição, Deus, após a queda do homem no pecado, retirou-o do paraíso e o colocou no futuro.

668. Cf. PLUTARCHUS. *De Iside*. 32: "... Τὸ ὑπὸ τῶν Πυθαγοριχῶν λεγόμενον ὡς ἡ θάλαττα χρόνου δάχρυόν ἐστιν ..." (O dito dos pitagoreus: que o mar é constituído pelas lágrimas de Kronos).

669. Cf. a concepção gnóstica de que Kronos "é uma força da cor da água, que tudo destrói" (HIPPOLYTUS. *Elenchos*. V, 16, 2). Para mais outras referências a conexões da água "clara" veja minha dissertação: "O espírito de Mercúrio" (Der Geist Mercurius). In: *Simbólica do espírito* (*Symbolik des Geistes*), 1953, p. 117.

Sal é o assassino de Sulphur, ao causar-lhe um "incurabile vulnus" (ferimento incurável). Isto é um paralelo raro para a concepção de Wagner acerca do ferimento de Amforta, causado aqui pelo *feminino*, mais exatamente por uma colisão entre o rei do Santo Gral e seu adversário (sombra) Klingsor. Na parábola do sulphur representa o sal o papel sombrio do novilunio da Luna.

334   O Sol, como uma coisa da natureza, "tantum mali quam boni continet" (contém tanto de mal quanto de bem). Como mar é ele a παμμήτηρ, como lágrima de Kronos é o amargor e a tristeza, como sputum maris é o escarro de Tifão e como "água clara" é a própria Sapientia.

335   A *Gloria Mundi* diz que a aqua permanens é uma "água clara e de tal maneira amarga que ninguém a pode tomar"[670]. Nas invocações em forma de um hino diz o tratado mais adiante: "O aquam in acerba specie, quae tu elementa conservas! o naturam vicinitatis, quae tu naturam solvis! O naturam optimam, quae tu naturam ipsam superas!... cum lumine coronata et nata es... et quinta essentia ex te orta est"[671]. E na Terra nenhuma outra água é semelhante a esta, com exceção de uma única, que é "aquela fonte da Judeia", chamada também de "fons salvatoris vel beatitudinis" (fonte do salvador e da felicidade). "Os filósofos encontraram aquela nobre fonte com muito esforço e por uma graça especial de Deus". Mas esta fonte estava em um lugar tão secreto que somente poucos conheciam seu *borbulhar* e não se sabia o caminho para a Judeia, onde ela devia ser encontrada. Por isso aquele filósofo podia exclamar[672]: "O aquam in amara acerbaque specie! Durum enim difficileque cui vis, ut fontem illum inveniat"[673]. São imediatamente evidentes tanto a natureza do

---

670. *Musaeum Hermeticum*. 1678, p. 222.

671. Op. cit., p. 213. "Ó água de espécie acre, que conservas os elementos! Ó natureza da afinidade, que libertas a natureza! Ó ótima natureza, que superas a própria natureza!... Estás coroada da luz e dela nasceste... e a quintessência proveio de ti".

672. Morienus: No tratado dele somente se encontra *aqua benedicta* (água benta), e ainda a ideia do *unus fons* (uma fonte) das quatro qualidades, e enfim a constatação de que ninguém chega a completar a obra *nisi per animae afflictionem* (a não ser pelo sofrimento da alma). *Artis Auriferae*. II, 1593, p. 18, 26, 34.

673. *Musaeum Hermeticum*. 1678, p. 214. Tradução: "Ó água de espécie amarga e acre! É duro e difícil para qualquer um encontrar aquela fonte".

arcano como a importância moral da água, e também está claro que aqui não se trata absolutamente da aqua gratiae ou doctrinae (água da graça ou da doutrina) do ensinamento da Igreja, mas que aquela água provém do lumen naturae. Senão o autor da *Gloria Mundi* não deveria destacar expressamente que aquela Judeia, origem de sua fonte, "in arcano loco sit" (esteja em lugar secreto). Pois, caso fosse a doutrina da Igreja, ninguém deveria procurá-la em um "lugar secreto", por ser ela acessível a todos. Nesse caso também seria totalmente incompreensível a exclamação do filósofo: "Ó água tida por todos como sem valor, por cuja falta e sinuosidade[674] ninguém chega à (perfeição da) arte, porque é impedido, e a cuja força imensa (virtutem) ninguém é capaz de corresponder: todos os quatro elementos estão, pois, como que ocultos nela" etc. Disto se conclui imediatamente que aqui se trata da aqua permanens seu pontica (água eterna ou do mar – pôntica), a água primordial, na qual estão contidos os quatro elementos. O que em psicologia corresponde à água primordial e caótica[675] é o inconsciente, que aqueles antigos não podiam compreender de outro modo a não ser na forma projetada, assim como também hoje ainda a maior parte dos homens não consegue ver a trave no próprio olho, mas enxergam o cisco no olho do irmão. Esse aspecto de primitivismo é usado, por exemplo, pela propaganda política para impor-se aos ingênuos pelo próprio defeito deles. A única proteção contra esse perigo, que dificilmente será exagerado, é o conhecimento de sua própria sombra. A visão dessa obscuridade significa *iluminação*, isto é, ampliação da consciência pela integração de componentes da personalidade até então inconscientes. O esforço da psicoterapia de Freud em tornar consciente a sombra é uma resposta, tanto lógica como terapêutica, à ignorância generalizada e à tendência ingênua de projeção por parte do público. Deu-se isto como se Freud, guiado por um instinto seguro, tivesse ainda querido afastar o imenso perigo de uma epidemia espiritual que ameaçava a Europa. Mas nesse esforço deixou ele de perceber que a confrontação com a

---

674. *Curvitatem* (curvatura, sinuosidade) é certamente uma alusão ao serpenteado de um curso de água e dos *rivuli* (regatos) da *serpens mercurialis* (serpente de mercúrio).

675. "Darkness there was: at first concealed in darkness this All was undiscriminated chaos". *Rigveda* X, p. 129 (*The Hymns of the Rig-Veda*. 1896 [GRIFFITH, R.T.H. (trad.)]).

sombra não é coisa desprovida de perigo, que possa ser resolvida apenas com a "razão". A sombra é o homem primitivo vivo e real que ainda persiste no homem civilizado, e para ele nada significa nossa inteligência formada pela cultura. Ele está a reclamar aqueles meios que tomaram forma nas religiões. Mesmo quando no início da Revolução Francesa a "inteligência" vencia, foi ela muito rapidamente convertida em uma "déesse" (deusa) e entronizada em Notre-Dame. A sombra exerce uma fascinação muito perigosa, e somente outra coisa fascinante protege contra ela. A estrutura do espírito, própria da sombra primitiva, não pode ser atingida por meio da razão, nem mesmo quando se trata do homem mais inteligente, mas somente por meio de uma iluminação, cuja espécie e medida correspondam ao grau do escurecimento de maneira característica, isto é, como *na mais completa oposição*. O homem primitivo está vencido, quando está estupefato. Isso compreendeu muito bem o mau espírito da propaganda política. Nenhuma pessoa decente pode operar com a direção espiritual das massas, sem que pereça moralmente. Ele somente pode esforçar-se para manter-se de pé como indivíduo (até onde o consegue). Para isso precisa ele de auxílio, pois é falha a tão decantada razão. Em tais situações revela-se que tudo aquilo que é chamado de "razoável" é o que parece *conveniente* aos Senhores X, Y, Z, e é muito duvidoso se essa conveniência, quando considerada bem a fundo, não seja justamente o irracional no mau sentido. A melhor boa vontade ocasionalmente não consegue decidir esse dilema. Este é o momento em que o homem primitivo se entrega confiante a uma autoridade superior e a uma decisão que está além de sua compreensão. O homem civilizado atua de modo adequado no seu espaço delimitado. Mas no caso de um dilema insolúvel para ele, ultrapassa ele os limites de sua civilização e volta a ser o homem primitivo. Tem ele então ideias súbitas (Einfälle) e age de acordo com inspirações momentâneas (Eingebungen); então não é ele que pensa, mas *algo* que pensa nele. Necessita então de práticas "mágicas" para garantir o curso de sua vida, pois então se torna ativa a autonomia latente do inconsciente, que começa a manifestar-se como o tem feito em todas as épocas.

336   A boa mensagem da alquimia diz: Assim como antigamente "uma fonte borbulhou na Judeia", da mesma forma existe uma arcana Iudaea (judeia oculta), para a qual não se encontra facilmente o

caminho, e também uma fonte oculta, cuja água parece de tal modo desprovida de valor[676] e é simultaneamente tão amarga, que dificilmente é considerada como aproveitável para qualquer coisa. Muitas passagens nos dão a entender[677] que o homem e seu íntimo constituem um "arcanus locus" (lugar secreto) onde se encontra aquela aqua solvens et coagulans (água dissolvente e coaguladora), aquela medicina catholica (remédio universal) ou a panaceia, aquela scintilla da "luz natural"[678]. Esse nosso texto mostra quanto os alquimistas procuravam emparelhar a sua arte com a revelação divina, ou como no mínimo a consideravam como uma complementação essencial dela. Entretanto, eram poucos os electi (escolhidos) que formavam a áurea catena (cadeia de ouro) a unir o céu e a terra, mas eles são os pais das ciências naturais de nossos dias. São eles, sem o saberem, os responsáveis pelo cisma entre a fé e o saber, e fizeram eles com que o mundo tomasse consciência de que com a revelação não está dito algo de completo nem de definitivo. "Quae cum ita sint", diz um escritor eclesiástico do século XVII, "satis erit humano ingenio post lucem fidei, Divinae maiestatis veluti refractos radios in mundo et rebus creatis agnoscere"[679]. Os *refracti radii* (raios refletidos) correspondem a *quaedam luminositas* (certa luminosidade) nos seres da natureza.

A Revelação fornece verdades gerais, que muitas vezes em nada esclarecem a situação concreta; também o microscópio indispensável para nós, e mesmo toda máquina, não provém da Revelação transmitida. Como a vida humana não se realiza exclusivamente, nem sequer em parte considerável, nas alturas das verdades eternas, então a fonte de conhecimentos desvendada pelos alquimistas e pelos antigos médicos tem prestado serviços grandes e bem-vindos à humanidade; tão

337

---

676. A *vilitas* também é um preconceito contra Cristo. Cf. Jo 1,46: "A Nazareth potest aliquid boni esse?" (Como pode de Nazaré vir alguma coisa boa?).

677. Cf. *Psychologie und Alchemie* (*Psicologia e alquimia*). 2. ed., 1952 [OC, 12], p. 428.

678. Ou como diz MORIENUS. *Artis Auriferae*. II, 1593, p. 32, de modo imaginoso: "Donec veluti oculi piscium elucescat" (Até que brilhe como um olho de peixe).

679. CAUSSINUS, N. *Polyhistor Symbolicus*. 1623, p. 9. Tradução: "Nesta situação satisfará ao engenho humano, após a luz da fé, reconhecer os raios da majestade divina retratados no mundo e nas coisas criadas".

grandes até que a luz revelada se extinguiu para muitos. No âmbito civilizado basta aparentemente a razão e a "inteligência própria dos Senhores". Fora desse ambiente brilha ou pelo menos devia brilhar a luz da fé. Mas onde as trevas não a compreendem (e esta é mesmo uma prerrogativa das trevas!), aí precisa alguém esforçar-se na escuridão e realizar o opus para fazer luzir os "olhos de peixe" das profundezas marítimas, ou captar os "refracti Divinae maiestatis radii", mesmo se daí provier uma luz, que as trevas geralmente não compreendam. Quando, porém, acontecer que uma "lux in tenebris lucet, quae tenebras comprehendit"[680], então estarão desfeitas as trevas. Pois então está satisfeito o desejo que as trevas têm da luz, quando a luz já não puder ser explicada pelas trevas. As trevas têm, entretanto, seu intelecto próprio e sua lógica própria, que deve ser levada muito a sério. Somente aquela "lux, quam tenebrae non comprehenderunt"[681] pode iluminar as trevas. Tudo o que as trevas entendem por si mesmas, ou pensam, ou compreendem é tenebroso; por isso elas somente podem ser aclaradas por algo de inesperado, de involuntário, de incompreensível. O método psicoterapêutico da *imaginação ativa* fornece exemplos muito excelentes neste sentido; ocasionalmente pode também ser um sonho numinoso ou um acontecimento externo que produz efeito semelhante.

338   A alquimia anuncia uma fonte de conhecimento que, por assim dizer, é paralela, senão até equivalente à Revelação, mas que fornece água "amarga" e não se recomenda de modo algum ao julgamento humano. Ela é acre e amarga ou como *vinagre*[682] (acetum / azedo), isto é, torna-se árduo para uma pessoa aceitar a escuridão e a negrura da umbra solis e atravessar essas trevas da sombra. É amargo, na ver-

---

680. (Se uma) luz brilhar de modo que compreenda as trevas.

681. Uma luz que as trevas não compreenderam.

682. Michael Majer escreve: "Esse in Chemia nobile aliquod corpus... in cuius initio sit miseria cum aceto, in fine vero gaudium cum laeticia, ita et mihi eventurum praesupposui, ut primo multa aspera, amara, tristia, taediosa gustarem, perferrem et experirer, tandem omnia laetiora et faciliora visurus essem" (Existe na alquimia certo corpo nobre .. em cujo início se acha a miséria com vinagre, em cujo fim se encontra, porém, alegria e felicidade; acho que é assim mesmo o que acontecerá comigo: que primeiro deverei saborear, suportar, e experimentar muita coisa de acre, de amargo, de tristeza e de nojo, mas no fim verei coisas melhores e mais fáceis) (*Symbola aureae mensae duodecim nationum*. 1617, p. 568).

dade, ter de reconhecer – por trás de seus ideais tendentes para as alturas, por trás de suas convicções parciais e frequentemente pertinazes, mas por isso tanto mais acariciadas, e por trás de suas reivindicações orgulhosas e heroicas – apenas egoísmo crasso, veleidades infantis e apegos de comodismo. Essa correção penosa e essa relativização formam uma etapa inevitável em qualquer processo psicoterapêutico. Como dizem os alquimistas, o processo começa pela nigredo ou a produz como condição prévia da síntese, pois jamais podem ser unidos os opostos que não estiverem constelados ou trazidos à consciência. Freud estacionou na mera redução à metade menos valiosa da personalidade, ou respectivamente na crença de dominá-la por meios racionais. Neste ponto ele deixou mais ou menos de considerar o perigoso dáimon do lado sombrio, que não consiste apenas no infantilismo relativamente inócuo. O homem não é tão ajuizado nem tão bom que eo ipso (sem mais nem menos) possa enfrentar o mal. A escuridão também pode engoli-lo, principalmente se encontrar parceiros da mesma opinião. O amontoamento dentro da massa reforça o inconsciente e o mal à maneira de um alude, como mostram os acontecimentos de nossa época. A formação da sociedade pode, entretanto, também promover o bem, torna-se ela até mesmo necessária por causa da fraqueza moral da maioria das pessoas que precisam agarrar-se a um bem externo para de todo conseguir sustentar-se. As grandes religiões são sistemas de cura psíquica, que possibilitam um ponto de apoio a todos os que não podem sozinhos carregar a si mesmos, e a maioria absoluta é desse grupo. Apesar de seu "método herético", de que ninguém duvida, demonstram os alquimistas, por sua atitude positiva para com o Cristianismo eclesiástico, maior prudência do que certos "esclarecedores" modernos. Também deixam eles perceber – em oposição à tendência racionalista hodierna – uma compreensão, ainda que esquisita, mas contudo considerável, apesar de todas as suas "curvitas" (tortuosidade), para o mundo dos símbolos, sobre os quais também se edifica o cosmo cristão. Trata-se de um mundo, de cuja perda trágica o homem moderno se ressente por representar ela um déficit em sua formação. Em sua forma histórica, esse mundo está irremediavelmente perdido para ele. Essa perda já produziu milhões de empobrecidos espiritualmente e os obrigou a empregar sucedâneos tão lamentáveis quanto perigosos, para o que a história de nosso tempo fornece provas aterradoras.

339   Ninguém pode ser declarado responsável por esse desenvolvimento. Trata-se do progredir sem tréguas do desenvolvimento ou da
mudança do espírito, cuja força propulsora ultrapassa de longe o horizonte do indivíduo. Nesse desenvolvimento, o indivíduo, no máximo, conseguirá marcar passo e tentar compreendê-lo ao menos tanto
quanto necessário para não se deixar tragar cegamente. Isto é justamente o que há de duvidoso em todo o movimento de massa, mesmo
que seja para o bem, que ele exige e deve mesmo exigir uma fé cega.
A Igreja não é capaz de interpretar suas verdades formadas por símbolos, porque não dispõe de um ponto de apoio fora de si mesma.
Deste modo ela apenas se move dentro da moldura de seus símbolos,
e seus argumentos permanecem petitiones principii (petições de
princípio). O rebanho das ovelhas inofensivas desde sempre foi considerado o protótipo simbólico da multidão dos fiéis. Não há dúvida
que a Igreja também conhece aqueles lobos vestidos com peles de o-
velhas, os quais procuram desviar para o erro a fé da multidão, para
enfim dilacerá-la. O trágico é que a confiança cega, que leva à ruína, é
empregada justamente na Igreja e aí é elogiada como virtude supre-
ma. É verdade que um lógion (dito de Jesus) declara: "Estote ergo
prudentes sicut serpentes"[683], e a própria Bíblia, como é sabido, real-
ça a calliditas (prudência da vida, esperteza) e a astutia (astúcia) da
serpente. Mas onde é que são suficientemente desenvolvidas e culti-
vadas essas propriedades certamente necessárias, mas menos dignas
de louvor? A serpente se tornou como que o resumo ou soma con-
densada do moralmente horroroso, e no entanto, quem não possui a
prudência dela, acha-se exposto à ruína por causa da fé cega.

340   Os alquimistas tinham conhecimento acerca da serpente e da
metade "fria" da natureza[684], e o proclamavam bastantes vezes para
que nós pósteros pudéssemos reconhecer que esta arte deles se esfor-

---

683. "Sede prudentes como as serpentes" (Mt 10,16).

684. Acerca disso refere Hippolytus a seguinte opinião dos peratas: "ὁ χαθολιχὸς
ὄφις, φησίν, οὖτός ἐστι ὁ σοφὸς τῆς Εὔας λόγος" (A serpente universal é a fala sábia
de Eva). Isto é o mistério e o rio do paraíso, e o sinal que protegia a Caim, para que
ninguém o matasse, pois o Deus deste mundo não aceitava o sacrifício dele (ὁ θεὸς
τοῦδε τοῦ χόσμου). Este Deus lembra o princeps huius mundi do Evangelho de S.
João. Entre os peratas trata-se naturalmente do demiurgo, o deus do mundo inferior.

çava por levar até ao "telesmus", ou à perfeição[685], através das etapas da transformação, aquela serpente do nous noturno, a serpens mercurialis. A integração mais ou menos simbólica e projetada do inconsciente, à qual estava intimamente ligada essa tarefa, acabou por desenvolver de modo visível tantas atuações favoráveis, que os alquimistas se sentiram encorajados a fazerem declarações otimistas.

---

685. "Pater omnis telesmi est hic" (Ele [o *lapis*/pedra] é o pai de tudo o que é completado). RUSKA, J. *Tabula Smaragdina...* 1926, p. 2.

Referências

Coleções de textos alquímicos de diversos autores

Observação: o grifo indica a forma comum de citação.

DE ALCHEMIA, Opuscula [Opúsculos de alquimia]. Nürnberg, 1541.

I   Gebrus Arabs (Geber): Summae perfectionis [Gebro Árabe ou Geber: Resumo da perfeição] (p. 20-205).

II Tabula smaragdina Hermetis Trismegisti [Tabela de esmeralda de Hermes Trismegisto] (p. 363).

ARS CHEMICA, quod sit licita recte exercentibus, probationes doctissimorum iurisconsultorum [Arte química. Comprovações de doutíssimos jurisconsultos que ela é lícita para os que a exercem retamente]. Estrasburgo, 1566.

I   Septem tractatus seu capitula Hermetis Trismegisti, aurei [Sete tratados áureos ou capítulos de Hermes Trismegisto] (p. 7-31).

II *Consilium coniugii de massa solis et lunae, cum suis compendiis* [Conselho de casamento da massa do Sol e da Lua, com seus compêndios] (p. 48-263).

ARTIS AURIFERAE, quam chemiam vocant... [Da arte aurífera que denominam química] 2 volumes. Basileia, 1593.

Volume I

I   Turba philosophorum [A turba dos filósofos] em duas versões (p. 1-65; e 65-139).

II   Allegoriae super librum Turbae [Alegorias sobre o livro da Turba] (p. 139-145).

III Aenigmata ex visione Arislei philosophi, et allegoriis sapientum (*Visio Arislei*) [Enigmas da visão do filósofo Arisleu e das alegorias dos sábios / Visão de Arisleu] (p. 146-154).

quimia organizado por Morieno Romano / Sobre a transformação dos metais] (p. 3-54).

XIX   Scala philosophorum [Escala dos filósofos] (p. 107-170).

XX   Tractatus opus mulierum et ludus puerorum dictus [Tratado apelidado de trabalho de mulheres e brinquedos de criança] (p.
171-204).

XXI   Rosarium philosophorum [Rosal dos filósofos] (p. 204-384).

XXII   Arnaldi de Villa Nova... Thesaurus thesaurorum et rosarium philosophorum [Arnaldo de Vila Nova: Tesouro dos tesouros e rosal
dos filósofos] (p. 385-455).

MANGETUS, Johannes Jacobus: Bibliotheca chemica curiosa seu rerum ad
alchemiam pertinentium thesaurus instructissimus... [João Jacó
Mangeto: Cuidadosa biblioteca química ou tesouro ordenadíssi-
mo das coisas pertinentes à alquimia...] 2 volumes. Genebra,
1702.

Volume I

I   Hoghelande, Theobaldus de: De alchimiae difficultatibus [Teobal-
do de Hoghelande: Das dificuldades da alquimia] (p. 336-368).

II   Hermes Trismegistus: Tractatus aureus de lapidis physici secreto
[Tratado áureo do segredo da pedra física] (p. 400-445).

III   Artefius: Clavis maioris sapientiae [Artéfio: Chave para maior sa-
bedoria] (p. 503-509).

IV   Altus: Mutus liber, in quo tamen tota philosophia Hermetica, figuris hieroglyphicis depingitur... [Alto: Livro mudo, no qual toda a
filosofia hermética é exposta por meio de figuras hieroglíficas] (p.
938-953).

Volume II

V   Petrus Bonus: Margarita pretiosa, novella correctíssima, exhibens
introductionem in artem chemiae integram [Pedro o Bom: Pérola
preciosa, nova e corretíssima, que apresenta uma introdução para
toda a arte química] (p. 1-80).

VI   Aurelia occulta philosophorum, cum tratactulo Senioris Zadith de
chymia [A oculta Aurélia dos filósofos, com o pequeno tratado de
Zadith Sênior sobre a química] (p. 198-235).

VII   Anonymi veteris philosophi *consilium coniugii,* seu de massa solis et lunae [Conselho de casamento, de um antigo filósofo anônimo, ou da massa do Sol e da Lua] (p. 235-266).

VIII   Arcanum Hermeticae philosophiae... (D'Espagnet) [Arcano da filosofia hermética...] (p. 649-661).

IX   Barnaudus Nicolaus: In aenigmaticum quoddam epitaphium Bononiae... commentariolum [Nicolau Barnaud: Pequeno comentário sobre certo epitáfio enigmático de Bolonha] (p. 713-718).

MUSAEUM HERMETICUM reformatum et amplificatum [Museu hermético corrigido e ampliado). Frankfurt, 1678.

I   Aureus tractatus de philosophorum lapide [Tratado áureo de pedra filosofal] (p. 1-52).

II   Madathanus, Hinricus: Aureum saeculum redivivum [Henrique Madatano: O século áureo redivivo] (p. 52-72).

III   Hydrolithus sophicus seu *Aquarium sapientum* [Fonte pétrea dos filósofos ou bebedouro dos sábios] (p. 73-144).

IV   Mehung, Joannes a: Demonstratio naturae [João de Mehung: Demonstração da natureza] (p. 145-171).

V   Flamellus, Nicolaus: Tractatus brevis, sive summarium philosophicum [Nicolau Flamel: Breve tratado ou sumário filosófico] (p. 172-179).

VI   Gloria mundi, alias paradysi tabula [Glória do mundo, ou tabela do paraíso] (p. 203-304).

VII   De lapide philosophico perbreve opusculum (*Liber Alze*) [Opúsculo muito breve sobre a pedra filosofal / Livro de Alze] (p. 325-335).

VIII   Lambsprinck: De lapide philosophico [Lambsprinck: Sobre a pedra filosofal] (p. 337-372).

IX   Basilius Valentinus: De magno lapide antiquorum sapientum [Basílio Valentino: Da grande pedra dos antigos sábios] (p. 377-431).

X   Sendivogius, Michaelis: Novum lumen chemicum, e naturae fonte et manuali experientia depromptum [Miguel Sendivógio: Novo lume químico, tirado da fonte da natureza e da experiência manual] (p. 545-600).

XI   Novi luminis chemici tractatus alter de sulphure [Segundo tratado do novo lume químico sobre o enxofre] (p. 601-645).

XII   Philalethes: Introitus apertus ad occlusum regis palatium [Entrada aberta para o palácio real fechado] (p. 647-699).

XIII Fons chemicae philosophiae [Fonte da filosofia química] (p. 799-814).

XIV   Helvetius, Johannes Fridericus: Vitulus aureus [João Frederico Helvécio: O bezerro de ouro] (p. 815-863).

THEATRUM CHEMICUM, praecipuos selectorum auctorum tractatus... continens [Teatro químico, que contém os principais tratados de autores selecionados] Volume I-III, Ursel, 1602, IV-VI, Estrasburgo, 1613, 1622, 1661.

Volume I

I   Hoghelande, Theobaldus de: De Alchemiae difficultatibus liber [Teobaldo de Hoghelande: Livro das dificuldades da alquimia] (p. 121-215).

II   Dorneus, Gerardus: *Speculativa philosophia*, gradus septem vel decem continens [Geraldo Dorneo: Filosofia especulativa, que contém sete ou dez degraus] (p. 255-310).

III   Tractatus de naturae luce physica, ex Genesi desumpta (*Physica genesis*) [Tratado da luz física da natureza tirada do Gênese / Física do Gênese] (p. 367-404).

IV   Physica Trismegisti [Física de Trismegisto] (p. 405-437).

V   Physica Trithemii [Física de Tritêmio] (p. 437-450).

VI   De *philosophia meditativa* [A filosofia meditativa] (p. 450-472).

VII   De philosophia chemica ad meditativam comparata [A filosofia química comparada com a meditativa] (p. 472-517).

VIII De tenebris contra naturam, et vita brevi [Sobre as trevas contrárias à natureza e a brevidade da vida] (p. 518-535).

IX   De duello animi cum corpore [Sobre o duelo entre a alma e o corpo] (p. 535-550).

X   Congeries Paracelsicae chemiae de transmutationibus metallorum [Compilação da química de Paracelso sobre as transformações dos metais] (p. 557-646).

XI   Penotus, Bernardus G.: De vera praeparatione et usu medicamentorum chemicorum [Bernardo Penoto: Sobre o correto preparo e uso dos medicamentos químicos] (p. 672-772).

THEATRUM CHEMICUM BRITANNICUM... collected with annotations by Elias Ashmole. [Teatro químico britânico... coligido e anotado por Elias Ashmole] Londres, 1652.
Nesta obra vem citado:
Norton, Thomas: The Ordinall of Alchemy... [Tomás Norton: Ordinário de Química] (p. 3-106).

DEUTSCHES THEATRUM CHEMICUM [Teatro Químico Alemão] organizado por Friedrich Roth-Scholtz. 3 volumes. Nürnberg, 1732.
Nesta obra vem citado: Vol. III.

Observação: A literatura geral referente a esta obra se encontra no final do 2. semivolume.

Apêndice

Palavras e locuções latinas

ablutio	ablução
absconditus	escondido, oculto
absente sponso	na ausência do esposo
absente viro	na ausência do marido
activus	ativo, atuante
adaptatione	pela adaptação
adhaerens	aderente
ad oculos	visivelmente
adustio	queima
adventus Christi	vinda de Cristo
aenigma (gr.)	enigma, sentido oculto, mistério
aequanimitas	igualdade de ânimo, equanimidade
aequo animo	justamente, com igualdade de ânimo
aestas	verão
agathodemon (gr.)	dáimon benfazejo
albedo	brancura, alvejamento
alchymia	alquimia
alienus	estranho
allegoria	alegoria, figura
allegoria Christi	alegoria de Cristo
allegoria diaboli	alegoria do diabo
alter ego	o outro eu
amaritudo	amargor, amargura
amor sapientiae	amor da sabedoria
amplificatio	ampliação (da análise psíquica incluindo toda a vida do paciente)
anima	alma
anima generalis	alma geral ou do mundo
anima media natura	alma no meio da natureza, alma do mundo
anima mundi	alma do mundo
animalis homo	homem animal
animalis vita	vida animal
animula vagula	almazinha errante

animus	ânimo, alma
anthropos (gr.)	homem
appetitus	desejo, apetite
aqua	água
aqua benedicta	água benta
aqua divina	água divina
aqua permanens	água eterna
aqua mirifica	água maravilhosa
aqua nostra	nossa água
aqua pontica	água do mar; propriamente água do Pontus Euxinus (Mar Negro)
aqua solvens et coagulans	água que dissolve e solidifica
aqua vitae	água da vida
aquae inferiores	águas inferiores (abaixo da terra)
aquae superiores	águas superiores (do céu)
aquaeositas	natureza da água, aquosidade
aquarium sapientum	bebedouro dos sábios
aquila	águia
arbor philosophica	árvore filosófica
arcanum	arcano, segredo, mistério
argentum	prata
argentum vivum	prata viva, mercúrio
arrheton (gr.)	indizível, inefável
ars	arte, arte química
ars aurífera	arte de lidar com o ouro
ars nostra	nossa arte
arsenicalis malignitas	maldade "arsenical"
arsenius (arsenicus)	arsênio, arsênico
artifex	artífice
artifices	artífices
artificium	artifício
ascensio	ascensão, subida
ascensus	ascensão, subida
aspis	cobra
assatio	o assar
assumptio	assunção
auctor rerum	autor ou criador das coisas, Deus
aureum saeculum	século áureo ou de ouro
aurora consurgens	o surgir da aurora
aurum philosophicum	ouro filosófico
autumnus	outono
avis	ave, pássaro
avis Hermetis	ave de Hermes

balneum	banho, banheira, banheiro
balsamum	bálsamo
balsamum naturae	bálsamo da natureza
basiliscus	basilisco, cobra venenosa
beatitudo	felicidade
bestia	animal, besta
bestiae	animais
binae columbae	o par de pombas
binarius	binário
bonum	o bem
bufo	sapo
Caduceus	caduceu (de Hermes)
caelum	céu
calcinatio	calcinação
caligo	escuridão, trevas
calliditas	habilidade, esperteza, astúcia
callidus	hábil, experimentado, astuto
calor	calor
cancer	câncer (do zodíaco)
canis Indicus	cão da Índia
canis rabidus	cão raivoso
canonicus	cônego
caput corvi	cabeça de corvo
caput draconis	cabeça do dragão
carcer	cárcere
caro	carne
caro pinguis	carne gorda
caro tenera	carne tenra
cauda draconis	cauda do dragão
cauda pavonis	cauda do pavão
causa agens	causa agente ou ativa
causa efficiens	causa eficiente (que produz algo)
causa finalis	causa final
cavus	oco
celatum	oculto, silenciado
cerebellum	cerebelo
cerva	cerva (veada)
cervus	cervo (veado)
cetus magnum	grande cetáceo, baleia
chemia	química
chemista	o químico
chirographum (gr.)	quirógrafo, documento de dívida
chrysopoee (gr.)	fabricação do ouro

cibatio	alimentação
cinis	cinza
circulatio	circulação
circulus lunaris	círculo ou disco da lua
clavicula	chavezinha
clavis	chave
coagulat	coagula, solidifica
coincidentia oppositorum	coincidência dos opostos
coinquinare	sujar
colligatus	coligado, associado
columba alba	pomba branca
combustio	combustão, queima
computatio	computação, cálculo
concupiscentia	concupiscência (o conjunto dos desejos de origem corporal)
conditio sine qua non	condição necessária (sem a qual nada se faz)
confabulationes	conversas
coniugium	conjúgio, união, casamento
coniunctio	conjunção, união
consensus generalis	consenso geral
consensus omnium	consenso de todos
consilium coniugii	conselho de casamento
contradictio	contradição
contradictio in adjecto	contradição pela palavra que modifica a primeira
cor	coração
corona victoriae	coroa da vitória
corpora imperfecta	corpos imperfeitos
corpus	corpo
corpus glorificationis	corpo glorificado (da ressurreição)
correspondentia	correspondência
corruptio	corrupção
corruptor corporis	corruptor do corpo
corruptor minerarum	corruptor dos minerais
corvorum pulli	filhotes de corvos
corvus	corvo
cranium	crânio
cruor	sangue coagulado
cucurbita	abóbora, retorta
curvitas	curvatura, sinuosidade
daimon (demon) (gr.)	divindade menor (boa ou má), dáimon
dealbatio	alvejamento, branqueamento
declaratio solemnis	declaração solene

decoctio	cocção, cozimento
deipara	mãe de Deus
denarius	denário, dinheiro; dezena
depuratio a sordibus	limpeza da sujeira
descensio	descida
descensus	descida
descensus animae	descida da alma (do céu para a terra)
Deus absconditus	Deus escondido
devotio	devoção
diabolus	diabo, demônio
diaphanitas (gr.)	transparência
dicta	dito, expressão
dies Lunae	dia da Lua (segunda-feira)
digestio	digestão
dii caelestes	deuses celestes (do céu)
dii infernales	deuses infernais (da mansão dos mortos)
dilecta	a amada
dilectus	o amado
domicilium	domicílio, morada
domina	senhora
dominus	senhor
domus	casa
domus aliena	casa alheia
domus aurea	casa de ouro
domus propria	casa própria
domus thesauraria	casa do tesouro, tesouraria
domus vitrea	casa de vidro
draco	dragão, grande serpente
draco Mercurialis	dragão mercurial (de Mercúrio)
duplex	duplo
ecclesia	igreja
ecclesia spiritualis	igreja espiritual
effectus	efeito
elementa	elementos
elementaris	elementar
elementum	elemento
elixir vitae	elixir da vida
ens	o ente, o ser
ens centrale	o ente central, a essência
eo ipso	sem mais nem menos
Eros	o amor (personificado)
ex parte diaboli	da parte do diabo
ex silentio	pelo silêncio

explicite	explicitamente
exterius	externamente
extractio	extração
extractio animae	extração da alma, evaporação, sublimação
extractio spiritus	extração do espírito, evaporação, sublimação
evaporatio	evaporação
familiaris	familiar, amigo
familiarissimus	familiaríssimo
femina (oe)	mulher, fêmea
femina alba	mulher branca
fiat	"faça-se" (da criação do mundo)
filia	filha
filia mystica	filha mística
filius	filho
filius canis	filho do cão
filius hominis	filho do homem (Cristo)
filius macrocosmi	filho do macrocosmo
filius philosophorum	filho dos filósofos
filius Solis	filho do Sol
firmus	firme
fixum	fixo
flores	flores
foetus spagyricus	produto alquímico
fons matris	fonte da mãe
fontina	fontezinha
frater	irmão
frigidum	frio
fructus	fruto
furor rationalis	furor racional
gradus	grau, degrau
heimarmene (gr.)	destino, sorte
herculeus labor	trabalho de Hércules
hiems	inverno
hierosgamos (gr.)	casamento sagrado
homo	homem
homo totus	o homem total
hortus conclusus	jardim ou horto fechado
humiditas	umidade
humidum	úmido
humidum radicale	a umidade radical
humor	humor, líquido
hyle (gr.)	matéria

hylicus (gr.)	material
ibidem	no mesmo lugar
idem	a mesma coisa
ignis	fogo
ignis centralis	fogo central
ignis elementaris	fogo elementar
ignis gehennalis	fogo da geena (infernal)
ignotus	desconhecido
illuminatio	iluminação
imitatio Christi	imitação de Cristo
immaturus	imaturo, não maduro
immensa meditatio	meditação demorada
immobilis	imóvel
implicite	implicitamente
impraegnat seipsum	engravida a si mesmo
impuritas	impureza
in actu	que existe atualmente
incarnatio Dei	a encarnação de Deus
incineratio	incineração
incorruptibilitas	incorruptibilidade
inevitabiles	inevitáveis
infans	criança pequena
inferiora	as coisas do mundo inferior
inferius	mais para baixo
infernus	inferno, mansão dos mortos
infixus	fixado, cravado
inflammabilitas	inflamabilidade
in superatione corporis	ao vencer o corpo
in potentia	que pode vir a existir
in profundo naturae	na profundeza da natureza
inimicitia	inimizade
interius	mais para dentro
iuvenis alatus	o jovem alado
kenosis (gr.)	esvaziamento, despojamento
lapis	pedra filosofal (lápide)
lapis aethereus	pedra etérea
lapis exilis	pedra sem valor
lapis occultus	pedra oculta ou escondida
lemures	almas dos mortos, fantasmas
lento igne	em fogo lento
leo	leão
lignum	madeira, lenho
linea vitae	linha da vida

loco citato (l. c.)	no lugar citado
logos (gr.)	palavra, verbo
lucens	luzente, brilhante
lucidum corpus	corpo brilhante
lumen	luz, lume, fogo
lumen luminum	luz das luzes
lumen naturae	luz natural (da inteligência)
luminaria	luminárias, fontes de luz, astros celestes
luminositas	luminosidade
lux moderna	luz moderna (da inteligência)
lux sulphurea	luz sulfúrea (de enxofre)
magisterium	ensino, aprendizado, magistério
magisterium operis	ensino da obra (química)
magna flamma	grande chama
magnes	magneto, ímã
maleficus	maléfico, maldoso
malignitas	malignidade
malum	o mal
manes	deuses bons, almas dos pais
manifestum	manifesto
mare	mar
mare Lunae	mar da Lua
mare magnum	grande mar
mare nostrum	nosso mar (o Mediterrâneo)
margarita	pérola
marmor	mármore
masculus	másculo, macho
mater	mãe
mater alchymia	a mãe alquimia
mater mea	minha mãe
materia	matéria
materia lapidis	matéria do lápis filosofal
matrimonium luminarium	o casamento dos astros celestes
matrix	matriz, útero
mediator	mediador, medianeiro
mediatrix	mediadora, mediatriz, medianeira
medicina	remédio
medicina catholica	remédio universal, panaceia
medicus	médico
mens humana	a mente humana
meretrix	meretriz
metalla spiritualia	metais espirituais
miraculum	milagre, maravilha

moles	grande massa de pedra
mortificatio	mortificação, ação de matar
mortuus	morto
mulier alba	mulher branca
mulier candida	mulher branca ou cândida
mutabilis	mutável
mysterium	mistério, maravilha
mysterium coniunctionis	mistério da união ou da conjunção (dos opostos)
mysterium nominis divini	mistério do nome divino
natura abscondita	natureza oculta
natura immaculata	natureza imaculada
nigredo	negrume, negrura
nigrum nigrius nigro	negro mais negro do que o negro
nobilis	nobre
nobilissimus thesaurus	tesouro nobilíssimo
nolens volens	quer queira quer não
nostrum secretum sulphur	nosso enxofre secreto
nous (gr.)	inteligência, espírito (pessoal ou do Universo)
novilunium	novilúnio, Lua nova
novus homo	o homem novo
nuntia Dei	a mensageira de Deus
occidens	ocidente
occidens	que mata
occultum	oculto
oculi Domini	os olhos do Senhor
oculi mundi	os olhos do mundo
oleum incombustibile	óleo incombustível
oleum lini	óleo de linhaça
omnes colores	todas as cores
onus explicandi	o ônus ou o dever de explicar
opus	a obra (química) ou o experimento
opusculum	obrazinha, pequeno livro
oriens	oriente
ortus	ascensão dos astros acima do horizonte
ortus Solis	o nascer do Sol
ostia (Nili)	as fozes do Nilo em forma de delta
ostium (Nili)	a porta ou a foz (do Nilo)
pars pro toto	a parte pelo todo
passim	em diversos outros lugares
passivus	passivo
pastor bonus	o bom pastor

pater	pai
patiens	paciente, o que sofre
peccatum originale	pecado original
per definitionem	por definição
peregrinatio	peregrinação
peregrinatio mystica	peregrinação mística
peregrinus	peregrino
periculosissima	perigosíssima
petra	pedra
pharmakon (gr.)	remédio ou veneno
physis (gr.)	natureza
pistis (gr.)	fé, confiança, lealdade
plenilunium	plenilúnio, Lua cheia
pneuma (gr.)	ar, vento, espírito
pneuma paredron (gr.)	o espírito familiar e amigo
potentiae sensuales	as potências ou faculdades dos sentidos
praefectus carceris	prefeito do cárcere, chefe dos carcereiros
prandium regis	refeição do rei
pretiosa margarita	pérola preciosa
prima creatio	a primeira criação
prima materia	matéria-prima ou primordial (no hilemorfismo)
primi gradus	os primeiros graus ou degraus
primum passivum	o primeiro passivo, matéria-prima
princeps	príncipe
princeps huius mundi	o príncipe deste mundo, satanás
prisci philosophi	os filósofos mais antigos
privatio boni	privação de um bem
privatio lucis	privação da luz
proprius	próprio
psychopompus (gr.)	condutor ou guia da alma
puella praegnans	moça grávida
puer aeternus	menino eterno, criança eterna
pugnax Venus	Vênus combatente
purgatum	limpo
purificatum	purificado
putrefactio	putrefação
quadrigae	quadriga; carro de quatro cavalos; carro do Sol
quadrupes	quadrúpede
quaedam luminositas	certa luminosidade
quantum	quanto
quaternio	quaternidade, grupo de quatro

quercinus	de carvalho
quercus	carvalho
rabies	raiva
receptaculum animarum	receptáculo das almas
receptaculum omnium	receptáculo para todas as coisas
res	coisa
res simplex	coisa simples
res vilissima	coisa muito vil ou de muito pouco valor
resurrectio Christi	a ressurreição de Cristo
resurrectio mortuorum	a ressurreição dos mortos
retinaculum elementorum	o recipiente dos elementos
rex	rei
rex marinus	rei marinho
ros	orvalho
rosarium philosophorum	rosal dos filósofos
rota	roda
rota elementorum	roda dos elementos
rotundus	redondo, esférico
rubedo	vermelhidão, rubor
sagittarius	sagitário (zodíaco)
sal	sal
sal alkali	sal do álcali
sal amarum	sal amargo
sal sapientiae	sal da sabedoria
sal sapientum	sal dos sábios
sal spirituale	sal espiritual
salsatura	salgamento
salus	salvação
salvator	salvador
salvus	salvo
sanguis	sangue
sapientia Dei	a sabedoria de Deus
scientia	ciência, conhecimento
scintilla	centelha, faísca
senex	ancião
senex et puer	o ancião e o menino
separatio	separação
sepulchrum	sepulcro, sepultura
sermo	sermão, conversa
serpens	serpente
serpens Hermetis	serpente de Hermes
serpens Mercurialis	serpente de Mercúrio
serpens quadricornutus	serpente de quatro chifres

servus	servo, criado, escravo
servus fugitivus	servo fugitivo
servus rubeus (rubicundus)	servo vermelho
siccum	seco
simplex	simples
sol	Sol
sol centralis	sol central
sol caelestis	Sol celeste
sol iustitiae	sol da justiça (Cristo)
sol niger	sol negro
sol terrenus	sol terreno
solutio	solução
solvens	solvente
sophia (gr.)	sabedoria
soror	irmã
sperma homogeneum (gr.)	sêmen (esperma) homogêneo
sphaera (gr.)	esfera, bola
spiritus	espírito, alma
spiritus animalis	espírito animal
spiritus familiaris	espírito amigo
spiritus malus (improbus)	mau espírito
spiritus metallorum	espírito dos metais
spiritus naturae	espírito da natureza
spiritus vegetativus	espírito vegetativo
spiritus vivens	espírito vivente
spiritus vitae	espírito da vida
spolia	espólios, despojos
status praesens	estado presente
sub rosa	de modo suave (rosado)
sublimatio	sublimação
subversio	subversão
succus lunaris	suco lunar
succus vitae	suco da vida
sulphur (sulfur)	enxofre
sulphur combustibile	enxofre combustível
sulphur crudum	enxofre cru
sulphur incremabile	enxofre incombustível
sulphur naturale	enxofre natural
sulphur rubeum	enxofre vermelho
sulphur verum	enxofre verdadeiro
sulphur vulgare	enxofre vulgar ou comum
superatio	superação
superbia	soberba

superiora	as coisas superiores
superius	mais acima
symbolizatio	simbolização
tabula smaragdina	mesa de esmeralda
technae	maquinações
tela passionis	os dardos da paixão
telum passionis	dardo da paixão
termini	termos, limites
terra	terra
terra alba foliata	terra branca em forma de folha
terra incognita	terra desconhecida
terra sulphurea	terra sulfúrea
tertium comparationis	o terceiro termo (para comparar dois outros)
thesaurus Dei	o tesouro de Deus
tinctura	tintura, solução colorida, poção medicinal
tinctura rubea	tintura vermelha
totum	todo
transformata	transformada
transitus	passagem, trânsito
trismegistus (gr.)	três vezes máximo
trisomatos (gr.)	de três corpos
tristis abyssus	o triste abismo
tumulus rubeus petrae	o túmulo vermelho de pedra
umbra	sombra
umbra solis	a sombra do Sol
unicornu	unicórnio
ursa maior	Ursa Maior (constelação)
uxor	a mulher casada, esposa
vas	vaso
vas spagyricum	vaso espagírico ou alquímico
veritas	verdade
versipellis	dissimulado, ardiloso
verus	verdadeiro
vetula	a velha, a velhinha
vidua	viúva
vilis	vil, ordinário
vilitas	vileza, falta de valor
vir	homem
vir perfectus	o homem perfeito
vir rubeus	homem vermelho
vir unus	homem uno em si mesmo
virilitas prima	a virilidade primordial
virtus	força, virtude

vitrum	vidro
vivum	vivo
volans	que voa
volatile	volátil ou que pode voar

Palavras e expressões gregas

ἄγγελος	angelos	anjo
ἄγγελοι	angeloi	anjos
ἀετός	aetos	águia
ἀετοί	aetoi	águias
αἷμα τράγου	haima tragou	sangue de bode
ἀληθινὸς ἄνθρωπος	alethinos anthropos	homem verdadeiro
ἄλλη γαῖα	alle gaia	outra terra
ἀνδρογύης	androgynes	andrógino
ἄνθρωπος	anthropos	homem
ἅπαξ λεγόμενον	hapax legomenon	expressão única
ἀπόστολος	apostolos	apóstolo
ἀπόστολοι	apostoloi	apóstolos
ἡλιόδρομος	heliodromos	corrida do sol
ἡλιόδρομοι	heliodromoi	corridas do sol
κατ' ἐξοχήν	kat' exochen	por excelência
κεραία	keraia	acento gráfico, pingo do i
κυνώ	kyno	cão, cadela
λέων	leon	leão
λέοντες	leontes	leões
λόγος	logos	palavra, dito, inteligência
λόγοι	logoi	palavras
μακρόκοσμος	makrokosmos	grande mundo, universo
μακροκόσμου f.	makrokosmou filius	filho do macrocosmo
μόλυβδος	molybdos	chumbo
νοῦς	nous	inteligência, alma, espírito
ὁδηγός	hodegos	guia de viagem
παμμήτηρ	pammeter	mãe de todas as coisas
πάνσοφος κούρη	pansophos koure	virgem sapientíssima
πάντα ῥεῖ	panta rei	tudo corre ou flui
πέρασις	perasis	passagem, trânsito
πολύμορφος Ἄττις	polymorphos Attis	Atis polimorfo
πρώτη ἔννοια	prote ennoia	primeiro pensamento, sabedoria

σὐνοδος	synodos	assembleia, conjunção astral
τέλειος ἄνθρωπος	teleios anthropos	homem perfeito
τρισμέγιστος	trismegistos	três vezes máximo
ὕδωρ θεῖον	hydor theiou	água divina, sulfurosa
υἱὸς τοῦ ἀνθρώπου	hyios tou anthropou	filho do homem (Cristo)
χθόνιος	chthonios	ctônico, infernal
χθόνιοι	chthonioi	infraterrenos
χιτώνη	chitone	coberta com uma veste
χρυσέα κεφαλή	chrysea kephale	cabeça de ouro

Índice onomástico[*]

---

[*]1. Para o texto principal indica-se o número do parágrafo em redondo.

2. Para as notas de rodapé indica-se o capítulo (R_1, R_2, R_3 seguido do número da nota em grifo, pois a série recomeça para cada um dos três capítulos.

Índice analítico[*]

---

[*] 1) Os números indicam o parágrafo do texto.
2) O número das notas de rodapé vem indicado como expoente.

Bosque (de Vênus) 69, 82, 84, 136
Bosque (mato) como o corpo 3
- significado maternal do 136, 176
Brahma 127[67]
Brâmane 87
Branco (albus) 35, 42, 53[101], 72, 77, 78, 79, 149[184], 150, 169, 257, 274, 285, 295, 297, 299, 315, 323
- e preto 31, 36, 42, 77, 78, 78[212], 79, 238, 242, 270, 312, 324
- e vermelho 2, 12, 36 , 71, 71[178], 71[179], 122[60], 133, 152, 169, 175, 244, 331
Brancura (albedo) 79, 114[40], 122[60], 211, 213, 238
Branqueamento / dealbatio 79, 135, 285, 314
Bronze 239
Bruxa 74, 74[201], 75
Buda 31, 73[188]
- nascimento de 73[188]
Budismo 31[193]

Cabala (= tradição) 2[5], 6[32], 14[69], 18, 18[106a], 19, 25[169], 65, 157, 153, 260, 286[543], 332
- aceitação da c. na alquimia 18
- cabalistae (Vigenerus) 323
- carro-trono de Ezequiel na 260
Cabeças 2, 11, 24, 71, 78, 102, 173
- humana 136
Cabelos (pelos) 111, 111[25], 182[336]
- crespos 95, 95[243]
- queda dos c. no mito do herói 270
Cabiro (divindade grega) 298[576]
Cadáver 46, 60, 64, 88
Cadela 169[178], 170, 174[300], 175
- armênia (Lua) 24, 167[266], 169, 175
Cadmia (composto de zinco) (Galeno) 84[224]

Cadmus, e a arte de trabalhar o ouro 84[224]
Caduceus de Esculápio e de Mercúrio 299, 299[579]
Caesar 318
Caim, sinal de 340[684]
Cam (Cham), o egípcio 42
Camaleão 176
Câncer 6, 150, 269
Candura (candor) 12
Cão 3, 21[143], 24, 167, 169, 169[278], 170-177, 179, 181, 182, 210
- (constelação) 171
- canis Indicus (alegoria de São Paulo) 169[281]
- "corascênico" 27, 167[266], 169, 176
- função do 171
- como lado sombrio de Diana 182
- como o Logos 171
- raivoso (hidrófobo) 21[143], 27[179], 149, 176, 179, 181, 183, 199
- riqueza de símbolos do 169[281]
Caos (chãos) 6, 45, 69, 84, 85, 177, 182, 240, 246, 249, 335
- como combate furioso dos elementos 84
- espírito do 247
- estado de separação dos elementos 84
- como nigredo 247
- como prima materia 177, 240
- retorno ao c. e opus alquímico 247
- sentido do 240
Capricornus 6
Caráter, componentes do 292
Cárceres das trevas 43
"Carma" pré-natal 293
Carne (caro) 3, 10, 11, 20, 21, 118, 175, 200, 274
- corrupção da 101

- como *columba mystica* 71[179]
- colóquio entre M. e a cruz 26
- Conceptio immaculata de 231
- coroação de 231
- incorruptibilidade do corpo 201[350]
- como Mãe de Deus 231
- como mediadora 168, 212[361], 231
- como vaso terreno da divindade 201[350]

Mármore 2[9], 77, 77[209], 139
Marte 6, 86, 132[96], 136[122], 211, 281
- como maléfico 6
- como senhor de Aries 6, 44[79], 211, 281

Masculino e feminino como opostos 1, 6, 8, 22, 32, 92, 101, 103, 193
- união de 42, 101

Massificação 9[45]

Matéria (hyle) 9[44], 31, 32, 33, 35, 64, 91, 142, 232
- estrutura oculta da matéria 145
- glorificação da m. no opus 232
- identificação com a substância química 330
- luminosa celestial 32
- no maniqueísmo 32
- natureza misteriosa da matéria 142
- numinosidade da 145
- e psique 22, 91, 141
- como portadora das projeções inconscientes 330
- profundezas da matéria 9[44]
- química animada 142
- sublimação da 312

Materialismo 187

Mateus 232, 319

Matrimônio místico (Cristo e Igreja) 26

Matriz / matrix 73, 140[157], 175, 175[303], 240

Medardo (Irmão M.) 223

Medeia, parricídio de 16, 17[106]

Mediadora 9[42]

Medicina (ciência) 44

Medicina (remédio), m. cathólica (panaceia) 193, 279, 298, 336
- de Galeno 151

Médico 11, 104, 121, 140, 175, 298, 331, 337
- feridos 140, 140[157]
- o *filius philosophorum* como auxiliar do m. 298
- como pesquisador da natureza 121, 320, 337

Médicos, os alquimistas como 151, 299
- da Idade Média 320

Meditação, efeitos da 175
- imensa na gnose de Simão 155, 158, 307

Mefisto (Mephistopheles) 172

Melampus e a serpente 82[219]

Melancolia 300
- remédio alquímico para a 152[201]

Melusina 23, 73, 140

"Menina" divina (anima) 100

"Menino cabeçudo" 100

Menstruum 111, 209

Menstruum Vegetativum Universale 323

Mente humana 77, 114

Mercurius 1, 9, 10, 11, 12, 19, 22, 23, 31, 33, 36, 38, 40, 44, 45, 64, 73, 83, 84, 107, 110, 114, 118, 131, 132, 132[96], 135, 140[158], 142, 150, 161, 162, 188, 211, 229[374], 232, 237, 275, 279, 290, 281, 288, 289, 292, 294, 297, 299, 305, 306, 307, 308, 316, 326
- agathodáimon como 6[27]